대만은 왜 중국에 맞서는가

―――― 兩岸恩怨如何了? ――――

Taiwan and China : Whither to Go?

Copyright ⓒ Annette Lu Hsiu-lien 2020

Korean translation copyright ⓒ Mediawatch Publishers,Inc.,2021

All rights reserved.

이 책의 한국어판 저작권은
저자와의 독점 계약으로 미디어워치에 있습니다.
저작권법에 의해 한국 내에서 보호를 받는 저작물이므로
무단전재와 무단복제를 금합니다.

[일러두기]

이 책에서 많이 쓰이고 있는 '중공'이라는 표현은 '중화인민공화국(People's Republic of China)' 또는 '중국 공산당(Chinese Communist Party)'을 가리킵니다. '중국(China)'이라는 개념은 오늘날 일반적으로 '중화인민공화국'을 가리키는 것이기는 하지만 두 개념이 반드시 같지는 않습니다. 더구나 '중화민국(대만)'에서 일부는 여전히 '중국'이라는 개념은 자신들이 사용하여야 한다고 주장하고 있기도 합니다. 이 책에서는 '중국'과 '중공'이라는 표현이 혼용돼 쓰이고 있으나 이 책의 저자가 중국 대륙의 국가나 정권을 지칭하는 것이 명확할 경우는 번역시에 '중국(中國)'보다는 '중공(中共)'이라는 표현을 가급적 우선으로 사용했음을 밝힙니다. 한편, 본문에서 도표를 제외한 사진과 캡션은 모두 미디어워치 출판사 측이 삽입한 것임도 밝힙니다.

뤼슈렌 전 대만 부총통이 진단하는 동아시아 위기危機와 전기轉機

대만은 왜 중국에 맞서는가

특별판
SPECIAL EDITION

兩岸恩怨如何了?

뤼슈렌呂秀蓮 **지음** | 부자오치卜昭麒 **옮김**

미디어워치

목 차

서재에 귀한 핵으로 오래 남게 될 책_이상연		006
타이완의 과거, 현재, 미래가 응축된 책_박상후		010
한국어판 서문	한국의 펑요우(벗)에게 드리는 글	016
프롤로그	소프트파워로 동북아를 황금의 삼각지대로 통합하자	030
제1장	대만은 어떻게 만들어졌나	036
제2장	대만은 누구의 것인가	054
제3장	대만의 운명을 좌지우지하게 된 미국	080
제4장	미국과 중국, 세계패권을 다투다	104

제5장	호시탐탐 대만을 노리는 중국	142
제6장	해양국가 대만과 태평양의 세기	174
제7장	평화중립의 새로운 세계	214
제8장	대만이 만들어갈 동아시아의 미래	250
제9장	천하분합, 동서대조	294
에필로그	대만과 한국, 끊을 수 없는 운명	336
번역후기		350
색 인		354

부록

* 일본과 나 (일본어판 서문)

* 본서에 앞서_ 파스칼 로타즈

* 새로운 시대를 여는 이상이 담긴 책_ 야이타 아키오

* 인터뷰 : 뤼슈렌 전 대만 부총통

서재에 귀한 핵으로 오래 남게 될 책
/ 이상면

　대만은 한국인에게 가장 친근한 나라다. 일제하 독립운동 시기에 중화민국에 큰 은혜를 입었고, 1943년 11월 카이로 선언에서 한국의 독립이 약속된 것도 장제스(蔣介石) 총통이 애쓴 보람이었다. 1950년 6월 25일 한국이 공산침략을 당했을 적에도, 중화민국은 유엔 안전보장이사회 상임이사국으로 미국·영국·프랑스와 함께 유엔군을 파병케 해서 나라를 지켜내게 해주었다. 비록 한국이 1992년 냉전 종식 바람을 타고 대륙 중국과 국교를 맺게 되어 대만과 단교를 했지만, 한국인이 대만에 느끼는 심정이 어찌 달라질 수 있겠는가.

　한국인은 심정적으로 대만인을 세계에서 가장 가까운 사이로 여긴다. 역사적 문화적 배경이 비슷해서 그런 것 같기도 하고, 대륙과 대치해 여러 민족이 어우러져 살면서 서로 이해하고 협력하여 아시아에서 드문 민주 문명을 이루어낸 것을 선망하기 때문인지도 모른다.

　대만은 명목 GDP가 우리와 비슷하지만, 물가가 싸서 구매력(PPP)으로 환산하면 홍콩·싱가포르와 함께 아시아 최고 수준으로 한국·일본·영국·프랑스·독일을 앞지르고 미국을 따라갈 태세다. 대만 물가는 우리의 3분의 2 정도이며, 대졸 초임은 우리의 절반 정도다. 기업의 법인세는 17%밖에 안 되고, 노사분규도 거의 없다. 대만은 신기하고 경이로운 나라다.

　전 세계가 코로나(COVID-19)로 열병을 앓고 있는 판국인데도, 대만에서는 국내 발생 확진자가 극소수이거나 아예 없는 날도 있다. 게다가 최근에는 자체 개발한 코로나 백신을 누구나 맞게 하여 세계인을 다시 놀라게 했다. 머지않아 백신을 무진장 생산하여 동남아 각국 등 세계 여러 저개발 국가들에 원조할 것으로 기대된다.

그런데도, 대만은 대륙 중국의 위세에 눌려서 세계보건기구(WHO) 회원국이 되기는커녕, 그 회의에 참관하는 옵서버 자격조차 얻지 못하고 있다. 외국에 대표부를 설치하는 데도, '대만' 대신 '타이베이'라고 쓰라고 강요받고 있는 실정이다.

한국인은 그 어느 국민보다 대만인이 겪는 통한을 가장 가슴 아프게 느낀다. 조선 말기 청나라에 당한 비슷한 사연이 있기 때문이다. 청국은 당시 러시아의 남진을 막기 위해 조선이 중국에 조공을 바치지만 내치와 외교는 자주라며 열강과 국교를 맺게 해놓고서도, 막상 조선이 미국 등 열강과 외교무대에 나서려고 하자 해외에 공관을 설치하지 못하게 했다. 결국 조선은 열강과 교역도 제대로 못한 채 국력이 점차 쇠락해져서 1894년 갑오전란(甲午戰亂)으로 일본 영향 속에 끌려들어가더니, 결국 외교부재로 1910년 비운을 당했다. 그 통에 1911년 청나라도 덩달아 멸망하고 말았다.

최근 몇 년 대만은 대륙 중국의 압박에 밀려서 해를 거듭할수록 수교국이 줄어 지금은 태평양 가운데 몇몇 작은 섬나라 등 십여 개 미니 약소국과 외교관계를 이어가고 있을 뿐이다. 중국은 1992년 대만과 '각자 방식대로(一中各表)' 외국에 '중국(China)'이라고 하자고 해놓고서도, 실제로는 대만의 존재를 무시하고 각국과 관계를 끊도록 압력을 가해왔다.

대만은 그런 압박과 설움 속에서도 여전히 전 세계에서 20위 정도의 경제대국 자리를 굳건히 지키고 있다. 미국은 중국과 수교 이후에도 '대만관계법(Taiwan Relations Act)'을 제정하여 대만과 교류를 이어왔고, 최신 무기를 판매하여 대륙에 맞서도록 돕고 있다. 더구나 미국은 중국이 근자에 와서 세계 중심국가가 되려는 꿈을 내세우고 대만에 압박 수위를 높이자 열국과 함께 그 제동에 나섰다.

　대만 문제는 이제 대만해협 양안 문제만이 아닌 동아시아 문제로, 급기야 미중 태평양 대양안 문제로 비화하는데 중요한 원인의 하나가 되었다. 미국은 일본·호주·인도와 함께 인도태평양 협조체제(Quad)를 형성하여 장차 아시아 나토(NATO)를 결성하여 중국에 압박 수위를 높이려 하고 있다. 얼마 전 미국과 일본은 대만 유사시에 방어에 나서겠다는 취지로 공동성명을 발표했다. 한국도 최근 미국과의 공동성명에서 대만해협과 남중국해의 항행 안전이 동아시아 평화에 긴요하다는 것에 견해를 같이 했다.

　그런 가운데 최근에는 세계를 석권해온 대만의 TSMC 반도체가 미국에 거대한 생산기지를 건설하여 바야흐로 5G 시대에 미국의 경제와 안보체제에 중요한 한 축을 거들 태세다. 한국의 삼성전자도 최근에 미국에 반도체 공장을 짓기로 하는 등, 한국과 대만의 과학 기술과 경제 규모가 미국의 경제와 안보에 기여하는 비중이 점차 늘어가고 있다. 이러한 공동보조는 대륙 중국에게도 신경이 쓰일 것이다.

　뤼슈렌 부총통은 점증하는 미중 간 대결 가능성을 직시하고, 그 문제의 중심에 있는 한국과 대만이 지혜를 모아 일본 등 아시아 태평양 제 국가들과 함께 평화와 번영의 길을 모색하자고 제안하며, 이 역저를 펴내게 되었다. 공연히 경쟁적으로 대결국면으로 갈 것이 아니라, 서로 이해하고 돕고 협력하는 것이 서로 간에 좋을 뿐만 아니라, 전 세계에도 좋은 것이 아니겠는가. 우선 동아시아 내지 아시아 태평양지역 민주국가들이 모여서 이런 문제를 의논하고 뜻을 모아 평화와 번영의 분위기를 조성해보자는 취지다.

　뤼슈렌 부총통은 본시 명문 대만대학과 미국의 코넬대학 및 하버드대학에서 수학한 법학도로서, 젊은 시절 장 총통 독재에 항거하며 민주화 정치 노선을 걸어서 대만의 민주화를 이룩한 상징적인 인물이다. 그녀의 일대기는 이미 드라마로, 영화로 나와 세인의 감동을 자아낸 바 있다. 이 책은 그녀가 그런 민주화 신념을 이룩한 것에 부가하여, 동아시아의 평화와 번영에 관해 수십 년 간 고심하고 연구해 온 바를 몇 개의 장으로 정리해서 책으로 엮어낸 것이다.

누구나 이 책을 읽으면 중국과 대만 양안 간의 역사와 동아시아의 국제정치사에 관해서 일가견을 얻을 수 있고, 대만해협의 '소양안' 관계는 물론 미국과 중국 간의 '대양안' 관계에 대해서도 실감나게 문제의식에 접할 수가 있다. 복잡다단한 동아시아 국제정세를 예리한 눈으로 분석하고, 섬세하고도 간결한 필체로 흥미있게 풀어내어, 전문가와 실무가도 일반인들도 재미있게 읽게 될 것이고, 일독 후 그들의 서재에 귀한 책으로 오래오래 남게 될 것이다.

이상면(李相冕) 서울대 법대 명예교수(Harvard, SJD)

타이완의 과거, 현재, 미래가 응축된 책
/ 박상후

뤼슈렌 전 대만 부총통의 역저 『대만은 왜 중국에 맞서는가 : 뤼슈렌 전 대만 부총통이 진단하는 동아시아 위기와 전기』는 중국어판 원제인 兩岸恩怨如何了？, 그리고 영어판 원제인 Taiwan and China : Whither to Go?를 훨씬 넘어서 대만의 모든 것들을 일목요연하면서도 포괄적으로 소개하고 있다.

뤼슈렌 전 부총통은 여성으로서, 또 민진당 출신으로서는 최초로 10대, 11대 부총통을 지냈다. 일치(日治) 시기인 1944년에 태어난 뤼슈렌은 엄혹했던 국민당 계엄통치 시절인 1979년 이른바 '메이리다오(美麗島)' 사건에 연루돼 12년형을 선고받고서 5년을 복역한 바 있다. 또한 11대 대선 유세를 치르던 중에는 당시 부총통으로서 천수이볜 당시 총통과 함께 괴한의 총격을 받기도 했다. 대만 현대사의 굴곡을 그야말로 몸소 경험한 것이다.

대만 민주화, 여성운동, 나아가 대만독립 운동의 기수로 평가받는 뤼슈렌 전 부총통은 대만이 나아갈 길을 일찍이 제시해왔다. '9.6공식(九六共識)'과 '평화중립(和平中立)'이 바로 그것이다. '9.6공식'은 리덩후이 총통이 대만해협의 군사적 위기를 극복하고 대만 역사상 최초로 민선 총통이 된 해인 1996년에 당시 야당 정치인이었던 뤼 전 부총통이 제시했던 원칙이다. 대만인들이 민주적인 절차를 거쳐 지도자를 선출했으니 대만은 이제 당당한 독립국가라는 입장을 밝힌 것이다.

'평화중립'은 뤼 전 부총통이 이끌었던 대만의 독립파 정치단체인 희락도연맹(喜樂島聯盟) 차원에서 2018년 국민투표에 붙이자고 제의되기도 했던 방안이다. '투키디데스의 함정'에 빠져있는 미국과 중공 사이에서 대만이 독립국가로서 중립을 지켜 안전을 보장하자는 합리적 아이디어로서, 비록 현실화되지는 않았지만 이는 여전히 대만 외교안보 정책의 중요 옵션 중 하나로 남아있다.

뤼 전 부총통은 야권의 민주화 투사 뿐만이 아니라 민진당의 대리주석과 타오위안(桃園)현 현장, 입법위원을 지냈다. 그리고 국민당 소속이지만 첫 대만 출신 총통인 리덩후이 총통 시절에는 국책고문을 맡기도 했다. 또한 희락도연맹의 2020년 총통 선거 후보로 추대되기도 하는 등 다양한 정치 스펙트럼을 섭렵해왔다. 그래서 뤼 전 부총통의 국가경영철학에는 인생의 경험과 대만의 역사를 관통하는 깊은 통찰력이 그대로 녹아있을 수 밖에 없다.

실제 뤼 전 부총통은 퇴임 후에도 전 세계를 돌아다니면서 어떻게 하면 대만이 중공의 위협에서 탈피해 국가의 생존을 추구할지를 고민하면서 국가가 나아갈 방향을 끊임없이 제시하고 있다. 2005년 태평양 민주국가들의 단합을 촉구하며 민주태평양연맹(Democratic Pacific Union, DPU)이란 NGO를 발족시킨 것도 그런 차원이다. 이는 차이잉원 총통이 추구하는 남방외교와도 그 맥락이 맞닿아 있다.

이 책에서 뤼 전 부총통은 대만은 중국의 일부가 아니며, 그렇기에 '하나의 중국'이라는 중공 측의 슬로건은 허구라는 역사적 논거를 확실하게 제시하고 있다. 중화인민공화국은 대만을 단 하루도 통치해본 적이 없다. 더구나 중공의 국부인 마오쩌둥은 1936년 일본제국주의로부터 조선과 대만이 독립하고자 한다면 이를 지지한다고 말하기도 했다. 물론 마오쩌둥이 이후에 대만을 무력으로 병탄하려 시도하기는 했지만 대만이 중공의 일부분이란 생각이 애초에는 없었다는 점을 뤼 전 부총통은 명확히 지적하고 있다.

한편, 뤼 전 부총통은 일찍이 네덜란드나 일본 등이 대만을 거쳐 갈 때까지도 정작 중국의 여러 고지도나 문서에서는 대만의 존재를 인식하고 있었음을 보여주는 증거가 전혀 없다는 점도 지적하고 있다. 청대에 이르러서야 대만은 최초로 중국에 복속되는데, 실제로 청의 옹정제는 대만이 이전부터 중국에 속하지 않았다는 점을 고백하기도 했다. 1894년 일청전쟁(갑오전쟁)에서 청이 패한 뒤에 청은 대만을 일본에 영구히 할양한다는 내용의 시모노세키 조약을 체결한다. 이 조약에 서명한 리홍장이 서태후에게 했던 보고내용도 주목할 만하다. 한마디로 대만은 황무지라 버려도 아깝지 않은 곳이라는 것이다. 즉 대만과 관련해, 그 존재에 대한 인식은 물론이거니와 반드시 수호해야 하는 중국의 영토라는 인식이 중공은 물론, 그 이전의 중국에도 전혀 없었다.

청나라 중기에 이주한 본성인과 국공내전 이후 국부천대(國府遷臺)에 따라 옮겨온 이성인, 그리고 선사시대부터 섬에 거주해온 오스트로네시안 혈통의 여러 원주민들이 혼재하는 대만은 단순하게 정의를 내리기 힘든 문화적 역사적 다양성을 가지고 있다. 태평양의 보석같은 아름다운 섬이란 의미의 포루투갈어 Formosa, 쑨원과 장제스 국민당의 색채가 짙은 中華民國, 그리고 정치적 의미가 없는 지명 臺灣, 중공이 국제사회에 강요하는 中華臺北, Chinese Taibei 등 대만을 지칭하는 여러 표현들은 이렇게 대만을 둘러싼 복잡하면서도 상충하는 인식을 대변하고 있다.

뤼 전 부총통의 저서에는 타이완의 과거, 현재, 미래가 모두 응축돼 있다. 인류문화학자에 버금가는 다양한 원주민들에 대한 고찰부터 네덜란드, 스페인 시기부터 시작돼 정성공의 대만 점령, 청나라의 200년 통치까지 근

대사 이전의 발자취까지 모두 섭렵하고 있다. 필자는 이 책을 리뷰하면서 근래 대만인들을 각성시키고 있는 두 편의 대작 드라마를 떠올렸다.

하나는 2020년 선풍적인 인기를 끌며 방영된 대만 최초의 정치드라마 '국제교패사(國際橋牌社, Island Nation)'다. 계엄하의 민주화 역정, 중공의 위협과 국제사회에서의 고립과정에서 대만의 지도자와 국민들이 어떻게 자랑스러운 대만을 만들어 냈는지를 심도있게 그린 작품이다. 또 하나는 2021년 8월 14일부터 대만PTS방송에서 12부작으로 방영하기 시작한 역사 대하드라마 '스카뤄(斯卡羅, SEQALU Formosa 1867)'다. 대만 원주민 파이완족은 미국과 최초로 국제조약을 맺은 주체로, 당시 청나라는 대만의 절반에 대해서는 통치력을 발휘하지 못했다는 역사적 사실을 심도있게 고증한 대작이다.

한국에서 대만은 의외로 잘 알려지지 않은 나라다. 대만에 대한 한국인의 인식은 극히 피상적이다. 뤼슈렌 전 부총통의 책이 대만의 역사, 문화, 정치와 관련된 백과사전식 지식을 전해줌은 물론, 아시아, 나아가 국제정치에 대한 시각도 획기적으로 넓혀줄 것으로 기대해 마지 않는다.

박상후 문명개화TV 대표 (전 MBC 베이징특파원·국제부장)

한국어판 서문

한국의 펑요우(벗)에게 드리는 글

대만과 한국, 여성자매들과의 친분

　지도를 펼쳐보면 한반도 주변에 중국, 일본, 대만이라는 세 나라가 있습니다. 중국이 한반도와 가장 가깝고 또한 제일 크기가 큰 나라이며 그다음이 일본입니다. 사실, 대만은 세 나라 중에서 한반도와는 약간 거리가 있습니다. 그래서 한국과 대만, 양국 국민들의 서로에 대한 이해가 상대적으로 떨어지는 편입니다.

　그러나 저 자신은 개인적으로 한국과 각별한 인연이 있음을 한국의 벗들에게 말씀드리고 싶습니다. 1975년에 유엔은 이 해를 '세계 여성의 해'로 선포했습니다. 그래서 저는 그때 '아시아재단(The Asia Foundation)'의 지원을 받아 미국 샌프란시스코에서 연구활동을 하게 됐습니다. 그렇게 미국에서 여성 문제와 관련해 8개월간 연구를 한 후에 일본으로 건너갔습니다. 일주일간 일본을 방문하면서 저는 여러 여성단체들, 여성지도자들을 만날 수 있었습니다. 그다음에 저는 한국 서울을 방문하였고 '가정법률상담소'에서 3주 정도 실습을 하게 됐습니다.

　'가정법률상담소'는 한국에서 여성으로선 첫 번째로 법과대학을 졸업하고 판사와 변호사를 지낸 이태영(李兌榮) 박사가 창설한 기구로, 혼인과 성폭력 등에 있어서 피해를 입게 된 여성을 위해서 전문적으로 법률자문을 제공해주는 기관입니다. 이태영 박사도 이전에 대만을 방문한 적이 있었는데 그때 저는 대만에서 '신여성주의(新女性主義)'를 주창하고 있었습니다. 그래서 작게나마 유명세를 누리고 있어 이 박사를 소개받고서 즐겁게 환담을 나눈 적도 있었습니다.

　이태영 박사와 일본 여성운동의 선구자인 이치카와 후사에(市川房枝) 시의원은 그 당시 저의 연구일정에서 제 마음 속의 우상이 되었던 분들입니다. 이치카와 후사에 씨는 당시에도 이미 타계한 뒤이긴 했지만, 이차가와 씨의 일본 여성을 위한 여러 활동 경력은 제 마음을 깊이 울렸습니다. 이태영 박사의 경우는 아예 제가 바짝 옆에 붙어서 배웠던 만큼, 대만의 여성운동은 이 박사의 영향을 깊이 받았다고 해도 과언이 아닐 것입니다(대만 여성운동에서 뤼슈렌 전 부총통이 갖는 절대적 입지는 젠웨이쓰(CHIEN Wei-Ssu) 감독의 다큐멘타리 '되돌아본 길 - 여성 정치참여의 발자취(Echo with Women's Voices Their Involvement in Political Movements)'에도 잘 드러나 있다. 이 다큐멘타리는 한국에서는 올해 8월, 제23회 서울국제여성영화제에 소개되기도 했다. - 옮긴이).

1994년도에 저는 제4차 '세계여성정상회의(The Global Summit of Women)'를 주최하게 되었습니다. 그때 전 세계 72개국 여성지도자들이 대만을 방문해주었습니다. 당시 한국의 국회의원인 김정숙(金貞淑·한나라당) 의원도 대표단을 인솔해 회의에 참석했었습니다. 이러한 인연으로 한국과 대만 여성 간의 교류가 활발하게 전개되었으며 이듬해에는 김 의원이 저를 서울로 초청하여 저는 20여 년 만에 한국을 다시 찾게 되었습니다. 당시 한국의 눈부신 발전상에 깊은 감명을 받은 기억이 있습니다.

재미있는 점은 그 바로 7년 뒤에, 나중에는 한국 역사상 첫 여성 대통령으로 등극하게 된 박근혜 전 대통령에게 제가 영향을 주었었다는 점입니다. 2002년, 제가 대만 부총통에 취임하고서 두 번째 되던 해였습니다. 저는 '아시아태평양 여성리더 포럼'을 주최하여 그 자리에 아시아태평양 지역 현직 여성지도자들을 여럿 초청하였습니다. 한국에서는 가장 많은 8명의 여성 국회의원들이 참석해주었습니다. 이틀에 걸친 회의가 끝나자 한국 여성대표단은 따로 우리 총통부를 방문하여서 저와 만났습니다. 매우 화기애애한 분위기였습니다. 그 방문단 중에 눈에 띄게 우아한 품행을 가진 분이 한 분 있었는데, 바로 박정희 전 대통령의 따님이었습니다. 제 기억이 맞다면, 박근혜 국회의원(당시)은 제게 바로 다음과 같이 속마음을 털어놓았습니다.

"뤼슈렌 부총통님께서 한국의 여성 국회의원들을 이런 대회에 초청해 주시고, 또 아시아태평양 각국의 걸출한 여성 지도자들과 만나도록 해주셔서 정말 감사하게 생각합니다. 사실 저는 정치에는 흥미가 없었습니다. 하지만 퍼스트레이디로서의 역할을 해야만 했었고, 정치와는 인연을 끊을 수가 없는 운명으로 자연스럽게 국회의원직도 여러 번 하게 되었던 것입니다. 솔직히 쉬고 싶은 마음이 드는 것도 사실입니다. 하지만 저의 지지자분들이 자꾸 대통령에도 출마하라고 강권을 하고 또 격려도 해주고 있어서 저는 참으로 큰 갈등을 느끼고 있었습니다. 다만 이번 포럼을 참석하는 계기로 더구나 대만에서 배출한 첫 여성 부총통인 뤼슈렌 부총통님을 뵙게 되어서 귀국하게 되면 더 높은 자리를 적극적으로 꿈을 꿔보겠다고 어젯밤 최종 결심을 했습니다."

당시 박 의원은 말씀을 마치고 제게 크게 인사까지 했습니다. 그런 후에 그녀가 결국 대한민국 첫 여성 대통령에 당선되는 것을 보게 되어 저는 기쁨을 감출 수가 없었습니다.

저는 박근혜 대통령이 남성을 중심으로 한 전통이 여전히 보편화되어 있는 한국에서 나라를 어떻게 통솔하고 이끌어갈 것인지, 또 더욱이 북한의 위협과 중국의 압박에도 불구하고 어떻게 이웃국가들과 더불어 잘 대처해나갈 것인지를 유심히 바라보았습니다. 박 대통령은 재임시절 이

어려움을 잘 극복해나갔다고 봅니다. 하지만 사드(THAAD) 배치 문제로 한국과 중국의 관계가 그만 크게 어지러워졌습니다. 그런 상황에서 특히 박 대통령이 소위 '최순실 게이트' 사건으로 결국 감옥살이까지 하게 되는 모습을 보게 되어 저는 애석함을 또한 감출 수 없었습니다.

사실, 한국은 한동안 대중국 외교상의 입장 문제로 인해 대통령 취임식에서 대만의 공식적인 축하 사절단 방문을 불허했었습니다. 박근혜 당시 대통령은 취임식 때, 6명의 대만 입법위원들의 공식 축하 사절을 단교 이후 20년 만에 처음으로 받아주었는데 비록 저 자신은 참석하지 못했으나 어떻든 대만의 외교 활로를 열어준 고마움은 앞으로도 잊지 못할 것입니다.

대한민국과 뤼슈렌

한편, 한국 정치계에서 존경받는 유준상(柳晙相·전 민주당 국회의원) 박사는 주한국대만대표부의 리짜이팡(李在方, 이재방) 대사의 소개로 알게 된 분으로, 곧바로 저와는 망년지교(忘年之交)가 됐습니다. 매번 한국에 갈 때마다 유 박사로부터 저는 따뜻한 대접을 받곤 했습니다. 유 박사는 제가 창설한 '민주태평양연맹'과 '동아시아평화포럼'에 뜨거운 지지를 보내면서 대표단과 함께 참석해주었으며, 2019년 제2차 '동아시아평화포럼'도 같이 성대하게 거행하였습니다. 그 성의와 두터운 우정에 늘 감동하지 않을 수 없습니다.

미국 하버드대학의 제 동문이자, 한국의 명문대학인 서울대학교 법과대학에서 교수를 지내고 지금은 명예교수로 있는 이상면(李相冕) 교수도 제가 꼭 언급하고 싶은 벗입니다. 이 교수는 이 책의 원고를 미리 읽어주고선 큰 호평을 담은 추천사를 써주었습니다. 일찍이 제가 이 교수처럼 대만을 사랑하고 이해해주는 한국의 최고 지식인과 친교를 맺게 된 것은 저의 복이고, 대만과 한국의 복이기도 합니다.

또한, 세계적으로 높은 지명도를 갖고 있는 종교계의 대사(大師) 문선명 총재와 한학자 여사 내외분도 대만을 찾아 복음을 전파하실 때 저와 만난 적이 있습니다. 제가 부총통직에서 내려온 후 수차례 '세계평화기금회'가 주최한 규모 있는 국제활동에도 참석하면서 그분들의 세계 평화와 관련된 여러 업적을 접하고서 저는 존경을 금치 못했습니다. 2019년 '세계평화기금회'는 대만에서 '효정문화, 행복경전(孝情文化,幸福慶典)'이라는 행사를 개최하여 6,600쌍의 행복부부가 결혼예복을 입고 한학자 총재의 주례로 혼인식을 올렸습니다. 저는 그녀와 함께 평화의 종을 타종하여 축복의 연설을 하였으며 '평화의 어머니'가 힘을 다해 추진하고 있는 '태평양문명권' 사상 전파에도 마음을 같이 했습니다.

그런 속에서 2019년 8월 23일, 대만의 주요 신문인 「중국시보(中國時報)」가 반쪽 지면광고로 "대한민국은 중화민국과 국교를 회복해야 한다"고 하는 호소문을 게재한 사실을 알게 됐습니다. 이 호소문은 한국의 인터넷신문 「미디어워치」 창설자인 변희재 대표고문이 서명했던 것입니다. 그는 다음과 같이 주장했습니다.

- 대한민국 임시정부는 1919년 10월 10일 상하이에서 창립됐을 때 중화민국 정부의 지지를 받았다.
- 대한민국은 1950년 한국전쟁 당시에도 중화민국의 원조를 받았다.
- 1992년 8월 24일, 대한민국이 이러한 중화민국과 단교하면서 대사관을 중화인민공화국에 내준 것은 잘못된 일이었다.

변희재 고문은 한국에서 계속해 '한국-대만 국교정상화'를 위한 운동을 펼치겠다고 호소문을 통해 대만 국민들에게 공언까지 했습니다. 저는 이 의견광고를 보게 되자 정말 놀랐으며 감동했습니다. 당시에 저는 변희재 고문이 누군지 몰랐습니다. 그러나 뜻밖에도 수개월 후에 미디어워치 측으로부터 초청장까지 받게 됐습니다. 그 내용은 서울에 방문하여 대만을 사랑하는 한국 국민들과 만나주길 바라며, 또 국회의사당 건물에서 공개 강연을 해달라는 것이었습니다. 그해 11월 27일, 저는 결국 변희재 고문과 미디어워치와 한국의 벗들을 만나게 되었습니다. 한국에 이처럼 대만을 생각해주는, 사랑하는 벗들이 있다는 것에 저는 참으로 기뻤습니다.

마지막으로 언급해야 할 한국과의 인연은 저의 일대기를 써 주기 위해 대만에 와준 유민주 작가, 그리고 당시 통역을 맡아줬던 부자오치(卜昭麒, 복소기) 전 주한국대만대표부 영사입니다. 유민주 작가는 외면적으로 우아했으며 내면적으로 지혜로움이 느껴지는 분이었습니다. 유 작가는 대만에 와서 저와 같이 있는 동안 당시 부자오치 주한국대만대표부 서기관의 통역으로 제가 부총통에 취임하기 전의 인생역정을 한국의 벗들에게 소개하는 책의 집필 작업을 해주었습니다. 유민주 작가는 대만에서도 큰 인기를 끌었던 한국 드라마 '대장금'의 극작가였기 때문에 저는 유 작가가 제 삶에 대해서 글을 써주겠다고 나선 것을 영광스럽게 생각했습니다. 유 작가가 쓴 제 평전의 한국어 제목은 『뤼슈렌 : 운명을 거슬러 삶을 지배하라』이고, 한국의 은행나무 출판사에서 2006년도에 출간되었습니다. 이 책이 성공리에 출판된 것은 당시 주한국대만대표부의 리짜이팡 대사와 부자오치 서기관의 협조와 노고 덕분이기도 합니다. 이 자리를 빌려 감사의 뜻을 전하고 싶습니다.

현재도 한국에 살고 있는 부자오치 참사관(퇴직 때 직책)은 훌륭한 외국어인 한국어를 탁월하게 구사할 수 있을 뿐만 아니라, 한국과 대만의 양국 관계 문제에도 능통한 외교관으로, 그래서 이 책도 역시 그에게 번역을 부탁했던 것입니다. 이 책의 순조로운 출간을 위해 힘써준 것에 대해서도 마찬가지로 이 자리를 빌려 감사의 뜻을 전합니다.

한편, 부자오치 전임 참사관은 학구파이며 중국 고전 문학에도 박식합니다. 항시 사람을 열정적으로 대하고, 그렇기에 국내외 두터운 인맥이 있습니다. 국제적 안목도 넓고 뛰어나 이 책을 한국에서 출판하게 된 것은 그와의 인연의 덕분이라는 점을 꼭 덧붙여 말씀드리고자 합니다.

대한민국의 '처변불경'과 '평화중립'

대만에 거주하고 있는 사람들은 2017~2018년 한반도의 핵전쟁 위기를 강 건너 불 보듯 할 수가 없었고 행여 불똥이 대만을 포함한 동북아 전체로 튀지 않을까 매우 염려했었습니다. 비록 도와줄 수는 없었지만 많은 대만인들이 한국의 평화와 안녕을 위해 기도했습니다.

실제로 대한민국은 '처변불경(處變不驚, 엄혹한 환경 속에서도 당황하지 않음)'하며, 문재인 대통령의 집권 하에서 미국, 중국과 북한, 3자의 중간에서 오히려 여유를 보이고 또 중립을 지키면서 마침내 평창 동계올림픽을 통해 위기의 불씨를 껐고 평화를 이끌어냈습니다.

문재인 대통령은 집권 초기부터 중국 측이 매우 민감해하고 있는 사안인 사드 배치와 관련해 중국을 오랫동안 적극 달래고 나섰습니다. 이런 모습은 미국의 트럼프 대통령으로 하여금 한국이 중공으로 기울어지고 있음을 크게 의식케 만들었습니다. 그래서 트럼프 대통령은 이후에 문재인 대통령과 회담할 때 국방과 관련 큰 선물 보따리를 풀면서 미국과 한국의 동맹관계를 강화시키게 됩니다. 한국에 대해서 수십억 달러의 최신 무기 판매를 확정토록 했고, 한국의 미사일 탄두 중량 제한도 전면적으로 해제토록 했습니다. 트럼프 행정부는 북한의 미사일 위협에 대비한 미사일방어(MD) 예산 40억 달러 편성을 미 의회에 요구하면서 한국이 자체적인 미사일 방어시스템을 갖추는 일에도 협조해주기로 했습니다. 추가로 미국과 한국, 양국이 다시 공평하고 호혜적 무역관계를 추진할 것도 다짐했습니다.

이렇게 한국은 탄력있는 양면외교로 2017년의 핵무기 위기에서 무사히 벗어날 수 있었고, 미국과 중국, 양측으로부터 이득도 얻었던 것입니다. 문재인 대통령은 앞서 세계태권도선수권대회에서 북한에 평창동계올림픽에 참석해 달라고 평화의 손을 우선 내밀고서는 북한과의 긴장상태도 풀어냈습니다. 이런 면모는 미국과 중국의 다툼 속에 우리 대만이 한국으로부터 배워야 할 지혜가 아닌가 생각합니다.

민주태평양국가연합

2019년 11월 28일, 저는 한국의 언론사인 미디어워치의 배려 하에 대한민국 국회의 국회의원 회관에서 '한국과 대만의 관계'라는 주제로 공개 연설을 했습니다. 현장에서 학자 한 분이 제게 이런 질문을 했습니다.

"한국과 대만은 모두 일본의 식민통치를 받은 경험이 있습니다. 한국은 38년이고 대만은 50년입니다. 그런데 아직도 한국과 일본은 과거사를 주제로 싸우고 있습니다. 우리가 보기에 대만과 일본은 관계가 좋습니다. 대만은 되는데 한국은 왜 안 되는 것일까요?"

갑자기 나온 질문이지만 저는 즉각 다음과 같이 답을 했습니다.

"대만의 국제적인 처지는 매우 어렵습니다. 그래서 우리는 과거에 머물 수가 없습니다. 우리는 더더욱 앞을 보고 나아가야만 하는 상황에 있습니다. 한편, 대만은 일본 식민지 통치 이후의 역사도 한국과는 다릅니다. 1947년 중국 국민당 정권은 대만에 건너와 기존의 섬 주민들 전체를 도살하다시피 하였습니다. 이에 한때 중국을 지지했던 대만 사람들마저도 중국에 공포, 실망을 느꼈고 완전히 돌아서게 됐던 것입니다. 일본이 50년간 대만을 통치하는 기간에도 그런 규모의 잔인한 사건은 없었습니다."

당시의 연설이 청중들에게 어떤 반향을 불러일으켰는지 모르겠지만, 저는 답변을 하면서 이런 영감을 얻었습니다.

'그렇다. 일본은 과거에 확실히 대만과 한국을 식민통치를 하였다. 그러나 한국, 일본, 대만은 실은 똑같이 유가 사상의 영향을 받았고, 똑같이 민주헌정의 길을 걸었으며, 또 똑같이 첨단 과학영역에서도 눈부신 성과를 이루었던 나라들로 원래는 당연히 가장 가까워야 할 이웃들이 아닌가. 그럼에도 불구하고 지금 세 나라의 마음의 거리는, '정치적 거리'라고 해야 하겠지만, 소위 지척(咫尺)의 거리가 마치 하늘 끝과 땅 끝과 같이 아득히 멀어져 버렸구나(若天涯).'

◆◆◆

　이 책의 주요 내용은 사실 대만을 중심으로 하여, 미국, 중공의 삼각 전략과 관계된 것입니다. 저는 대만의 입장에서 동아시아 지역의 미래를 탐구해보고, 최종적으로 한국, 일본, 대만, 미국, 캐나다 등 태평양의 자유민주 국가들끼리 '민주태평양국가연합'을 만들자는 제안을 했습니다. 이 생각을 한국의 벗들과 나누고자 합니다. 지도편달을 부탁드리고자 합니다.

　만약 우리가 생각을 바꾼다면 우리의 운명을 바꿀 수 있습니다. 지난 세대가 자신들의 오류를 다음 세대가 짊어지도록 만들어서는 안 될 것입니다. 마찬가지로 다음 세대는 지난 세대에서의 원한이 그 세대에서 그치게 해야 할 권리와 의무가 있습니다.

　저의 '민주태평양국가연합' 구상은 바로 그때 그 한국의 국회의원 회관 대강당에서 연설을 하면서 얻게 된 것입니다. 동아시아의 큰 미래는 한국과 일본의 벗들이 대만과 함께 손에 손을 잡고서 한마음으로 만들어가야 할 것입니다.

쌍양안관계

　이 책에서 제가 주장하고 있는 '쌍양안관계'란, 먼저 소프트파워 외교를 추구하는 평화중립의 전략적 사고방식에서, 중공과 대만이 "하나의 중화, 먼 친척이자 가까운 이웃(一個中華, 遠親近鄰)"이라는 기초 위에 '인간성(人性)', '이성(理性)', 그리고 '양성(良性, 바람직함)'의 3원칙을 갖고 일단 '소양안관계(小兩岸關係)'부터 개선하는 목표를 갖자는 것과 관계됩니다. 무엇보다 중화인민공화국이 우선 자신들의 내우외환(內憂外患)부터 처리하고, 이후 대만과 '통합'하여 공동으로 '중화연방'의 미래를 설정하자는 것입니다.

사실, 중공과 대만의 관계는 "통일"을 배제하고 "통합"을 수용함으로써 좋아질 수 있습니다. 기존 원칙에서 단 한 글자만 바꿈으로써도 충분히 원한을 없애고 무력 위협을 종식시킬 수 있다는 것입니다. 그럼에도 불구하고 우리가 굳이 그런 지혜를 마다할 필요가 있을까요?

제가 언급한 '쌍양안관계' 중에서 '대양안관계(大兩岸關係)'란 태평양을 사이에 둔 양쪽(미국, 중공)과 관계있습니다. 현재 정세는, 트럼프 미국 대통령이 '반중배화(反中排華)'의 풍랑을 일으킨 이래로, 태평양에서 '북대서양조약기구(NATO)'와 유사한 군사안보동맹이 만들어지고 이로써 중국 공산당 정권과 전면 대치가 이뤄질 조짐입니다.

현대 무기의 파괴력, 그리고 미국과 중공, 양국 국력의 막강함을 감안한다면 갈등 끝의 피해는 막심할 것입니다. 혹여 전쟁이 났을 경우에는 문명과 생태가 돌이킬 수 없이 파괴될 것인 만큼 이는 인류의 큰 재앙이 아닐 수 없을 것입니다. 이 모든 것이 '너 죽고 나 살자'는 식의 제로섬 게임에서 연유된 강박적 사고방식에서 온 것이라 할 수 있습니다.

대만의 우수한 지정학적 지위, 그리고 전 세계가 높이 평가하는 민주주의와 시장경제의 발전은 아시아 태평양지역에서 민주가치연맹을 창설하는 데 있어 불가결한 자산입니다. 미국과 캐나다가 해양의 저쪽에서, 또 대만과 일본, 한국은 해양의 이쪽에서 하나의 '민주태평양국가연합체'를 만들고 태평양 민주국가 가치동맹을 구축해본다면 어떨까요? 이로써 21세기 태평양의 소프트파워 문명을 꽃피우게 하여 이 지역이 인류 새 생명의 자장(磁場)이 되게끔 하는 것이야말로 바람직한 일이라고 저는 생각합니다.

지난날 대만은 외부 세력에 의해 침략당하고 고통받았으며 한때는 세계의 무관심 속에 홀로 헤매기도 했습니다. 하지만 최근 국제사회가 다시 대만의 가치를 높이 평가해주기 시작했습니다. 미래의 대만은 유성(柔性, 소프트파워)과 지성(智性, 스마트파워)의 국력으로써 국제사회에 차근차근 참여해나갈 것입니다. 그렇게 더욱 많은 우방을 사귀고 적(敵)을 최소로 줄이면서, 미국과 친하게 지내는 한편, 중국, 일본, 한국의 더 좋은 이웃이 되고자 합니다.

대만은 세계를 필요로 하며 세계도 대만을 필요로 합니다. 저는 생명으로 대만을 아끼고 사랑하는 사람입니다. 저는 암도 걸려 봤었고, 양심수로 감옥살이도 해보았습니다. 심지어 대만 총통과 나란히 총알까지 맞아 봤습니다. 그러나 저는 이렇게 살아 있습니다.

저는 앞으로 살아 있는 동안 여성문제와 인권문제를 계속해서 다루고, 남은 여생을 다해서 민주와 평화를 쟁취할 것입니다.

대만의 미래가 밝기를 바라며, 한국을 포함해 세계가 더욱 아름다워지길 바랍니다.

프롤로그

소프트파워로 동북아를
황금의 삼각지대로 통합하자

옛말에 "노산(廬山)의 진면모는 모르나 단지 인연으로 인해 이 산속에 들어 왔노니(不知廬山眞面目, 只緣身在此山中)"라고 하였다. 대만은 동북아에 위치해있지만, 정녕 우리는 이 '동북아'에 대해 얼마나 깊게 알고 있을까? 동북아 국가들은 적어도 세 가지 특징을 가지고 있다.

첫째, 동북아는 지구상에서 가장 큰 대륙인 '유라시아'와 가장 큰 바다인 '태평양'이 교차하는 지점에 자리 잡고 있으며, 역사로 인해 이제 육권(陸權)과 해권(海權)의 각축장으로 변신하게 되었다.

둘째, 동북아는 3대 공산국가의 집결구역이기도 하다. 3대 공산국가란 바로 러시아, 중공, 북한으로 이들은 지역안전과 세계평화에 상당한 위협적 요소로 작용하고 있다.

셋째, 동북아는 대만과 일본, 그리고 한국이라는 3대 소프트파워 국력을 육성하였다.

한편, 전 세계로 눈을 돌려보면 세계 각지 국가들이 성공적으로 '통합'한 사례가 여럿 있다. 대표적인 것만 손을 꼽아본다면 영연방(The British Commonwealth of the Nations)(1964) 54개 회원국, 아세안(ASEAN)(1967) 10개 회원국, 중미주통합체(ALADI)(1991) 14개 회원국, 유럽연합(European Union)(1993) 27개 회원국이 있다. 기억을 더듬어 보면, 1989년 베를린 장벽이 무너지기 전에 러시아가 주도했던 소비에트사회주의공화국연방(USSR)(1922)이 서방과 근 반세기 동안 대치했었던 사례도 있다.

세계 각지는 결국 순차적으로 하나로 뭉치고 있다. 그런데 왜 하필이면 이 지구상에 가장 큰 육지와 바다의 교차점에 있는 동북아가 제각기 따로 흩어져 있는가?

원인을 꼽아보면, 먼저 동북아가 공교롭게도 '공산전제'와 '자유민주'로 판이하게 양분된 것을 들 수 있을 것이다. 중공과 러시아, 양국은 땅도 크고 인구도 많고 국력도 강하다. 반면에 한국과 일본, 양국은 독자적으로 이 강대국들과 대항하고 있으며 힘이 부족하다. 대만은 또한 중공에 대해서 사실상 홀로 대항하고 있다. 한편, 대만과 한국은 모두 일본에 의해 식민통치를 당한 역사가 있어서 서로간 깊은 숙원을 품고 있는 것도 동북아 분단의 한 원인이다.

그러나 대만, 한국, 일본 이 세 나라는 다 합쳐 2억에 가까운 인구로서 다음 세 가지 공통점이 있다. 첫째, 다 같이 중국의 영향을 받았으나 제각기 다른 고유한 언어와 문화를 꽃피웠으며, 둘째, 모두 20세기 전후에 민주 법치국가를 건립했고, 셋째, 모두 21세기에 첨단 과학기술의 선두 국가가 되었다.

하버드대학교 케네디스쿨의 조지프 나이(Joseph Nye Jr) 교수는 2020년에 출간한 『미국외교는 도덕적인가(Do Morals matter?)』라는 자신의 저서에서 한 나라의 국력을 세 가지로 나누었다. 먼저 군사적인 힘이다. 이는 위협, 협박 및 침략의 방식으로 나타난다. 둘째는 경제적인 힘이다. 이는 위협적인 유인과 이익으로 유혹, 그리고 지원과 제재의 방식으로 나타난다. 셋째가 소프트파워로서 이는 가치, 문화, 공공정책의 방식으로 나타난다.

조지프 나이 교수는 "통신혁명과 세계화 시대에 미국은 군사적, 경제적 영향력을 보여주어야 할 뿐만 아니라 소프트파워도 잘 운용하여 세계를 이끌어 갈 수 있는 리더십을 보여줘야 한다"고 강조했다. 나는 이 말을 바이든 미국 대통령뿐만 아니라, 특히 시진핑 중공 주석에게 꼭 들려주고 싶다.

시진핑 주석은 보아오포럼에서 "국제 업무는 모든 관계자들이 다 같이 상의해서 처리해야 하며 세계 앞날의 운명도 여러 나라들이 다 같이 참여해서 정해야 한다"고 말한 적이 있다. 또한 그는 "세계는 공정을 필요로 하고 패권은 필요치 않으며 대국은 대국다워야 하며 보다 많은 책임감과 담당을 안고 있어야 한다"고 했으며 "4요(要)"(4개의 해야 하는 일)를 제시했다. 즉 "평등 협상을 해야 하며, 새로운 창조를 해야 하고 '동주공제(同舟共濟)' 해야 하며, 정의를 엄수해야 한다"는 것이다. "평등", "개방", "동주(同舟)", "정의"... 게다가 "공정을 필요로 하고 패권은 필요치 않다"니... 너무나 멋있는 말들이다. 전 세계가 시 주석의 이 말을 들었는데 다들 그가 정말로 이를 실천하는지 눈여겨 보고 있을 것이다.

이제 국제 사회가 대만을 공공연하게 민주의 모범이자, 믿을 만한 동반자, 그리고 과학기술의 선봉과 전 세계에 대한 선한 힘으로 인정한 이상, 대만은 분명 이 힘을 발휘할 수 있을 것이다(Taiwan Can Help!). 이제 우리는 적극적으로 대만의 "인권, 민주, 평화, 사랑과 첨단 과학기술" 등 우량 소프트파워로써 한국과 일본을 초청하여 함께 동북아를 '황금의 삼각 지대'로 만들어 나가야할 것이다. 그리고, 더 나아가 미국과 캐나다, 기타 민주평화국가들도 '황금의 삼각 지대'에 초청하여 이를 '민주태평양국가연합(The Democratic Pacific Commonwealth)'으로 발전시켜 나가야 할 것이다.

전 세계가 대만해협의 평화를 걱정을 하고 있을 때 대만이 홀로 마스크외교의 자아만족한 기분에 빠져 있어서는 안 될 것이다. 방역 업적에 젖어 있으나 백신을 살 수 없는 궁지에 몰려서는 안 된다. 무엇보다도 "미국은 대만을 포기하지 않을 것이다"라는 식의 자기최면에 빠져서는 더더욱 안 된다. 만약 대만 사람들이 너나 할 것 없이 돈을 버는 데에나 몰두하고, 또 집권당의 권력자들이 너도 나도 자리 지키기에만 연연한다면, 대만은 수시로 중공과 미국이 쟁패하는 세기의 쟁탈전에 힘없이 말려들게 될 수 밖에 없을 것이다.

올해 4월 23일, 유엔 안전보장이사회의 자문 신분 시민단체인 '천주평화연합(Universal Peace Federation)' 대만회와 일본회는 합동으로 '동북아평화포럼' 화상회의를 열었다. 일본에서는 전 방위청 장관 오노 요시노리(大野功統)와, 전 주호주대사 우에다 히데아키(上田秀明)가 함께 했다. 나는 이 자리에서 동북아 정세와 한국, 일본, 대만 3자가 통합하는 구상을 발표하면서 초청받은 다른 20명의 일본 학자들과 전문가들과도 대화를 나누었다. 회담 후에 나는 다음과 같은 반응을 얻었다.

"부총통의 연설은 저에게 매우 큰 감명을 주었습니다. 부총통의 강인한 의지는 제게 깊은 인상을 주었고 중국의 막강한 압박이 우리에게 닥쳐올 때 위기를 잘 대처해 나가길 바라겠습니다."

"대국은 의지하라는 존재가 아니며, 일본, 대만과 한국이 하나가 되어 공동으로 누릴 수 있는 연실력(軟實力, 소프트파워)을 건립하여 태평양 문명을 개발하자는 사고방식이 참으로 새롭게 느껴집니다."

"저는 일본, 대만과 한국이 합동으로 연실력을 기르자는 생각에 찬성하지만 문제는 어떻게 진행하느냐입니다."

하늘은 스스로 돕는 자를 돕는다고 하였다. 우리 대만도 우리 대만인 스스로가 구해야 할 것이다.

대만 정부와 대만 국민들이 소프트파워를 활용하여 대만, 일본, 한국의 동북아 황금 삼각지대를 통합할 수 있기를 바라고 나아가, '민주태평양국가연합'을 꼭 구축할 수 있기를 바란다.

제1장

대만은 어떻게 만들어졌나

우주, 지구, 인류

대만의 유래, 대만땅이 어떻게 만들어졌고 여기서 어떤 문명이 들어섰는지에 관한 문제는 대만의 현재는 물론 미래 운명과도 직결되어 있는 문제다.

과학자들은 우주가 약 135억 년 전의 빅뱅으로 만들어졌다고 말한다. 대략 45억 년 전에는 지구가 만들어졌고, 38억 년 전에는 이 지구상에 생물이 나타났다. 6백만 년 전에는 인류와 침팬지의 공동 조상이 출현했으며 250만 년 전에는 동아프리카에서 '사람속(Homo)'이 나타났다. 2백만 년 전에는 이 사람속이 북아프리카, 유럽 및 아시아로 이주하면서 서로 다른 종으로 분화했다. 유럽과 중동으로 이주한 사람속 중에 하나는 네안데르탈인(Homo Neanderthalensis)이라고 불렸는데 이들은 3만 년 전에 멸종되고 말았다.

20만 년 전 사람속 중에 하나이자 현존 인류인 '호모사피엔스(Homo sapiens)'가 동아프리카에서 진화했다. 7만 년 전 동아프리카 호모사피엔스가 집단적으로 아프리카의 바깥 대륙으로 진출하였는데 약 4만 5천 년 전에 호주대륙에 도착하였고 1만 6천 년 전에는 미주대륙에 도달했다. 아시아의 호모사피엔스는 대략 6만 년 전 동남아시아에 도착한 후, 다시 적도 부근의 '순다랜드(Sundaland)'에 도달했다. 당시에 '순다랜드'는 말레이시아, 인도네시아의 수마트라, 자바와 보르네오를 포함하여 중남반도(中南半島, 인도차이나반도)와 모두 연결되어 있었다.

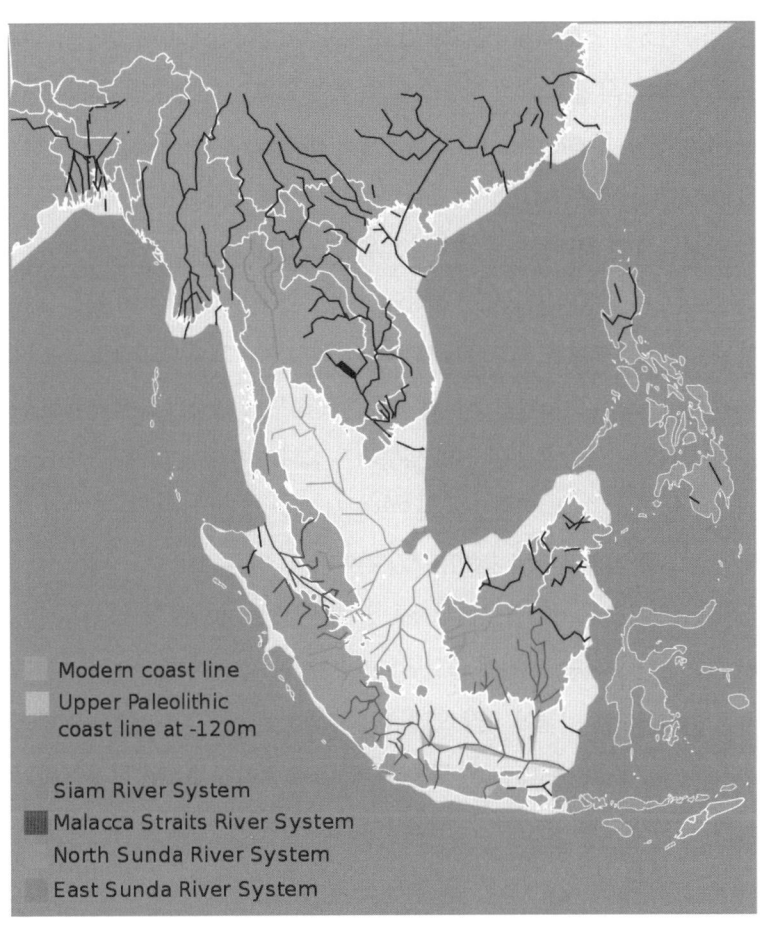

빙하기의 순다랜드 지역. 순다랜드에서는 인도네시아가 인도차이나 반도와 연결되어 있었으며 대만도 중국 대륙과 연결되어 있었다. (출처:위키피디아-Joe.mambo)

옛날 옛적의 대만인

약 7만 5천 년전 내지 1만 2천 년전 사이 제4빙하기에 속해 있던 시기에 대만과 일본, 그리고 중국 대륙은 서로 붙어 있었다. 동중국해 고(古)대륙, 류큐(오키나와) 고(古)대륙, 그리고 펑후육교(澎湖陸橋, 현재는 대만과 중국 사이의 펑후섬이다), 남중국해 고대륙과 순다랜드 고대륙이 연결되어 있었는데 대만은 공교롭게 이 고대륙들의 교차점에 위치해 있었다.

빙하기의 빙설이 녹으면서 동남아시아와 순다랜드 고대륙에 살고 있는 호모사피엔스는 낮은 해변가를 따라 남쪽에서 북쪽으로 이동하였으며 많은 호모사피엔스가 대만에 도착한 후 정착해 살면서 이곳의 가장 오래된 원주민이 되었다. 1만 2천 년 전에 빙하기가 끝나기 전에는 대만해협이라는 바다는 없었다. 그 후 바닷물이 차오르면서 대만 주변이 바닷물에 잠겨 대만은 섬으로 변하고 대만해협이 생긴 것이다.

고고학자들에 따르면, 대만 최초의 '창빈문화(長濱文化)'와 '쥐전문화(左鎮文化)'가 약 5~4만 년 전에 출현했으며, 태평양 각 도서 중에서는 파푸아뉴기니의 고(古)주민들이 가장 오래전인 약 2만 년 전에 나타났다. 그 밖에 통가(Tonga)나 팔라우(Palau)의 고주민들은 약 1,200~1,000년 전에 나타났는데, 결국 대만의 선인들이야말로 태평양 지역에서 가장 오래된 인류임을 알 수 있다.

중화민국(대만)을 구성하는 것은 대만 본섬 외에 펑후(澎湖, Penghu Qundao), 진먼(金門, Kinmen Islands), 마쭈(馬祖, Mazu Dao) 등이다. 이중에서 진먼과 마쭈는 중국 대륙과 더 가까이 붙어있다. (출처:위키피디아-Unknown author)

'태양의 제국'과 대만

고고학자들은 인류 최초의 문명은 중동의 티그리스강과 유프라테스강 유역 가운데의 '메소포타미아의 수메르 문화'라고 말한다. 지금으로부터 약 1만 1천년 전이었다. 이보다 이전의 인류 문명은 두 가지 유래로 기록되어 있다. 하나는, 기원전 360년 그리스 철학자 플라톤이 『대화록』에서 묘사한 대서양의 '아틀란티스 제국 문명', 또 하나는 1926년 영국 군관 제임스 처치워드(James Churchward)의 저작 『잃어버린 대륙, 무대륙(The Lost Continent of Mu, the Motherland of Men)』에서 처음 소개된 태평양의 '무(Mu) 대륙', 바로 '태양의 제국' 문명이다.

무대륙과 아틀란티스는 많은 공통점이 있었다. 예컨대, 지진으로 인해 멸망했다는 것, 대홍수가 발생하였다는 것, 또 하룻밤 사이에 바닷속으로 가라앉았다는 것, 또 1만 2천 년 전에 소멸했다는 것 등이다. 특히 1만 2천 년 전에 지구의 제4빙하기가 끝나자 지각의 불균형으로 인해 틈이 생겨서 여러 화산들이 폭발했다는 것은 지질학자들의 공통된 견해다. 화산폭발에는 강력한 지진이 수반되고 이어서 대홍수가 발생하여 하룻밤 사이에 섬이 바닷속으로 가라앉았다. 태양의 제국의 멸망은 아마도 100미터 이상에 달하는 '슈퍼 쓰나미'에 의한 것으로 여겨지는데, 그렇게 사라진 태양의 제국의 흔적을 찾으려면 반드시 화산폭발로 인한 메가톤급 쓰나미에 대한 탐색부터 시작해야 할 것이다.

관련해 대만에서 '대만고문명연구실(台灣古文明研究室)'의 창설자 허시엔롱(何顯榮) 교수와 '대만원주민족문화연맹(台灣原住民族文化聯盟)'의 린승의(林勝義) 교수 등의 학자들이 고대문명 유적을 샅샅이 뒤지면서 조사와 연구활동을 펼쳤다. 이들은 대만이 실은 빙하시대에 '태양의 제국' 문명의 중심이며 심지어 그 수도 소재지였다고 주장하고 있다.

2001년 국제해양시추선 '연합과감호(聯合果敢號)'가 대만 동북해역이자 남오키나와의 해저 ODP1202 시추점에서 지질시추작업을 하였는데, 여기서 길이 410미터나 되는 침적(沈積) 암석의 표본(rock core)을 채취하여 세 가지 다른 방법으로 그 햇수를 감정해보았다. 결과는 1만 2천 년 전에 바닷속으로 가라앉은 육지 침적물이 있다는 것이다. 전문가들은 이 침적물의 기원을 알 수 없었다. 그러나 그 조직성분이 대만산 꼭대기의 그것과 유사하였고 그 속에 화산재 과립물이 섞여 있어 이는 결국 부근에서 화산폭발이 있었다는 증거로 받아들여졌다.

또한 2004년 대만 '국도신건공정국(國道新建工程局)'이 대만의 쉐산(雪山, 해발 고도 3,884m 에 달하는, 대만에서 두 번째로 높은 산이다. - 옮긴이) 터널에서 솟아 나온 물을 채취하여 실험해 본 결과, 쉐산 산맥의 북단에 '만년고수(萬年古水)'가 있고 '지하천연수고(地下天然水庫)'가 있음을 알게 됐다. 이런 자료들에 근거하여 쉐산 산맥 북단은 옛적부터 '계층형 화산섬'에 속해 있는 지질이었고 화산이 쉽게 폭발하면서 대형 산사태를 낳을 수 있고 또 엄청난 해일을 일으킬 수 있다는 것을 알게 됐다.

허시엔롱 교수는 2005년 9월 초 한국의 제주도에서 개최한 '제3차 아시아 및 태평양해안 국제학술회의'에서 '1만 2천 년 전 대만 동북해역에서의 거대 쓰나미 발생(Mega-tsunami in Northeastern Taiwan at Least 12,000 Years Ago)'이란 논문을 발표했는데, 회의에 참석한 전문가와 학자들로부터 큰 관심을 받게 됐다. 이 한 편의 논문으로 말미암아 대만의 고대사가 빛을 보게 되었고, 또한 대만 고대문명 유적의 시(時)와 공(空)이 연결되어 세계문명사의 최초 시(時),

공(空)과도 이어질 수 있는 서광이 비춰지게 됐다.

1만 2천 년 전 쉐산 산맥의 북단에서 화산이 폭발하여 엄청난 산사태를 초래하였고 산 위의 흙과 돌이 태평양으로 굴러 떨어져 ODP1202 시추점까지 표류하게 되었다. 현재 대만 동북 모서리의 란양평원(蘭陽平原)에서 궤이샨다오(龜山島) 동쪽 부분이 붕괴되어서 태평양으로 쏟아졌고 이로 인해 거대한 쓰나미가 일어났으며 대만과 태평양에 있는 도서와 사방 연안에 있는 문명이 파괴되고 말았다. 이것이 태양의 제국의 멸망과도 시간이 맞아떨어지니 이로써 이것이 '태양의 제국은 바로 고대 대만에 있었다'는 가설의 한 증거가 될 수 있었던 것이다.

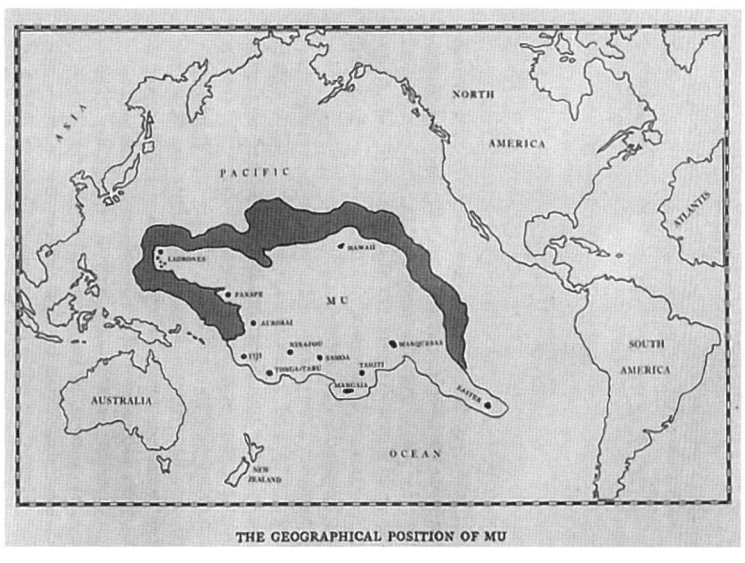

'잃어버린 대륙'이라고 부르는 '무 대륙' 설화와 대만은 무관하지 않다. '무 대륙'이 만든 '태양의 제국'의 수도 소재지가 바로 대만이라는 이론이 있을 정도다. 사진은 『잃어버린 대륙, 무대륙(The Lost Continent of Mu, the Motherland of Men)』에 실린 무대륙 지도.
(출처 : 위키피디아-James Churchward)

대만의 구석기시대와 신석기시대

　　대만의 선사적 기원은 역사적 기원보다도 대만이 태평양 외교에서 갖는 우위와도 더 밀접한 관련이 있다. 이하의 이야기는 다소 낯설고 장황할 수도 있을 것인 만큼 건너뛰어서 읽어도 무방하나, 뒤에서 대만의 현재, 미래에 대한 필자의 이야기를 읽은 뒤에라도 다시 한번 살펴 봐주길 바란다.

　　선사시대의 대만 문명은 구석기와 신석기, 두 시대로 나뉜다. 1960년대 '다번컹문화(大坌坑文化)'와 타이둥(台東)의 '창빈문화(長濱文化)'가 발견된 이래, 대만의 고고학자들은 관련해 1,500~1,600여 군데의 유적지를 더 발견하였으며 그중에서도 100여 군데가 매우 중요하다.

　　대만의 구석기시대는 5만 년 전에서 1만 2천 년 전으로 보고 있다. 1968년 타이둥(台東) 창빈빠셴둥(長濱八仙洞)에서 '창빈문화(長濱文化)' 유적이 발견되었는데 여기에는 석기, 골 침, 골 쑤시게, 골 낚시바늘 등 구석기시대의 산물들이 포함되어 있었다. 연대가 대략 5만 년 ~ 8천 년 전의 것으로 추정돼 대만에서 여태껏 발견된 것들 중에서도 가장 오래된 기물들로 보고 있다.

　　한편, 1977년 타이난(台南)에서 '쭤전인(左鎮人)'의 두개골 화석이 발견되었는데 이는 지금으로부터 3~2만 년 전의 것이다. 1980년 대만 먀오리(苗栗), 다후(大湖)에서도 선사시대 인류의 유적 '망형문화(網形文化)'를 발견하였는데 역시 지금으로부터 약 4만 7천 년 ~ 8천 년 전의 것으로 추정되었다. 1998년에는 중국과 대만 사이 펑후(澎湖) 바다 골짜기에서 지금으로부터 4만 년 ~ 1만년 전 인류의 오른쪽 상완골 화석을 건져 내기도 하여 이를 '대만육교인(台灣陸橋人)'이라 불렀다.

2007년 미국 과학원이 동남아의 옥기(玉器, 옥그릇)는 80%가 대만 풍전(豊田)에서 생산된 것이라 하여 '대만 옥기 확산이론'은 오스트로네시아어족(Austronesian, 오늘날 말레이시아, 필리핀, 인도네시아, 미크로네시아, 폴리네시아, 뉴질랜드 등 태평양의 원주민들을 부르는 통칭으로 남도어족(南島語族)이라고도 한다. - 옮긴이)의 고향이 바로 대만이라고 증명할 수 있게 됐다. 태평양 피지(Piji)에서 출토됐던 사람 얼굴 모양의 옹기(陶器, 질그릇)도 대만의 원주민의 것에서 유래된 것이라 판단된다. 피지인들은 폴리네시아인들이므로 이를 보면 폴리네시아인들도 실은 대만에서 이주해간 사람들임을 알 수 있다.

타이베이 위엔산(圓山) 패총(貝塚) 유적지에서는 세계 최대의 칼갈이돌(마도석)과 덮개집이 발견되기도 했다.

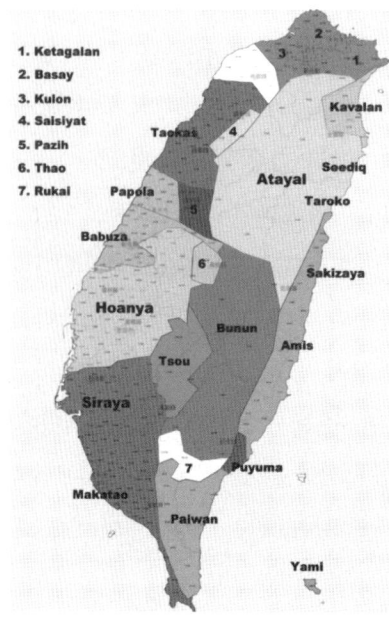

1만 2천 년 전에 발생한 거대한 쓰나미와 화산폭발이 대만의 태양의 제국 문명을 남김없이 파괴했다. 선조들은 부락형 보트 뗏목(雞籠)을 타고 대만에서 남양(南洋) 각지로 이민하여 오스트로네시아어족의 판도를 형성했던 것으로 보인다.

청나라때 중국인들이 대거 건너와 오늘날 대만의 주류인 이른바 '대만 본성인'을 구성하기 이전에도 대만에는 오스트로네시아어족의 원류가 되는 원주민이 살고 있었다. 사진은 대만 원주민 분포도.
(출처 : 위키피디아-User:Bstlee)

1964년 대만대학교 연구팀이 발견한 대만 빠리(八里) 다번컹(大坌坑) 유적지는 주로 서해안, 타이베이 원산(台北圓山), 타이난 귀인팔갑촌(台南歸仁八甲村), 가오슝 린위엔 펑비터우(高雄林園鳳鼻頭), 화련월매(花蓮月眉)에 분포되어 오스트로네시아어족의 최초 문화로 간주되고 있는데, 이는 대만 신석기시대의 것으로는 최초로 발굴된 문화유적이다.

다번컹 문화(6,300년 ~ 3,400년 전)의 도기(陶器)는 '조승문도(粗繩紋陶)'라 불렸다. 다번컹 문화는 후에는 점차 북부의 쉰탕푸문화(訊塘埔文化), 중부의 뉴마터우문화(牛罵頭文化), 남부의 뉴저우즈문화(牛稠子文化), 동부의 승문홍도문화(繩紋紅陶文化)로 발전했다.

고고학자들은 오스트로네시아어족의 분포 지역 연구를 통해 신석기 유적지에서 출토된 기물 가운데 대만 다번컹 문화의 연도가 제일 오래됐음을 알게 됐다. 오스트로네시아어족의 선조문화라 할 수 있다.

대만 원주민인 카이다거란(凱達格蘭)족과 카마란(葛瑪蘭)족 부녀자들이 사용하는 뜨개질의 천은 초기부터 바나나실을 원료로 삼았고 이러한 기술이 세계 각지의 원주민들에게 전파되면서 보편적으로 사용케 됐다.

2천 년 전에 카이다거란족은 이미 석탄 채굴기술을 알고서 석탄을 사용했으며 철광을 제련했다는 증거도 발견됐다. 그리고 카이다거란족은 잡금을 순금과 순은으로 분리하는 기술도 가지고 있었다. 대만 동북부의 꿍랴오(貢寮) 옌랴오만(鹽寮灣)은 고대 카이다거란족의 철 제련 장소였다. 이곳에는 석탄업, 철광업, 동광업, 사금광업, 금은광업의 유적이 있는데 고대 금속 제련공업 구역이라고 할 수 있다. 1994년 대만중앙연구원 첸광쯔(陳光祖) 교수가 대만의 제4기 원자력발전소 단지에서 '철 제련 유적지'를 조사하던 중에 쇠찌꺼기가 여기저기 흩어져 있는 것을 발견했는데, 연구결과 이곳이 고

대에 철광 제련활동 장소임을 알 수 있었다.

2006년 대만 고고학연구팀은 대만 남부 과학공업단지 도야(道爺) 남쪽 유적지에서 손에 양날쇠검을 쥐고 있는 남성 유골을 발굴했다. 이 양날쇠검은 대만 북부 옌랴오만(鹽寮灣)의 고대 공업지역에서 만든 것으로 추측되며 지금으로부터 1,500년 전인 츠타파인문화(屬鳶松文化)에 속한다고 한다.

한편, 2007년 대만대학교 연구팀은 대만 신베이(新北) 꿍랴오의 꿔시자이유적지(過溪仔遺址)에서 수백 개의 승문옹기(繩紋陶) 파편을 발굴하였는데 이도 지금으로부터 4천 5백년 전의 것으로 추정됐다.

타이둥(台東) 타이마(太麻)리 옛 향란(香蘭)유적지도 지금으로부터 2,200년 전에서 1,900년 전에 황금 가공업을 포함한 선사시대 금속공업과 관계된 것으로, 2천 년 전의 대만이 이미 황금 가공기술을 가지고 있었다는 증거로 여겨지고 있다.

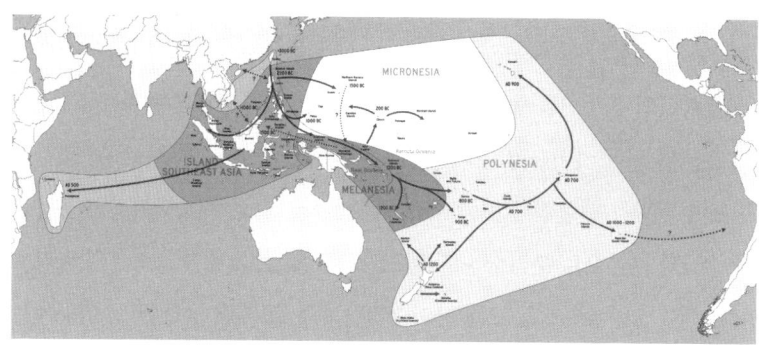

오스트로네시아어족이라고 불리는 태평양의 거의 모든 원주민들, 심지어 마다가스카르의 원주민들까지도 대만을 원류로 보는 것이 오늘날 고고학의 정통이론이다. "Complete Mitochondrial Genome Sequencing Reveals Novel Haplotypes in a Polynesian Population". PLoS ONE 7 (4): e35026. 논문에서 재인용. (출처 : 위키피디아-Obsidian Soul)

고대 태평양 문명과 원주민의 기원, 대만

　근래 국제적으로도 인류의 고대문명을 연구하는 학자와 전문가들이 학술 논문 발표 등을 통해 대만 선사시대의 역사에 관심을 보이는 일이 드물지 않다. 이 모든 압도적 연구의 결론은 대만이 바로 태평양의 현재 거의 모든 원주민들, 오스트로네시아어족의 고향이라는 것이다.

　1975년에 언어학자인 리처드 슈트러(Richard Shutler, Jr.)와 제프리 마크(Jeffrey Marck)가 '오스트로네시아어족의 확산(On the dispersal of the Austronesian horticulturalists)'이라는 논문을 발표하면서 대만이 오스트로네시아어족의 발원지라고 주장했다. 고고학과 언어학, 양 방면에서 본다면 오스트로네시아어족의 확산은 원예 농작과 관계있음을 알 수 있다. 이것이 첫 번째로 대만을 오스트로네시아어족의 기원으로 보는 이론이었다.

　1976년 로버트 블러스트(Robert Blust) 박사가 논문 '오스트로네시아어족의 문화역사: 언어학의 추측과 그와 상관되는 고고학의 기록(Austronesian culture history: Some linguistic inferences and their relations to the archaeological record)'을 발표하면서 어음의 변화와 언어의 창작으로 언어의 분포와 분류를 추적하여 오스트로네시아어족 대만 원향론(原鄉論)의 결론을 얻어냈다.

오스트로네시아어족에 대한 많은 연구업적을 남긴 로버트 블러스트 박사. (출처 : 위키피디아-Bradley Rentz)

1984년 로버트 블러스트 박사가 '오스트로네시아어족의 원고향 : 언어학적 관점(The Austronesian Homeland : A Linguistic Perspective)'이란 논문을 발표하면서 역시 오스트로네시아어족의 원래 고향은 대만이라고 추측했다. 같은 해에 하와이대학의 바바라 시얼(Barbara Thiel) 교수도 필리핀의 루손섬(Luzon island)과 대만의 고고학적 자료를 비교한 결과로 대만을 오스트로네시아어족의 원주거지라 추측했다.

　1991년 호주학자 피터 벨우드(Peter Bellwood)가 쓴 '오스트로네시아어족의 확산과 원래의 오스트로네시아어족어(The Austronesian Dispersal and the Origin of Languages)'란 논문에서 오스트로네시아어족은 일곱 단계로 나뉘 대만에서 바깥의 세계로 확장하면서 최종적으로 뉴질랜드에 도달했다고 했다. 1995년에는 스탠리 스타로스타(Staley Starosta)란 학자도 대만 타이난평원(台南平原)은 분명히 오스트로네시아어족 발산의 중심지라 했다.

　1998년 뉴질랜드 생물학자 제프리 챔버스(Geoffrey Chambers)는, 연구를 통해 폴리네시아(Polynesia)인과 마오리(Maori)인의 선조는 대만을 기점 삼아 태평양을 건너 점차 현재 정착한 주거지로 이주했을 가능성이 매우 크다고 했다.

　1999년 로버트 블러스트 박사가 발표한 연구 결과에 따르면, 오스트로네시아어족 계통은 1,200가지의 언어가 있으며 10개 줄기로 갈라진다고 했다. 이 중에 9개 줄기에는 대만의 핑푸(平埔)족과 고산 원주민의 26가지 언어가 포함되어 있으며, 1,174종 언어는 나머지 1개 줄기에 포함된다고 했다.

　『총, 균, 쇠(Guns, Germs, and Steel)』라는 책으로도 잘 알려진 제러드 다이아몬드(Jared Diamond)가 2000년도에 「네이처(Nature)」지에 투고한 '대만이 세계에 준 선물(Taiwan's Gift To The World)'이란 논문에서도 오스트로네시아어족의 기원지를 대만으로 본다고 했다.

2002년 9월, 대만중앙연구원에서 오스트로네시아어족의 기원에 대한 국제포럼을 개최하였는데 프랑스 국가과학연구센터의 학자인 로랑 사가트(Laurent Sagart)와 노르웨이 오슬로 대학교의 학자인 크리스토프 합스마이어(Christoph Harbsmeier)도 역시 대만원향론을 지지했다.

『총, 균, 쇠』의 저자로 유명한 제러드 다이아몬드 박사도 오스트로네시아어족의 대만 기원설을 주장했다. (출처 : 위키피디아-HiraV)

2003년 타이베이에서 남도민족건강회의(南島民族健康會)가 개최되었을 때, 제프리 챔버스 교수는 유전자 감정법을 이용해 대만 원주민 체내에 알콜에 대한 민감함을 방지하는 보호 유전자가 결핍돼있다는 점에서 다른 오스트로네시아어족과 흡사하다는 것을 발견했다. 이 역시 'DNA 유전적 요인'이라는 증거로써 오스트로네시아어족 대만원향론을 입증하는 것이다.

2009년 1월 뉴질랜드 오클랜드대학의 러셀 그레이(Russell Gray) 교수는 「사이언스(Science)」지에 최신 지역 언어 연구를 발표하면서 폴리네시아인이 대만에서 연유하였다고 밝혔다. 미국 휴스턴 베일러 의과대학의 데이비드 그레이엄(David Graham) 교수는 두 가지 헬리코박터 파일로리균(Helicobacter pylori)으로 인류의 이동 역사를 추적했던 바, 그 중 한 종류의 헬리코박터는 약 5천 년 전 대만 원주민이 이동할 때 멜라네시아(Melanesia)와 폴리네시아(Polynesia)로 함께 이동한 것이라고 밝혔다.

2015년 엘리자베스 마티수-스미스(Elizabeth Matisoo-Smith)가 비스마르크 군도(Bismarck Islands)에서 실시한 연구를 통해 3,400년 전에 대만에서 온 라피타(Lapita) 문화를 발견했다.

2016년 호주국립대학교 매튜 스프릭스(Matthew Spriggs) 교수가 「네이처(Nature)」에 발표한 논문에서 DNA 비교 결과로 밴나투(Vanutu)와 통가(Tonga) 왕국의 첫 이주민은 대만에서 왔을 가능성이 있다고 했다.

한편, 스웨덴 과학자인 피터 사보라이넨(Peter Savolainen) 교수 등이 2002년 11월 「사이언스(Science)」지에 발표한 논문에서, 4년간 유럽, 아시아, 아프리카 및 북미주에 분포된 654마리 현대 견종의 미토콘드리아(Mitokondeulia) 유전자 배열을 연구해 본 결과로 가장 변이량이 많은 계통은 대략 1만 5천 년 전의 뿌리가 동아시아 쪽인 한 마리 늑대의 유전자에서 비롯된다고 했다. 다시 말해 세계 각지 개의 기원은 동아시아 주민들이 키웠던 암캐이며 개의 공동 조상인 아시아 견종은 일본이나 중국 동부에 흩어져 살았을 가능성이 있다는 것이다. 고증에 의하면 일본 개의 기원은 조몬(繩文)시대이고 최초는 1만 년 전이었다. 출토된 시바 견종의 뼈는 남방 민족이 데리고 간 개의 것이므로 아마 이도 대만에서 유래됐을 가능성이 있다.

기원이 대만인 것으로 여겨지는 것은 개만이 아니다. 일본학자 오자키 히데마(尾崎秀真)는, 하(夏), 상(商), 주(周) 세 나라 이전에 중국에서 화폐 재료로 사용했던 자안패(子安貝)가 바로 열대 해양 산호초부근에서 서식하고 있는 보배조개(寶螺)이고 원산지가 대만이므로 흑조(黑潮, 쿠로시오 해류)를 따라 북으로 옮겨갔을 가능성이 있다고 했다.

15세기의 한 항해도에는 아틀란티스가 남긴 두 개의 큰 섬 '안티리아(Antilia)'와 '사타나즈(Satanazee)'가 나온다. 1995년 미국 남폴로리다대학교(University of South Florida)의 로버트 휘센(Robert Fuson) 교수가 『대양 섬의 전설(Legendary Islands of the Ocean Sea)』이라는 책을 출간하였는데, 그는 아틀란티스가 남긴 섬과 관련해 네 가지 요소, '모양과 크기', '주요 하구', '5대 하천과 해안선 특징', 그리고 '사금(沙金)의 함량' 등이 대만과 거의 같다고 말했다. 로버트 휘센 교수는 15세기 항해도에 나오는 서쪽 작은 이마나(Ymana)섬이 바로 대만의 서쪽섬 펑후군도이며, 안티리아섬이 바로 대만이라고 단언했다.

제2장

대만은 누구의 것인가

대만은 중국의 "고유영토"가 아니다

대만(Taiwan)과 중국(China)은 역사적으로 과연 어떤 관계에 있는가?

고고학자들의 연구에 따르면 빙하기에는 일본 열도와 대만은 모두 유라시아 플레이트 대륙붕에 속해 연결되어 있었다. 그런데 1만 2천 년 전에 대량의 빙산이 녹아서 바다와 해협이 만들어지고 대륙붕이 붕괴되고 갈라지면서 일본과 대만, 펑후(澎湖, 대만과 중국 사이 대만해협의 대표적인 섬인 이 섬은 포르투칼어로는 '페스카도레스(Pescadores)'라고도 한다. - 옮긴이), 그리고 류큐(오키나와) 등의 섬이 나타난 것이다.

중국 역사상에 비록 진시황이 불로초를 찾기 위해서 서복(徐福)을 시켜 해상에서 신선이 살고 있다는 봉래선도(蓬萊仙島)를 찾으라고 했다는 전설이 있기는 하다. 하지만 1137년 송나라 고종 시대의 매우 유명한 지도인 한 폭의 '화이도(華夷圖)'에서도 대만은 찾아볼 수가 없는 게 사실이다.

대만은행(台灣銀行)에서 출간한 『대만문헌총간(台灣文獻叢刊)』에 열거된 140명 중국 역사상의 명인 모두가 대만은 자고로 중국에 속하지 않았다고 했다. 예컨대 1663년 정경(鄭經, 대만을 처음으로 정복한 명·청대의 장수인 정성공의 아들이다. - 옮긴이)은 "동녕(東寧, 대만)은 중국의 판도와는 묘연하게 관계가 없다"고 했고, 1698년에 현존하는 가장 오래된 대만여행기인 『패해기유(裨海紀遊)』를 쓴 욱영하(郁永河)도 "대만은 여태껏 중국과 통역을 두고 사자를 보내 중국에 조공하러 온 적이 없다"고 했다. 1722년 청나라 제5대 황제인 옹정황제(雍正皇帝)도 "대만은 자고로 중국에 속하지 않았다"고 했다.

오히려 일본인의 선조가 일찍이 13세기부터 대만을 점령했다고 하며 그들은 대만이 일본제국 도서의 고리를 이은 일부분이라고 했다. 일본 도쿠가와 막부는 1633년에 쇄국정책을 실시하면서 일본인들이 해외에 나가는 것을 금지했는데, 네덜란드 사람들에 대해서는 일본 막부의 허가를 받고 펑후를 통해서 대만에 들어가는 것이 허용됐다.

역사적으로 명확한 것은 네덜란드 사람들이 1624년 대만 남부의 타이난(台南) 안핑(安平)을 점령하여 '질란디아 요새(熱蘭遮城, Fort Zeelandia)'를 세웠다는 것이다. 다만, 네덜란드 사람들은 타이난을 중심으로 세력을 떨쳤을 뿐 대만 전역으로 점령을 확장하지는 않았다. 1626년 스페인 사람들이 대만 북부 지룽(基隆)항에 상륙하여 대만 중부 후웨이(淡水)에서 성을 쌓기도 했다. 그러나 이들은 1642년에 대만 남부에서 북상한 네덜란드 사람들에 의해 쫓겨났다.

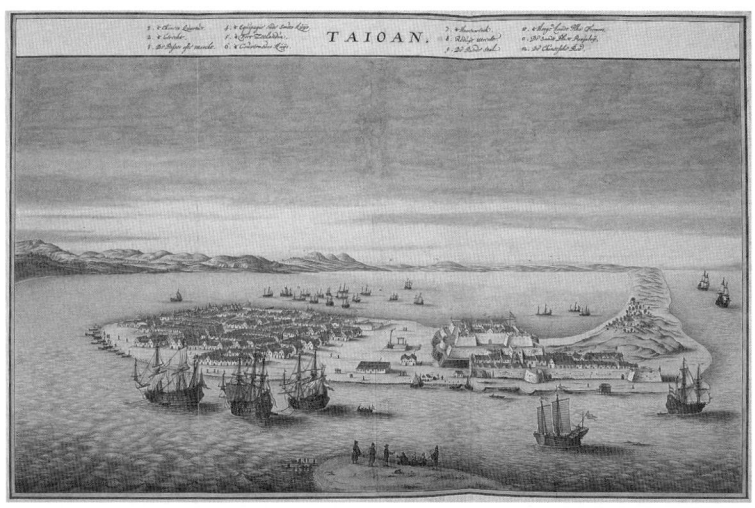

질란디아 요새는 네덜란드 동인도 회사가 1624년부터 1634년까지 10년에 걸쳐 대만에 건설한 요새다. 네덜란드 동인도 회사가 그린 당시 요새 전경. (출처 : 퍼블릭도메인)

대만섬의 다른 명칭인 '포모사(Formosa)'도 실은 서양인이 지은 것이다. 1500년대 배를 타고 대만을 지나가던 포르투갈인들이 대만의 아름다운 풍광에 반해 '일하 포모사(Ilha Formosa)'라고 명명했다. 이 말은 포르투갈 말로 '아름다운 섬'이라는 뜻이다.

대만과 중국이 정식으로 관계를 맺은 것은 이미 일본과 네덜란드, 스페인이 거쳐 간 이후인 1661년에 이르러서였다. 명·청대의 군인인 정성공(鄭成功)이 '반청복명(反淸復明, 청나라를 물리치고 명나라를 다시 세운다)'을 외치면서 네덜란드 사람들을 쫓아내고 중국인으로서는 최초로 대만을 다스리기 시작했다(정성공의 어머니는 일본 히라도번(平戶藩)의 번사 다가와 시치자에몬(田川七左衛門)의 딸인 다가와 마츠(田川松)다. 이에 일본의 대만통치시기에는 정성공을 '대만섬을 처음으로 정복한 일본인'으로 선전하기도 했다. – 옮긴이). 1683년 청나라 군대가 바다 건너 대만으로 공격해 들어왔는데 정성공의 손자인 정극환이 투항하기까지의 정씨왕국(동녕국) 통치기는 22년간으로, 이는 네덜란드가 대만을 점령했던 38년보다도 더 짧은 기간이다. 1684년 청나라 강희황제 때 대만은 정식으로 청나라 판도에 편입되었다. 당시 대만 인구는 약 2만 명 정도였다. 청나라는 200년 후인 1885년에 대만을 '성(省)'으로 격상시켰다. 그때 인구는 200만 명에 달했다. 하지만 대만을 '성'으로 격상시킨 지 10년이 채 못되어서 청나라는 이를 일본에 "영원히 할양"해 주었다. 대만이 중국의 "고유영토"가 아니었던 만큼, 중국 지도자의 눈에는 이 땅이 결코 "신성불가침" 고유영토가 아니었던 것이다.

1895년 청나라와 일본 사이의 '시모노세키 조약(馬關條約)'에 서명한 정치가인 이홍장(李鴻章)은 나라를 팔아먹고 욕되게 했다는 죄명을 씻기 위해서 서태후에게 당시 대만에 대해서 다음과 같이 보고했었다.

"대만은 독이 만연한 황무지이고 미지의 섬입니다. 새들이 지저귀지 않고 꽃이 향기롭지 아니합니다. 산은 청명하지 않으며 물은 맑지 않습니다. 섬에는 개화되지 않는 사람들이 살고 있으며 남자는 무정하고 여자는 의리가 없습니다. 버려도 아깝지 않은 곳입니다."

중국에 의해 일본에 '영구할양'된 대만

청나라는 조선의 종주국을 자처했었다. 하지만 1875년 일본 운요호 군함이 조선의 강화도 근해에서 조선군의 포격을 받으면서 상호 간에 충돌이 발생했고 이후 청나라와 일본, 양국은 조선이 독립적 자주국가임을 인정했다.

그러다가 1894년 3월 조선에서 '동학(東學)'이 생기고 농민들의 저항 움직임이 생기자 청나라가 조선에 파병을 하게 됐고 이를 일본에도 통보했다. 7월 23일 일본군이 조선왕궁에 난입하여 국왕 이희(李熙)(고종)를 감금하였다. 청나라 정부는 이에 황급히 대응하여 8월 1일 대일 선전포고를 했다. 비록 일본과 청나라의 쌍방의 전쟁터는 대만과는 많이 떨어져 있었지만, 이로 인한 전쟁의 결과로 대만이 일본의 식민지가 되어버렸다.

갑오전쟁(甲午戰爭, 청일전쟁) 발생 후 청나라 군대는 연이어 패전을 당했다. 1894년 9월 16일 청나라 북양함대의 주력함이 일본군에 의해 격침당하고, 청 정부는 이홍장을 보내 전권 자격으로 협상하도록 했다. 1895년 3월 20일 이홍장(李鴻章), 이경방(李經方, 이홍장의 양아들), 오정방(伍廷芳)이 일본 시모노세키(馬關)의 슌반로우(春帆樓)에서 일본 수상 이토 히로부미(伊藤博文), 외무대신 무쓰 무네미쓰(陸奥宗光) 등과 근 한달 간의 정전회담을 했다.

1895년 4월 17일, 청나라와 일본, 양 국가는 '시모노세키 조약'에 서약

하여 청나라 정부는 대만과 펑후를 영구히 일본에 할양했고, 이로써 대만은 212년 간의 중국과의 예속관계를 영원히 끝맺었다. '시모노세키 조약' 제2조는 다음과 같이 약정하고 있다.

"중국은 아래 지방을 관리하는 권한과 이 지역의 모든 보루(堡壘, 요새), 군용 기기, 공장 및 모든 공적 물품은 영원히 일본에게 양도한다.
(2) 대만 전체와 모든 소속 도서.
(3) 펑후 열도."

1895년 6월 2일, 대만 민간의 저항을 두려워했던 청나라 정부 대표 이경방은 일본 초대 대만 총독 가바야마 스케노리(樺山資紀)와 지룽(基隆) 근해의 배 위에서 인계식을 가졌다. 이후 1945년 일본이 패전하여 항복할 때까지 50년 동안 대만과 펑후는 일본제국의 영토로 전락되고 말았다.

청나라 정부가 '시모노세키 조약'을 체결하여 대만과 펑후를 일본에 양도했다는 소식이 전해지자 사전에 전혀 이를 알지 못했던 대만인들의 반일감정은 봇물처럼 터져 나왔다. 구봉갑(丘逢甲, 추펑찌아)을 위주로 한 민간 지사들은 청나라 정부에 대만을 포기하지 말라고 긴급 타전하기도 했다.

시모노세키 조약 당시 대만 할양 문제를 논의하고 있는 일본과 청나라 정치인들.
(출처 : 퍼블릭도메인)

대만민주국이 건국되다

1895년 5월 16일 구봉갑이 지방 관리와 연합하여 '대만민주국(台湾民主國, Republic of Taiwan)'을 건국했다. 대만 순무(巡撫, 명·청시대의 지방장관) 당경숭(唐景崧)을 대만민주국 대총통으로 공동추대하면서 5월 23일에 각 국가들을 대상으로 다음과 같은 '대만민주국 자주선언(台灣民主國自主宣言)'을 발표했다.

"이미 열강과 수 차례 협상했으나 대만은 반드시 스스로 자주(自主)를 해야 도움을 받게 되는 것이고, 대만동포들은 왜구에 복종하여 적을 섬기느니 차라리 싸워서 죽겠다고 생각한다. 그래서 대회(大會)의 결의로 대만이 자주하여 민주국으로 나라를 세워 관리들은 전부 국민이 선출하여 모든 공무는 공정하게 처리하도록 한다……"

5월 25일에 대만민주국이 정식으로 창립되어 당경숭과 구봉갑, 두 사람이 총통, 부총통에 취임하고 푸른 바탕에 노란 호랑이를 국기로 삼았다. 연호는 '영청(永淸)'으로 하였는데 이는 대만인의 민심이 청나라에 있다는 뜻이었다. 이들이 비록 대만에서 자력으로 국가를 건립하긴 했지만, 어떻든 일본군은 예정대로 대만을 인수했고 항거 세력을 강하게 진압했다.

6월 3일 지룽이 함락되고 당경숭은 "전선을 시찰한다"는 명의로 단수이(淡水)에서 몰래 독일 무역선을 타고 중국 샤먼(廈門)으로 도망갔다. 당경숭이 잠적하자 대만민주국은 지도자가 없어졌다. 남쪽을 방어하고 있는 유영복(劉永福) 대장군은 일본군과 계속 맞서 싸우고 있었지만 끝내 원조가 끊겨져서 고립되어 10월 중순 부하를 데리고 샤먼으로 도망갔고 대만은 이때부터 일본 이민족의 손아귀에 완전히 넘어나고 말았다.

마오쩌둥과 대만

역대 중공 지도자들은 자나 깨나 대만은 중공의 영토이며 반드시 통일해야 한다고 말해왔다. 그러나 기실 마오쩌둥부터가 혁명 과정에서 몇 번이나 "대만독립을 찬성한다"고 표명한 바 있음은 잘 알려져 있지 않다.

미국 기자 에드거 스노우(Edgar Snow)가 『중국의 붉은 별(Red Star Over China)』이라는 책에서 밝힌 바와 같이, 1936년 7월 16일 마오쩌둥은 에드거 스노우에게 "만약 조선 인민들이 일본제국주의의 틀에서 벗어나려고 한다면 우리는 저들의 독립을 쟁취하는 전투를 열렬히 지지할 것이며, 이는 대만의 경우도 마찬가지다"라고 했다. 1938년 10월, 마오쩌둥은 중앙정치국 확대회의에서 조선과 대만 등 피압박 민족들이 독립을 쟁취할 것을 공개적으로 격려했고, 아울러 "중국, 일본 양대 민족의 인민들과 조선, 대만 등 피압박민족들이 함께 노력하여 힘을 모아 반침략 통일전선을 건립해야 한다"고 호소했다.

1947년 '2.28사건'(당시 대만에서 발생한 장제스 국민당에 의한 대규모 대만인 탄압 사건으로, 이 사건은 대만인이 지금까지도 심각한 반중국감정, 반중화민국감정을 갖도록 한 중요한 역사적 사건이다. - 옮긴이) 후인 3월 8일, 마오쩌둥은 옌안에서 방송을 통해 "우리는 대만 독립을 찬성하고, 우리는 대만이 스스로, 자신들이 요구해온 나라를 건립하는 데에 찬성한다"고 했다. 1949년 3월 중공이 비로소 처음으로 '대만 해방'을 공식 발표했다. 7월 25일 마오쩌둥은 대만을 침공할 인민해방군에 대한 지지를 호소하기 위해 공개적으로 '반미친소(反美親蘇)'를 선포함으로써 스탈린의 환심을 사려했다.

10월 24일 마오쩌둥은 깊은 밤 중에 인민해방군에 진먼다오(金門島, 금문도)를 공격하라고 명령했다. 하지만 9천 여 명의 인민해방군은 상륙전을 벌이다 당시 중화민국군에 전멸을 당하는 수모를 겪었다. 이것이 바로 '구닝터우 전투(古寧頭戰役, Battle of Guningtou)'다. 마오쩌둥은 이를 교훈으로 삼고 다시 1년의 시간에 걸쳐 해공군 및 50만 도해(渡海) 대군을 창설하는 준비에 들어갔다. 같은 해 12월 16일, 마오쩌둥은 모스크바로 건너가 소련과 군사동맹을 맺을 것을 제의했으나 스탈린으로부터 냉대를 받게 된다. 그러나 그로부터 머지 않는 시기에 미국 트루먼 대통령이 '미국중립화(美國中立化)'를 발표해 중국의 내정에는 간섭하지 않겠다고 했다. 이에 스탈린은 태도를 바꿔 저우언라이(周恩來)를 초청하여 1950년 2월 14일 '중소우호동맹상호원조조약(中蘇友好同盟互助條約)'을 체결했다.

대만 구닝터우 전투 기념관에서 전시되어 있는, 당시 전투 승리를 기념하여 그려진 그림. (출처 : 퍼블릭도메인)

조약 체결 당시 마오쩌둥이 스탈린과 만나기 바로 전에 북한 지도자 김일성은 남한을 침공하는데 동의해 달라고 하면서 마오쩌둥과 스탈린을 각각 만나 설득을 하면서 자신이 단 28일만에 한국을 점령할 수 있다고 장담했다. 그러나 마오쩌둥은 그 자리에서 김일성에게 남한을 점령하는 계획은 중국이 대만을 정복한 후에 진행해 달라고 요청했다. 왜냐하면 미국이 중국의 내정은 간섭하지 않기로 했으나 한반도에서의 일은 간섭할 것이라고 생각했기 때문이다. 스탈린도 마오쩌둥의 이러한 관점에 동의하여 김일성의 요구를 거절했다. 마오쩌둥은 모스크바에서 돌아온 후 대만 맞은 편의 푸젠성과 저장성 일대에 대군을 집결하여 1950년 가을에 도해하여 대만을 공격할 준비를 했다.

그러나 '중소우호동맹 상호원조조약'이 체결된 이후에 스탈린은 여러 수집된 정보로 분석했을 때 대만과 조선은 미국의 핵심 이익이 아닌 것으로 판단했다. 이에 만약 북한이 남한을 침공하면 미국은 간섭하지 않을 것으로 보고 마음을 바꿔 김일성으로 하여금 베이징에 가서 마오쩌둥의 도움을 얻어보라고 했다. 김일성과 만나는 일이 달갑지는 않았지만 마오쩌둥은 스탈린의 도움을 얻어 대만을 침공하기 위해서도 별 수 없이 김일성의 계획에 따라 남한을 먼저 공격하고 나서 대만을 공격한다는데 동의했다.

한국전쟁과 대만

제2차 세계대전이 끝난 후 일본의 식민지였던 조선은 독립하게 됐으나 그 직후 북위 38도선을 기점으로 하여 남북으로 나뉘었고 미국과 소련이 각각 군대를 주둔하게 됐다. 미소 양국은 한국의 문제를 유엔에 상정하였고 유엔은 미소 양국의 관할구에서 동시에 선거를 치르고 나서 미국과 소련은 한반도에서 물러나고 한국인이 스스로 나라를 다스리게 하는 것으로 결정했다. 1948년 8월 15일, 남쪽에서 친서방 입장에 있는 이승만이 대통령으로 당선되어 대한민국 건국을 선포했다. 9월 9일, 북쪽에서 김일성은 조선민주주의인민공화국의 주석으로 선출되어 조선은 남북 양쪽으로 갈라지게 되었다.

　1950년 6월 11일 북한 대표 3명이 38선을 넘어 대한민국 각 정당 지도자들에게 국가 평화통일 호소문을 전달하려고 했다. 하지만 그들은 남한 당국에 의해 체포되었다. 6월 25일 새벽 김일성의 명령으로 북한군은 38선을 넘어 남한을 기습침공했고 아무 방비가 없었던 남한은 3일 후 서울이 함락됐다.

　소련 공산당과 중국 공산당은 미국이 한반도를 그리 중시하지 않을 것으로 봤다. 하지만 뜻밖에도 미국은 강력한 조치를 취했다. 트루먼 대통령은 주일본 극동미군에 남한을 도와주라고 명령했다. 27일에는 제7함대로 하여금 대만의 지룽과 가오슝에 진입토록 하고 대만해협을 순항하면서 중공군이 대만을 침공하는 것도 막도록 했다. 미국은 또한 유엔 안전보장이사회에서 한국전쟁에 참전하여 파병해줄 것을 요구하는 안을 상정시켰고, 이 안은 통과되었다. 유엔 연합군에는 미군이 주도하여 영국, 캐나다, 호주, 뉴질랜드 등 15개국이 참가하기로 했고, 맥아더가 극동 군사령관으로 임명됐다.

　트루먼 대통령은 원래 대만을 포기하려고 했다. 하지만 한국전쟁이 발발하고 6월 27일에 급기야 입장을 바꿔서 아래와 같은 '대만해협 중립화 선언(台灣海峽中立化宣言)'을 선포했다.

"나는 제7함대에 대만에 대한 어떠한 공격도 저지해 줄 것을 명령했다. 나는 대만에 있는 중국 정부에 대해서도 대륙에 대한 모든 공중과 해상 작전행동을 중지할 것을 명령했다. 제7함대는 이것이 실시되도록 보장할 것이다. 대만의 미래 지위 확정은 반드시 태평양의 안전이 회복되고, 일본과 평화조약을 체결하거나 또는 유엔의 검토가 있을 때까지 기다려야 한다."

위 성명에는 4가지 의미가 함축돼 있다. 첫째, 공산주의의 무장투쟁이 태평양지역의 안전을 위협하기 시작했음을 알리고, 둘째, 제7함대가 대만해협의 '평화유지' 임무를 수행해 중공의 대만에 대한 공격을 저지할 것이며, 셋째, 국민당 군대가 군사적으로 중국 공산당에 대항하여 반공대륙화를 시도하는 것도 금지하고, 넷째, 대만의 법적지위가 아직 정해지지 않았음을 명시하면서 "반드시 태평양의 안전이 회복되고, 일본과 평화조약을 체결하거나 또는 유엔의 검토가 있을 때까지 기다려야 한다"는 것이다.

한국전쟁이 발발한지 3일 후, 중공 총리 겸 외교부장인 저우언라이는 대만해협 중립화 선언에 대해서 "이는 미국의 중국에 대한 침략으로 유엔 헌장에 대한 철저한 파괴"라고 비난했다. 8월 24일 유엔 안전보장이사회에 '미국의 대만 침략 규탄' 결의안이 제출됐으나 11월 30일 유엔 본회의는 9:1의 비율로 '미국의 대만 침략 규탄' 결의안을 부결시켰고 소련만 찬성했다. 유엔 안전보장이사회의 1950년 SC-V530 '미국의 대만 침략 규탄' 결의안의 내용은 다음과 같다.

"중화인민공화국 중앙인민정부는 현재 미합중국이 무장 부대로써 대만섬을 점령했다는 것, 또한 영국, 미국, 중국 3강 대국이 이미 1943년 카이로 회의에서 합의한 내용에 따라 대만은 중국 영토의 불가분한

한 부분이라는 것을 주장하고자 한다. 또한 미합중국 정부가 중국의 내정을 간섭하였기에 '미국 정부의 침략과 중국 내정에 대한 간섭'을 규탄하며 미국이 대만 및 기타 중국 영토에서 즉시 육해공군을 철수해줄 것을 요구하는 바다."

같은 해 9월 22일에 미국은 A/1373안을 유엔에 상정했다. 그래서 '포모사의 문제(The Question of Formosa)'를 연구해 적절한 건의안이 만들어지도록 하려 했다. 이 안은 유엔 본회의에서 찬성 42표, 반대 7표, 기권 8표로 결의돼 의안16에 포함됐고 유엔 지도위원회가 본 안건을 의정에 비치하도록 했다. 하지만 한국전쟁의 상황 악화로 미국은 11월 5일에 본 안건을 잠정적으로 접어두자고 제의했다. 1955년 1월 28일에 뉴질랜드가 다시 본 안건을 유엔 안전보장이사회에서 논의하자고 제의했고 중공에 대해서도 대표를 파견해줄 것을 요청했다. 하지만 중공이 이를 거절함으로써 결국 아무런 결론도 내지 못했다.

1953년 2월 2일, 취임한 지 얼마 안 된 드와이트 아이젠하워(D.D.Eisenhower) 미국 대통령은 의회에서 연두교서를 발표하면서 한국전쟁 정책을 재검토하고 제7함대를 통한 대만해협 봉쇄를 해제하면서 대만해협중립화 정책 추진을

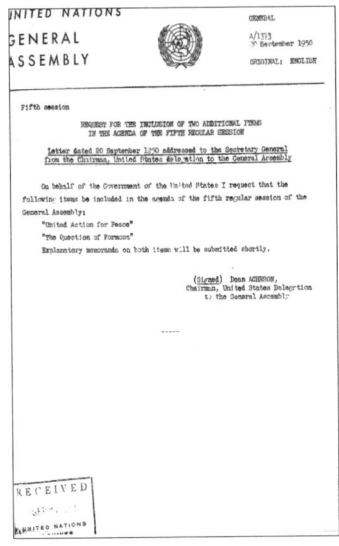

'평화를 위한 통일된 행동(United Action for Peace)'에 이어 '포모사의 문제(The Question of Formosa)'를 의제로 다룬 유엔 A/1373안. (출처 : 퍼블릭도메인)

중단했다. 그러자 1954년 9월 3일 중공은 진먼다오에 포격을 가해 5시간 동안 6천 여 발의 포탄을 퍼부어 국민당 군대와 해전과 공중전까지 치루는 일이 발생했다. 이를 '구닝터우 전투'에 이은 두번째 인민해방군과 중화민국 국군의 싸움으로 '823포격전(八二三砲戰, 1958 Taiwan Strait Crisis)'이라고 한다. 이에 같은해 12월 1일, 미국은 중화민국과 '공동방어조약'을 체결하게 됐다. 다만 이때 중화민국의 영토를 대만과 펑후로 한정시켰는데 중국대륙은 말할 필요도 없고 진먼다오와 마쭈다오도 여기에 포함되지 않았다.

823포격전은 진먼포격전이라고 불린다. 한국전쟁 이후 중공군과 중화민국군 사이에 벌어진 대규모 포격전이다. 중공군은 수천 발의 포탄을 쏟아부었지만 결국 진먼다오 점령에 실패했다.
(출처 : 퍼블릭도메인)

한국전쟁 초기에 북한은 파죽지세로 남한으로 밀고 내려갔다. 1950년 9월 15일, 맥아더 장군이 직접 지휘봉을 잡고 인천에 성공적으로 상륙하여 9월 27일에 서울을 다시 탈환했다. 10월 8일, 중공은 중앙정치국 확대회의에서 참전을 결의했다. 10월 11일에 중국인민해방군이 티베트에 진입했기 때문에 대신에 중국인민의용군이 뒤늦게 25일에 압록강을 건너 한국전에 참전했다. 전쟁은 이후 38선을 중심으로 밀고 밀리는 일이 몇 년 동안 이어졌는데 정전 협상은 중공 참전이 이뤄진지 얼마 안 되어서 시작되었다. 1950년 12월 14일, 유엔에서 '한국전쟁 정전협정안'이 통과되어 '정전 3인 위원회'가 만들어졌다. 결국 1953년 7월 27일, 남북한이 '한국전쟁 정전협정'을 체결하여 북위 38도 부근에서 1953년 7월 27일 22시를 기준으로 상호 간의 실제 통제하는 남북 각 2km 거리에 비군사지역을 확정하여 대치하도록 약정했다.

'샌프란시스코 평화조약'에서 '타이베이 평화조약'까지

한국전쟁은 새로운 아시아태평양 정세를 낳았다. 미국은 일본이 태평양 반공 방어벽의 일환이 되어 주길 원했다. 이에 1951년 9월 5일 샌프란시스코에서 평화회의가 열려 제2차 세계대전 후 전승국들과 패전국인 일본과의 국제적인 권리와 의무 관계를 토의하면서 사흘 후인 9월 8일 '샌프란시스코 평화조약'이 체결됐다. 회의에 참석한 '극동위원회' 12개국 중에서 9개국은 장제스가 샌프란시스코 평화회의에 참석하는 것을 반대하면서 중화민국 대표와 전권 위임장 교환을 거절했다. 또한 중공은 한국전쟁에 참전해 유엔 결의에서 '침략자'로 규정되어 있었기 때문에, 중화민국은 물론이고 중화인민공화국 대표의 참가도 요청하지 않기로 결정했다. 하지만 일본이 독자적으로 '어떤 측과 상호 평화조약에 체결할 것인지' 자체를 결정토록 하는데 동의했다.

샌프란시스코 평화회의에 참석한 52개국 중에서 소련 등 3개국 공산정권은 중공이 참가하지 않았기 때문에 서명을 거부했다. 하지만 나머지 49개국이 공동 결의하여 '샌프란시스코 평화조약'이 통과됐다. 대만 주권과 관계되는 내용은 주로 제2조 2항에 규정되어 있다.

> b) 일본은 대만과 평후(澎湖)군도에 관한 모든 권리, 그리고 권리 근거 및 요구를 포기한다.
> f) 일본은 남사(南沙)군도와 서사(西沙)군도에 관한 모든 권리, 그리고 권리 근거 및 요구를 포기한다.

눈여겨 볼 것은 '평화조약' 제3조 '신탁통치'에 관한 규정이다. 즉, 류큐(琉球, 오키나와 지역)열도와 관련, '댜오위타이(釣魚台, 이는 대만에서의 정식 명칭으로, 이를 일본에서는 센카쿠제도(尖閣諸島), 중공에서는 댜오위다오(釣魚島)라고 부르고 있다. - 옮긴이)'를 포함한 '북위 29도 이남의 서남(西南)군도'를 유엔이 신탁통치하되 미국이 행정, 입법, 사법을 실시할 권리가 있다고 한 것이다. 다시 말해서 국민당·공산당 양측이 샌프란시스코 평화회의에 모두 참석하지 않았기 때문에 댜오위타이 문제를 대만과 평후의 문제와 분리해서 처리하게 되었고, 이로써 댜오위타이와 평후는 그 운명이 갈라지게 되었다.

일본 수상 요시다 시게루(吉田茂)는 원래 국민당, 공산당 양측과 '등거리외교(等距離外交)'를 펼쳐 상하이와 타이베이에 둘 다 재외사무소를 설치하려 했었다. 하지만 영국은 일본이 타이베이가 아닌 베이징과 평화조약을 체결하기를 원했다. 그러나 미국이 이를 끝까지 반대하여 "일본이 만약 타이베이와 평화조약을 체결하지 않으면 샌프란시스코 평화조약을 비준하지 않겠다"고 위협까지 했다.

한편, 당시 일본 국회에서는 장제스의 대만 통치에 대한 정당성에 의문을 제기하면서 "대만의 중화민국 장제스 정권은 군사력과 경찰력으로 대만과 펑후를 다스리고 있지만, 대만과 펑후는 중화민국의 영토가 아니며 중화민국 정부는 대만과 펑후를 대표하여 다른 나라와 조약을 체결할 권리가 없다"고 지적하는 의원도 있었다.

'샌프란시스코 평화조약'은 1951년 9월 8일에 체결되었으며 1952년 4월 28일부터 효력이 발생했다. 당일 일본 전권대표 가와다 이사오(河田烈)는 타이베이 영빈관에서 '중화민국 전권대표' 예궁차오(葉公超) 외교부장과 '중일화평조약(中日和平條約)'(일본어로는 '日本國と中華民國との間の平和條約', 영어로는 'Treaty of Peace between the Republic of China and Japan'이라고 하는데, '샌프란시스코 평화조약'처럼 체결지를 명칭으로 명하는 관례에 따라 본 평화조약도 '타이베이 평화조약'이라 해야 마땅할 것이다.)을 체결했다.

분명한 것은 '샌프란시스코 평화조약'이든 '타이베이 평화조약'이든 일본은 단지 "대만과 펑후의 모든 권리, 권리 근거 및 요구를 포기한다"라는 점만 명백하게 했을 뿐이지 일본이 포기하고 나서 대만과 펑후의 주권이 최종적으로 어디에 속할 것인가에 대해서는 언급하지 않았다는 것이다. 이것은 일시적인 소홀함으로 빚어졌던 일이 아니다. '평화조약'을 체결했던 49개국의 공통 인식이었다.

1952년에 체결된 '타이베이 평화조약'은 중화민국과 일본이 양국의 제2차 세계 대전 전쟁 상태를 종료시키기 위해서 체결한 조약이다.
(출처 : 퍼블릭도메인)

유일하게 반대입장을 표명한, 중화인민공화국의 맹방인 소련의 주장은 받아들여지지 않았다. 소련은 중국이 '샌프란시스코 평화조약'의 서명국이 아니며, '샌프란시스코 평화조약'이 '카이로 선언'을 부정한다는 점을 지적했다. 또한 중화민국이 이미 대만과 평후의 주권을 얻었던 바, 계승원칙에 입각하여 대만과 평후도 중화인민공화국이 계승하게 된다는 점을 강조했다.

'타이베이 평화조약' 제2조는, '샌프란시스코 평화조약'의 규정에 의해 "일본국은 이미 대만과 평후 그리고, 남사군도와 서사군도의 모든 권리, 권리명의와 요구를 포기했다"고 하였다. 그리고, 비록 그 권리가 누구에게 돌아갈 것인가를 언명하지 않았지만, '타이베이 평화조약'의 영어 명칭이 'Treaty of Peace Between the Republic of China and Japan'인 바와 같이 양 체결국은 중화민국과 일본국임을 명시했다. 제3조도 국민의 재산과 관련 제기된 요구 문제를 다루면서 "중화민국 정부와 일본 정부는 따로 특별 처리법을 협의해야 한다"고 하고 있으며, 제10조는 "중화민국 국민이라 함은 ... 중국 국적을 가지고 있는 일체의 대만과 평후 주민을 포함해야 함을 인지해야 한다"고 하고 있다.

이 밖에 일본 대표단이 대만에 평화조약을 체결하러 왔을 때, 일본 수상 요시다 시게루는 이른바 '요시다 서한(吉田書簡)'을 작성하고 담판의 지침으로 삼았다. 서한에서 "중화민국 측에 대해서는, 현재 중화민국 정부가 통제하고 있고 혹은 앞으로 통제하게 될 전체 영토에 적용해야 한다"고 한 것으로 보아 당시 일본 정부는 대만과 평후를 명백하게 '중화민국' 정부에 귀환시켰다고 볼 수 있다.

여기서도 눈여겨볼 부분이 있다. 1972년 일본과 중공의 수교 당시, 중공은 대만과 평후가 자신들의 영토라고 고집했으나 일본은 이에 대해 "이해하고 존중한다"는 의사만 표시했을 뿐 "수긍하고 인정한다"는 입장을 취하지 않았다는 것이다. 일본 정부는 외무상 오히라 마사요시(大平正芳)를 통해 중공과 수교한 바로 다음 날, 자민당 양원 의원 총회에서 "대만의 지위 문제에 관해서, 일본은 일본의 주권 범위에 속하지도 않는 영토 문제와 관련해 그것이 중화인민공화국에 속한다고 '인정(recognize)'을 하여야 하는 입장은 갖고 있지 않다. 하물며 국제법 원칙상으로 영토 주권의 귀속 문제는 당사국만이 결정권을 갖고 있는 것이지 아무런 상관도 없는 제3국이 승인 또는 결정할 수는 없다"고 명백히 말했다.

2005년 5월 13일 일본 외무상 마치무라 노부타카(町村信孝)는 일본 국회 중의원 외교위원회에서 "일본은 대만의 주권을 누구에게 양도해야 한다는 문제로 입장을 표명한 바 없으며, 대만 주권의 귀속 문제는 유엔이 결정해야 한다는 것이 일본의 일관된 입장이다"라고 말했다.

중공과 대만의 주권

지난 70년 동안 국민당의 중화민국과 공산당의 중화인민공화국은 한결같이 대만의 주권을 주장해왔다. 중화민국은 '카이로 선언'에 따라 일본이 패전한 후에 대만과 펑후는 '중화민국'에 귀속되었다는 입장을, 중화인민공화국은 '카이로 선언'에 따라 '중화인민공화국'이 대만과 펑후를 포함한 중화민국의 모든 것을 계승해야 한다는 입장이다.

하지만 국민당과 공산당 양당의 대만 주권에 대한 주장은 국제법상으로는 모두 정당한 합법성이 결핍돼 있다.

첫째, '카이로 선언'은 협상에 참석한 영국, 미국, 소련, 3국의 지도자들이 서명하지 않았고 단지 협상 후 각자 보도자료를 발표하였을 뿐으로 국제조약으로서의 효력이 미약하다는 것이다.

둘째, 카이로 회의를 개최했을 때 중화인민공화국은 아직 건국도 되지 않았으며, 소위 '중화민국'에 귀환한다는 것도 통칭으로 '중국'에 귀환한다는 것이었다.

셋째, '카이로 선언'의 내용은 당시 영국의 동의를 얻지 못했다. 그리고 한국전쟁 발생 당시에도 미국은 대만의 법적지위가 미정이라고 선포했는데, 다시 말해 미국도 입장을 바꿔 '카이로 선언'의 내용을 뒤집은 셈이다.

넷째, 중화인민공화국은 1949년 10월 1일에야 대륙에서 중화민국을 몰아냈고 그들이 계승할 수 있는 것은 단지 그전에 중화민국이 대륙에서 소유하고 있었던 모든 것일 뿐 대만을 포함시킬 수 없다. 일본은 1952년 '타이베이 평화조약'을 체결하고 나서야 대만을 포기했다.

다섯째, 국제법에 따르면 1952년의 '타이베이 평화조약'이야말로 대만 주권을 귀속할 수 있는 국제법적 근거라 할 수 있다. 1945년 장제스가 대리 점령으로 취득한 대만에 대한 신탁(trust) 통치의 권리는 '샌프란시스코 평화조약'과 1952년 '타이베이 평화조약'으로 인해 대만과 평후의 영토권을 취득하면서 생긴 새로운 정치실체. 대만과 공생공영(共生共榮)하게 된 '중화민국'도 과거에 1912년 난징(南京)에서 건국된 '중화민국'과는 실은 다른 존재인 것이다.

카이로 회의에 참석한 장제스와 루스벨트, 그리고 처칠. 이때부터 대만의 국제법적 지위가 모호해졌고, 이는 아직도 해결되지 않고 있다.
(출처 : 퍼블릭도메인)

중화민국과 대만, 그리고 유엔

유엔(United Nations, 국제연합)은 1945년 10월 25일 정식 창립됐다. 10월 25일은 연합군 대표가 일본의 항복을 받은 날이며, 대만 국민당이 '대만 광복(台灣光復)'을 선언한 날이다.

유엔의 전신은 1920년에 창립된 '국제연맹(League of Nations)'이다. 새로이 만들어진 초국적 기구인 유엔의 취지는 "국제협력을 촉진하고 국제평화를 유지한다"이다. 1945년 6월 24일 각국 대표들이 샌프란시스코에 모여 유엔 제헌회의를 열고 그 다음 날 '유엔 헌장'을 체결했다. 이틀후인 26일에 50개국 대표들이 공동 서명하였고, 한 의석을 갓 독립하여 아직 정부가 창출되지 않았던 폴란드를 위해 보류해 줬다. 이로써 유엔의 창시국은 총 51개국이며 그 중 첫번째로 서명한 사람은 중화민국 대표 쑹즈원(宋子文)이었다. China의 스펠링 첫 자인 C가 51개국 중에서 맨 앞에 있었기 때문이다. 그러나 아이러니하게도 유엔에서 가장 먼저 축출된 것이 중화민국이었다.

당시 마오쩌둥과 장제스의 국제적인 명성은 기복이 있었는데 장제스에게 갈수록 불리했다. 미국은 '이중대표권(雙重代表權)'을 고민하면서 마오쩌둥과 장제스를 유엔에 나란히 앉혀 동등한 지위를 주고자 했다. 그러나 양쪽 모두 이를 반대했다. 장제스는 '한적불양립(漢賊不兩立, 촉한은 한나라의 적인 위나라와 양립할 수 없다는 것으로, 적과는 같은 자리에 서지 않겠다는 의미)'이라고 말했지만, 문제는 누가 '한(漢)'이고 누가 '적(賊)'이냐다. 이는 명분의 문제이기도 했지만 권력의 문제이기도 했다.

1971년 7월 1일 헨리 키신저 국가안보회의(NSC) 보좌관은 파키스탄에서 비밀리에 중공으로 건너갔고 닉슨 대통령이 당월 15일에 중공을 방문할 것이라고 발표했다. 미국 국무부 장관 윌리엄 로저스(William Rogers)는 주미중화민국대사 선찌에홍(沈劍虹)에게 '이중대표권'이 미국의 기정 정책인 만큼 장제스로 하여금 유엔 안전보장이사회 자리는 내놓아서 마오쩌둥이 계승토록 해달라고 요청하였으나 장제스는 이를 거절했다. 23일 주중화민국미국대사 월터 P. 매카너기(W. P. McConaughy) 대사가 장제스의 아들인 장징궈를 설득했으나 장징궈는 "안전보장이사회 이사직을 포기하지 않겠다"는 입장을 거듭 천명했다.

    1971년 10월 25일 밤 9시, 제26차 유엔 총회에서 미국이 제의한 대만과 관련해 '중요문제 수정안'(대만을 유엔에서 추방하려면 회원국 3분의 2이상의 의결로 해야한다는 안)을 표결했다. 결과는 55표 찬성, 59표 반대, 15표 기권이었다. 미국은 이를 보고 체념하듯 새 안건을 내놓고 마지막으로 한번 도전해보려 했다. 즉 알바니아 측의 "중화인민공화국의 합법적 권리를 회복시킨다"는 안건과 "장제스 정권 대표를 배제한다"는 안건을 나눠서 각각 따로 투표하자는 안건을 내놓은 것이다. 그러나 이 안건도 앞서 결과와 마찬가지로 51표 찬성, 61표 반대, 17표 기권으로 실패했다. 상황이 이렇게 되자 중화민국 외교부장(장관) 쩌우슈카이(周書楷)는 무거운 표정으로 단상에 올라가 "중화민국은 유엔에서 탈퇴한다"고 선포하고 떠나버렸다. 유엔 총회는 곧바로 76표 찬성, 35표 반대와 17표 기권이란 압도적 표차로 역사적인 '제2758호 결의안'을 통과시켰다.

> "유엔 총회는 유엔 헌장의 여러 원칙을 상기하고 중화인민공화국의 합법적 권리를 회복시키는 것이 유엔 헌장의 보장 및 유엔 헌장의 준수에 필수적이라는 것을 고려하여 중화인민공화국 정부 대표가 유엔에서

중국을 대표하며 유엔 안전보장이사회 상임이사국임을 승인함과 함께 중화인민공화국이 가지는 여러 권리를 회복시킨다. 유엔에서 합법적인 중국의 대표는 오직 중화인민공화국 정부 대표임을 인정하며 유엔 및 관련 조직을 불법적으로 차지하고 있는 장제스 정권 대표를 즉시 추방하기로 결정한다."

(제2758호(XXVI). 유엔에서 중화인민공화국이 가지는 합법적 권리의 회복 (1971년 10월 25일 제1976차 본회의))

유엔 총회 제2758호 결의문 내용에 대한 필자의 해석은 다음과 같다.

먼저, 제2758호 결의안이 결의한 것은 '중국(China)'에 대한 대표권 문제로, 즉 중화인민공화국 정부가 유엔에서의 '중국'에 대한 유일한 합법적 대표라는 것이다. 그러나 결의안은 '대만(Tawian)'이 '중화인민공화국(People's Republic of China)'의 일부분이라고 언급하지는 않았다. 또한 중화인민공화국이 대만 인민을 대표할 수 있다고도 언급하지도 않았다. 다시 말해서 이 결의안은 누가 '중국'의 문제를 대표할 것인가에 관한 문제만 다루었던 것 뿐이지 대만 문제는 다루지 않았다.

제2758호 결의안은 타이베이에 있는 국민당 정부와 베이징에 있는 중화인민공화국 정부 중 누가 중국을 대표하느냐가 문제가 되어 결국 중국의 대표권이 베이징 정부가 갖도록 결론을 내린 것이다. 이로써 장제스 세력의 유엔 대표권이 박탈되어 "중화민국이 전체 중국을 대표한다"는 신화는 분쇄됐다. 하지만 그렇다고 해서 "중화인민공화국이 대만을 대표한다"는 새로운 신화가 탄생했다고도 할 수 없다.

1971년부터 유엔에서 중공이 '중국(China)'을 대표하게 됐다. 대만(중화민국)은 유엔 회원국에서도 퇴출됐다. 당시 제2758호 결의안 통과 당시 슬퍼하는 중화민국 대사와 기뻐하는 중공 대사.
(출처 : 퍼블릭도메인)

한편, 제2758호 결의안은 "누가 (중국이 아니라) 대만을 대표해서 유엔에 참석하느냐"는 문제는 해결해 주지 않았다. '유엔 헌장' 제4조 유엔 회원국 국적의 보편적 원칙에 입각하여 대만 국민들에 의해 민주적 과정을 통해 선출된 정부는 유엔의 새 회원국으로 신청할 수 있는 권리와 의무를 갖는다. 유엔은 대만의 합법적 정부를 새 회원국으로 받아들여야 할 의무가 있다.

유엔과의 결별 이후

비록 제2758호 결의안 어디에도 대만은 언급도 되지 않았음에도 불구하고 그 이후로 유엔은 대만을 중국의 일개 '성(省)'으로 몰고 갔다. 2000년 11월 3일까지 유엔 통계국은 대만을 중국의 일개 성으로 분류했는데, 코드 네임(code name)이 "158", 코드(code)는 "TWN"으로, 전체 명칭이 "Taiwan, Province of China"이었다. 대만 정부의 항의로 후에 유엔 공식사이트에서는 대만에 관한 이러한 내용이 지워졌다.

하지만 국제표준화기구(ISO)는 여전히 대만(TWN)을 "Province of China"로 표기하고 있다. 현재 대만 여권의 안쪽 페이지에 기계로 판독되는 바코드(Bar code)는 "TWN"인데, 이는 실은 "중국 대만성(中國台灣省)"이라는 뜻이다. 여권 문제를 다루는 국제민항기구(ICAO)는 국제표준화기구를 따른 것이라고 설명하고 있으며, 국제표준화기구는 유엔 통계국 자료에 따른 것이라고 설명하고 있다. 즉 여권 위에 기재된 TWN은 실은 "중국 대만성"이지 국명이 아닌 것이다.

기타 국제기구도 유엔을 따라 대만을 중국의 일개 성으로 표시했다. 세계무역기구(WTO)의 전신이었던 관세 및 무역에 관한 일반 협정(GATT)이 1992년에 대만의 지위를 홍콩과 마카오와 동일시한다고 결의했었다. 세계보건기구(WHO)도 대만을 중국 대만성으로 칭하게 됐으며, 아시아태평양경제협력체(APEC)도 마찬가지였다.

국가명 인증과 관련 국제표준화기구의 ISO 3166-1 도 유엔의 자료에 의거해 대만을 중국의 일개 성으로 표기했으며, 여권 인증과 관련 국제표준화기구의 ISO 7501-1 역시 유엔의 자료에 의거해 대만을 "중국 대만성"으로 기재했다. 언급했듯이 여권 바코드 위의 "TWN"는 "중국 대만성"의 약칭이다. 국제표준화기구의 인증에 따라 각국 기업들도 "중국 대만성"을 수용했고 이것이 세계의 상식으로 받아들여지게 됐다.

미국 국무부도 2001년 7월 4일 전 세계 독립국가에 대한 공표를 하는데 있어서 대만을 "기타"류에 배치했고 "국가"류에 배치하지 않았다.

제3장

대만의 운명을 좌지우지하게 된 미국

미국과 대만 관계 회고

대만의 미국 관련 전략전문가인 장쉬청(張旭成) 전 국가안전회의 부비서장은 제2차 세계대전 이후의 미국과 대만 관계를 4개의 시기로 나눠서 설명했던 바 있다.

먼저, 미국이 대만을 저버렸던 시기다. 1950년 1월, 트루먼 미국 대통령은 "중국군이 포모사(대만)를 무력 공격해도 개입하지 않을 것"이라며 국민당 정권과 대만을 포기한다고 선포했었다. 하지만 바로 이 직후에 한국전쟁이 터지게 됐다. 그래서 미국은 다시 대만을 중공과 소련 집단에 대항하는 맹방으로 대우하기 시작했다.

그렇게 그다음에 왔던 시기가 미국이 대만 방위에 나서긴 했으나 대신에 장제스 정권의 대륙 탈환 정책은 지지하지 않았던 시기다. 한국전쟁 정전 이후인 1954년에 중공은 대만의 진먼다오를 공격하기도 했는데 이에 미국과 대만이 공동방어협정을 체결했고 이 시기는 1970년대까지 이어졌다.

그다음이 닉슨과 키신저가 중공과 연합하여 소련을 제압하고 다시 대만을 저버리게 된 시기다. 1971년에 유엔 총회는 제2758호 결의안으로 국민당 정권을 유엔 회원국에서 배제했고, 1979년에 미국은 중공과 수교하면서 대만과는 단교했다. 다만, 미국 의회가 '대만관계법'을 통과시키고 대만과의 최소한의 인연을 이어갔다.

마지막이 트럼프 미국 대통령이 대만과 관련해 對 중공 정책의 방향 전환을 한 2017년부터 최근의 시기다. 미국과 중공, 미국과 대만의 관계가 새로 정립됐다. 대만의 전략적 가치가 중시되었으며 대만이 인도태평양 안보 전략에 있어서 미국의 파트너로 대우받게 됐다.

'X섬 계획'과 카이로 선언

미국은 1941년 진주만 공습을 당한 이후에 참전을 선포했다. 일본 식민통치 하의 대만도 미국과 "적대" 관계에 있었다. 이에 미국 해군 사령관 체스터 니미츠(Chester William Nimitz)는 대만에도 포격을 할 것을 건의했고 대만을 공격할 'X섬 계획'이란 시나리오를 작성했다. 즉 "대만에 상륙하여 공군기지를 만들고 이로써 일본을 폭격하여 중국을 지원하고 일본과 남양에 있는 일본군 보급노선을 절단한다"는 것이다.

이 'X섬계획'을 추진하기 위해 실제로 미국은 콜롬비아 대학교에 '대만연구센터'를 두고 대만의 인문사회 등에 대해서도 적극 연구했다. 이 계획에 따르면 대만에 상륙전을 감행할 시에 미군은 12만 명이 희생되고 대만 측에서는 100만 명 이상 사상자가 나야만 대만에 주둔해 있는 일본군을 전멸시킬 수 있었다. 후에 미국 육군 맥아더 사령관은 루즈벨트 대통령에게 미군은 대만보다 일단 필리핀 루손섬의 일본군과 싸워야 1,700여 명의 미군 포로를 해방시킬 수 있고 그렇게 해야만 루즈벨트 대통령의 재선에도 유리하다고 제의했다. 맥아더 사령관에 의한 작전 계획 변경으로 대만은 제2차 세계대전에 심각하게 휘말리는 재난을 피할 수 있었다.

일본은 진주만을 습격함으로써 미국과 태평양에서 본격적으로 전쟁에 돌입하게 됐다. 일본과 싸워 이기기 위해서 미국은 이 전쟁에 중국의 지도자 장제스 세력를 끌어들였다. 1943년 카이로 회의에서 장제스는 일본이 항복하면 대만과 펑후를 '중화민국'으로 반환할 것을 요구하였으며 루즈벨트 미국 대통령은 이에 동의했다. 그러나 처칠 영국 수상이 이를 거절하여 '카이로 선언'은 결국 세 지도자가 서명을 거부하여 정식 합의가 되지는 못했고 대외적으로도 정식 발표가 이뤄지지 못했다. 단지 사후에 보도자료 발표 방식으로 처리되어 이 선언은 국제법적 효력이 없는 것이었다. 다만 당시 '중화민국'이 6년 후에는 '중화인민공화국'에 의해 대륙에서 쫓겨날 것이라고 예측한 이는 없었다.

어떻든 '카이로 선언'이 먼저 있었으므로 장제스는 대만을 임시 접수하여서 대리권을 행사하는 동안 자신이 대만의 주권을 갖겠다고 선포했다. 그는 실제로 대만에서 통치권을 행사하였으며 주권 선포 후에 대만으로 건너와서 장장 38년 동안 계엄통치를 실시하게 됐다. 그 사이에 많은 대만인들을 대거 탄압했던 '2.28 대학살사건'이 발생했으며 장제스·장징궈 부자는 1980년대까지 백색공포정책을 실시했으나 미국은 이를 못 본체 했다. 실제로 미국이 주도한 '샌프란시스코 평화조약' 및 한국전쟁 발발 후 트루먼 독트린은 모두 '카이로 선언'을 뒤집고, 또 '카이로 선언'의 대만과 평후 관련 입장을 뒤집는 것이기도 했다.

한국전쟁과 '샌프란시스코 평화조약'

1950년 1월 5일 트루먼 대통령은 "미국은 무력으로써 대만 문제에 관여하지 않을 것이고 미국은 중국의 내전에 말려 들어가기를 원하지 않는다"라고 선포했다. 이후 북한 지도자 김일성은 무력 남침을 감행했고 마오쩌둥을 설득하여 대만을 공격할 계획을 접어두고 대신에 '항미원조(抗美援朝, 미국에 대항하고 조선을 돕는다)'를 하도록 했다. 하지만, 한국전쟁이 발생한 지 3일 후에 트루먼 대통령은 "대만의 법적 지위는 미정"이라고 선포하였는데 이로써 미국이 스스로 카이로 선언을 부정해버린 셈이 됐다. 한편으로 트루먼 대통령은 제7함대를 동원해 마오쩌둥의 대만 공격을 저지하도록 했고, 다른 한편으로는 장제스가 중국 대륙을 대상으로 어떠한 작전행동도 못하게 했다. 트루먼 대통령의 '대만해협 중립' 정책은 분명 국민당, 공산당 양측의 대치를 초래했다. 하지만 한편으로는 미국은 대만이 중국 공산당으로부터 무력 침범을 당하지 않게 해준 것도 사실이다. 대만과 미국은 1954년에 '중미공동방어조약'까지 체결했다. 미합중국과 중화민국의 국교는 일단 1978년말까지 이어졌다.

미국은 한국전쟁이 발발했던 당시 유엔에 '대만문제안(Formosa Question)'을 제출했다. 유엔 총회는 1951년 2월, 이를 제1위원회에서 토론하도록 결의했다. 당시 미국 국무부 장관인 딘 에치슨(Dean Acheson)은 유엔이 '대만문제안'을 토론해주길 바란다면서 아래 사항을 강조했다.

첫째, 미국 정부는 이번 유엔 특별 총회에서 대만인들이 자유투표와 비밀투표를 통해서 중국으로 귀속할 것인지, 또는 즉시 독립할 것인지, 아니면 우선 유엔의 신탁 통치 이후에 추후 독립을 선포할 것인지를 스스로 결정하도록 하는 방안을 상정할 예정이다. 둘째, 중국 정부가 대만 통치를 하지 않는다는 판단 하에 미국이 일본과 평화협정('샌프란시스코 평화회의')을 맺으면서 중국 정부는 이미 대만에 대한 주권을 상실한 바, 대만인들은 무기명 비밀투표를 통해 자신들의 미래의 운명을 스스로 결정할 권리를 가져야 한다. 셋째, 미국 정부는 대만에 대해서 아무 계획도 없으며, 대만에 군사기지를 설치한다거나 대만에서 어떠한 특권도 누릴 의사가 없다.

미국이 당시 '대만문제안'을 제출한 것은 유엔의 주도하에 국민투표를 실시하여 대만인들이 스스로 대만의 앞날을 결정하도록 한 것이다. 하지만 안타깝게도 당시 한국전쟁이 거세게 번져 위원회는 '대만문제안'에 대한 논의를 연기하는 것으로 결정했다. 그래서 이처럼 중요한 안건이 결론을 내지 못했으며 대만인들은 자신들의 운명을 스스로 결정할 수 있는 기회를 잃고 말았다.

미국-대만 단교와 미국-중공 수교, 그리고 대만관계법

1979년 1월 1일, 미국과 중화인민공화국은 국교를 수립했고 동시에 미국과 중화민국은 국교를 단절했다. 이는 대만 운명의 또 다른 역사적 전기였다. 중화민국을 인정해온 세계 최강국이 결국 타이베이 정부가 아닌 베이징 정부를 인정하게 됐으므로 대만의 국제적 지위는 하루아침에 곤두박질치고 말았다.

미국과 중공의 수교는 헨리 키신저 미국 국무부 장관의 가교 역할에 힘입어 이뤄진 것이다. 반공의 기수였던 닉슨 대통령은 1972년 2월에 중공을 방문하여 역사적 1차 미중공동성명인 '상하이 코뮈니케(Shanghai Commuique)'를 발표했다.

> "미국은 대만해협의 양측에 있는 모든 중국인들이 중국은 하나밖에 없으며 대만은 중국의 일부라고 여기고 있음을 인지(acknowledges)한다. 미국은 이 같은 입장에 이의를 제기치 않는다. 미국은 중국인들 스스로 대만 문제를 평화적으로 해결하는 것이 미국의 관심사임을 재확인한다."

이것은 서막이었고, 1978년 12월 16일에 지미 카터 미국 대통령과 덩샤오핑 중공 중앙인민협상회의 주석(당시)은 이듬해 1979년 1월 1일에 미국과 중공이 동시 수교를 하겠다고 선포했다. 미국과 중공은 정식으로 수교 협정을 체결하면서 '상하이 코뮈니케'의 취지를 거듭 천명했다. 수교 당시에 밝힌 미국의 두 번째 입장은 다음과 같다.

"미국은 중화인민공화국 정부가 중국의 유일한 합법적 정부임을 인정(recognizes)하고 이러한 범위 내에서 미국인은 중국인들과 문화, 상업 또는 기타 비정부 관계를 유지할 것이다."

여기서 미국이 "acknowledge(인지)"라는 용어와 "recognize(인정)"이라는 용어를 구별해서 쓰고 있음을 알 수 있다. 즉 미국은 "모든 중국인들이 중국은 하나밖에 없으며 대만은 중국의 일부라고 여기고 있음"에 대해서는 "인지"하고, "중화인민공화국 정부가 중국의 유일한 합법적 정부"라는 것은 "인정"한다는 것이다. "인정"은 동의한다는 뜻도 포함되어 있다. 하지만, "인지"는 단지 그렇게 들어 알고 있다는 것으로, 동의 여부와 관련된 뜻은 포함되어 있지 않다. 하지만 '상하이 코뮈니케'의 중국어 번역판에서는 일률적으로 '승인(인정)'이라는 단어가 사용되고 있으며, 미국으로 하여금 중공의 의도를 받아들이도록 강요하고 있다.

'상하이 코뮈니케'는 1972년 2월 27일 미국과 중공의 공동성명으로, 1972년 2월 21일부터 2월 28일까지 있었던 리처드 닉슨 미국 대통령의 공식적인 중화인민공화국 방문 중에 채택되었다.
(출처 : 퍼블릭도메인)

한편, 미국과 중공이 수교하고 또 미국과 대만이 단교를 하는 중대 외교정책 결정 과정에서 카터 대통령은 정작 의회와는 협의가 거의 없었고 이에 미국의 국회의원들은 강한 불만을 표출했다. 대만과 우호관계에 있었던 여러 상하 양원 국회의원들은 고참급인 하원 아시아태평양 소위원회 레스터 울프(Lester Wolff) 의장의 주도하에 1979년 3월 28~29일 상하 양원에서 '대만관계법(Taiwan Relations Act)'을 차례로 통과시켰다. 지미 카터 대통령도 4월 10일 이에 서명하여 이 법은 지금까지도 미국과 대만 사이 비공식 관계의 초석이 되었다.

'대만관계법'은 "서태평양지역의 평화와 안정은 미국의 정치, 안전과 경제이익에 부합하며, 이는 또한 국제적 관심사이다"라고 밝히고 있는데, 특히 그 중 제2조 B항에는 대만과 단교한 후 미국인과 대만인이 비공식 관계를 계속 유지해야 한다고 명시하고 있다.

'대만관계법' B항 3호에서 미국이 "중화인민공화국"과 외교관계를 맺는 것은 대만의 미래가 평화적 방식으로 결정될 수 있다는 기대에서 나온 것이라고 밝히고 있다. B항 4호에서 평화적 수단이 아닌 것으로 대만의 미래를 결정하려는, 경제 제재 및 금수 행위를 포함하는 어떠한 시도도 서태평양지역의 평화와 안정을 해치는 행위로 간주되며 이는 미국의 심각한 우려를 낳게 한다고 하고 있다.

그리고 중요한 점으로, B항 5호에서는 대만 국민에게 방어적 성격의 무기를 제공한다고 했다. B항 6호에서는 어떠한 무력이나 기타 강압적 수단으로 대만인과 사회 경제제도를 위협하는 행동을 저지하기 위해 미국이 능력을 유지해야 한다고 명시했다.

레이건 8.17 공동성명과 6개항의 보증

미국의 레이건 대통령은 베이징의 강한 압박을 받는 속에서 1982년 8월 17일, 중공과 관련해 이른바 '8.17 공동성명'를 발표했다. 중공과의 수교와 관련 미국의 세 번째 입장 발표라고 할 수 있다. 공동성명 내용 중에서 제6항은 미국의 대만에 대한 무기 수출 정책에 관한 것이었다.

"미국 정부는 이번 성명을 통해 대만에 대한 무기 판매가 질적으로나 양적으로나 미중 수교 후 최근 몇 년 간 제공해왔던 수준을 넘지 않으리라는 것, 그리고 점진적으로 대만에 대한 무기 수출은 감소할 것이며 일정 기간 뒤에는 최종적으로 해결될 것이라고 했다."

그러나 레이건 대통령은 공동성명을 발표하기 전에 우선 미국재대만협회(AIT, 단교 이후의 주대만미국대사관)를 통해서 당시 장징궈 대만 총통에게 구두로써 다음 6개항의 보증을 제시했다.

- 미국은 대(對) 대만 무기 수출에 관해 기한을 정하지 않는다.
- 미국은 대(對) 대만 무기 수출에 있어 중국과 사전 협상을 진행하지 않을 것이다.
- 미국은 대만해협 양안 간의 중재자 역할을 담당하지 않는다.
- 미국은 대만관계법을 수정하지 않는다.
- 미국은 대만의 주권에 대한 일관된 입장을 변경하지 않는다.
- 미국은 대만으로 하여금 중공과 협상토록 강요하지 않는다.

레이건 대통령은 '8.17 공동성명' 이후에 곧바로 구술 비망록을 작성하여 국무부 장관 조지 슐츠(George Shultz)와 국방부 장관 로렌스 이글버거(Lawrence Eagleburger)의 서명을 거쳐 국가안전보장회의(NSC)의 보험고에 이를 보관해두었다. 최근에 비밀해제되어 공개된 내용은 다음과 같다.

"미국이 대만에 대한 무기 판매를 축소하는 조건은 바로 중화인민공화국이 대만과의 갈등을 평화적으로 풀어나간다는 약속이 준수되어야 한다는 것이다. 그 밖에 미국이 대만에 제공하는 무기의 성능과 규모는 전적으로 대만에 대한 중화인민공화국의 위협에 의거하여 결정될 것이며 이 점은 매우 중요하다. 대만의 방위능력은 그 성능과 규모가 반드시 중화인민공화국의 그것과 비등하게 유지하는 수준에 있어야 한다."

이로 봤을 때 △ '상하이 코뮈니케'(1972년 2월 28일, 1차 성명)에서 △ '미중 수교 공동성명'(1979년 1월 1일, 2차 성명), 심지어 △ '8.17 공동성명'(1982년 8월 17일, 제3차 성명)에 이르기까지 미국의 대만 무기판매 축소 정책은 모두 '평화'가 기본 전제임을 알 수 있다. "평화적 수단에 의한 대만 문제 해결"은 미중 수교의 전제조건이며 어떠한 비평화적 시도도 미국의 엄중한 관심을 가져오게 된다. 따라서 미국은 방위적 성격의 무기를 제공하여 대만의 안전을 보장할 의무가 있다. 공개된 레이건 대통령의 비망록에서도 드러난바 "평화적 수단에 의한 대만 문제 해결"이 바로 미국의 핵심 관심사라 할 수 있는 것이다.

미국의 '하나의 중국' 정책

1945년부터 1979년까지 34년 동안 미국은 대만의 운명을 틀어쥐고 있었다. 실제로 미국은 태평양 전쟁 이후에 장제스가 대만을 대리 접수하고 그가 대만을 반공 기지로 삼고서 계엄통치를 해온 일을 전적으로 지지해 주었다. 이 시기에 대만은 '유엔 헌장'에 따라서 주민이 자결 권리를 행사할 기회를 수 차례 잃었었는데 이는 미국이 대만에 대한 책임을 다하지 않은 것이라고 볼 수 있다. 그러면서도 미국은 "대만해협 양측의 중국인들이 평화적 방법으로 양안문제를 해결한다"는 전제 아래 중화인민공화국과 정식 수교를 했다. 중공과의 수교, 그리고 대만과의 단교와 관련 미국의 '하나의 중국' 정책에서의 기본 입장은 다음과 같다. 기본 입장은 다음과 같다(미국의 입장은 '하나의 중국 정책'이나, 중공의 입장은 '하나의 중국 원칙'으로 이는 구분되어야 한다. 미국의 입장인 '하나의 중국 정책'은, 중공의 입장인 '하나의 중국 원칙'을 '인정(recognize)'하는 것이 아니라 '인지(acknowledge)'한다는 입장이다. - 옮긴이).

첫째, 미국은 중화인민공화국을 중국의 유일 합법 대표로 인정한다는 것이다. 둘째, 미국은 중화인민공화국이 대만에 대한 주권을 가지고 있다는 주장에 대해서 동의는 하지 않으나 중공이 그러한 주장을 하고 있다는 것은 인지하고 있다는 것이다. 셋째, 미국은 대만해협의 양측에 있는 모든 중국인들이 중국은 하나밖에 없으며 대만은 중국의 일부라고 여기고 있음을 인지하고 있다는 것이다. 미국은 이러한 입장에 대해서 이의를 제기하지 않는다. 넷째, 미국은 대만 문제는 중국인들이 스스로 평화적 수단으로 풀어야 한다고 보고 있다. 그리고, 다섯째, 미국은 장기적으로는 결국 대만에 무기를 판매하지 않겠다는 것이다. 그러나 그 전제는 중공이 계속해서 대만과 평화적인 방법으로 상호 문제를 해결할 것이라는 약속을 준수하는데 있다. 대만에 대한 무기 판매의 규모와 성능은 반드시 대만이 중국을 대항할 수 있는 방어력에 맞춰져야 한다.

여기서 엄격히 짚어 봐야 할 것은 미국의 셋째, 넷째 및 다섯째 입장이다. 특히 셋째 입장의 내용은 1970년대에 대만 국민당이 일당독재 당시에 역시 중공과 마찬가지로 "하나의 중국, 대만은 중국의 영토"(문제없음)라고 주장해온 것과 같은 인식이다. 미국은 어떻든 1970년대 대만 국민당과 중국 공산당의 공통 인식으로 양안 문제를 바라보고 있는 것이다.

그러나 지난 50년간 대만의 민주화는 '중화민국의 대만화'를 조성했다. 역대 선거에서나 여론에서 나타난 바와 같이 대만에서 "나 자신은 (중화민국이나 중화인민공화국이 말하는 중국인이 아니라) 대만인이다"라고 하는 사람들이 날이 갈수록 많아졌다는 것이다. 이제 대다수 대만인들은 "대만은 중국의 영토"라는 주장에 동의하지 않는다. 미국은 당연히 현대 대만인들의 인식을 토대로 대만 문제에 대한 관점을 수정해야만 한다.

트럼프 대통령의 대만 지지

중공의 굴기(崛起)는 미국의 아시아 정책을 반성케 했다. 오바마 행정부는 집권 말기에 '아시아로의 귀환'과 '아시아 재균형' 정책을 내놓았다. 한편으로 만약 "미국우선주의와 오로지 미국의 이익"을 추구하는 도널드 트럼프가 미국 제45대 대통령에 취임하지 않았더라면 미국과 중공의 대립이 그렇게 빠르고 첨예하게 확대되지 않았을 것이다. 트럼프 시기에 대만과 미국의 관계는 더 긴밀해졌지만 그만큼 위험도 더 커졌다.

2016년 11월에 트럼프는 미국 대통령 당선인 신분으로 차이잉원과 전화통화를 하면서 세상을 떠들썩하게 했다. 2019년 6월 대만에서도 대만의 미국 사무를 처리하는 정부기구인 '북미사무협조위원회(北美事務協調委員會)'를 '대만미국사무위원회(台灣美國事務委員會)'로 개칭해 대만을 미국과 동등한 위치에 놓으려는 시도가 이어졌다.

트럼프 행정부의 對 중공 정책의 변화를 가장 확실하게 표현했던 이는 마이크 펜스(Mike Pence) 부통령이었다. 그는 2018년 워싱턴 '허드슨 연구소'와 2019년 '윌슨 센터'에서의 연설을 통해 중공의 많은 악행(惡行)을 지탄하는 동시에, 미국은 중공을 선의로 대했음에도 중공은 어떻게 이를 악의로 갚아왔는지, 또 미국에 대해서 중공이 어떻게 끊임없이 도전적 행위를 하고 세계를 위협하고 있는지 등을 거론하며 신랄하게 중공을 비판했다. 마이크 펜스 부통령은 반대로 대만에 대해서는 공개적으로 예찬을 했다. 그는 대만을 두고 "세계의 중요한 무역 경제 주체이며, 중화문화와 민주주의의 등대"라고 했다. 그리고 "대만이 민주주의를 높이 치켜들고서 전 세계 중국인들에게 보다 좋은 새로운 길을 열어 주었다"고 말했다.

트럼프 행정부의 대만 우대법안

2017년 1월 트럼프 대통령이 취임하고 나서 4년 동안 미국 의회의 상하 양원의 많은 국회의원들이 앞다투어서 대만 지지 법안을 제출했다. 그 중 3개 안은 트럼프 대통령이 서명함으로써 미국의 정식 법률이 되었다.

각 법률에 대해 살펴보면, 먼저 2018년에 '대만여행법(Taiwan Travel Act)'이 제정됐다. 주요 골자는 대만과 미국 고위층의 교류로서, 미국 각급

공무원들의 대만 방문과 상대방 기관장들과 면담을 허용한다는 것, 그리고 대만 고위층의 미국 입국과 미국 정부 인사와의 면담을 권장한다는 것, 타이베이 경제문화대표부와 기타 대만이 미국에 설립한 공적 기구들의 미국 정부기관 관련 업무 전개를 허용한다는 것이다.

2018년에는 '아시아 안심법안(Asia Reassurance Initiative Act)'도 제정됐다. 주요 내용은 인도태평양 지역에서 미국의 장기적인 전략과 비전을 제시하면서 미국의 對 대만 안전보장 이행을 강조하고 대만이 미국의 인도태평양 전략의 중요한 축임을 명시한 것이다.

2020년에는 '2019년 대만 동맹 국제 보호 강화법(Taiwan Allies International Protection and Enhancement Initiative(TAIPEI) Act of 2019)'이 제정됐는데, 일명 '타이베이법'이라 하며 주요 내용은 대만과 세계 각국 간의 실질적인 외교 관계 증진을 미국이 지원하겠다는 것으로 미국이 대만의 국제적 지위 확립을 지지한다는 것이다.

이밖에도 트럼프 대통령이 취임하면서 미 의회가 같은 해에 '국방수권법(National Defense Authorization Act, NDAA)'을 통과시켰는데, 여기에도 대만과 관련한 조항이 포함되어 있어서 미국의 대만에 대한 관심과 배려가 느껴진다.

최근 4년간 미국 '국방수권법'에서 대만과 관계되는 핵심부분 (관련 뉴스정리)

연도	핵심
2018년	- 對 대만 무기판매 정상화, 미국 정부는 매 180일마다 대만의 안보상황, 그리고 대만이 직면하고 있는 위협과 미국과 대만 간의 군사협력과 관련한 보고서를 제출해야 한다. - 미 의회는 대만을 미국에서 진행하는 레드 플래그 군사훈련에 초청해야 하며 미국 군함이 대만 항구에 정박해야 한다고 건의한다.

2019년	- 대만의 군사력을 강화시켜야하며 미국 국방부는 대만의 군사력에 대해서도 전면적으로 평가해야 한다. - 미국 의회는 미국 국방부 장관에게 대만과 함께 실전 훈련 및 군사 연습을 할 기회를 갖도록 해야 한다고 건의한다. - '대만여행법'에 따라 미국과 대만 군사 장성들간의 교류를 추진한다.
2020년	- 미국 의회는 미국 군함이 계속해서 대만해협을 통과하고 이를 항시화 해야 한다는 입장이다. - 대만에 실전 또는 군사 연습에 참여할 수 있는 기회를 주고 미국과 대만의 안보 교류를 강화해야 한다고 미국 국방부 장관에게 건의한다.
2021년	- 상하 양원의 협상안이 최종 확정되기를 기다리고 있고, 상원은 의견서를 통해 미군은 중공이 재빠르게 대만을 점령하고선 이런 상황을 기정사실로 만드는 것을 막을 능력을 구비해야 한다고 건의한다. - 대만을 환태평양 군사훈련(림팩)에 참여하도록 하고 미군 의료함선이 대만에 정박할 수 있도록 한다.

2020년 10월 20일, 미국 하원의 '차이나 워킹그룹'은 총 137개 법안으로 되어 있는 포괄적 '차이나 워킹그룹 법안(China Task Force Act)' 제출하였고, 이중에서 대만과 관계있는 것은 7개 법안이며 전부 미 의회의 재가를 기다리고 있는 상황이다.

미국 의회에서 아직 통과되지 않은 대만 우대법안 (관련 뉴스정리)

법안 영어명칭	대만 중국어 명칭	주요 내용
Taiwan Assurance Act	대만 보증법안 (台灣保證法案)	미국은 정기적으로 대만에 무기를 판매해야 하며, 대만이 유엔 등 의미있는 국제기구에 참가하는 일을 지지한다.

Taiwan Defense Act	대만 방위법 (台灣防衛法)	미국이 대만관계법을 이행하는 의무를 공고히 하고, 미국은 중국이 무력으로 대만 침공을 저지하는 능력을 유지하도록 한다.
Taiwan Symbols of Sovereignty Act	대만 주권 상징법안 (台灣主權象徵法案)	대만인이 미국에서도 국기를 게양하고 제복을 입는 것을 허용한다.
Taiwan Non-Discrimination Act	대만 무차별화법안 (不歧視台灣法案)	대만의 국제통화기금(IMF) 가입을 추진토록 한다.
Employment Fairness for Taiwan Act	대만 공평고용법안 (台灣公平僱用法案)	국제금융기구가 대만인에 대한 공평한 고용을 보장한다.
Taiwan Fellowship Act	대만 장학금법안 (台灣獎學金法案)	장학금을 통해 미국 공무원이 대만에서 학습할 기회를 부여한다. 미국 공무원들의 대만 이해를 증진시킨다.
S.249	S.249법안	대만이 세계보건기구의 옵서버 자격을 가질 수 있도록 미국 국무부 장관에게 전략적 연구를 하도록 한다.

　이밖에 대만의 확고한 안보와 방위를 위해 하원 외교위원회 아시아 태평양그룹 위원장인 테드 요호(Ted Yoho)가 '대만 침공 방지 법안(Taiwan Invasion Prevention Act)'을 제출하였는데, 이 법안은 세 가지 상황에서 미국 대통령이 직접 무력으로 대만을 보호할 수 있도록 하고 있다. 세 가지 상황이란, 첫째, 대만이 중국 인민해방군의 직접적인 무력 공격을 당했을 때, 둘째, 중공이 무력으로 대만이 관할권을 갖고 있는 영토를 탈취했을 때, 셋째,

대만 민간인과 군인의 생명의 위협을 받거나 군민이 피살 또는 피살의 긴박한 위협을 직면하고 있을 때다.

폼페이오 국무부 장관의 '공산당 토벌 성명'

닉슨 대통령은 1972년 2월 28일 상하이에서 '상하이 코뮈니케'를 발표하면서 미국과 중화인민공화국 수교의 서막을 열었다. 재밌게도 그로부터 근 50여 년 만인 2020년 7월 23일 캘리포니아 주 소재 '닉슨 대통령 기념도서관'에서 미국 국무부 장관 마이크 폼페이오가 반중공 연설을 했다.

폼페이오 장관은 '공산 중국과 자유세계의 미래(Communist China and the Free World's Future)'란 제목의 연설을 통해 미중 수교의 득과 실을 거론하면서 전 세계의 자유국가들이 일치단결하여 공산 중국과 대항해줄 것을 호소했다. '중국 공산당에 대한 항거 성명서'라고도 호칭되는 이 연설의 핵심은 다음과 같다.

첫째, 중공과 수교한 지 40여 년이 지난 지금, 그간 실제 목격하고 경험했던 일로 보건대 중공이 긍정적으로 변화할 것이라고 봤던 그동안의 기대는 참으로 어리석었던 것임을 미국은 알게 됐다는 것이다. 미국은 이제 더이상 중국의 적반하장 행실을 참지 않을 것이라고 했다.

둘째, 중국 공산당과 중국 인민을 분리하였으며 시진핑을 '국가주석(president)'이라고 칭하지 않고 '총서기(General Secretary)'라고 호칭했다. 중공을 질타하고 중국 인민에게 연민을 보내면서 중국 인민이 저항의 횃불을 들고 일어나 주기를 기대한다고 했다.

셋째, 미국이 지난 40년 동안 중공을 우대한 반면에 대만을 홀대하였지만, 대만은 오히려 자력갱생하면서 지금껏 생기가 넘치는 민주주의를 유지해왔음을 강조했다.

넷째, 냉전 시기 소련은 공산집단을 형성하여 자유세계와는 아예 다른 기반 위에서 대치했었지만 반면 중공은 자유세계의 흐름 속에 융합되어서 세계의 패권을 잡으려 하고 있음을 지적했다. 미국과 전 세계 자유민주국가들, 중요 국제기구들이 일치단결하여 중공이 세계를 바꿔놓기 전에 세계가 먼저 중국을 바꿔놓도록 해야 한다고 촉구했다.

연설에서 실제로 폼페이오 장관은 중공이 이미 세계와 통합되어 있어서 미국이 혼자서 중공의 도전을 감당할 수는 없게 됐다고 말했다. 그는 유엔, 북대서양조약기구(NATO), 7대 주요 국가 그룹(G7), 20대 주요 국가 그룹(G20)이 경제, 외교, 군사 역량을 결합하여 이러한 도전에 공동 대처해야 한다고 말했다.

그는 또한 "뜻이 같은 국가들이 모여 하나의 새로운 조직이나 새로운 민주정치체제연합을 결성해야 된다"고도 했다. 왜냐하면 "만약 자유세계가 공산 중국을 바꾸지 않으면 공산 중국이 반드시 우리를 바꿔놓을 것"이기 때문이다. 그리고 그는 "우리의 자유가 결코 중공에 의해 파괴되지 않도록 하는 것이 이 시대 우리의 사명이며 미국은 이를 완벽하게 이끌어 갈 능력이 있다……, 우리는 전 세계 인민들의 등대이며 이 인민들에는 중국의 인민들도 포함된다"고 했다. 폼페이오 장관은 닉슨 대통령의 말을 상기시키면서 "중국을 바꿔놓지 않으면 세계는 안전해지지 않는다"고 말하기도 했다.

그밖에도 회자되는 폼페이오 장관의 인기 어록은 다음과 같다.

"만약 우리가 시진핑이 꿈꾸는 중국의 세기가 아니라 자유로운 21

세기를 원한다면, '중국에 대한 맹목적인 포용정책(blind engagement with China)'의 패러다임은 안 된다는 것을 인정해야 한다."

"우리는 중국인들에게 문을 활짝 열었지만, 결과적으로 중국 공산당은 우리의 자유롭고 개방된 사회를 악용했다."

"우리는 대만에 있는 친구들을 홀대했지만 그들은 이후에 오히려 생기가 넘치는 민주주의의 꽃을 피웠다."

"중국공산당은 마르크스·레닌주의 정당이며, 시진핑 총서기는 파산한 전체주의 이념의 진짜 신봉자(a true believer in a bankrupt totalitarian ideology)임을 잊지 말고 명심해야 한다."

"시진핑이 신봉하는 이념은 중국 공산주의의 세계 패권을 향한 수십 년간의 열망에 대해 알려주고 있다."

"중국 인민해방군은 정상적인 군대가 아니다. 그 목적은 중국 국민 보호가 아니며 중국 공산당 엘리트들의 절대 통치 유지와 중국 제국의 확장에 있다."

"우리는 또한 중국 공산당과는 완전히 다른, 역동적이고 자유를 사랑하는 중국 인민들을 포용하고 힘을 실어줘야 한다."

TSMC 미국에 상륙하다

2020년 5월 15일, 전 세계 반도체 웨이퍼 위탁생산의 대표적인 회사인 '대만적체전로공사(台灣積體電路公司, TSMC)'가 2021년 120억 달러를 투자하여 미국 아리조나에서 월 2만 매의 5nm 웨이퍼를 생산하는 공장을 세운다는 계획을 발표했다.

TSMC의 창설자인 장중머우(張忠謀)는 2019년말 "TSMC는 전 세계 IT 공급 체인의 중요한 한 축이었으며 평화로운 시대에는 조용히 공급 체인의 일원으로서 업무를 해왔지만, 지금 세계는 매우 혼란스러워서 지역 모략 정치가들의 서로 빼앗고자 하는 대상이 되어버렸다"고 고백한 바 있다.

TSMC는 미국 워싱턴 주의 카마스(Camas) 시에 8인치 웨이퍼 파운드리 생산공장이 있고 그리고 텍사스 주의 오스틴(Austin)과 캘리포니아의 산호세(San Jose)에도 디자인 센터가 있다. TSMC 외에 기타 대만 반도체 원자재 공급상 또는 주변 부품공장도 같이 미국에 들어설 가능성 있다. 이들이 들어서면 아마 1,600개의 고품격 과학기술 일자리가 만들어지고 간접적인 반도체 산업시스템 라인에 수천 개의 일자리도 생겨날 것으로 전망된다.

TSMC는 대만에서 한국의 삼성과 같은 위상을 갖고 있는 반도체 관련 회사다.

사실 TSMC는 시종 대만을 생산기지로 삼고 있었다. TSMC는 대만 신주(新竹)시 과학단지와 중앙과학원과 남부과학공업단지에 모두 생산기지가 있고, 여기서 12인치, 8인치, 6인치 웨이퍼를 생산하고 있는데 TSMC 웨이퍼 생산량의 90%를 담당하고 있다. 그리고 중국 난징(12인치), 상하이(8인치)에도 공장이 있는데 여기서 나머지 10%를 담당하고 있다. 대만의 공급 체인은 잘 만들어져 있는데다가 연구진들의 수준도 높고 기계설비 조달도 아주 편하고 순조롭다. 이에 비해서 미국은 전체 원가가 비싸서 공장 투자는 타산이 맞지 않다.

그럼에도 불구하고 TSMC는 이번에 왜 미국 서쪽으로 간 것인가? 아마 트럼프 대통령의 투자 유인책에 끌렸던 것이 아닌가 싶다. 그러나 미중 관계가 냉전에서 열전으로 점차 고조되고 있는 이때 TSMC가 굳이 미국에 가서 공장을 세우고자 하는데에는 분명 매우 중요한 정치적, 경제적 전략 타산이 깔려있다고 봐야할 것이다. TSMC의 웨이퍼 위탁 생산량은 세계 시장에서 50% 이상을 점유하고 있다. 기타 반도체 생산 체인에서도 TSMC는 모두 핵심적 위치에 서있다. TSMC는 소위 "실리콘 실드(Sillicon Shield)"라고 하여 은연 중에 대만을 보호하는 방패 역할도 해주고 있는데, 미국과 대만의 반도체 분야 협력은 중공의 군사확장주의를 막아 주는 방어 작용까지 하고 있다고 볼 수 있다.

TSMC가 미국의 선진적인 마이크로전자산업 생태계에서 중요한 역할을 담당하는 것, 또 지속적으로 반도체 업계에서 우위를 차지하는 것은 대만의 경제발전은 물론이거니와 대만의 군사경쟁력 차원에서도 중요하다고 얘기된다. 또한 TSMC의 미국 진출은 사실상 지정학적 차원에서도 대만을 미국과 하나로 묶어내는 일이기도 하다. 실제로 마이크 폼페이오 미국 국무부 장관은 "중공이 첨단 기술과 핵심 산업의 주도권을 쟁취하려는 이때, TSMC의 결정은 미국의 경제 독립을 굳건히 하고 미국의 안전과 경쟁력을 높여 주면서 첨단 과학기술제조업 영역에서의 지도적 위치도 강화시켜줄 것"이라고 말했다.

2019년부터 미국 기업의 대만에 대한 투자액은 크게 늘어났다. 그중에서도 미국 과학기술 선두기업인 구글(Google), 인텔(Intel) 등이 대만에 대한 투자를 늘리고 연구개발 센터와 공장을 새로이 설립하고 대만의 과학기술 인력을 대거 고용하고 있음이 눈에 띈다. 미국과 대만의 이러한 기업간 협력은 이전에는 보기 드문 일이었다.

미국이 대만을 선택한 것은 지정학적 필요라고도 하지만, 사실 두 나라가 다 공동으로 보편적 가치를 추구하고 자유민주와 시장경제를 지향하고 있기 때문이라고 하는 것이 더욱 맞을 것이다. 그래서 미국과 중공 간의 이견이 좁혀지지 않고 갈등이 커지는 이때, 미국이 대만을 지지하는 것은 사실 자신을 지지하는 것과 다를 바 없다. 다시 말해서 현재 미중의 전방위적 힘겨루기의 와중에서 대만이 갖고 있는 전략적 가치는 결국 어떤 지정학적 우세보다는 '유연성'과 '지혜'라고 할 수 있다(soft and smart power).

미국과 대만은 자유민주, 시장경제와 보편적 가치의 동질성을 갖고 있고 민주와 문명의 방어선을 이루고 있다고 할 수 있다. 난세의 암흑 속에서 대만의 3대 핵심 가치가 '민주', '경제'와 '문명'이었으므로. 대만은 이제 찬란한 빛을 발산하는 등불이 되고 있다.

'친중'보다 '친미'인 대만인

한편, TSMC가 미국에 상륙하기 3일 전 미국의 싱크탱크 '퓨리서치센터(Pew Research Center)'가 1,562명의 남녀 대만인들에게 설문을 돌려 중공, 미국 양국에 대한 인상을 조사해서 발표했다. 주요 내용은 다음과 같다.

- 미국에 대해 호감을 가진 이는 68%이고, 중공에 대해 호감을 가진

이는 35%로 그 차이는 33%p다.

- 중공에 대한 호감을 가지고 있지 않다는 이는 61%이고, 미국에 대해 호감을 갖고 있지 않다는 이는 29%로 그 차이는 32%p다.

- 대만 민진당 지지자들 중 82%가 미국에 호감을 가지고 있다. 국민당을 지지하는 이중에서 66%가 중공에 호감을 가지고 있지만 그러면서 미국에 호감을 갖고 있는 이가 57%에 달한다.

- 미국과의 더욱 긴밀한 경제관계를 지지하는 이는 85%고 중공과의 더욱 긴밀한 경제관계를 지지하는 이는 36%이며 그 차이는 33%p이다.

- 미국과의 더욱 긴밀한 정치관계를 지지하는 이는 79%이고 중공과의 더욱 긴밀한 정치관계를 지지하는 이는 36%이며 양자간의 차이는 43%p이다.

아시아태평양 각 국가의 미국과 중공에 대한 호감도 조사 결과는 다음과 같다.

- 미국에 대해 호감이 있는 나라는 필리핀(80%), 한국(77%), 대만(68%)과 일본(68%)순이다. 미국에 대해 호감이 없는 나라는 호주, 인도네시아, 일본순이다.

- 중공에 대해 호감이 있는 나라는 필리핀, 호주, 인도네시아 순이다. 중공에 대해 호감이 없는 나라는 일본(85%), 한국(63%), 대만(61%) 순이다.

아시아태평양 국가들의 對미국/중공 호감도 조사 (퓨리서치 센터)

	미국에 호감 있음	미국에 호감 없음	중공에 호감 있음	중공에 호감 없음
대만	68%	29%	35%	61%
필리핀	80%	17%	42%	54%
한국	77%	21%	34%	63%
일본	68%	30%	14%	85%
인도	60%	11%	23%	46%
호주	50%	45%	36%	57%
인도네시아	42%	32%	36%	36%

대만인의 미국과 중공에 대한 의향을 종합적으로 따져보면 다음과 같다.

첫째, 대다수 대만인은 친중 성향보다 친미 성향이 강하다. 약 2배가 더 많다. 둘째, 대다수 대만인은 중공보다 미국과 정치적 경제적 관계를 강화하기를 원한다. 약 30%~40%p 더 많다. 셋째, 민진당을 지지하는 대만인은 미국에 더 호감을 느끼며 국민당을 지지하는 대만인은 중국(중공)에 호감을 느끼지만 미국에 반감을 느끼는 것도 아니다. 다시 말해서 대다수 대만인은 대만과 중공의 양안관계를 중요하게 보지만 동시에 대만과 미국의 큰 양안관계를 더 중요하다고 보고 있다.

국민당, 공산당 양당의 역사적 원한관계로 인해서 중공은 대만에 대해 매우 비우호적이다. 특히 대만독립 성향이 강한 민진당이 집권했을 때 중공과 대만의 관계는 더욱 악화되곤 했다. 대만인은 과거 국민당의 강압적 계엄통치 하에 국민당을 따라 반공을 해야 했다. 따라서 대만인이 중공을 싫어하는 것은 보편적이고 또 자연스러운 일이기도 하다(현재 대만 인구의 80%는 청나라 때 일찌감치 대만으로 이주해 온 본성인(本省人) 출신으로, 이들은 대대로 수

백 년 이상 대만에서만 살아온 사람들이다. 이에 이들은 중국, 또는 중공과 차별화된 정체성을 갖고 있다. 본성인은 현 집권 민진당의 핵심 지지 기반이기도 하며 이들은 대개 중화민국, 중화인민공화국 모두를 거부한다. 반대로, 국공내전 후 대륙에서 대만으로 건너온 국민당과 그 지지세력은 외성인(外省人)이라고 하며 이들은 중화민국 지지파로 중국인 정체성이 강하다. 대만인의 정치의식은 본성인이냐 외성인이냐가 결정적으로 작용한다. 대만에서는 1996년 직선제 이후 총통인 리덩후이, 천수이볜, 차이잉원이 본성인이다. 이 책의 저자인 뤼슈렌 역시 본성인이다. 대만에서 총통 직선제 이후 이후 외성인 출신은 마잉주 뿐이다. - 옮긴이).

제2차 세계대전 이래, 미국의 대만에 대한 있는 듯 없는 듯한 지지로 인해서 대만인들은 미국에 미련을 갖게 됐다. 그런데 최근 미중 간의 적대관계가 날로 심각해지면서 미국의 대만에 대한 관심과 배려가 매우 커졌다. 특히 코로나19가 퍼지기 시작한 후에 중공이 세계보건기구(WHO)를 통해서 가한 횡포에 대만인들은 노여움을 쌓게 됐고 이는 양안관계를 불안정하게 만드는 요인으로 크게 작용했다. 앞서 언급한 워싱턴의 퓨리서치센터가 실시한 여론조사에 나타난 '친미반중' 현상은 실제 현실에 상당히 근접한 것이다.

제4장

미국과 중국, 세계패권을 다투다

미국과 일본의 경합 회고

미국은 1776년에 독립하여 나라를 세웠다. 개국 이후 150년간 기본적으로 고립주의와 중립주의를 고수하여 유럽 세력이 미 대륙에 들어오는 것을 거부했고 그들도 역시 국제 문제에는 간섭하지 않았다. 미국이 세계의 패권을 쥐게 된 것은 150년간 중립 정책을 고수하며 '도광양회(韜光養晦)'를 거치면서 또한 두 번이나 '피동적으로' 세계대전에 참전하여 연마된 결과라고 할 수 있다.

미국은 한편으로 자신들의 국력을 계속 키워나가면서 다른 한편으로는 다른 나라가 자기를 추월하지 못하도록 경계를 강화했는데, 어떤 나라든지 간에 GDP가 미국 GDP의 60%를 넘으면 가만두지 않는다고 하여 소위 '60% 법칙'이라는 말도 나왔다.

제2차 세계대전 이후에 일본 정부도 '평화헌법'의 덕택으로 그 어떤 전쟁에도 참전하지 않았고 전적으로 경제발전에만 집중했으며 미국도 그런 일본을 적극 도와주었다. 1960~70년 사이에 일본 GDP의 평균 증가율이 이미 16.9%에 달했고 나중에는 GNP로 세계 2위의 자리까지 차지하게 됐다. 일본 정부는 어마어마한 외환준비금을 보유하게 됐고 이 돈은 주로 미국 국채를 사는데 이용됐다.

1979~1980년 사이 제2차 오일쇼크 위기가 몰아닥쳤다. 미국의 에너지 가격이 큰 폭으로 치솟아 심각한 통화팽창이 나타났다. 높은 이자율로 말미암아 해외의 자산이 미국으로 밀려오게 됐고 달러 환율이 상승하게 됐다. 이에 미국의 수출은 큰 타격을 입었고 무역에서도 엄청난 적자를 보게 됐다. 미국은 독일, 프랑스, 영국 모두로부터 적자를 봤지만 일본으로부터

가장 큰 적자를 봤다.

　당시 미국은 세계 최대 채무국이었으며 일본의 제일 큰 무역 파트너였다. 미국의 일본에 대한 무역 적자는 462억 달러로 무역 총 적자액의 40%에 달했다. 일본은 이 기간에 누적된 외화준비금으로 미국의 최대 채권국이 되었던 것이다. 그래서 미국은 달러화 가치를 너무 높게 책정해서 야기된 거액의 무역 적자 문제를 반드시 해결해야 했으며, 더욱 중요한 것은 미국의 가장 큰 채권국인 일본을 굴복시켜야만 했던 것이다.

　1985년 9월 22일 미국, 일본, 독일, 프랑스, 그리고 영국의 재무장관과 중앙은행장 등이 뉴욕 플라자호텔에 모여 5개국 정부가 공동으로 외환시장에 관여해 미국의 거액 적자 문제를 해결하도록 했다. 역사적으로 '플라자 합의(Plaza Accord)'라고 한다. '플라자 합의'에서 참가국들은 자신들의 국내 상황을 감안하여 인플레이션 억제, 정부 적자 감소, 시장 개방 확대와 무역 보호장벽 해체 등을 포함하는 경제정책을 조정하겠다는 약속을 했다.

　그중에서 가장 이목을 끌었던 것은 환율 정책이다. 각 나라들이 환율을 대외 경제 파행을 막도록 조절해야 한다는 것이다. 최대 흑자국인 일본은 "금융시장과 외환시장의 자유화를 가속하여 일본 엔화의 가치가 일본 경제의 펀다멘탈을 충분히 반영될 수 있도록 하겠다"고 약속했다.

　1986년 1월 닛케이 지수는 1983년에 비해 거의 2배가 올랐다. 1989년에 닛케이 지수는 38,957.44이라는 역사적 고점에 이르렀다. 세계 주식시가 총액의 42%를 차지하고 주가평균수익률은 250배라고 하는 경이적인 수준이었다고 하니 가히 일본의 전성기였다고 할 수 있다.

　그러나 1989년부터 1990년에 이르기까지 갈수록 심각해진 투기열풍은 일본경제의 거품을 몰고왔다. 일본 정부는 이에 긴축정책을 써서 불안한 통화팽창을 통제하려고 했지만 오랜기간 동안 발전과정에서 누적된 문제와 모순이 한 시점에서 집중적으로 방출되면서 일본의 거품경제는 붕괴되었고 더 이상 미국을 위협할 수도 없게 됐다.

미국과 중공의 경합, 호랑이를 키워 화를 불렀나

제2차 세계대전이 끝난 후 국제 정치의 판도는 점차 미소 양 진영의 대치 상황을 중심으로 형성되기 시작했다. 미국과 서유럽, 그리고 아시아의 일본, 필리핀 등의 국가들이 자유민주 진영을 대표하면서 소비에트사회주의공화국연방이 주도하는 여러 공산 국가들과 대항하게 됐는데 전자는 '북대서양조약기구(North Atlantic Treaty Organization, NATO)'를, 후자는 '바르샤바조약기구(Warsaw Treaty Organization)'를 구성했다. 냉전시대에 미소 양 강대국은 끊임없이 핵무기 경쟁을 하면서 이로써 상호 위협을 가하는 드라마를 연출하였으며 이는 1990년도에 소련이 와해될 때까지 계속 이어졌다.

중화인민공화국은 건국된지 30년 후인 1979년 새해에 미국과 정식 수교했다. 수교 이후 40년 동안 중공과 미국, 양국의 관계는 항상 "협력하면서도 투쟁하는" 분위기 속에서 발전했었다. 그러나 2017년에 트럼프 대통령이 취임하고 나서는 상호 간에는 갈등이 심해지면서 전쟁 직전 분위기로까지 치닫게 되고 말았다.

1979~1991년은 미국과 중공의 밀월 시기라 할 수 있다. 당시 미국의 최고 적수는 소련이었다. 그래서 "중공과 손잡고 소련과 대항한다"는

최고의 전략이었다. 미국은 "평화적 방법으로 중공을 변화시킨다"는 전략을 실현하고자 했고 중공은 순응하는척 했지만 끊임없이 미국을 갉아먹었다.

1990년에 이르러 소비에트사회주의공화국연방 소속 국가들이 하나 둘씩 독립하여 마침내 러시아가 외톨이가 되어 국세(國勢)가 기울어 갔다. 반면에 중화인민공화국은 미국 덕분에 점차 국력이 커졌고, 수교 이후 20년간 양성을 하고 나서 세계무역기구(WTO)에 가입하여 '개발도상국' 신분으로 많은 혜택을 누리면서 국제무대에 올라가게 됐다. 그리고 중공 특유의 정치적, 경제적 실력과 변화를 주도하는 힘으로 2010년 이후에는 일본을 제치고 GDP로 세계 2위의 지위에 올라가게 됐다. 이후에는 워싱턴까지 짐짓 무시하면서 미국의 세계 패권에 도전하는데 이르렀다.

중공의 부상으로 미국과 중공 양국이 이른바 '투키디데스 함정 (Thucydides's Trap)'에 빠져들기 시작했다는 목소리가 높다. '투키디데스 함정'이란 새롭게 떠오른 대국은 반드시 기존의 패권을 쥔 대국에 도전하게 되어 있다는 이론이다. 기존에 패권을 쥔 대국도 반드시 이러한 위협에 대처하게 될 것이며 따라서 전쟁이 불가피하게 된다. 이것은 하버드대학교의 냉전문제 전문가인 그레이엄 앨리슨(Graham T. Allison)이 제시한 이론이다.

그레이엄 앨리슨은 지난 5백 년의 역사를 연구하면서 새롭게 떠오른 대국과 기존의 패권을 쥔 대국 사이에 갈등이 나타난 16가지 사례가 있다는 것을 발견했다. 16가지 사례 중에서 12가지 사례는 전쟁으로 치달았고(75%), 전쟁을 피한 사례는 4가지 사례뿐이었다.

100년의 마라톤

태평세월을 누리고 있었던 미국이 호랑이를 키운 것이다. 미국은 한사코 중공을 원조하여 평화적인 방법으로 공산국가를 변화시켜보고자 했다. 하지만 미국은 결국 중공이 미국을 제치고 어떻든 세계의 패권을 잡아보려는 나라라는 것만 알게 됐을 뿐이다.

2010년도에 이미 중공의 GDP는 일본을 초월하여 세계 2위가 됐다. 레이건 대통령 임기 시절 미국 국방부 차관보였던 마이클 필스버리(Michael Pillsbury)는 2015년에 『100년의 마라톤 : 중국이 세계의 패권을 쥐게 될 비밀전략(The Hundred-Year Marathon: China's Secret Strategy to Replace America as the Global Superpower)』이라는 책을 통해 역대 미국 대통령이 어떻게 중공의 지도자들을 달래왔으며 또 어떻게 미국이 중공을 현대화 사회주의 강국으로 키워왔는가 하는 내막을 샅샅이 폭로해 백악관의 지도층을 깨우쳤다. 중공이 미국의 뒤통수를 치고 또 세계의 패권을 노리고 있는 상황은 바로 미국의 '연중항소(聯中抗蘇, 소련을 견제하기 위해 중공과 연대한다)' 전략이 낳은 결과였다는 것을 워싱턴도 결국 깨닫게 된 것이다.

마이클 필스버리도 실은 '판다 포용자(Panda Hugger)'로 불리는 친중파였다고 한다. 친중파들은 미국으로 하여금 대규모 경제, 과학, 기술, 군사 원조를 하게 만들어서 중공에서 대량의 인문, 군사, 과학, 기술 인재를 키워내게 했다. 그렇게 그들은 중공을 소련에 맞서는 자유, 민주, 평화의 대국으로 변모케 하려 했다.

하지만 미국의 친중파들은 다섯 가지 오판을 했다. 첫째, 미국과 중공의 교류가 완전한 협력을 가져올 수 있다는 오판, 둘째, 미국이 중공을 자유민주의 길로 이끌 수 있을 것이라는 오판, 셋째, 중공이 허약한 한 송이 꽃이라는 오판, 넷째, 중공 인민들은 자기 나라가 단지 미국처럼 부강하기만 하면 된다고 생각한다는 오판, 다섯째, 중공 내 강경파의 힘이 미약하다는 오판이다.

그러나 실은 중공은 강경파가 늘 우위에 있었으며 지금도 시진핑을 중심으로 그 영향력이 매우 강하다. 그들은 미국 학자를 오도하고 그들을 조종하여서 정보, 군사, 과학, 기술, 경제 등의 원조를 중공이 받도록 만들었다. 그들은 그렇게 미국의 힘에 원천을 중공이 흡수토록 하고 차근차근 국력을 길러서 마침내 2049년인 공산혁명 성공 100주년이 되는 해에 미국을 제치고 세계의 경제, 군사와 정치에서의 패권을 잡아서 백년국치(百年國恥)의 원한을 갚으려 한다. 이 계획이 바로 '100년의 마라톤'인 것이다.

중공은 2049년에 '공산주의 정권 건립 100주년'에 미국을 초월하고자 하는 꿈을 꾸고 있다. 그러나 지금의 실력으로는 아직 미국과 대항하기가 어렵다. 만약 너무 서둘러 야심을 드러내면 소련의 전철을 밟기 쉽다. 그래서 중공은 전국시대의 고서에 나오는 지혜에 따라 여덟 가지 전략을 펼치려 한다.

첫째, 적으로 하여금 오만방심케 하여서 무방비 시기에 공격해야 한다. 둘째, 상대방 고위층을 매수하여 이쪽의 말을 듣도록 만들어야 한다. 셋째, 마음을 가다듬고 인내하여야 한다. 서두르면 오히려 일을 그르칠 수 있다. 넷째, 수단과 방법을 가리지 않고 상대방의 기술을 훔쳐 와야 한다. 다섯째, 군사력만이 전쟁에서 가장 중요한 것이 아니므로 비대칭으로서의 '초한전(超限戰, 수단과 방법, 영역을 가리지 않는 무제한전쟁)'을 펼쳐야 한다. 여섯째, 무슨 수를 쓰더라도 패권의 지위를 지켜야 한다. 일곱째, '정세'의 변화를 세심하게 관찰해야 한다. 여덟째, 두려움을 경계하다가 남들의 조종에 빠지지 않아야 한다.

'중국몽(中國夢)'은 중국이 백년국치(百年國恥)를 딛고 미국을 대신하여 세계의 패권을 잡는, 중국 공산당에 있어서 실로 아름다운 꿈이다. 만약 2049년에 이것이 현실로 나타난다면 앞으로 세계는 중공을 위시로 한 전제정부가 통치하게 될 것이다. 마이클 필스버리는 다음과 같이 예언한다. 이 경우 무엇보다 중국의 가치가 미국의 가치를 대신할 것이며, '자유', '민주', '인권'이라는 개념은 사라져 없어지게 될 것이다. 중공은 미국의 적과 동맹을 맺게 될 것이다. 중공은 공기 오염을 수출하여 지구를 오염시킬 것이다. 중공은 유엔과 세계무역기구를 조종하게 될 것이다. 중공은 이익을 위해서 무기도 확산시킬 것이다.

미국과 중공의 군사적 대치

2017년 12월 20일, 트럼프 대통령은 '미국 국가안보전략(National Security Strategy of the United States of America)' 보고서를 발표하여 중공을 미국의 '전략적 경쟁자'로, 또 '제2차 세계대전 이후의 국제질서를 바꾸려는 수정주의 세력(revisionist powers)'으로 지정하면서 향후 미중 양국 관계를 협력보다 경쟁(투쟁)이 더 본질이 되는 "새로운 항시 상태(New Normal)"로 돌입케 했다.

2018년, 미국 국방부가 트럼프 대통령에게 올린 보고서에서는 중공이 미국의 희토류 원료 공급은 물론 전 세계 특정 전자 기자재와 화학원료 공급을 통제할 수 있다는 점을 언급했다. 오늘날 전 세계 인쇄회로기판

(Printed Circuit Board)의 90%가 아시아에서 생산되며 그중 반 이상이 중공에서 제조되고 있다. 이는 미국 안보에 하나의 위협이다. 아울러 미국 국방부는 중공이 만든 휴대폰과 인터넷 설비가 미국 국민들은 감시하는데 쓰일 가능성이 크다고 덧붙였다.

미국 국방부의 '2019년 중국 군사 및 안보 발전(Annual Report to Congress: Military and Security Developments Involving the People's Republic of China 2019)'이라는 보고서는 미국과 중공의 현역 항공모함 숫자 비율이 11:1, 핵 탄도미사일 잠수함은 14:4, 핵 공격 잠수함은 54:6 이라고 했다. 또한 중공의 육해공 및 미사일 부대가 모두 타격 능력을 높여가고 있으며 중국인민해방군의 잠수함 숫자도 2020년에 60~70척에 달할 가능성이 크다고 했다. 미군의 지역 우세에 도전하고 있다는 것이다.

그러나 미국 행정부와 싱크탱크는 현재 중공의 핵무기 능력이 미국에는 아직 위협이 되지 않는다고 보고 있다. 그리고 중공이 혹시 미국의 핵무기 선제공격을 받는다고 해도 다시 핵무기로 반격하는 능력도 매우 미약하다고 보고 있다. 미국은 핵무기로 중공의 전략 목표나 공업 중심지를 파괴하는 능력에 자신감을 갖고 있다. 그러므로 아마 분쟁이 발생한다면 일단 선제공격으로 중공의 핵무기나 기타 전략목표를 파괴하려 할 것이다. 오바마 시대에 개발된, 소형 핵무기로 상대방을 타격하는 전술이 미국으로 하여금 핵무기로 '전략적 경쟁자'의 전략적 목표를 공격하는 결정을 내리는 일을 더욱 경솔하게 만들 가능성이 크다.

하지만 중공은 이미 총길이가 5,000km나 되는 망모양의 '지하 만리장성'을 건립해뒀다. 중공은 여기에 도로에서도 기동력을 펼치면서 발사할 수 있는 장거리 크루즈 미사일을 보관해두고 있으며 이를 통해 미국에 핵

반격을 가할 수 있다. 중공은 대륙간탄도미사일(ICBM)인 둥펑(東風)-5, 둥펑-31, 둥펑-31A, 둥펑-31AG를 갖고 있다. 중공은 적어도 16개 이상의 전략 탄도미사일 여단이 있는데, 이들이 보유한 192개의 장거리 탄도미사일과 240개 육상기지 탄도미사일, 그리고 72개 해상기지 장거리 탄도미사일 등 총 264~312개의 탄도미사일로 북미를 공격할 수 있다. 여기에 두 개의 철도탄도미사일 여단을 더하면 중공의 탄도미사일 총 숫자는 300~348개에 이른다. 중공이 쌓아둔 중거리 탄도미사일로 미국 인도태평양 사령부 관할구역 안의 기지와 항공모함 전투군을 공격하면 이를 막기 힘들 것이다.

과거에 미국과 소련은 그래도 상대방을 전멸시킬 수 있는 핵무기 능력을 갖고 있음을 서로가 알고 있었기 때문에 핵전쟁을 피할 수 있었던 것 같다. 하지만 지금 미국은 중공의 핵무기 능력을 과소평가하고 있다. 미국이 계속해서 중공의 핵무기 능력을 낮게 평가하면 심각한 전략적 오판을 불러일으키게 될 것이다. 막연히 군사력으로 중공의 굴기를 막아 보겠다는 생각으로는 미중 간에 한바탕 전쟁을 피하기 힘들 것이며 전멸을 초래할 핵전쟁을 불러일으킬 수 있다.

2020년 5월 20일 백악관은 '중국에 대한 미국의 전략적 접근(United States Strategic Approach to the People's Republic of China)'이라는 보고서를 발표하면서 "경쟁적인" 방법으로 중공이 야기하고 있는 경제와 가치, 그리고 안보에 대한 여러 도전에 대응하겠다고 밝혔다. 미국은 중공에 공개적으로 압력을 가하면서 관련해 실질적인, 건설적인 성과를 얻어야 한다고 하기도 했는데 이는 중공과 전면적인 투쟁을 벌이겠다는 것과 다를 바 없다. 또한 미국은 이전까지 중공과의 협의를 전부 무효화시켜야 한다는 의사까지 드러내어 새로운 냉전은 앞으로 열전으로 변모할 가능성이 있다. 보고서는 미국과 중공의 투쟁에 있어서 7개 화두가 있다고 밝혔다. 그것은 △ 무역분쟁 재기, △ 과학기술전쟁 심화, △ 공급망 분산과 중국 배제, △ 지적 재산권 공방과 인수합병, △ 정부조달 현지화 문제, △ 금융자본시장 보호, △ 동맹 등을 통한 대항이다.

미국과 중공의 경제무역전

중공 '헝다연구소(恆大研究院)'의 '중미경제실력비교(中美經濟實力對比)' 보고서에 따르면, 1978년에서 2018년까지 중공의 연평균 성장률은 9.5%에 달하는데, 같은 기간에 미국은 2%밖에 안된다. 중공의 연평균 성장률을 6%로 미국의 연평균 성장률을 2%로 추산한다면, 2027년에 중공은 총 GDP가 미국을 초월해 세계 1위 경제대국이 되리라는 예상이다.

그러나 양 국가의 자본시장과 전체 요소생산율 및 노동생산율, 화물 또는 서비스 무역과 금융자유도 등을 비교해 볼 때 상호 간의 심층적인 경제력에는 여전히 차이가 있다. 과학기술발전 생산력의 지표로 간주하고 있는 '전요소 생산율'에서 중공은 미국의 43%에 불과하며, 생산 부서에서 제품이 필요한 노동시간을 대표하는 노동생산율도 미국의 12%밖에 되지 않는다. 중공이 비록 세계의 가장 큰 공장이라고 하더라도 생산 효율은 미국에 많이 뒤떨어져 있다.

중공이 세계무역기구(WTO)에 가입하고 나서 중공은 '개발도상국' 신분으로 많은 무역 혜택을 누렸으나 세계무역기구 가입국가로서 지켜야 할 사항들을 거듭 위반하여 미국과 불공평한 경쟁을 조성하고 있다. 미국이 새롭게 개발한 과학기술은 계속해서 중공에 흘러 들어갔고, 중공은 이로 인해 해마다 대미 무역에서 큰 폭의 흑자를 봤다. 미국의 주요 공장들도 중공으로 빨려 들어갔고 2001년부터 2018년까지 미국의 370만 개 일자리가 여기에 희생됐다.

미국이 전 세계 패권 유지와 관련해서 적용한다는 '60% 법칙'에 따라서 미국은 필연적으로 중공에 무역 제재를 가하게 될 것으로 보인다. 트럼프 대통령은 미중무역대전을 일으켜 중공을 개발도상국에서 배제시켰고 수출입명단 관리도 엄격히 하기 시작했으며 외국인 투자에 대한 심사범위도 확대시켰다. 미국연방기구와 위탁 제조업자들이 중공과 관련 특정 기업의 제품을 구매하거나 서비스를 제공하는 것을 금지시켰다. 그리고, 무엇보다도 중공으로부터 수입 물품에 대해 관세를 크게 올렸다. 더욱이 중공의 대표적인 IT회사인 화웨이를 제재하여 회사를 파산에 이르기까지 몰아붙임으로써, 무역전이 점차 금융전과 과학기술전 및 정치전으로 변하고 있는 상황이다.

경자년 전염병, 세기의 재앙

2020년은 중국 월력으로는 경자년(庚子年)이라 한다. 역사적으로 매 60년마다 윤회로 한번 돌아오는 경자년은 늘 중대한 재앙이 닥쳐오고 역사상 큰 전환점으로 기록되곤 한다.

왜 그럴까. 지구는 태양계에 위치해 있고 태양은 은하계에 위치해 있으며 지구 옆에는 또한 토성과 화성이 있다. 천문을 연구하는 일부 학자들의 주장에 따르면, 지구가 자전하고 또한 공전을 하며 매 60년마다 지구와 토성, 그리고 화성이 은하계와 태양계 중간의 '은일선(銀日線)' 위에 모여든다고 한다. 이 특수한 같은 축의 위치가 세 개의 공간을 굴곡시켜서 하나의 특수 에너지 공진장(共振場)이 만들어지고 자장(磁場)에 크게 관여하면서 지구상의 각종 생물로 하여금 비정상적인 반응을 일으키게 한다는 게 이들의 설명이다. 일부 학자들은 매 2천년마다 북극성이 세차(歲差) 변화가 발생하는데 마침내 2020년의 세차변화가 경자년과도 병행해 이중 변화가 일어나 감당하기 힘든 재난이 일어나는 것이라고 말한다.

정말 그런 것 같다! 경자년이 오기 전 2019년 11월 중순, 중국 후베이(湖北)성 우한(武漢)시에서 제일 먼저 코로나19 바이러스가 발생했다. 중공 정부는 이 사실을 은폐하였고 다음해 1월 20일에야 비로소 외부에 현지 상황을 제대로 공개했다. 2020년 1월 23일, 새해 섣달그믐날 우한시는 봉쇄됐다. 그러나 우한시를 봉쇄하기 전에 이미 500만 시민이 열차를 타고 각자 고향에 춘절을 쇠러갔고 일부 사람들은 비행기를 타고 휴가차 출국까지 했다. 우한의 바이러스는 그렇게 중국 대륙 각 성과 각 시에 전파되었고 이어서 바다 건너 전 세계 각 이백여 나라와 지역에도 전파되었다. 우한의 바이러스에 의해 감염된 이들 중에서는 여러 국가들의 고위관리와 귀족, 국제적인 명사들도 있었다.

2020년 11월 중순 기준으로 이미 전 세계 5,500여 만 명이 코로나19 바이러스에 감염되었고 130만 명이 사망했다. 미국이 세계에서 가장 심각한 재앙지역이 됐는데, 800만 명이 넘는 시민들이 확진 판정을 받았고 그 중 22만 명이 사망했다. 2020년 코로나19 바이러스가 불러온 재앙은 마치 비전형적 제3차 세계대전을 방불케 했다.

중공이 전염병 상황을 은폐하다

코로나19 바이러스가 발생한 전후 세계 각지 매스컴의 중공과 세계보건기구(WHO) 관련 보도를 종합 정리해 보면 눈여겨봐야 할 대목이 많다.

2019년 9월 18일 우한 텐허(天河) 공항에서 응급조치 훈련이 있었는데, 이 응급조치 훈련은 하필이면 신종 코로나 바이러스 감염이 발견되었음을 테마로 한 것이었다. 이 '선견지명'을 어떻게 설명할 수 있다는 말인가?

2019년 10월 18일부터 열흘간 우한에서 세계군인체육대회(Military World Games)가 개최되었는데, 미군의 정보에 따르면 그 이전인 10월 7일부터 24일까지 사이에 드론으로 찍은 우한의 P4실험실 주변에 아무 인기척이 없었고 대로에는 어떤 자동차도 행인도 없었다. 칠흑같은 어두움에 휴대폰도 아예 터지지 않았었기에 당시 P4실험실에서 어떤 큰 사고가 났던 것이 아닌가 하는 의심을 불러일으켰다. 위성사진으로도 실험실 주변에 행인과 차들이 접근하지 못하도록 장애물을 설치해 놓은 것이 확인됐다. 이보다 이전인 8월에서 10월 6일 사이의 위성사진으로는 운동장 주변의 등불은 훤했고 사람들의 활동이 빈번했음이 확인된다.

세계군인체육대회 시합에 참가한 근대 5종 금메달리스트인 프랑스의 엘로디 클로벨(Elodie Clouvel)은 시합이 끝나고 귀국한 후 열이 나고 기침을 하고 근육이 아픈 증상이 나타났다. 이탈리아, 스웨덴, 룩셈부르크 선수 등 많은 사람들에게서 역시 비슷한 증상이 나타났는데 그 당시에는 감기인 줄 알았다. 세계군인체육대회에서는 중국 자원봉사자가 20만 명이 참여했는데 그들은 밤마다 귀가했고 낮에는 시합장에 나와서 일을 했다. 만약 그들이 감염되어있었다면 빠르게 전염병이 퍼졌을 것이다.

우한의 P4연구소는 중공의 최첨단 바이러스 학자인 쓰정리(石正麗)가 주도하고 있다. 미국의 「내셔널리뷰(National Review)」는 2020년 4월 3일자로 미국의 영화 제작자 매튜 타이(Matthew Tye)의 코로나19 바이러스 추적 조사 다큐멘타리에 대해서 보도했다. 다큐멘타리 내용에 따르면 2019년말 우한 P4 바이러스연구소는 신종 코로나 바이러스와 박쥐에 대해서 연구할 뜻이 있는 과학자를 초빙하는 공고를 낸 적이 있다. 이 공고에 따르면 연구소는 △ 박쥐가 장기간 에볼라, 사스(SARS) 등의 코로나 바이러스와 공존할 수 있는 능력, △ 감염되지 않는 그 분자 기제, 그리고 그것과 비행 및 수명과의 관계성 조사, △ 바이러스학, 면역학, 세포 생물학과 다수의 체학(omics) 등의 방법으로 박쥐와 인간 또는 다른 포유류 동물과의 차이 비교 등이 주요 연구 내용이라고 밝혔다. 연구소에서는 두 번째 공고에서도 '박쥐 유래 바이러스의 종간 감염 및 이에 의한 병원성' 등을 연구한다고 밝혔는데, 매튜 타이는 이를 '독성이 강한 새로운 바이러스를 발견했기 때문에 그것에 대처할 연구원이 필요하다'는 메시지를 낸 것으로 봤다. 우한폐렴(武漢肺炎)의 '0호 감염자(첫 증상예)'는 바로 이 연구소의 황이엔링(黃燕玲)이라는 연구원이었으며 확진되어 사망한 후 시체가 화장되었다고 알려졌음에도 불구하고 관계당국은 관련 루머에 대해서 제대로 반박하지 않았다(이 책에서 뤼슈렌 전 대만 부총통은 '코로나19', 'COVID-19', '우한폐렴(武漢肺炎)', '경자온역(庚子瘟疫)'이라는 표현을 혼용하고 있다. - 옮긴이)

우한폐렴의 최초 고발자(Whistleblower)는 중서의학결합병원(中西醫結合醫院)의 중환자실 주임의사 장지시앤(張繼先)이다. 그는 11월 27일에 전염병 상황에서 불행한 죽음을 맞고 말았던 의사 리원량(李文亮)보다도 한달 일찍 상부에 보고하고 경고를 했음에도 불구하고 주목을 받지 못했다. 우한중산의원(武漢中山醫院)은 최초로 신종 코로나 바이러스를 검출하여 증명한 병원이다. 날짜는 12월 27일이며 3일 후 리원량 의사가 인터넷을 통해 경고를 했건만 결국 징계를 받고 말았다. 국제보건규칙에 따르면 긴급한 보건위기사건은 발생 후 24시간 내에 통보해야 한다고 되어 있다. 하지만 중공 관계 당국은 뒤늦게 12월 31일에야 세계보건기구에 우한의 전염병 상황을 통보했다. 이틀 후에 후베이성 위생건강위원회는 전염병과 관련 기존 표본은 없애거나 비밀리에 보존하라고 했다. 2020년 1월 3일 중공 국가위생건강위원회도 외부에 표본이나 정보를 유출하지 말고 표본은 즉각 없애거나 국가가 지정한 보존 관련 기구에 보내라고 했다. 지방에서 중앙까지 바이러스 상황을 은폐하고 있었다는 사실이 명확하다.

    2020년 1월 3일, 중국은 처음으로 미국에 전염병 상황을 통보했다. 그리고 30일간 연속으로 매일 상황을 계속 통보했다. 오바마 대통령 시대에 미국이 P4연구소에 거액 보조금을 제공했기에 미국과 중공 양국은 연구업무에 있어 협력관계가 있었다.

    우한 바이러스연구소는 2019년 12월 30일 바이러스 표본을 얻고나서 다음해 1월 2일 바이러스 유전자의 서열을 배정했으며 5일 바이러스 균주(Virus strain)를 분리했다. 1월 10일에는 상하이 푸단대학교와 중공 질병예방센터에서 신종 코로나 바이러스 유전자서열을 공개했다.

    2020년 1월 11일, 대만에서 제15대 총통 선거가 있었던 당일에 중공은 우한폐렴 발생으로 첫 번째 사망자가 발생한 사실을 발표했다.

    우한폐렴 발생 소식이 전해졌음에도 시진핑은 전염병에 대한 언급이 없이 2020년 1월 15일에 미국과 중공의 1단계 무역협상을 체결했고 1월

16~18일에는 미얀마를 방문하면서 공식일정을 이어갔다. 시진핑의 우한 폐렴 언급은 1월 20일에야 나왔다.

우한은 2020년 1월 23일, 섣달그믐부터 도시를 봉쇄하였다. 하지만 이미 5백만 명이 귀향하거나 휴가 등으로 출국한 상태여서 바이러스의 확산을 부추겼다.

코로나 바이러스 확산에 따른 병고와 사망으로 인해 전 세계 각국이 너나 할 것 없이 모두가 그 원흉으로 중공과 세계보건기구(WHO)를 지목하고서 비판을 하며 엄청난 배상금을 요구하고 있다. 앞으로 중공이 이를 어떻게 마무리할는지 모를 일이다.

세계보건기구는 전염병에 어떻게 대처했는가?

2019년 11월 17일 첫 케이스가 나온 후 약 한 달 반 만에 중공은 12월 13일 세계보건기구에 정식 통보했다. 세계보건기구가 신종 코로나 바이러스에 대처했던 과정을 관련 보도자료들을 중심으로 아래와 같이 정리해 봤다.

세계보건기구(WHO)의 코로나바이러스 대처 기록부 (관련기사 정리)

시간	전염병 상황에 대한 설명
2019년 12월 30일	30일 이전 세계보건기구 베이징 사무소가 "우한에서 심각한 공공위생 사건이 있었는지" 여부에 대해서 질의.
12월 31일	중국 "우한에서 27개의 원인 불명의 폐렴 사례가 발견됐다"고 세계보건기구에 통보.
2020년 1월 5일	세계보건기구가 사람과 사람 사이에서 전염된다는 뚜렷한 증거가 발견되지 않아 중국에 대한 여행제한을 건의하지 않는다고 함.

1월 14일	세계보건기구가 "중국 정부의 1차 조사에 따르면 중국 우한에서 발견된 신종 코로나 바이러스(2019-nCOV)가 사람과 사람 사이에서 전염된다는 뚜렷한 증거가 없다"고 주장했다.
1월 15일	"사람과 사람 사이에서 제한적으로 전염될 가능성은 있으나 전면적 방역 조치를 취할 필요없다"고 주장했다.
1월 21일	베이징 정부는 세계보건기구에 비상사태를 선포해서는 안된다고 압력을 가했다.
1월 22일	테드로스 아드하놈 게브레예수스 세계보건기구 사무총장은 신종 코로나 바이러스와 관련해서 아직 비상사태가 아니라고 밝혔다.
1월 28일	각국의 교민을 철수시킬 필요가 없고 중국이 방역 능력에 자신감을 갖고 있다고 했다.
1월 30일	압도적인 증거가 결국 테드로스 사무총장으로 하여금 코로나 바이러스 위기가 '국제적 공중보건 비상사태(PHEIC)'임을 선포토록 했다.
2월 3일	세계보건기구는 중국이 전 세계의 방역에 훌륭히 협조를 하고 있기 때문에 각국은 불필요한 조치로 여행과 무역에 관여할 필요는 없다고 발표했다.
2월 16일	국제의료전문가단체가 중국에 도착하였으나 우한에 출입하는 것이 불허됐다.
2월 29일	전 세계 코로나바이러스 위험 등급이 "높음"에서 "매우 높음"으로 승격됐다.
3월 3일	세계 각국에 "COVID-19의 전파 효과는 유행성 독감보다 못하다"고 하였다. 또한 "COVID-19는 무증상 감염이 거의 없다"고 선전했다.
3월 11일	세계보건기구가 '감염병 세계적 유행(Pandemic)'임을 선포했다. 하지만 건강한 일반인들이 마스크를 쓰는 것을 장려하지 않는다고 발표했다. 코로나19는 이때 전 세계에서 이미 114개 국에 전파됐다. 10만 명이 확진을 받았고 4천여 명이 사망했다.

이처럼 세계보건기구(WHO)는 2019년 12월 31일, 같은 날 중공과 대만으로부터 소식을 전해듣고서 부적절한 조치를 취했음을 보여주고 있다.

세계보건기구는 2020년 1월 23일 이전에는 사람과 사람 사이에는 전염이 이뤄지지 않으므로 방역조치를 취할 필요가 없다고 통보했다. 또 2월 3일 이전에는 거듭 중국에서 교민을 철수하거나 중국으로의 여행을 규제할 필요가 없다고 했고, 각국이 여행과 무역에 관여할 필요도 없다고 했다. 2월 29일에야 처음으로 "전염 상황이 매우 심각하다"고 밝혔다. 3월 12일이 되고 나서 '감염병 세계적 유행(Pandemic)'을 선포하였고 이때도 마스크를 써야 한다고 건의하지 않았다.

세계보건기구는 전 세계 인류에게 가장 중요한 문제인 건강과 보건과 관련된 국제기구이므로, 회원국들도 물론 세계보건기구의 지시에 따라 움직인다. 그래서 전 세계가 세계보건기구를 믿었다가 바이러스 문제를 가볍게 보고 대항에 소홀하여 심각한 재앙을 불러오게 된 것이다. 일본과 한국이 먼저 피해를 봤고, 이어서 이란과 이탈리아, 그리고 스페인, 그 다음은 세계 최강국인 미국까지 피해를 입지 않은 나라가 없었다.

테드로스 아드하놈 게브레예수스(Tedros Adhamon Ghebreyesus) 사무총장은 에티오피아 사람으로 영국에서 공부한 의학박사다. 그는 에티오피아의 공산당 분파인 '티그라이 인민해방전선(TPFL)'에 소속됐었던 전력이 있으며 2012~16년간 에티오피아의 외교부 장관을 맡아 중공의 일대일로(一帶一路) 정책을 에티오피아에 도입했고 에티오피아의 국가 건설을 저당잡아 121억 달러의 차관을 받게 했던 전력도 있다.

중공은 에티오피아에서 지부티 공화국까지 철길을 깔아 에티오피아, 지부티, 소말리아, 그리고 에리트레아, 아프리카 4개국을 손아귀에 쥐었으며 지부티에 중공의 해외 군사기지도 건설했다. 테드로스 사무총장은 중공이 아프리카에서 영토와 세력을 확장하는데 공이 컸으므로 그가 세계보건기구 사무총장 자리를 선물로 받은 것이라는 지적도 나온다. 그는 중공이 추진하는 모든 일을 추종하며 베이징의 환심을 샀으므로 그의 승승장구에 대해서는 조금도 의아해할 부분이 없다. 그는 심지어 중공의 '하나의 중국' 원칙을 공개적으로 거론하면서 대만을 중공의 일부라고 하기까지 했다. 그러면서 대만이 세계보건기구에 옵서버 자격으로도 참석하지 못하도록 했다. 일부 대만인들이 관련하여 그를 비판하자 그는 대만을 원수처럼 여기면서 자신이 대만으로부터 비판을 받고 있다는 사실을 언론을 통해 공공연히 거론하기도 했다.

미국은 세계보건기구의 돈지갑으로 전락하게 됐다. 세계보건기구의 예산은 회원국의 회비와 후원금, 크게 두 가지로 만들어진다. 회비는 22%를 미국이 내고 12%를 중공이 낸다. 후원금은 미국이 40%를 내고 중공은 10% 정도 밖에 내지 않는다. 2020년 미국이 세계보건기구에 낸 돈은 1억 2,300만 달러이며 중국은 고작 1,500만 달러다. 그렇지만 세계보건기구는 중공이 장악하고 있다. 우한폐렴이 터지고 나서 세계보건기구와 사무총장의 행실은 누가 봐도 중공의 곡예에 놀아났던 것으로 그들은 코로나를 은폐하며 세계를 기만했던 것이었다. 그것이 아니라면 적어도 그들은 무능으로써 세계를 오도했던 것으로, 전염병에 대처하는 조치를 제때 취하지 못했다.

2020년 5월 18일, 세계보건기구 세계보건총회(WHA) 개회 직전, 트럼프 대통령이 테드로스 사무총장에게 서한을 보내 그가 저지른 죄를 조목조목 따졌다. 트럼프 대통령은 "세계보건기구가 30일 내로 중대하고 실질적인 개혁을 약속하지 않으면 미국의 일시적인 자금 지원 중단을 아예 영구화할 것이며 미국의 이 기구에 대한 회원자격을 재고하겠다"라고 경고했다. 5월

29일에 실제로 트럼프 대통령은 "우리는 오늘부터 세계보건기구와 관계를 끊을 것이며 세계보건기구에 냈었던 돈을 전 세계 다른 곳, 긴급한 공중 보건상 수요가 있는 곳으로 돌릴 것"이라고 선포했다.

대만과 세계보건기구의 원한과 갈등

도대체 2019년 12월 31일 그날 대만은 무슨 일을 했고 무슨 말을 했는가? 중앙유행성전염병지휘센터 의료대응팀의 뤄이쥔(羅一鈞) 팀장의 말에 따르면, 그는 12월 31일 새벽에 대만 최대 온라인 토론 사이트인 PTT에서 "중국 우한에서 7개의 사스(SARS)와 유사한 신종코로나바이러스 질환 사례가 나타나 병원에서 격리치료를 하고 있다"는 내용의 한 글(의사 리원량이 2019년 12월 30일 중국 우한에서 사스와 유사한 질환이 발생했음을 동료들에게 경고하는 단체 메시지를 보낸 것이 시초이다. - 옮긴이)을 읽었다. 이에 그는 이 사실을 대만 질병관제센터에 알리고 당국으로 하여금 중공 의료통제센터에도 이를 확인해보도록 하고 나서 이메일로 세계보건기구에도 관련 사실을 통보했다. 내용은 다음과 같다.

"오늘 한 중국발 뉴스 보도에 따르면 우한에서 적어도 7개의 급성중증호흡기증후군 사례를 통보했으며 현지 위생국은 언론 인터뷰에서 이러한 증상이 사스는 아니라고 단언했습니다. 현재 질환의 샘플에 대해서 계속 조사 중에 있다고 하며 환자를 이미 격리치료하고 있다고 합니다. 만약 당신들에게 유의미한 무슨 관계 자료가 있다면 참고하도록 공유하여주시면 감사하겠습니다."

테드로스 사무총장은 당시에 대만이 세계보건기구에 "사람과 사람 사이에" 감염되는 어떤 바이러스가 있다는 것을 통보하지는 않았다고 했다. 이메일에는 분명 "사람과 사람 사이에"라는 글자가 없기는 했다. 그러나 천스중(陳時中) 위생복리부 부장(장관)은 다음과 같이 세계보건기구에 반박했다.

"신중을 기하기 위해서 우리는 이메일에서 분명히 '급성중증호흡기증후군'이라고 언급을 했으며 또한 '환자를 이미 격리 치료를 하고 있다'는 내용도 전했습니다. 의학적 지식을 갖고있는 공공위생 관련 전문 지식인이라면 누구나 격리치료를 받고 있는 질환이라면 '사람과 사람 사이에' 전염이 일어날 가능성이 있음을 즉각 알았어야 했을 것입니다. 세계보건기구는 전문분야 종사자라고 볼 수 없는 말을 하고 있습니다."

대만이 세계보건기구 회원국이 아니기 때문에 테드로스 사무총장은 대만이 보낸 이메일은 그저 무시했던 것이다. 중공이 코로나19의 사람 간 전염을 인정한 것은 대만이 세계보건기구에 이메일을 보낸 지 20일 후인 1월 20일이다. 세계보건기구는 1월 12일에도 사람 간 전염에 대한 확실한 증거가 없다고 했었다. 그러나 애초 중공이 뭔가를 숨기고 있다고 봤던 대만은 1월 2일 코로나19 관련 긴급대응센터를 가동했으며 그 덕분에 코로나19를 초기에 억제하는데 성공한 것으로 평가를 받게 됐다.

세계보건기구는 장기간 대만을 배척하고 멸시하면서 전 세계에 대만이 중공의 일부라는 개념을 심었고 이에 많은 국가들은 대만을 중공과 동일시하여 여행을 금지시키기까지 했다. 대만으로서는 참으로 억울한 일이다. 17년 전에 사스(SARS) 바이러스의 경우도 중공발이었지만 엉뚱하게도 대만이 중공과 세계보건기구로부터의 모욕을 계속 감내해야만 했다.

2003년 2월 21일, 중국 광둥성 중산(中山)대학 의대 류젠뤈(劉俊倫) 교수가 사스 바이러스에 감염된 상태로 아픈 몸을 이끌고 차를 타고 조카딸의 결혼식 참석차 홍콩에 갔다. 그가 홍콩 메트로폴호텔의 엘리베이터에 탑승했을 때 캐나다 화교 두 사람과 미국 화교 한 사람, 그리고 싱가포르 부녀 세 사람, 홍콩 현지 청년 한 사람이 같은 자리에 있었다. 그 몇 분 동안 사스바이러스가 엘리베이터를 탔던 모든 사람들에게 옮겨졌다. 그리고 얼마 안 되어서 이 사람들로부터 캐나다, 베트남, 싱가포르, 그리고 홍콩 아모이가든 아파트 단지 내에 바이러스가 대대적으로 퍼지기 시작했다.

2003년 3월 8일, 홍콩의 아모이가든 아파트 단지에 사는 남자가 동생을 보러 대만으로 들어오면서, 또 한 대만 부부가 홍콩에 갔다가 다시 대만으로 돌아오면서, 홍콩의 사스바이러스가 대만에 대대적으로 퍼졌다. 한바탕 혼란을 겪으며 대만에서 총 346명이 사스 바이러스에 감염되었는데 불행하게도 그중 37명이 타계했다. 이들 대부분이 타이베이시 허핑(和平) 병원의 의료진과 환자들이었다. 당시 대만은 경악과 비통에 잠겼지만 세계보건기구는 못본 체 했다.

그때 중공의 우이(吳儀) 부총리와 샤주캉(沙祖康) 주세계보건기구 대표는 언론을 통해 "대만, 누가 당신들을 상대하느냐!(台灣, 誰理你們!)"라고 하면서 고함을 질렀다. 그때 중공이 대만에 대해 보여준 그 무정함은 칼로 마음속 깊은 곳을 찌른 것과도 같았다. 대만인들은 이를 영원히 잊지 않을 것이다(이 책의 저자인 뤼슈렌 전 대만 부총통은 2003년 5월 22일, 당시 현역 부총통 신분으로 언론을 통해 중공의 우이 부총리를 강하게 비판했다. 당시 뤼 부총통은 "세계

33개국이 사스로 고통을 받는데도 19일 제네바에서 열린 세계보건기구 총회에서 중국 대표(우이 부총리겸 위생부장)가 당국의 노력으로 사스가 통제되고 있다고 연설한 것은 거짓말로 국제사회를 모욕한 것"이라고 지적했다. 뤼 부총통은 또한 "중국은 사스의 첫 발병 당시 이를 무시했다가 이후 은폐해 전 세계로 확산시켰다"면서 "중국은 특히 대만의 WHO 재가입 노력을 가로막은 것에 대해 사과하라"고 촉구하기도 했다. - 옮긴이).

2003년에 대만은 영문도 모른 채 사스의 습격을 당해야 했고 중공으로부터 모욕까지 당했다. 당시 사스가 가져다준 놀라움, 비통함 속에서 대만은 자체적으로 특유의 방역 기술을 터득했으며 재앙 앞에 침착함과 강인함을 잃지 말아야 한다는 사실을 배웠다. 그리고 '마스크 쓰기'가 방역에 있어서 얼마나 중요한지도 알게 되었다.

17년 후에 중공이 다시 전염병을 퍼뜨렸지만 대만 정부와 국민은 이에 대해서 슬기롭게 대처하여 국제적 갈채를 받았다. 소위 "이전에 있었던 일을 잊지 않으면, 나중에 일어날 일의 교훈이 된다(前事不忘, 後事之師)"란 말이 있듯이 공로를 따져 보면 2003년 당시 천수이볜 대만 총통의 지도력과 당시 대만 의료전문가들의 화합과 조화가 남긴 자산의 힘이 컸던 것이다.

미국과 중공이 서로 총칼을 겨냥하다

2020년 1월 11일의 총통 선거가 끝난 지 얼마 안 되어 중국 우한에서 유래한 신종 코로나 바이러스가 퍼지면서 전 세계를 경악케 했다. 이러한 때에 중국 인민해방군은 방역을 위해 투입되지 않고 대만 주변 해역에 위협 작전을 위해 투입되었다. 중공과 미국, 쌍방은 대만 영공 등에서 "군사적 힘 자랑"을 했고 이에 대만 군대는 쉴 틈 없이 방위에 나서야 했다.

　3월 26일, 중공 국방부는 "중국은 외국 세력이 대만 카드를 사용하는 것을 절대로 용납하지 않는다. 미국의 행실은 중국의 내정을 간섭하는 것이요, 따라서 대만해협의 평화와 안정을 해치는 것으로, 중미 양국의 관계를 파괴하고 대만 독립분자들에게 잘못된 신호를 전달하는 매우 위험한 처사다"라고 공개적으로 질타했다.

　중공은 해양대국의 꿈을 꾸고 있었고 근년에 들어와서 끝임없이 해군력을 키워 왔다. 2020년 2월 16일, 중국 후허하오터(呼和浩特)호 미사일 구축함이 '161 원양 훈련편대'를 인솔하여 제1도련선(island chain)과 제2도련선을 통과한 후 국제 날짜변경선(International Date Line)을 통과하여 서반구(西半球) 해역에 들어가 제3도련선까지 도달했다. 이것은 태평양에 있는 미국의 마지막 방어선이다.

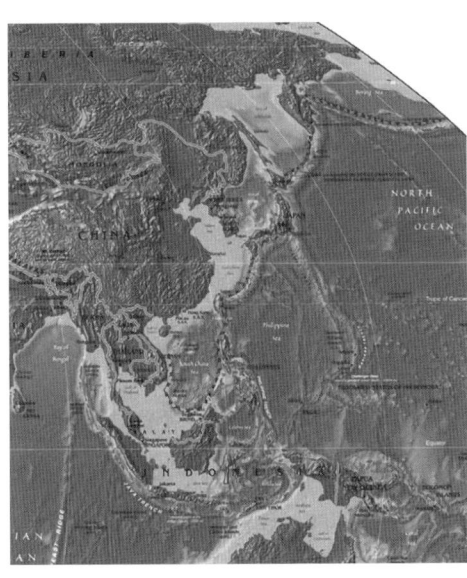

도련선(島鏈線·island chain)은 1982년 중공 해군사령관 류화칭이 설정한 중공의 해상 방어선으로 태평양의 섬(島)을 사슬(鏈)처럼 이은 가상의 선(線)이다. 미국 입장에서 보면 중공의 해군력 팽창을 막는 해상 방어선이다. 사진(점선)은 제1도련선이고, 제2도련선은 미국령인 괌을 포괄한다. 제3도련선이 하와이다. (출처 : 위키피디아-Suid-Afrikaanse)

중공이 해양권익을 강화하는데 있어서 2020년에 보여준 전략적 행동의 의미는 다음과 같다.

첫째, 중공에 대한 지리적 포위망인 제1도련선을 뚫고 나간다. 미야코 제도와 바시해협(대만과 필리핀 사이의 해협), 그리고 대만해협에서 자유롭게 운항하는 것이다. 둘째, 미군의 서태평양 '개입(Access)'에 대해서 '반개입 및 지역저지(Anti-Access/Area Denial, A2/AD)' 능력을 키워 미군을 제1도련선 밖으로 밀쳐낸다. 셋째, 남중국해에서 인공섬을 만들어 남중국해에서의 공방 능력을 강화하고 중공 주위의 황해, 동중국해, 대만해협과 남중국해를 중공의 해자(垓子, 내해)로 만든다. 넷째, 제3도련선에도 방어망을 만들어 미국이 만든 제1도련선, 제2도련선에 대항하면서 미국의 태평양 독자주의를 파괴한다.

신종 코로나 바이러스가 빠르게 전 세계에 퍼졌을 때, 여러 국가들에서 군 장병, 특히 바다를 떠도는 해군이 가장 쉽게 감염됐다. 해군 함정은 밀폐돼 있으며 근무공간과 거주공간의 구분도 불분명한데다가 격리공간 마련이 어렵다. 미국이 아시아 태평양지역에 배치한 루즈벨트호와 레이건호 양대 항공모함에서 병사들이 확진되었다. 링컨호와 칼빈슨호에서도 역시 감염자가 발생했다고 하는데, 이 경우 선박 전체를 격리해서 관찰하여 치료해야 한다. 아시아태평양 지역에서 미국의 해상 방위에 구멍이 뚫린 것이다.

그러나 미중 패권 쟁탈전으로 인해 양안 관계는 긴장이 높아졌고 2019년 3월 13일에 인민해방군의 J-11 전투기 두 대가 "역사상 처음으로" 대만해협의 중간선 상공을 넘어오는 일이 발생했다. 2020년 음력 춘제(春節·설) 때는 중국 인민해방군 폭격기와 전투기가 이틀 연속 대만해협을 넘나들었고, 대만해협을 건너 대만 인근 바다를 통해 서태평양까지 갔다가 돌아오는 등 대만해협 중간선 통과가 일상화가 됐다. 10월 7일, 대만 옌더파(嚴德發) 국방부 부장(국방부 장관)의 입법원(대만국회) 보고에 따르면, 대만 공군은 2020년에만 2,197번이나 출격하여 255억 대만달러(1조 280억원 가량)를 지출했다. 중공이 소모전을 전개하여 군사력으로 대만을 위협하고 있을 뿐만 아니라 군비 면에서도 대만에 고통을 주고 있다는 것을 알 수 있다.

중공과 미국이 패권을 다투는 '투키디데스의 전쟁'에서 베이징은 "싸움을 걸되 끝장을 보려고 하지는 않는다(鬪而不破)"고 하는 모습을 보여줬다. 트럼프 대통령의 임기가 끝나가면서 얼핏 용과 독수리의 혈투가 끝나가는 듯 보이는데, 중공은 만약 싸우게 된다면 미국에 이길 수 있다는 자신감까지 보이고 있었다. 트럼프 대통령의 경우, 걷잡을 수가 없이 번져나간 "중국폐렴(中國肺炎)"으로 인해 자국 국민들로부터 큰 원성을 듣게 됐고 강점이었던 경제에서도 엄청난 타격을 입었다. 그래서 재선은 가시밭길이 될 것으로 예측됐다. 트럼프 대통령으로서는 이 원한을 갚아야 했던 것이다. 특히 낙선을 하게 되면 복수를 할 기회가 없어지게 된다. 반드시 전력을 다해서 이번 대선에서 싸워 이겨야 한다고 생각했다.

그래서 트럼프 대통령은 중공에서 유래된 COVID-19가 미국 국민들에 가져다 준 고통과 민생 경제에 대한 타격 등에 대한 보복 차원으로 인민해방군에 대해서 "최대한의 압박"에 나섰다. 남중국해, 대만해협에서 중공군이 가는 곳마다 미군은 그림자처럼 따라다녔다. 그뿐만 아니라 트럼프 대통령은 대만을 찬미하고 대만에 대한 무기 판매 제한도 완화했다. 차이잉원 총통은 마치 보물을 얻은 것처럼 그런 조치에 그저 고마워하기만 했다. 그렇게 생긴 빚이 자손에게까지 남을는지도 모르는데도 미국의 의사를 그대로 따르기만 했다.

미국이 대만 수출을 승인한 무기는 최신 대형 무인정찰기인 MQ-9 시가디언(Sea guardian), 해안방어용 하푼 미사일 시스템(CDCM), Mk-48모드6 수중어뢰 등이다. 여기서 해안방어용 하푼 미사일 시스템(CDCM)은 대만이 자체 개발한 '슝펑(雄風)' 미사일 시스템과 결합해 사용하면 해안 방어능력을 상당히 높일 수 있다. Mk-48모드6 수중어뢰는 중공군의 상륙작전을 막아내는데 효과적이라는 평가를 받고 있다. 미국 트럼프 행정부에서만 대만에 대한 무기 판매 횟수는 이미 십 여 차례 이상이다. 금액으로는 181억 미국달러에 달하는데, 대만 돈으로는 약 5,400억 대만달러이다. 역대 미국 대통령들이 대만에 대한 무기판매에 주저했던 것에 반해 트럼프 행정부는 '대만관계법'에 따라 '6개항 보증'에 명시된 내용을 행동으로 보여주는 일이 두드러졌다. 사실상 미국은 거듭 대만에 "고슴도치" 또는 "멧돼지(호저)"처럼 철옹성같이 무장해야 된다고 공개적으로 말했다.

미군의 EP-3E 정찰기가 대만 남서쪽 공역을 순찰하며 중국 해안 지역 가까이에 접근하기도 했다. 심지어 저장성이나 상하이까지 북상했다. 그리고 B-1B 초음속 전략 폭격기도 중공의 '동중국해 방공식별구역(East China Sea Air Defense Identification Zone)'에 접근했다. 가장 근접했을 때는 광둥성, 푸젠성과 불과 92.95km 거리여서 거의 중국 동남 연안에 다다랐다. 이밖에 미국은 '남중국해 전략태세 감지계획(South China Sea Strategic Situation Probing Initiative, SCSPI)'을 수립해 항모전단 레이건호가 남중국해를 순시하고, 강습상륙함인 아메리카함도 함께 항해하도록 했다.

'파이브아이즈(Five Eyes)' 연맹은 일본을 초청하여 '식스아이즈' 연맹이 되려고 하고 있다. 인도태평양안전연맹은 미국, 캐나다, 영국, 인도, 호주,

일본, 이렇게 6개국에다가 뉴질랜드와 남중국해 주변의 국가들도 참가하여 13개국이 연합 군사훈련을 실시했다. 역사상 중국을 침략했던, 의화단 진압(1900년, 청나라 광서 26년)과 관련 8개 연합군보다 더 큰 규모였다. 미국은 남중국해가 공해임을 밝히고 있기에 중공이 이곳에서 인공섬을 건설하고 이 섬들을 기초로 하여 군사기지를 만드는 일을 허용할 리가 없다. 폼페이오 국무부 장관은 "남중국해는 중국의 해양제국에 속하지 않는다"라고 공개적으로 지적했다.

미국의 위협적인 공세에 중공은 '베이다이허 회의(北戴河會議)'를 개최한 이후 "때를 아는 사람이 영웅이다(識時務者爲英雄)"라고 하면서 "삼연삼경(三軟三硬, 세 가지 온유한 것과 세 가지 강경한 것)"을 선포하여 중국 인민해방군은 절대로 첫 방아쇠를 당기지 않는다고 천명했다.

한편, 트럼프 대통령이 재선되면 막 나갈 것이 틀림이 없고, 다른 한편으로는 중공은 수해로 인해서 반벽강산이 물바다인데다가 수천만 유랑민이 생기고 사망과 질병, 그리고 식량 부족과 외국 기업의 철수, 그리고 외자 철수…. 중공은 역사상 매우 드문 내우외환의 시기로 탈진상태다.

중공의 군사도발과 관련 우리나라(대만) 국군은 국방부 제정 '국군 항시전쟁 돌발상태 대응수칙(國軍經常戰備突發狀況細則)'으로 대만의 12해리 영공에서 대만해협 중간선까지 요격구역을 설정해뒀다. 중간선을 넘을 경우에 30해리, 20해리, 12해리, 심지어 대만 상공에까지 다가왔을 때 각각 모두 대응하는 준칙이 세워져 있다.

다만 우리 조종사들은 공군 작전지휘부의 명령을 받기 전에는 불의의 사고를 피하기 위해 먼저 사격은 하지 못한다. 대만 국방부는 '방위고수전략(防衛固守戰略)'을 세워뒀는데, 우리 국군은 비록 선제공격의 능력이 있지만 절대로 선제공격을 하지 않는다고 했다. 중공군에 "도발을 하지 말 것, 전쟁을 일으키지 말 것, 불의의 사고도 될 수 있으면 피할 것"을 요구하면서, 대만군도 중공군에 대해서 선제공격은 하지 않는다는 것이다. 정세가 험난해지는 속에서 대만 국방부는 2020년 9월 '국군 경상 전시비상 돌발상태 대처 규정(國軍經常戰備時期突發狀況處置規定)'을 수정하였는데 여기서도 대만군이 먼저 공격하는 것을 불허하는 결정을 내렸다.

그러나 인민해방군이 대만에 대한 공격 준비를 하고 대만군 전투기가 표적이 되는 상황에선 대만 공군의 작전 지휘관은 제1선 전투기 조종사에게 적군 전투기에 대해서 '자위반격권(自衛反擊權)'을 집행하도록 명령할 수 있다. 이는 "너를 두려워 하지 않는다. 하지만 공격을 해오면 반드시 반격한다"는 의미다. 이 '자위반격권'에 있어서 '첫 공격' 명령을 내리는 권한은 대만 국방부 부장(장관)에게 있다.

대만해협, '하나의 중국'에서의 내해화 위기

중국 국경절 전야, 중공의 국무원대만사무판공실(國務院台灣事務辦公室)은 대변인인 마샤오광(馬曉光)을 통해 '92공식(九二共識, 92공통인식)'이 양안관계의 기초라고 재차 강조했다. 보다 알아듣기 쉽게 말하면 "대륙과 대만은 '하나의 중국'에 속하며 양안 간에 해협 중간선은 존재하지 않는다"는 것이다. 중요한 날에 대만해협에 중간선이 존재하지 않는다고 상기시키는 것은 분명히 어떤 정치적 의도가 있는 것이다.

대만과 중국 대륙 사이에는 대만해협이 놓여있다. 가장 먼 거리는 300km 이며, 가장 가까운 거리는 130km밖에 안된다(푸젠성 핑탄(平潭)에서 대만 신주(新竹)까지). 1954년 미국과 중화민국이 '공동방어조약'을 체결하면서 1955년 미국 공군 장군인 벤저민 데이비스(Benjamin O. Davis)가 해협 중간선 지리 좌표 북위 27도, 동경 120도에서 북위 23도 동경 117도의 직선을 경계로 삼아 미국은 대만의 방위 안전을 지키는 책임이 있다고 했는데 마찬가지로 대만의 전투기와 군함 역시 이 중간선을 넘지 못하게 했다. 다만 이것은 하나의 추상적 심리방어선이다. 1999년 리덩후이 총통이 '양국론(兩國論, 대만 정치인에 의해 공식적인 자리에서 최초로 나온 '두 개의 중국' 발언으로, '하나의 중국' 원칙을 거부하고 대만과 중공은 각각 별개의 나라라는 것이다. 리덩후이 총통은 장제스 총통의 국민당 출신이기는 하지만 첫 민선 총통이고, 무엇보다 첫 대만 출신 총통이다. - 옮긴이)'을 발표하기 전까지 국민당과 공산당 양측은 둘 다 대만해협 중간선의 존재를 묵인하면서 상호불침범을 지켰다. 이 중간선은 서로에게 있어 '해상호국장성(海上護國長城)'이었던 것이다.

1999년 중공은 리덩후이 총통의 '양국론'에 민감한 반응을 보이면서 중공군을 대거 중간선에 밀착시켰다. 미군도 그래서 양안 문제에 개입했다. 2015년 1월 중공은 M503 민간 항공노선을 대만해협 중간선에 매우 근접하게 설정했다. 이에 대만 마잉주 정부가 협의에 나서 중공은 M503 항로를 수정하여 서쪽 61해리로 옮겼고 북향(北向) 항로와 3개의 연결선 설정도 잠시 중단하면서 대만해협 중간선에 대한 존중을 보여줬다.

대만해협 중간선은 국제법상 어떤 효력이 있는가? 2018년 유엔 국제법위원회에서 통과된 '관습국제법에 대한 식별(關於習慣國際法的識別)' 결론 초안에 따르면 특정한 실천은 반드시 보편성과 일관성을 갖춰야 한다. 그러나 대만해협 중간선은 국제법상으로 일관성이 구비되어 있다고 볼 수는 없으며 정치적, 군사적 의미만을 갖고 있다. 어떻든, 오늘날 중공이 일방적으로 대만해협 중간선의 존재를 부인하는 것은 대만해협을 중공의 내해로 보고 대만을 중공의 영토로 보고 있다는 것과 마찬가지다. 이는 매우 위험한 사태로, 일방적 현상 변경으로써 평화를 파괴하는 트러블 메이커(trouble maker)에 대해서 국제적 제재가 있어야 마땅함을 호소해야할 것이다.

유감스럽게도 대만해협 중간선은 대만 영해 12해리 안에는 들어 있지 않다. 중공군 항공기가 영해 상공을 넘지 않는 한 국제법상 불법은 아니므로 대만군으로서는 수색을 강화해 퇴거시키는 수 밖에 없고 상대방이 먼저 사격하지 않는 한 대만군은 '자위반격권'을 신중하게 따르면서 일단 지켜보는 수 밖에 없다. 현재 중국 인민해방군은 타이베이에서 800km떨어진 곳에 39곳의 공군기지를 건설해두고 있고 동부와 남부에는 전투기 1,000대를 집결시킬 수 있는 능력을 갖고 있다. 대만의 전투기는 총 300대 밖에 없다. 이러한 현실을 무시해서는 안 될 것이다. 또한 중공 전투기는 푸젠성에서 단 10여 분 안에 대만해협을 가로지를 수 있어 만약 중공군 전투기가 30대 내지 50대가 한꺼번에 다른 방향에서 중간선으로 날아 들어온다면 우리 대만이 과연 15분 내로 동등한 댓수의 전투기를 띄워 그들을 쫓아낼 수 있겠는가?

더구나 지난 수개월 동안 중공 전투기는 거의 하루도 빠짐없이 대만해협 중간선 남쪽의 서남해역에 들락거리고 있다. 그곳은 대만 남부 및 동사(東沙) 군도 중간에 위치하고 있는 대만 공군의 훈련 공역이었다. 중공은 때때로 대만 서남해역 바깥 바다에까지 나가 훈련을 하면서 이곳에 중공의 '남중국해 방공식별구역'이라는 이미지를 심으려 하고 있다. 또한 각국 항공기의 자유운항을 감시하고, 또한 각국 해운선이 임의로 바시해협과 남중국해, 그리고 대만해협으로 출입하지 못하게 하려는 전략적 의도도 갖고 있다고 볼 수 있다.

2012년을 돌이켜 보면 일본에서 댜오위타이(釣魚臺, 일본명 '센카쿠열도')를 국유화함에 따라 베이징은 곧바로 '동중국해 방공식별구역'을 선포하며 군함을 댜오위타이 열도 12해리 수역을 순시케 하면서 이 댜오위타이 문제가 중일간 가장 민감한 문제로 대두되었다.

금년에 들어서기까지 중국인민해방군이 적극적인 군사 훈련으로 발해(渤海, 보하이), 황해, 동중국해 및 남중국해에서 실탄연습을 실시하며 각 관할 전투지역에서 자체적으로 합동군사훈련을 전개해 왔다. 또한 각 관할 전투지역 간에도 합동군사훈련을 실시하면서 계속 'A2/AD'의 힘을 키워 왔다.

물론 지금까지 중공군의 군사 활동은 일반적인, 연례상 군사훈련이었다. 어떤 목표를 두고서 충돌을 가상하여 작전을 준비하거나 공격을 하는 성격을 띤 것은 아니었다. 그러나 "한 마디(寸)라도 얻게 되면 한 자(尺)라도 더 들어가는 법"이다.

중공은 이렇게 상시화된 군사훈련으로써 중간선과 방공식별구역을 돌파하여 대만해협에 대한 "하나의 중국에서의 내해화(一中內海化)"을 기정사실화하려는 포석을 쌓고 있음이 틀림없다.

회색지대 충돌전략

대만을 무력 침공하기 전에 중공이 취하고 있는 전략은 이른바 '회색지대 충돌전략(灰色地帶衝突戰略)'이다. 즉 점진적이고 국지적인 방식으로 현상에 도전하여 행동을 전쟁의 문턱 아래로 통제한다는 것이다. '회색지대 충돌전략'을 채택하는 공격 측은 통상 조심스레 방어측을 탐색하고 압박을 가한다. 방어측은 신중하게 대응해야 한다. 그리고 명쾌한 의사결정을 통해 이미 정해놓은 선은 온 힘을 다해 방어해야 한다.

지난 몇 년 동안 중공은 남중국해에서 모래를 매입하여 인공도서를 건설하고 군사화했으며 해경과 해상민병대를 이용하여 주변 국가의 선박의 접근을 막았다. 또한 천연가스를 탐사하고 바다모래를 채취하는 등 '회색지대 충돌전략'으로 기존의 국제 상황과 갈등을 빚었다. 타국에 대한 침략과 정복으로 영토를 확장하는 것을 불허하는 국제법을 회피하면서, 중화인민공화국은 중화민국에 도전하고 있을 뿐만 아니라 만국공법(국제법)에도 도전하고 있음을 알 수 있다.

"일엽지추(一葉知秋, 나뭇잎 하나가 떨어지는 것만 봐도 가을이 왔음을 알 수 있듯이 현상의 작은 조짐을 통해 앞일을 미루어 안다는 뜻)"라는 말이 있다. 중공은 대만해협 중간선의 존재를 아예 부인하고 대만해협을 '내해화(內海化)'하면서 날마다 우리나라 서남쪽의 방공식별구역에서 소요를 벌이고 있는데 여기서 궁극적으로 중국인민해방군을 동원해 무력으로 대만을 통일하려는 의도가 뻔히 보인다.

제5장

호시탐탐 대만을 노리는 중국

'하나의 중국'이라는 '긴고주(緊箍咒)'

1912년 중화민국이 건국됐다. 중화민국은 청나라의 영역인 티베트, 신장과 몽골을 계승했다. 하지만 거기에 대만은 처음부터 포함되지 않았다. 1945년 제2차 세계대전이 끝나면서 일본이 항복했을 때 청나라는 이미 완전히 멸망해 있었다. 1951년 샌프란시스코 평화회의에 이르러 마오쩌둥과 장제스, 두 사람 모두 회의에 초청받지 못했다. 이후 일본은 대만에 찾아와 중화민국과 '타이베이 평화조약'을 체결했지만 중화인민공화국과는 따로 조약을 체결하지 않았다. 대만에 대한 베이징의 주장은 다음과 같다.

> "1949년 10월 1일 중화인민공화국 중앙인민정부는 중화민국 정부를 대체하여 들어선 중국 전체에서 유일한 합법 정부이며 국제상으로도 유일한 합법 대표이다. 이로써 중화민국의 역사적 지위는 종식됐다."

베이징은 '승계론'으로 '중화인민공화국(People's Republic of China)'과 '중화민국(Republic of China)'의 관계를 해석했다. 중국(China)의 주권과 고유영토는 변하지 않았으며, 단지 새로운 정권이 옛 정권을 교체했다는 것이다. 그러나 중공이 계승한 것은 단지 애초 중화민국이 갖고 있던 것뿐이지 1949년 10월 1일 이후에 건국한 중공이 대만(Taiwan)과 관련해 승계 문제가 존재하지 않는다는 게 이치에 맞는 것이다. 중공이 건국될 당시의 중화민국 영토에는 대만이 포함되지 않았다. 당시 대만은 여전히 일본에 속해 있었고 장제스는 대만에 와보지도 않았다. 그러므로 중화인민공화국은 대만을 계승할 명분이 없다.

'하나의 중국' 3단계 논술

1954년에 이르러서야 대만과 중공이 같은 '하나의 중국'이라는 논조가 처음으로 중공 「인민일보」 사설에 실렸다. "세계에는 오직 하나의 중국 밖에 없고 중화인민공화국은 중국을 대표하는 유일한 합법정부이며 대만은 중국의 일부분이다"라고 하여, 소위 '하나의 중국' 3단계 논술이 중공의 對대만 정책의 기조가 되었고, 이것은 대만을 중공에 단단히 묶어 놓은 '긴고주(緊箍咒)'(『서유기(西遊記)』에서 삼장법사가 손오공의 머리에 씌운 금테를 조일 때 사용하는 주문)가 됐다. 대만은 이 때문에 국제적으로 운신의 폭이 없어져 하마터면 거의 국제적 미아로 전락할 뻔하기까지 했다. 중공이 말하는 '하나의 중국'은 무슨 뜻인가.

"대만해협 양안의 대만과 대륙은 모두 다 중국에 속하지만 베이징이 중앙 정부이고 타이베이는 하나의 지방 정부일 뿐이다. 양안은 서로 다른 정치와 경제의 제도를 실시하는 '일국양제(一國兩制)'인 것이다."

1983년 6월 26일, 덩샤오핑은 '중국 대륙과 대만의 평화통일에 관한 구상(中國大陸和台灣和平統一的設想)'을 발표하면서 "대만에도 자체 군대가 있을 수 있다. 대륙은 대만에 사람을 보내지 않는다. 군대는 물론 행정인력도 보내지 않을 것이다. 당·정·군 등 체계는 대만인들이 스스로 관리한다. 중앙정부에서는 대만인에 대한 직책도 마련해 줄 것이다"라고 했다.

중공 지도자들이 몇 대를 거치면서도 "일국양제" 구호는 바뀌지 않았지만 내용은 여러 번 바뀌면서 "일국양제"는 애초 덩샤오핑이 말한 것보다 그 내용이 많이 축소된 것 같다. 그래서 2019년 여름에 시작된 홍콩에서의 '범죄인 인도 법안(송환법) 반대 운동'은 홍콩인들이 "양제(兩制)"를 수호하기 위해서 반중(反中), 즉 "일국(一國)"을 반대할 수도 있음을 보여줬고, 그들은 심지어 독립까지 쟁취하고자 하는 것이다. 대만인들도 범람연맹(泛藍聯盟, 국민당 계열 중심 중국통일파로 '남색'이 상징이다. - 옮긴이)이든 범록연맹(泛綠聯盟, 민진당 계열 중심 대만독립파로 '녹색'이 상징이다. - 옮긴이)이든 불문하고 "일국양제"를 끝까지 반대하고 나섰다.

시진핑 주석은 대만 문제는 홍콩 문제와 다르다는 것을 잘 알고 있다. 그래서 2019년 1월 2일 신년에 '일국양제 대만방안(一國兩制台灣方案)'을 내세워 "우리는 대만의 각 당, 각 단체 그리고 관계 인사들과 양안 사회의 공감대를 형성해 정치적 협상을 추진할 용의가 있다"고 밝혔다. 하지만 시진핑 주석의 담화는 차이잉원 총통의 즉각적인 반발을 샀다. "나는 다시 강조하지만 대만은 절대로 일국양제를 수용할 수 없고 절대 다수 대만의 여론도 일국양제를 반대하며 이것이 대만의 공동 인식이다."

1972년 2월 28일, 미국 닉슨 대통령과 중공 저우언라이 총리가 상하이에서 공동성명('상하이 코뮤니케')을 발표하였는데, 눈에 띄는 두 대목이 있었다.

첫째, 미국은 "대만해협의 양측에 있는 모든 중국인들이 중국은 하나밖에 없으며 대만은 중국의 일부라고 여기고 있다"는 것을 인지(acknowledge)하고 있고, 미국 정부는 이에 대해서 이의를 제기하지 않는다는 것이다. 둘째, 미국은 중국인들 스스로 대만 문제를 평화적으로 해결하는 것이 미국의 관심사임을 재확인한다는 것이다.

문제는 '상하이 코뮤니케'에서 "대만"은 언급되지만 "대만인"은 언급되지 않고 "대만해협 양안의 모든 중국인들"이라는 표현이 쓰였다는 것이다. 더욱 거슬리는 부분은, 대만 문제를 "중국인들이 스스로" 평화의 수단으로 해결하라는 것이다. 역시 대만인이 주체가 아니었다.

이유는 무엇인가? 대만은 당시 장제스의 아들인 장징궈(蔣經國)가 사실상 정권을 잡고 있었는데 그래서 당시 '대만인'이라는 정체성은 '중국인'이라는 정체성 속에 감춰져 있어야 했으며 심지어 아예 '대만인'의 동의나 부동의는 허락도 되지 않았다. 미국도 국민당 당국이 '대만인'을 '중국인'으로 대체해 버리는 것을 묵인할 수 밖에 없었다. 그러나 만약 대만 문제를 진정 대만해협 양안의 중국인들이 공동으로 해결하라고 한다면, 이는 14억 명 중국인들에게 2천 3백만 명 대만인들의 운명을 결정케 하란 말이 아닌가? 대만이 어찌 망하지 않겠는가?

그래서 최초의 대만 출신 총통인 리덩후이 총통은 취임 후에 대만과 중공의 관계를 교묘하게 끊어놓아야 한다고 생각했다. 그래서 "각자의 표현에 따른다"라는 언어의 계책으로 "하나의 중국"을 정의하게 됐다.

"하나의 중국에 관해 각자 표현을 따른다(一中各表)"

1992년 8월 1일, 리덩후이 총통은 국가통일위원회(國家統一委員會)를 열어 '하나의 중국에 대한 함의에 관하여(關於一個中國的涵義)'라는 결의문을 통과시켰는데 이를 '81결의문(八一決議文)'이라 한다.

"대만해협의 양안은 모두 '하나의 중국'의 원칙을 견지한다. 그러나 쌍방이 부여한 함의는 다르다."

"중공에 있어 '하나의 중국'은 중화인민공화국이며 앞으로 통일 후 대만은 공산 치하의 특별행정구역으로 한다."

"반면, 대만 측에 있어 '하나의 중국'은 1912년에 창립되어 오늘날까지 이어져온 중화민국으로 그 주권은 전 중국에 해당하나 현재의 통치권은 대만, 펑후, 진먼, 마쭈로 제한한다."

1992년 당시에는 국민당은 '하나의 중국'을 지지했다. 그러나 주권과 통치권의 개념에 있어 '자유지역(대만지역)'과 '대륙지역'이란 두 부분으로 나누었으며, 중화민국의 주권은 전 중국 대륙에까지 소급되나 통치권은 대만, 펑후, 진먼, 마쭈에만 해당됨을 인정했다. 이것이 소위 "하나의 중국, 두 개의 구역", "하나의 중국, 두 개의 정부", 혹은 "하나의 중국, 두 개의 통치 체제"이며, 또 이것이 바로 "하나의 중국이란 원칙을 견지하되 그 원칙에 대해서는 각자 표현을 따른다(일중각표, 一中各表)"의 원천이었다(중공의 입장인 '하나의 중국 원칙'과 미국의 입장인 '하나의 중국 정책'의 차이는 앞서 옮긴이주로 설명한 바 있다. – 옮긴이).

그러나 얼마되지 않아 1993년 8월 31일 중공은 첫 '대만문제 백서(台灣問題白皮書)'를 발표하면서 "세계에는 하나의 중국밖에 없고 대만은 중국의 불가분한 부분이며 중국의 중앙 정부 소재지는 베이징이다"라고 하면서, "하나의 중국에 관해 각자 표현을 따른다"라는 원칙을 전면 부인했다. 2000년 2월 21일 중공은 두 번째 백서 '하나의 중국 원칙과 대만문제(一個中國的原則與台灣問題)'에서 '하나의 중국'은 평화적으로 양안관계를 해결하는 기초와 전제라면서 만약 대만이 '하나의 중국'을 받아들이지 않으면 적으로 간주해 문공무혁(文攻武嚇, 말로 공격하고 힘으로 위협하다.)으로 대처하겠다고 했다.

'하나의 중국'은 대만을 유엔에서 외면당하도록 만들었다. 수교국도 하나씩 떨어져 나가 대만은 주권 국가만이 참석할 수 있는 국제기구와 회의에도 문턱에 발도 못 내디뎠다. 이 모든 것이 전부 '하나의 중국'의 원칙 때문이었는데 '하나의 중국'은 대만의 저주가 되어 이 안에서 한 발짝도 못 나가게 됐다. 리덩후이 총통은 참다못해 1999년 중공 해협양안관계협회(海峽兩岸關係協會) 회장 왕다오한(汪道涵)의 대만 방문 직전에 독일 도이치벨레(DW) 라디오방송과의 인터뷰에서 "대만과 대륙은 이미 벌써 국가와 국가의 관계였다. 아니면 적어도 특수한, 나라와 나라의 관계였다"고 했다. 순식간에 '양국론(兩國論)'은 빈 골짜기에 메아리치듯 양안은 물론 국제 사회에 울려 퍼졌다.

3년 후인 2002년 7월 21일 천수이볜 총통은 "대만은 독립 주권국가이며 대만과 그 건너편(對岸)도 모두 하나의 국가(台灣與中國, 一邊一國)"란 '양국론'을 다시 내세워 리덩후이 총통의 경우보다 더 이해하기 쉽게 대만의 독립성을 천명했다. 이 두 정치인들은 한결같이 중공이 씌운 저주의 고리를 풀려고 노력했었다.

'양국론'은 우리로 하여금 새로운 각도에서 중공과 대만의 관계를 생각해 보게끔 하였다. 하지만 중공이 표출한 노여움은 이만저만이 아니었다.

'하나의 중국'으로 대만을 소멸시키다

중공은 중화인민공화국만이 중국의 유일한 합법 정부이고 대만은 중공

영토의 일부라고 보기에, 중화민국을 소멸시키려는 한편으로 대만은 중공의 영토일 뿐이지 국가가 아니라고 주장하는 것이다.

국제 정치 현실에서 대만은 유엔에 가입하지 못하고 있을 뿐만 아니라 주권 국가의 자격으로 국제기구와 회의에도 참가할 수 없고 수교국이 모두 사라지는 위기에 직면해 있다. 특히 중공은 국제적으로 대만과 대만인을 괴롭히는데 온갖 수단을 동원하고 있다. 사례는 셀 수 없이 많다. 그 목적은 바로 대만을 소멸시키려는 것이다.

최근 몇 년 동안 발생한 중요한 사건만 언급해보자. 2003년에 사스가 퍼지기 시작하였는데 중공은 이를 은폐하였고 세계보건기구가 대만에 관계 자료와 원조를 제공하는 것을 방해하면서 "누가 대만을 상대하느냐?"고 공격했다. 냉혈무정하기가 짝이 없었다. 구제역과 아프리카돼지열병바이러스가 대만에 큰 피해를 입혔을때도 중공은 대만이 세계동물보건기구(OIE)에 참가하는 것을 막았다.

1999년 대만 9.21 대지진 당시, 중공은 러시아 군용기가 대만 영공을 통과하려는 것을 거부하고 각 국가가 대만에 보낸 원조물자도 공급 못 하게 했다. 결국 국제 압력에 못 이겨서 대만에 3천만 위엔을 지원했다. 하지만 대만은 오히려 2008년 중국 쓰촨성 대지진 때 총 12.1억 위엔을 중공에 지원했다. 누가 진짜 큰 나라인가?

국제형사경찰기구(INTERPOL)와 국제민간항공기구(ICAO)는 대만의 치안과 국가안전, 그리고 비행안전에 매우 중요하지만 중공의 방해로 인해 대만은 여기에 참가를 못하고 관계 정보도 얻을 수 없다. 전 세계 각 항공사나 유명 기업체에서 대만과 연계되는 어떠한 자료도 등재되는 것이 허용되지 않았다. 그리고 유명 인사들도 대만에 대해 호의를 보이면 반드시 벌을 받아야 했다.

  2017년 6월부터 나이지리아, 바레인, 에콰도르, 두바이, 요르단의 5개국 대만대표부가 중공의 압력으로 개명을 강요당해 이름을 '타이베이대표부'로 바꿔야 했다.

  중공은 대만이 각종 국제사회 행사 등에 참여하는 것을 방해하고, 그 범위도 정치 및 경제 분야에서 일반 문화 분야 또는 체육 분야로 확대시켰다.

  2020년 우한 신종코로나 바이러스 감염증(코로나19)이 퍼지자 세계보건기구는 대만을 중국의 하나의 성(省)이라고 통보하였고, 이에 이탈리아, 베트남, 필리핀이 대만을 중공의 홍콩과 마카오와 같이 입국 및 운항 금지 대상에 포함시키는 일까지 벌어졌다.

  2016년 차이잉원 총통 취임 이후 중공이 봉쇄한 대만의 국제공간은 아래의 표와 같다.

근래 중공이 대만을 탄압한 외교사건 정리 (관련기사 정리)

행동	사례
단교할 것을 종용	- 2016 상투메프린시페 (Sao Tome and Principe, 아프리카 중서부 국가) - 2017 파나마 - 2018 도미니카, 부르키나파소, 엘살바도르 - 2019 솔로몬제도, 키리바시
대표부 명칭을 바꾸라고 압력	- 2017 나이지리아 - 2018 요르단
국제기구 참여 저지	- 대만은 2016 세계보건기구에 옵서버 자격으로 초청을 받았으나, 2017~2019 세계보건기구에 참가하지 못하게 됐다.

민간이나 NGO가 국제행사에 참여못하도록 한 일	- 2017 대만 여성단체가 뉴욕에서 열린 유엔 여성지위위원회 회의에 참석하고자 했을 때, 대만 국적 여권을 소지했다는 이유로 회의에 참석할 수 없었다. - 2018 대만 작가가 맨부커 국제상 후보에 올랐는데 국적을 중국으로 표기했다.
기업에 압력을 가해 대만을 축소화	- 2018 미국의 메리어트그룹은 대만의 국가명의를 삭제하라는 압력을 받았다. - 2018 중공이 미국 항공사에 압력을 가해 대만을 국가 대열에서 삭제시켰다.

'하나의 중국' 3단계 논술에서 두번째 단계까지의 내용은 전 세계에서 단 하나의 중국밖에 없으며 중화인민공화국은 중국의 유일한 합법 대표라는 것인데, 이에 대해 이의를 제기하는 이는 없다.

물론 이 세상에서 중국은 단 하나 밖에 없기는 하다. 왜냐하면 어차피 마찬가지로 미국도 단 하나, 일본도 단 하나, 등등인 것이기 때문이다. 그런데 거기서 갑자기 "대만은 중국의 일부분"이라는 얘기가 왜 나오는가. 그런 식이라면 대만은 미국의 일부분이나 혹은 일본의 일부분은 왜 아닌지 알 수 없다.

원래 중공은 '하나의 중국' 원칙에 따라서 "대만은 주권이 없고, 중화민국도 합법적 대표성이 없다"고 했다. 따라서 '하나의 중국'에 동의하면 대만의 주권이 부정될 뿐만 아니라 중화민국 정권도 부정되는 것이다.

대만의 중국통일파인 범람연맹은 과거에는 '하나의 중국이라는 원칙을 견지하되 그 원칙에 대해서는 각자 표현을 따른다'로써 스스로 합리화하려 했으나, 베이징은 "하나의 중국이라는 원칙을 견지한다"만 수용할 뿐이지 "하나의 중국 원칙에 대해서는 각자 표현을 따른다"는 허용치 않고 있다. 따라서 범람연맹이 중화민국을 보호하려고 한다면 대만독립파인 범록연맹과 같이 '하나의 중국'에 대해서도 반대해야 한다.

현재 대만 내부에서 '대만'을 긍정하는 세력을 '대독(台獨, 대만 독립)'이라 한다면 '중화민국'을 긍정하는 세력은 '화독(華獨, 중화민국 독립)'이라고 해야 할 것이다. 현재 대만에서 '화독'이든 '대독'이든 모두 '중공'만큼은 받아들이지 않으려 한다. 그러므로 화독과 대독은 서로 연대해야 하는 것이지 범람연맹과 범록연맹 양대 세력이 굳이 대립할 필요가 있을까?

독립과 통일은 대만과 중공에 있어 '제로섬 경주'라 할 수 있다. 중공은 대만이 독립하려 하기 때문에 무력을 포기하지 못하고, 대만으로선 중공이 결국 무력통일을 기도한다고 보므로 끝까지 저항하지 않을 수 없는 것이다. '화독'이건 '대독'이건 어차피 다 같이 이러한 중공을 한사코 거부한다면 대만의 2,360만 인구가 계속해서 독립이냐 통일이냐 하고 싸울 필요가 없다.

1996년 3월 23일, 만 20세 이상의 중화민국 국민들은 대만 역사상 첫 총통 직선에 참가했다. 당시 다섯 총통 후보 중 어느 후보한테 표를 주었던지 간에 첫 민선 총통 리덩후이와 부총통 롄잔을 선출하는 것으로서 모두가 공동으로 '국민주권'을 행사했던 것이다.

이후 매 4년마다 대만 국민들은 다시 국가 지도자들을 선출할 기회가 있었다. 지금까지 총 여섯 번의 총통 선거를 실시했고 그래서 우리는 공동으로 민주헌정을 이행했고 국민주권을 완전히 정착시켰으며 이로써 절대 다수 대만 국민들의 염원을 실현해온 셈이다.

일국양제여 안녕!

제2차 세계대전이 끝난 후 주축국의 군사지배를 받았던 영토 문제를 처리하기 위해 1960년 유엔 총회는 '식민지 국가와 민족의 독립을 허용하는 선언(Declaration on the granting of independence to colonial countries and peoples)' 제1514호 결의안을 통과시켜 "각종 형태의 식민주의를 신속하고 무조건적으로 중지시킬 필요가 있다"고 천명했다. "비자치 영토"가 "충분히 자치 수준에 이르렀을 경우"에 다음과 같은 선택을 할 수 있다. 자주독립국이 되거나, 다른 자주독립국과 자유롭게 결합하거나, 다른 자주독립국가와 합병을 하거나.

중화인민공화국은 1971년 10월 25일에 중화민국을 배제하고서 유엔에 가입했다. 이듬해 3월 8일, 중공의 주유엔대표 황화(黃華)가 유엔특별위원회 의장에게 서한을 보내 홍콩과 마카오를 식민지 명단에서 빼달라고 했다. 편지 내용은 다음과 같다.

> "홍콩과 마카오는 영국과 포르투갈 당국이 점령한 중국 영토의 일부분이다. 홍콩과 마카오 문제를 해결하는 것은 중국의 주권 문제인 것이지 통상적 식민지 범주의 문제가 아니다. 따라서 반식민지 선언에 적용하는 식민지 지역의 명단 안에 홍콩과 마카오를 포함시키는 것은 당치 않다. … 즉각 반식민특별위원회 문건이나 유엔 기타 모든 문서에서 홍콩과 마카오를 소위 식민지 범주에 속한다는 잘못된 내용을 삭제해 줄 것을 중국 대표단은 요구한다."

1972년 11월 8일, 유엔 총회는 99표 대 5표로 '제2908호 결의안'을 통과시켜 홍콩과 마카오를 '식민지 국가와 민족의 독립을 허용하는 선언' 명단에서 삭제할 것을 결의했다. 중공은 이처럼 교묘하게 유엔 총회의 이와 같은 결의안을 이용하여 홍콩과 마카오의 주민들이 스스로 자신들의 운명을 결정할 수 있는 권리를 빼앗았다. 유엔 회원국들은 이러한 문제에 대해서는 주의를 기울이지 않았다.

'제2908호 결의안'은 홍콩과 마카오의 독립과 자치의 권리를 공식적으로 박탈시켜버렸다. 그래서 홍콩과 마카오, 두 지역은 임차권이 만기가 되고 난 후에 순순히 '중영연합성명(中英聯合聲明, 또는 중영공동선언)'과 '중국과 포르투갈의 마카오 문제에 관한 연합성명(中葡關於澳門問題的聯合聲明)'에 따라 중국에 귀환될 수 밖에 없었다. 중공은 홍콩과 마카오를 탈환하기 위해 일찍이 유엔 가입 당시부터 많은 신경을 썼던 것이다.

1984년, 덩샤오핑이 마가렛 대처 영국 수상과 '1997년 홍콩 귀환'을 협상했을 때, 중공은 1972년의 유엔 결의안에 근거해서 '일국양제'를 홍콩 접수 방식으로 삼겠다고 했다. 마가렛 대처 수상은 하는 수 없이 전적으로 동의할 수 밖에 없었다. '중영연합성명'에서 중공은 "홍콩 특별행정구역을 설립한 이후 사회주의 제도와 정책을 실시하지 않고 홍콩 이전의 자본주의 제도와 생활방식은 앞으로 50년간 변하게 하지 않을 것이다"라고 약속했다. 이것이 바로 '일국양제'이며 이 '중영연합성명'은 유엔에도 등록되어 국제조약으로서의 국제법적 효력을 지닌다.

일국양제의 기한은 2047년까지다. 그러나 최근 750만 홍콩 시민들은 '일국양제'의 고통 속에서 몸부림을 쳐야만 했다. 2019년 2월 홍콩보안국은 홍콩입법회에 '2019년 도주범 및 형사사건 업무에 있어 상호 법률협조법 사례 '수정' 조례 초안(2019年逃犯及刑事事宜相互法律協助法例 (修訂) 條例草案)'(약칭 '도주범 조례(逃犯條例)' 또는 '송환법')을 제출했다. 홍콩 시민들은 중공의 사법인권에 대한 높은 불신으로 인해 이를 도저히 용납할 수 없어 연이은 송환법 반대 시민운동을 전개했다.

송환법 반대 시민운동은 그 참가 인원이 최대였다고 하는 2019년 6월 16일의 경우 무려 2백만 명에 달했다고 한다. 원래 "평화", "이성", "비폭력"을 표방한 시민운동이었으나 신원이 불분명한 이들이 참가해 폭력을 행사하면서 변질이 되었고, 홍콩 정부는 처음에는 "소모전(消耗戰)"으로 대응한다는 것이 결국 "폭력은 폭력으로 제압하겠다"는 경찰과 시민 간의 유혈충돌이 벌어져 국제항공사가 항공편까지 거듭 취소하는 사태로까지 번졌다. 파업, 폐업, 휴교 등의 혼란으로 홍콩은 경제적으로도 큰 타격을 입게 되었고 각종 국제 신용도도 떨어지고 말았다.

백 년 전의 홍콩은 하나의 작은 어촌이었을 뿐이다. 하지만 영국이 99년간 임차하면서 점차 국제금융중심지로 변모했다. 그래서 1997년 중공으로 귀환할 당시에는 홍콩의 GDP가 무려 당시 중공의 20%에 달했다. 그러나 귀환한 지 22년이 지나고 나서는, 한편으로는 중공의 경제가 크게 발전하고 다른 한편으로는 홍콩이 몰락하면서 홍콩의 GDP는 단지 현재 중공의 3%에 지나지 않게 됐다. 경제적 지위가 수직으로 곤두박질친 것이다.

2014년부터 2016년까지 홍콩은 해외 투자자로 하여금 홍콩의 증권거래소를 통해서 중공 시장의 주식을 사고 팔 수 있도록 허용해 중공 시장의 개방을 도와주었는데, 이로 인해 홍콩은 중국 공산당 고위층 가족들의 축재 자금이 중공 바깥으로 새어 나가게 하는 중간지점이 되기도 했다. 이들은 홍콩의 기업을 통해서 가짜거래를 하고선 홍콩의 수입품 가격을 부풀리고 홍콩으로 자금을 빼돌렸다. 홍콩에 유입된 자금은 저금리를 압박했으며 한편으론 부동산 투기로 이어져 홍콩의 집값을 천정부지로 오르게 했다. 또한 홍콩 달러의 가치를 떨어뜨려서 홍콩 현지인들의 생계를 어렵게 만들었다.

중공은 2020년 5월 21일 COVID-19로 인해 연기된 '제13차 전국인민대표대회'를 열어 5월 28일 '홍콩특별행정구역에서 국가안전을 수호하는 법률제도를 유지케 하고 또한 집행체계를 건립하는 것에 관한 결정(關於建立健全香港特別行政區維護國家安全的法律制度和執行機制的決定)'(약칭 '홍콩 국가안전법(港版國安法)')을 통과시켰다. 이 법의 근원은 중공 '헌법' 제31조, 제62조, 그리고 '홍콩기본법'이다.

홍콩 국가안전법 조항 중에서 전 세계를 놀라게 한 것은 특히 제38조로 "홍콩특별행정구 영주신분이 없는 자라도 홍콩특별행정구 안팎에서 본 법률에 규정한 범죄를 범했을 경우 본 법률을 적용한다"라는 것이었다. 이는 누구라도, 어디에서라도 '홍콩 국가안전법'에서 규정한 네 가지 범죄 중의 하나를 범했을 경우에는 중공에 의해 이 법의 규정에 따라 처벌될 수 있다는 것이다.

중국 통일과 대만 독립의 여론 추이

장제스와 장징궈의 국민당이 계엄령으로 대만을 통치할 때 당시 대만인으로선 통일이냐 또는 독립이냐 하는 결정을 이성적 사고로 내리는데 있어서 참고할 만한 충분한 자료가 없었으며 언론의 자유도 일체 없었다. 그래서 참된 여론의 추이를 파악하기 힘들었다.

　1987년에 계엄령이 해제된 이후 언론의 자유가 생기자 작게나마 국민들이 '통일'과 '독립'에 대한 입장이 무엇인지 어느 정도 파악할 수 있게 됐다. 그러나 여론조사 결과로 절반 이상의 응답자들은 '현상유지'를 주장했다. 여기에는 잠정적인 것과 영구적인 것이 포함되나 사람마다 '현상유지'에 대한 내용에 대해서는 이해의 차이가 있었는데, 많은 이들이 그 의미를 이해하지도 못했다.

　1991년에서 2000년까지는 감히 독립을 지지하는 대만 사람들이 드물었다. 1995년에는 9.8%였고 2000년에는 18.5%였다. 정권교체가 이뤄지기 전이었다.

　2000년에 대만에서 사상 최초로 수평적 정권교체가 이뤄졌고 이후 천수이볜 총통과 필자가 부총통으로서 8년간 집권하면서 대만의 주체의식을 높이는데 힘써왔는데, 대만 독립 경향은 1991년의 12.5%에서 해마다 올라가면서 2016년 5월 차이잉원 총통 취임 때까지는 51.2%까지 올라갔다. 심지어 국민당 출신인 마잉주 총통이 집권했던 8년 동안에도 대만 독립을 요구하는 경향은 계속 올라갔는데, 오히려 민진당 차이잉원 총통이 집권한지 2년 반이 지난 2018년 9월 점차적으로 36.27%까지 떨어졌고 통일을 찬성하는 사람이 26.1%까지 올라가게 됐다.

　대만과 중공의 통일을 원하는 국민들의 여론은 어떠했던가. 1991년에는 45.3%의 대만인들이 통일을 찬성했으나 1996년에 대만해협의 위기로 인해 찬성여론은 바로 14%로 수직낙하했다. 2000년 정권교체 이후 통일에 대한 찬성 여론이 20% 안팎이었고 차이잉원 총통이 취임한 2016년에는 14.9%로 떨어졌다.

통일이냐 독립이냐의 선택과 관련이 있는 것은 국가와 민족에 대한 대만인들의 인식이다. 1992년에는 자신을 중국인이 아닌 대만인이라고 생각한다는 이는 17.6% 밖에 되지 않았지만, 2000년에는 자신을 중국인이 아니라 대만인이라고 생각한다는 이가 36.9%에 달했다. 2016년에 차이잉원 총통이 당선되고 나서 통일과 독립에 대한 여론은 각각 14.9% 대 51.2%였다.

대만은 세 번의 정권교체를 경험했다. 2000년 천수이볜 총통이 취임하기 전에는 나라와 민족에 대한 대만인들의 인지는 대부분 '쌍중승인(雙重承認)', 즉 "중국인이면서 대만인(既是中國人, 也是台灣人)"이었던 것이다. 그러나 천수이볜 총통이 집권하고 난 8년 뒤에는 스스로 대만인이라고 자처하는 이가 23.9%로 늘어났으며 쌍중승인은 23.5%로 떨어졌다. 다시 말해서 대만에 대한 인정이 23%~24%로 증가했던 것이다. 마잉주 총통이 8년 집권하는 동안 스스로 대만인으로 자처하는 이는 계속해서 80.8%까지 상승했으며 쌍중승인은 차츰 8.1%로까지 떨어졌다. 우한폐렴이 발생하기 한달 전인 2020년 2월 중순의 여론조사는 대만인으로 자처하는 이가 83.2%까지 치솟았고 자신이 중국인이라고 자처한 이는 5.3%로까지 추락했다. 그리고 쌍중승인도 6.7% 밖에 안됐다.

눈여겨봐야할 것은 2019년에는 그래도 10.9%가 스스로 중국인으로 자처했고 13.7%은 중국인이면서도 대만인이라고 자처했던 것인데, 우한폐렴 등 평지풍파를 겪으면서 둘 다 수치가 절반 이하로 떨어지고 만 것이다. 이제 대만인은 더는 자신을 중국인이 아니라고 여기게 됐음이 자명하다.

대만인의 국가와 민족 인정 여론 경향 (출처: 대만여론기금회)

연도	대만인	중국인	둘 다
1991	13.5%	12.9%	73.1%
1996	39.6%	14.8%	43.1%
2006	60.2%	17.3%	17.8%
2008	60.8%	9.0%	20.6%
2011	73.7%	9.0%	11.0%
2016	80.8%	8.1%	7.6%
2020	83.2%	5.3%	6.7%

대만인의 국가와 민족 인정 여론 경향 (출처 : 정치대학 선거연구센터)

연도	대만인	중국인	둘 다	무응답/대답거부
1992	17.6%	25.5%	46.4%	10.5%
1996	24.1%	17.6%	49.3%	9.0%
2000	36.9%	12.5%	44.1%	6.5%
2004	41.1%	6.2%	47.7%	5.0%
2008	48.4%	4.5%	43.1%	4.0%
2012	54.3%	3.6%	38.5%	3.6%
2016	58.2%	3.4%	34.3%	4.1%
2019	58.5%	3.5%	34.7%	3.3%
2020	67%	2.4%	27.5%	3.1%

통일을 지지하는지 독립을 지지하는지의 차이, 혹은 대만인인지 중국인인지 자각의 차이는, 곧 대만과 중공의 관계, 즉 대만의 국제법적 지위와 직결된다. 대만 내부에서 대만독립파는 대만인과 중국인은 서로 다른 민족이며 대만과 중국은 서로 다른 나라라고 주장하고 있다. 반면에 중국통일파는 "대만은 중국의 일부이며 대만인은 중국인이다"라고 주장하고 있다. 대

만독립파는 "하나의 중국, 하나의 대만"(즉 양국론)을 주장하고 중국통일파는 "하나의 중국"(일국양제)를 고집하고 있다. 그러나 위의 여론조사를 통해 우리는 분명하게 대만인의 여론 경향을 볼 수 있다. 첫째, 갈수록 많은 이들이 자신은 대만인이지 중국인이 아니라고 생각한다. 둘째, 갈수록 많은 이들이 독립을 찬성하고 통일을 반대한다.

세대교체가 거듭되었고, 대만의 현재 젊은 세대들은 대부분 대만에서 태어나서 대만에서 자랐다. 그들은 중국에 대한 경험이 없으면 더더욱 중국에 대한 애정도 없다. 그래서 그들에게는 중국이 아닌 대만이 너무나 자연스러운 것이며, 그들에게는 통일이 아닌 독립이야말로 참으로 자연스러운 일인 것이다.

중공이 대만을 무력으로 통일? 대만해협의 퍼펙트스톰

역사는 전쟁이 발발할 때 그 배경을 가늠케 하는 맥락이 있음을 알려준다. 그러나 단지 오판이나 돌발사태, 그리고 전략적 기습으로 전쟁이 벌어진 사례도 허다하다. 1941년 일본의 진주만 공습과 독일의 소련 침공, 1950년 중공의 한국전쟁 참전, 1967년 이스라엘과 아랍국가들의 6일 전쟁, 1968년 소련의 체코 침공, 모두 생각지도 않게 갑작스레 일어나 세상을 놀라게 했다.

2018년 대만 국방부가 '중공의 군사력 보고서(中共軍力報告書)'에서 지적한 바와 같이 중공군은 이미 2020년 이전에 "對 대만 전면 무력작전에 대한 준비를 완료했다." 여기에는 연합군사억제, 연합봉쇄작전, 연합화력타격, 연합상륙작전 등이 포함돼 있다.

시진핑 주석은 중공의 국가주석직에 취임하기 전인 2012년 11월경에 이미 당내 동지들에게 "2020년 전에 대만해협을 건너 공격할 만반의 준비를 완료할 것"이라고 맹세까지 했다고 한다. 2021년이 중국 공산당 창건 100주년이기 때문에, 중국인민해방군은 그 이전해인 2020년까지 대만을 전면공격할 수 있는 능력을 전부 구축해놓는다는 계획을 세웠다.

2015년 7월 1일, 시진핑은 '국가안전법(國家安全法)'을 공포하여 총체적인 국가안전전략을 확립하고 조국통일을 수호하는 것이 모든 대만인들에게도 공통의 의무임을 분명히 했다. 2016년 1월, 중국 공산당이 대규모 군사개혁과 재편계획을 펼치면서 시진핑은 짧은 수 년 동안에 고위 장성 100여 명 이상을 해임하고 처형을 하기까지 했다. 시진핑은 중공이 더 치명적인 군사무기를 다루는 미래 전쟁에서 이길 수 있는 장성이 필요로 하기 때문에 다른 선택지가 없음을 시사했다.

'국가안전법'보다 먼저 통과된 것이 후진타오 시대인 2005년의 '반분열국가법(反分裂國家法)'이다. 이 법의 제8조는 아래 세 가지의 경우에 "국가는 비평화적 수단과 기타 조치로서 국가의 주권과 영토 완정을 수호한다"고 명시하고 있다.

첫째, '대만독립' 분열세력이 어떠한 명목, 어떠한 방식으로든 대만을 중국에서 분열시키는 사실을 조성하거나, 둘째, 대만을 중국에서 분열시키는 결과가 초래될 중대사변이 발생하거나, 셋째, 평화통일의 가능성이 완전히 상실되었을 경우다.

미국 국방부가 발표한 '2018년 중국 군사 및 안보 발전(Military and Security Developments Involving the People's Republic of China 2018)' 보고서는 중공이 대만을 무력 침공하게 될 수 있는 7가지 상황을 다음과 같이 정리했다.

첫째, 대만의 정식 독립선포, 둘째, 대만 독립을 지향하는 불확실한 행동, 셋째, 대만의 내부 동란, 넷째, 대만의 핵무기 보유, 다섯째, 대만의 무기한 통일 협상 연기, 여섯째, 외부세력의 대만 내부 문제 개입, 일곱째, 외국군대의 대만 주둔.

군사전문가들은 여러 가지의 위험요소가 공교롭게도 같은 시간에 결집하면 중대한 위기가 야기될 수 있다고 하여 이를 '퍼펙트스톰'이라고 하고 있다. 2020년에 접어들면서 미국, 중공, 대만에서 연이어 나타난 사안들이 중공 지도자에 있어선 이미 대만 침공과 관련 '퍼펙트스톰'이 누적되었다고 볼 수 있어서, 대만으로선 중대한 위험에 처하게 된 셈이다. 대만의 상황을 보자.

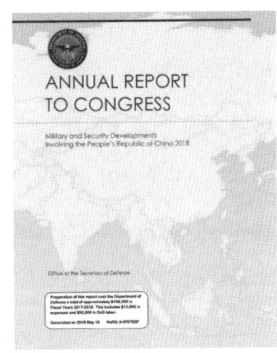

2018년 중국 군사 및 안보 발전 (Military and Security Developments Involving the People's Republic of China 2018)' 보고서 표지.

첫째, 2020년 총통 대선 결과로 차이잉원 후보가 817만 표의 높은 지지로 재선되었다. 대만인들이 "대만을 향해 '예'라고 한 것(say Yes to Taiwan)"이다.

둘째, 친중 성향이 짙은 한궈위(韓國瑜) 후보는 264만표 차이로 낙선됐다. 6개월도 안되서 가오슝 시장직에서도 물러나야 했다. 대만인들이 "중국을 향해 '노'라고 한 것(say No to China)"이다.

셋째, 국민당은 앞서 2018년 지방선거에서 재기했지만, 홍콩 문제로 대만의 젊은 세대들의 자유민주에 대한 각성이 일어나 국민당은 대만에서 점차 힘을 잃어 "국민당과 공산당의 합심으로 대만을 제압하는 일"은 사실상 실패로 돌아 간 것이다.

넷째, 미국과 중공의 갈등이 갈수록 심해지면서 대만의 전략적 가치는 날이 갈수록 높아졌다. "친미, 반중, 중화배척(排華)"의 분위기가 대만에만 만연해진 것이 아니라 전 세계로 퍼져 나갔던 것이다. 중공은 COVID-19 문제로 전 세계의 비난을 받게 됐다. 대만은 전염 상황이 없어 세계의 갈채를 받게 됐는데, 양쪽 상황을 비교해 보면 중공이 어찌 난처하지 않을 수 있겠는가.

다섯째, 중공의 지도자들은 △ 병세 통제 및 백신 개발, △ 민생경제 회복과 진흥, △ 산업망 붕괴 후 재편, △ 수해 관리 및 가정 재건, △ 메뚜기 재해 이후의 식량난, △ 당내 정쟁과 잠재되어 있는 인민들의 원성, △ 전 세계 반중배화 물결 등 전례 없는 도전에 직면하게 됐다.

위에서 말한 상황으로 베이징 당국이 골머리를 앓고 있는 와중에 다시 설상가상격으로 미국의 트럼프 대통령은 재선을 위해서 반중의 강도를 높이고 대만 카드로서 베이징 중난하이(中南海, 한국의 여의도와 같은 중공 권력의 중심지다. - 옮긴이)를 자극했다. 한때 워싱턴과 타이베이 사이에는 귀빈들의 왕래가 끊이지 않았을 정도였다. 그리고 미군은 중공군의 꽁무니를 뒤좇으면서 대만해협 주변에서 신출귀몰했다. 트럼프 행정부는 대만에 십여 번 이상 무기를 판매하여 베이징의 신경을 계속 긁었다. 만약 트럼프 대통령이 계획대로 다시 당선된다면 워싱턴은 타이베이와 다음과 같이 관계를 발전시키지 않을까.

먼저 미국의 국무부 장관과 국방부 장관 같은 고위층을 대만에 방문 파견한다. 이어 차이잉원 총통을 워싱턴으로 초청하여 미 의회에서 연설을 시킨다. 또 미군의 군함을 대만, 펑후, 진먼, 마쭈에 정박시킨다. 그런 후에 아예 대만에 미군을 주둔시킨다. 곧이어 '하나의 중국' 정책을 수정하겠다고 선포한다. 대만을 주권 독립 국가로 인정한다고 밝힌다. 마지막으로, 정식으로 대만과 수교한다.

    이상은 사실은 정상적인 국가가 할 수 있고 또는 해야 하는 일이기도 하다. 그렇지만 대만은 지난 수십 년 간 그 '하나의 중국'이라는 틀 아래에서 잔뜩 고통만 받아왔고 주권국가로서 다른 나라와 동등하게 대우를 받지 못했다. 만약 트럼프 대통령의 미국 정부가 위에서 언급한 일을 실제로 추진한다면, 미국은 공공연하게 중공의 레드라인을 밟은 것이 된다. 중공은 과연 어떤 반응을 보일까. 중공이 '반분열국가법'을 인용하며 대만에 대한 무력통일의 합법적 정당성을 주장할까.

    1995년에 리덩후이 총통이 자신의 모교인 미국 코넬대학교에 가서 연설을 하고자 했던 일이 대만해협에서 무려 6개월 동안 긴장의 바람이 불게 했다. 그때의 전운은 지금도 대만 국민의 기억에 생생히 남아 있다. 순식간에 25년이 지나버린 오늘날, 중국 인민해방군의 군사력은 몰라보게 발전했고 당시 50기 내지 100기 밖에 없었던 대만을 겨냥한 미사일이 지금은 3,000기가 넘었다. 당시 대만해협의 전운도 클린턴 대통령이 항공모함을 파견해 세 번이나 순항케하여 겨우 거둬낸 것이다. 그러나 2020년에 동아시아의 정세가 다시 미묘하게 돌아가고 중공과 미국이 서로 칼을 빼든 상황에서, 만약 미국이 대만인의 주먹으로 중공이란 돌사자를 두들기도록 한다면 먼저 피가 나는 것은 어떻든 대만인의 주먹이 아닐까.

    중공이 무력을 동원하는 '퍼펙트스톰'의 형성은, 실은 대만의 책임이 아니라 단지 역사 발전의 필연적 추세일 것이다. 그러한 결과에 책임을 져야 하는 것은 대만이 아니다. 하지만 어쨌든 대만 정부와 대만 국민이 결국 그 폭풍의 쓰디쓴 피해를 감당하게 될 수 밖에 없을 것이다. 그러므로 위험부담을 덜 수 있도록 잘 관리해 나갈 필요가 있고, 한사코 스스로 위험을 피해야만 할 것이다. 섣부르게 다른 이의 앞잡이가 되어서는 안 되며, 풍랑 앞에서 나서서 개인적 인기를 얻으려 해서도 안 될 것이다. 우리가 먼저 굳이 무책임하게 레드라인을 밟을 필요가 있는가? 적개심과 원한을 부추기지도 말지어다. 전쟁은 무정하나 평화는 고귀하다. 전쟁 예방과 평화 노력은 너나 할 것 없이 한시도 늦출 수 없는 우리의 도의적 책임이다.

대만해협에서 전쟁이 터지면 승부는 예측하기 어려울 것

중공이 그래도 무리하게 대만을 공격하려고 한다면 어떻게 될까. 일반적으로 봤을 때, 중공이 무력을 동원해 대만을 통일하려면 반드시 다음 조건을 충족해야만 한다. 첫째, 대만해협을 건너는 데 지장을 받지 않아야 하고, 상륙 후에 대만의 저항을 제압할 능력이 있어야 한다. 둘째, 국제적 비난, 제재 등 국제 사회로부터 입게 될 손해가 반드시 대만을 회수하는 이익보다 작아야 한다. 셋째, 정치적 수단은 무효화 되고 반드시 군사적 수단 이외에는 대만과 통일할 수 있는 다른 도리가 없어야 한다.

일단 중공이 무력으로 대만을 통일하겠다고 나섰을 경우에 그 결과는 어떻게 될 것인가. 이를 영국과 미국의 주요 매체들이 예측해 봤다. 2020년 5월 17일, 영국 일간 「더타임스(The Times)」지는 '미국은 태평양에서 중공과의 전쟁에서 질 것이다(US 'would lose any war' fought in the Pacific with China)'라는 제목의 기사를 냈다. 기사를 쓴 마이클 에반스(Michael Evans) 기자는 펜타곤 내부 소식통을 인용해 미 국방부가 진행한 '놀랄만한' 워게임 시리즈는 미군이 해상에서 중국 인민해방군에 의해 격파당하고, 대만 침공을 막기 위해 고군분투할 것이라고 예측하고 있음을 전했다. 그 중에 한 시나리오는 2030년에 태평양상의 충돌이 발생하여 중국 해군의 현대화 공격함대와 항공모함 그리고 구축함대와 맞대응한 결과 미군이 제압을 당하는 것이다. 미국 정부의 자문역인 보니 글레이저(Bonnie Glaser) 전략국제문제연구소(CSIS) 차이나파워 프로젝트 팀장은 "2030년까지 중국의 위협을 조사하기 위해 수행한 모든 시뮬레이션에서 모두 미국의 패배로 끝났다"며 "대만 문제는 미국과의 전쟁, 심지어 핵전쟁으로 확대될 수 있기 때문에 가장 불안정한 문제"라고 했다.

하지만, 미국 「포브스(Forbes)」지에는 6월 7일 '만약 중공이 대만을 침략한다면 함대는 어떤 식이 될까?(If China Invades Taiwan, This Is What the Fleet Could Look Like)'라는 제목의, '더타임스'와는 반대되는 관점의 기사가 실렸다. 기고자는 잠수함 전문가인 H.I.서턴(H.I. Sutton)이다. 그의 분석에 따르면, 중공이 대만을 침공하는데 있어 가장 드라마틱한 장면은 대규모 수륙양용 상륙작전이 될 것이다. H.I.서턴은 군사전문가인 B.A.프리드만(B.A. Friedman)의 견해를 인용해 "대만에 대한 상륙전쟁은 아마 역사상 가장 험난한 상륙전쟁이 될 것"이라며 "대만은 이미 수십 여년 동안 방어준비를 해 왔고 따라서 매우 숙련된 방어계획을 갖고 있다"고 말했다. 중공이 상륙작전을 시도한다면 대만의 심각한 저항을 받게 될 것임을 시사한 것이다.

중공 해군은 두 척의 항공모함을 갖고 있는데 대만 해군이 이를 막기는 어려울 것이다. 하지만 B.A.프리드만은 성공적인 군사작전은 단지 무기 리스트에 달려 있는게 아니라고 했다. 그는 중공이 과연 대만 해안선을 피로 물들게 할만한 기술과 지식, 그리고 의지가 있는지를 의심했다. 그는 "중국 인민해방군은 전투 경험이 적고, 수륙양용 작전 전투 경험은 더욱 적다"고 지적했다. 게다가 지난 20년 동안 전 세계 정보 환경에 큰 변화가 생겼다. 인터넷 커뮤니티와 소셜네트워크서비스, 그리고 위성영상 등 중국 인민해방군은 전 세계인들이 뻔히 지켜 보고 있는 상황에서 대만 해안선에 상륙해야 하는 것이다. 작전 전체가 실시간으로 전 세계에 중계될 것이다. 중공이 국제 여론을 의식해 상륙작전을 지연시키면 지연시킬수록 대만으로서는 그만큼 국제적 관여를 기다릴 기회를 얻게 된다. 특히 미국이 대만해협의 전쟁에 개입하면 전세가 뒤바뀔 공산이 크다.

하지만, 대만에서는 중공의 공격에 대해서 많은 사람들이 매우 비관적 관점을 갖고 있다. 국민당의 연구기관인 쑨원학교(孫文學校) 북원(北院) 원장인 린딩판(林定芃)은 "워싱턴의 패권주의가 차이잉원 정부의 핵우산이 될 수는 없다"라고 하면서 "대만은 단지 워싱턴 당국이 중국 대륙의 탄압을 막는 하나의 '바둑알'일 뿐"이라고 말했다. 그는 "객관적인 측면에서나, 아니면 미국의 주관적 의사로 보나 양안에서 일단 충돌이 일어나면 미국은 절대로 대만을 위해 파병하지 않을 것"이라고도 했다. 린딩판은 설령 미국이 대만에 파병하여 승전할지라도 패전한 것과 다를 바 없다고 생각한다. 왜냐하면 중공과 대만의 전쟁은 그냥 한탕치기로 끝나는 전쟁이 아니기 때문이다. 중공은 절대로 대만의 독립을 허용하지 않는다. 미국이 일단 대만 문제에 손을 대게 되면 나중에는 손을 떼기가 더 어렵다. 장기적으로 대만에 대한 방어를 감당하려면 매우 엄청난 군사비를 지출해야 하는, 그야말로 '밑 빠진 독'이 될 것으로 예측되기에 이는 미국의 타산에 맞지 않다는 것이다.

이 문제로 가장 논란이 컸었던 견해는 마잉주 집권 당시 국가안전회의(國家安全會議) 비서장이었던 안보전문가 쑤치(蘇起)가 밝힌 견해다. 그는 미국 공화당 상원의원인 조쉬 하울리(Josh Hawley)가 2020년에 미 의회에 제출한 '대만방위법(Taiwan Defense Act)'의 초안에서 "미 국방부는 중공이 대만을 침공했을 때 이를 격퇴할 충분한 능력을 미군이 보유토록 해야 된다"고 명시했음을 거론한 뒤, 이 법안 속에 fait accompli(기정사실)라고 하는 프랑스 용어가 사용됐음에 주목했다. 그는 "미국이 효과적인 대응을 취하기 전에 중공이 대만을 점령해버린다면, 미국으로선 이런 '기정사실'이 된 상황을 뒤집기는 너무나 어려울 것이고 비용이 너무 높게 나오면 대만을 포기할 수도 있다"고 지적했다. '대만방위법'은 중공이 만든 '기정사실'을 족히 엎을 수 있을 만큼 미국이 군사력을 키워서 미국이 적극적으로 개입할 수 있는 능력을 키워야 한다고 하고 있다. 그렇지 않으면 대만을 부득이 포기하지 않으면 안 되는 낭패를 가져올 수 있다는 것이다.

쑤치 전 비서장은 '대만방위법'의 내용으로 봤을 때 미국은 이미 중공이 대만을 침공할 때 즉시 출동해 대만을 구할 능력이 없음을 간접적으로 시인해버린 셈이라고 했다. 그에 따르면, 중공은 대만해협에서 미국과 비교해 큰 지역적 우세를 가지고 있어 중공이 기습전을 감행했을 때 미국이 이에 대응하기에는 역부족이다. 중공은 전쟁이 시작되자마자 바로 결전으로 이끌고 가서 극히 짧은 시간 안에 대만을 제압할 것이다. 거리상 미국은 군사기지가 너무 멀고 중공은 군사기지가 매우 가깝다. 또한 중공의 원거리 작전능력으로 충분히 미국의 항공모함을 괌섬 동쪽에 가둬 넣을 수 있을 것이다. 더구나 동남아 국가들은 대만을 지원할 뜻이 전혀 없다.

쑤치 전 비서장은 미국은 대만을 방어할 여력이 부족하지만, 반면에 중공은 "전쟁을 시작하자 마자 바로 전쟁을 끝낼 수 있는 수준(首戰即終戰)"으로서 단 하루 만에 대만을 제압할 수 있는 만큼의 군사력을 가지고 있다고 봤다. 그의 이러한 관점은 마치 중공의 패기만 대변하고 대만의 위세는 무시하는 듯한 저의가 있다고 하여 대만 국내 여론의 질타를 받았다. 다만, 그는 그런 질타를 받는 속에서도 중공이 무력을 사용할 때 '대타(大打, 큰 공격)'와 '소타(小打, 작은 공격)'가 있음을 상기시켰는데, 이에 대해서는 대만 국민들도 주목할 필요가 있다.

> "중공의 무력 행사와 관련해 대만 내부의 논쟁은 대개 '대타'(즉, 무력통일에 나서는 것)에 초점을 두고 있고, '소타'(즉, 시범케이스를 보여주는 것)에는 소홀한 경향이 있다. 미국이 수년 전에 유고에서 주유고 중국 대사관을 불시에 폭격을 했던 것, 그리고 이라크 바그다드에서 이란 혁명수비대 사령관을 공습해 폭사시킨 참수행동을 했던 것과 같이, 문제는 하나라도 그 해결 방법은 열 가지가 있을 수 있다. 눈앞의 미중 갈등 상황에서 '대타' 못지않게 '소타'의 가능성도 크다. 차이잉원 정부는 낙관적으로 중공이 '대타'는 시도하지 않을 것이라고만 볼 것이 아니라, '소타'의 가능성이 있음을 염두에 두고 필요한 시나리오를 예습해 미연에 방지에 나서고 분석을 하여야만 대만의 안전을 확보할 수 있을 것이다."

그렇지만, 우리의 미래를 생각했을 때, 그것이 "대타"이건 "소타"이건 "불타(不打, 공격을 하지 않음)"이건 간에, 미국과 중공이 끊임없이 암투를 벌이고, 또 차이잉원이 집권하는 대만도 중공과 계속해 암투를 벌인다면 대만의 경제가 어떻게 나아질 수 있겠는가. 또 대만 국민들은 어떻게 안심할 수 있겠는가.

미국은 과연 대만의 믿을 수 있는 벗인가?

만일 중공이 진짜로 군사력을 동원하여 대만을 공격한다면 미국은 어떻게 나올까? 2000년 5월, 대만이 사상 처음으로 정권교체가 이루어졌을 당시에 싱가포르의 리콴유 총리가 「파이스턴이코노믹리뷰(Far Eastern Economic Review)」와의 인터뷰에서 다음과 같이 말했다.

"만약 미국이 영구히 대만을 중국의 위협으로부터 벗어나게 해줄 수 있다면 대만인들은 미국인들에게 고맙게 생각해야 할 것이다. 하지만 그게 불가능한데도 대만인들에게 미국인들이 그렇게 해줄 것이라고 믿게끔 만드는 일은 잔인한 처사가 아닌가."

대만의 독립을 주장하는 단체들은 미국재대만협회(American Institute in Taiwan) 전임 회장 리처드 부시(Richard Bush)를 대만인들의 가장 친한 벗이라고 말한다. 그는 2019년 6월 5일자 대만 「중국시보(中國時報)」와의 인터뷰에서 친미 성향을 갖고있는 대만의 벗들에게 솔직한 일침을 날렸다. 즉, 대만을 미국이 100퍼센트, 전적으로 지지하리라고 믿는다면 그것은 마치 아무 조건이 없는 백지수표를 받을 수 있다고 믿는 것과 같다는 것이다. 그러면서 그는 대만은 스스로 미국과 중공 사이에서 본국의 이익을 신중히 생각해야 한다고 고언했다.

리처드 부시는 트럼프 대통령의 독특하고 오락가락하는 처사가 대만 정책에도 영향을 끼쳤다고 했다. 예를 들어 트럼프 대통령이 당선된 후에 있었던 차이잉원 총통과의 통화는, 겉봐서는 미국과 대만의 관계가 올바른 길로 발전하고 있는 것처럼 보였는지 모르겠지만 사실은 대만을 무역 문제와 북한 문제에 있어 對 중공 협상 카드로 활용하려는 속셈에 불과했다는 것이다.

리처드 부시는 또한 미중 간의 충돌이 무역 분야에만 국한된 것이 아니라면서 대만이 자칫하면 '아군에 대한 사격(Friendly Fire)'의 희생자가 될 수 있다고 했다. 그는 "대만이 미중간 도박판의 베팅 카드가 될 수 있다"면서 "최악의 경우 미중간 대리전은 대만에서 터질 가능성이 크고 대만이 유일하게 패자가 될 것"이라고 강조했다.

미국을 과연 믿을 수 있는 것인지가 의심되는 시점에 전 백악관 외교안보보좌관이자 역시 대만의 오랜 벗인 존 볼턴(John Bolton)이 『그 일이 일어난 방 : 존 볼턴의 백악관 회의록(The Room Where It Happened: A White House Memoir)』이란 제목의 책을 펴내 트럼프 대통령의 대만에 대한 솔직한 속내를 폭로했다.

존 볼턴 전 외교안보보좌관은 "트럼프 대통령은 중국 본토에 투자해서 돈 좀 번 월스트리트 금융업자들의 말을 너무 들었다"면서 "그는 대만 문제로 특히 '소화불량'(특별하게 반감이 있다는 뜻)을 느꼈다"고 실토했다. 트럼프 대통령은 펜을 들고 그 펜촉을 가리키면서 "이게 대만이라면"이라고 하면서, 대통령 집무실의 책상을 두고선 "이건 중국이지"라고 했다고 한다. 대만은 쥐뿔만하다는 뜻이었다.

존 볼턴은 "시진핑 총서기는 트럼프 대통령에게 대만에 더이상 무기를 판매하지 말고 또 차이잉원 총통의 방미를 허락하지 말라고 분명히 요구했었다"면서 "시진핑 총서기에겐 이 두 안건이 양안 문제의 핵심"이라고 했다. 2016년 8월 13일, 존 볼턴 보좌관 등 몇몇 사람이 트럼프 대통령과 화상회의를 할 때 미국이 대만에 무기를 판매하지 않으면 심각한 정치적 역풍에 휩싸일 것이라고 경고하자 트럼프 대통령은 간신히 동의하여 "조용히 처리해야 하네"라고 당부했다.

존 볼턴이 백악관을 떠나자마자 트럼프 대통령은 비용이 너무 많이 든다면서 '이슬람국가(IS)' 토벌의 동맹이었던 시리아 쿠르드족에 대한 지원을 포기했다. 당시 트럼프 대통령이 뒤이어서 또 어떤 나라에 대한 지원을 포기할는지에 대한 추측이 난무했는데 대만이 바로 트럼프 대통령의 명단의 맨 앞쪽에 놓여 있었다. 존 볼턴 보좌관은 일단 미국 대통령이 트럼프인 이상, 대만이 이 명단의 맨 앞부분에 있는 것은 아마 변하지 않을 것이라고 봤다.

제6장

해양국가 대만과
태평양의 세기

20세기 육지와 바다에서의 쟁패

21세기는 '중국의 용'이 세계 패권을 놓고 '미국의 독수리'에게 도전장을 던진 시대다. 미중 권력이 대치하는 현 상황은 미국의 해양권력과 중공의 대륙권력이 상호 패권 쟁탈을 위해 대결하는 구도다.

동북아의 '5해(五海, 다섯 바다)', 즉 일본해(한국에서는 동해), 황해(한국에서는 서해), 동중국해, 대만해협, 남중국해는 미국과 중공이 서로 패권을 쥐기 위해 싸우는, 서로 연동되는 패권 쟁탈의 경기장이라고 할 수 있다. 이 다섯 바다는 중공, 한국, 북한, 일본, 대만, 필리핀, 6개국과도 밀접히 연관돼 있으며, 역내에서 최근에 발생한 가장한 중대 문제들이 바로 한반도 비핵화, 그리고 홍콩의 '일국일체제', 남중국해 영유권, 그리고 대만과 중공 관계다.

과거 20세기의 미국 해양권력과 유러시아 대륙권력의 패권 쟁탈전에 대한 역사기록들이 21세기 미래의 해상과 대륙 충돌의 참고가 될 수 있을 것이다. 먼저 해양패권과 대륙패권 관련 지정학적 이론들에 대해서 살펴보자.

20세기 해양패권 문제에 대한 연구자인 미국의 군사(軍史) 학자 알프레드 사이어 머핸(Alfred Thayer Mahan)은 전쟁의 결과가 패권의 흥망을 결정하며, 전쟁에서 승리의 관건은 바로 바다를 장악하는데 있다고 했다. 해로를 통해 권력을 추구하는 것이 육로를 통하는 것보다 더욱 현명한 일이라는 것이다.

그러나 알프레드 사이어 머핸의 견해와는 달리 대륙패권 관련 논자인 영국의 지리학자 할포드 맥킨더(Halford J. Mackinder)는 유럽, 아프리카, 아시아 대륙을 '세계섬(世界島)'으로 보고 이 세계섬이 만약 통일을 이루고 바다를 장악하려 한다면 그 방대한 자원에 기반한 힘은 어떤 해양패권 국가도 넘보지 못할 것이라고 했다.

해양패권론과 대륙패권론의 중도라고 볼만한 이론도 있다. 가장자리 지대 논자인 미국 국제정치학자 니콜라스 스파이크먼(Nicholas Spykman)은 앞으로 세계는 해권과 육권이 상호투쟁하는 국면이 나타나고 해권과 육권이 투쟁하는 교차지역인 '가장자리 지대(rimland)'야말로 앞으로 세계 패권의 주축이 될 것이라고 했다. 왜냐하면 육권 국가는 반드시 바다로 나가는 길이 있어야 하고 그렇지 않으면 경제가 질식해 죽을 것이며 해권 국가는 또한 반드시 항구를 갖고 있어야만 해권을 충분히 보호할 수 있을 것이기 때문이다.

니콜라스 스파이크먼은 "가장자리 지대를 장악할 수 있으면 유라시아 대륙을 장악할 수 있고, 유라시아 대륙을 장악할 수 있다면 전 세계를 장악할 수 있다"고 하였는데, 그 가장자리가 아시아에서는 바로 한반도, 일본, 중국 동남연해안 지대와 동남아, 그리고 남아시아 지역이다.

앞서 얘기했듯이 21세기는 미국의 해권(海權)에 중공의 육권(陸權)이 도전하는 시대가 됐다. 이에 동아시아 지역이 '미국의 독수리'와 '중국의 용'의 패권전쟁 중심 지역으로 변모하게 됐다.

다섯 바다의 연동

오늘날 아시아 안전 의제의 핵심은 미국과 중공 사이에 전개되고 있는 '5해연동(五海連動, 다섯 바다의 연동)'의 힘겨루기다. 다섯 바다의 연동이라고 하는 이유는 이 지역, 해역에서 일어난 사건들이 서로 연관성을 갖고 있다는 의미다. 중공의 '일대일로(一帶一路)' 전략의 진전으로 다섯 바다는 각각 새로운 해양 전략의 가치를 갖게 됐다.

일본해 (한국에서는 '동해'로 칭함)

일본해에는 2개의 작은 섬, 그리고 32개 작은 부속 암초로 이뤄진, 한국에서는 '독도(獨島)'라 부르는 섬이 있다. 1905년 일본은 이 섬을 '다케시마(竹島)'라는 이름으로 시마네현(島根縣)에 편입시켰다. 그러나 1954년 이래로 한국은 이 섬에 영토주권비를 세워서 실효지배를 하고 있다. 일본은 이 섬의 영유권 문제를 국제사법재판소에 가져가려 하지만 한국은 이를 거들떠보지도 않고 있으며 국제중재도 거절하고 있다. 이에 한국, 일본 양국은 독도-다케시마 문제로 자주 분쟁을 일으키고 있다.

황해 (한국에서는 '서해'라고 칭하며 북한에서는 '조선서해'로 칭함)

황해는 중공과 남북한 사이에 위치하는 해역이다. 한국전쟁이 끝나면서 남북한은 육지에서 북위 38도 부근을 기점으로 하여 군사분계선을 그었고 해역에서의 경계선은 별도로 확정하지 않았다. 1953년 미국과 한국이 일방적으로 북방한계선(NLL, Northern Limit Line)을 확정했는데 북한도 1976년 일방적으로 남방한계선(SLL, southern limit line)을 확정하여 남북 간은 자주 이 해역에서 충돌을 일으켰다. 이밖에 남북한은 중공과 해상에서 경계선을 확정하는데도 각각 계산이 다르다.

한국은 2015년 1월 29일 중공과 해역 경계선 확정 문제로 협상에 들어갔다. 중공 측은 육지의 자연 연장 원칙에 따라서 황해와 동중국해 해역경계선을 긋자고 주장하고 한국 측은 상호 공인하고 있는 양쪽 해안가 기점을 시작점으로 하여 중간선에서 양국의 해역경계선을 긋자고 했다. 다만 한국은 이리하면 18만 평방 킬로미터를 더 얻게 되기에 중공은 이를 거부했다.

북한은 1977년에 영해 측정 기선에서 200해리를 중심으로 긋는 배타적 경제수역을 선포했다. 그러나 중공의 배타적 경제수역과 중복되어 영해 경계선 문제에 합의를 보지 못하고 있으며 대륙붕을 확정하는 문제도 남아 있다.

동중국해

동중국해에서 대만, 일본, 중공은 전부 댜오위타이(일본은 '센카쿠제도(尖閣諸島)'라 하고 중공은 '댜오위다오(釣魚島)'라 한다)의 영유권을 주장하고 있다. 1968년 유엔 극동경제위원회가 댜오위타이 부근 동중국해의 대륙붕에 석유가 대량 매장되어 있을 가능성이 있다고 밝혔는데 일본은 1970년 1월 대만 당국에 보낸 '외교메모(Diplomatic note)'을 통해 대만의 석유 광구권을 인정하지 않는다고 밝혔다. 댜오위타이의 신탁관리를 책임지고 있는 미국은 1971년 행정권을 오키나와(琉球)로 인계하면서 분쟁이 일게 됐다.

2012년 9월 11일 일본이 댜오위타이 열도의 국유화를 선포하여 중공의 강한 반발을 불러 일으켰다. 2013년 11월 23일 중공은 동중국해 방공식별구역(KADIZ)을 발표하였는데 이는 일본의 방공식별구역과도 많은 부분이 중복되었고(대만의 방공식별구역과도 부분적으로 중복된다.) 또한 댜오위타이가 포함돼 일본은 이에 대해 항의했다. 미국은 댜오위타이가 일본의 행정권에 속해 있는 영역이며 미일안전보장조약(美日安全保障條約) 제5조의 적용 대상이라고 하고 있다.

대만해협

중화인민공화국이 창립하고 나서 "대만을 해방하여 조국의 통일을 실현한다"는 중공의 국가적 목표가 됐다. 70년 동안 양안관계는 시종일관 긴장된 대치상태에 있었다. 더욱이 민진당 집권 시기 양안관계는 냉화(冷和)에서 냉전(冷戰)으로 변해갔고, 최근 몇 년은 냉전이 아예 열전으로 변해가는 추세였다. 2020년초 신종 코로나가 확산되고 인민해방군의 전투기와 함대는 더욱 빈번하게 대만해협 주변에서 소요하고 위협하여 대만해협은 국제사회가 주목하는 화약고가 되어 가고 있다.

남중국해

중화민국(대만)은 현재 남중국해에서 둥사다오(東沙島, Pratas Island)와 타이핑다오(太平島, Itu Aba Island), 그리고 중저우암초(中洲礁, Ban Than Reef)를 유효하게 관할하고 있으며 관련 영유권을 갖고 있다. 그러나 미국은 과거에 중화민국이 1947년에 발표한 U형 '11단선(十一段線)'으로 남중국해의 역사적 수역을 표시했던 것이 1984년에 공표된 유엔해양법협약을 어긴 것이라고 하여 대만으로 하여금 이를 수정토록 하고 심지어 남중국해의 섬과 암초에 대한 영유권도 포기하라고 압력을 가하고 있다.

2002년 '아세안(ASEAN)+1' 정상회의에서 '남중국해 당사국 행동선언(Declaration on the Conduct of Parties in the South China Sea)'이 체결됐다. 2015년 5월, 마잉주 총통은 '남중국해 평화 구상(南海和平倡議)'를 발표하였는데 이는 남중국해 문제에 대한 중화민국의 입장을 표명한 성명이었다. 그 뒤를 이은 차이잉원 총통도 관계 부서에 타이핑다오를 인도적구호지원센터로 건설할 것을 지시했다.

반면에 중공은 관계 국가들 중에서 가장 앞장서서 남중국해에서 풍파를 일으키고 있는 상황이다. 중공은 중화민국이 확립한 '11단선' 구역을 승계한다는 점을 근거로 하여 남중국해 전체에 대한 권리를 주장하고 있다. 'A2/AD'의 능력을 확대하기 위해 중공은 반드시 남중국해 섬과 암초의 영토, 해양, 하늘과 인터넷 공간을 바꿔놓아야만 한다. 그래서 남중국해의 7개 섬과 암초에 각종 레이다를 장착하고 또한 부두, 활주로, 방공시설에 대한 건설을 완료했으며 바다와 상공을 감시하는 능력을 높이고 있다. 서사(西沙)와 남사(南沙)에는 완전한 섬 말고도 수십 개의 암초, 환초, 사주와 산호초가 포함돼 있다. 이에 중공은 남중국해와 관계된 모든 국가들과 분쟁을 일으키고 있는 실정이다.

이 밖에도 베트남이 남중국해 48개의 섬과 암초를 잇달아 점유했고, 현재 난웨이(南威島, 베트남은 '창사도(長沙島)'라 함.)가 그중에 가장 큰 섬이다. 베트남 정부는 여기에 길이 550미터의 활주로와 헬기 착륙장을 건설했고 무선 송수신탑도 설치했으며, 동남쪽에는 2개의 부두를 두는 등 기초시설을 완전하게 갖추었다.

물론 남중국해 관계 국가들이 영유권 관련 갈등만 벌이고 있는 것은 아니다.

남중국해 문제와 관련해 중공도 일단 조약 정신에 따라 관계되는 각 국가들과 평화적인 수단으로 분쟁을 해결할 것을 희망은 한다고 했다. 실제로 중공이 장악하고 있는 황옌다오(黃巖島)에서는 필리핀 두테르테 대통령이 중공을 방문한 후 필리핀 어민들로 하여금 사용케 해주는 일도 있었다.

인도네시아는 남중국해에서 2014년부터 매 2년마다 한번씩 '코모도 해상연합군사훈련(MNEK)'을 실시하여 해상재난구호작전을 주축으로 각종 인도적 구호활동과 관련 훈련을 실시하여 평화유지의 힘을 키워 왔다. 첫 회에는 18개국이 참여하여 2018년에는 37개국으로 확대했다.

대만이 통제하고 있는 타이핑다오에는 활주로 한 개와 진료소 하나가 있으며 관계자들의 숙소가 있다. 대만 해안경비대와 해군이 타이핑다오 부근에서 구원작전을 연습할 때 풍랑을 맞은 베트남 선원들을 구조한 적이 있다. 대만도 남중국해 분쟁지역에서의 평화의 수호자가 되기 위해 노력하고 있다.

한반도 문제

한반도도 해권과 육권 패권 싸움의 교차점이다. 주변 국가는 중공, 러시아와 일본이다. 게다가 미국과 한반도의 관계는 민감하면서도 매우 취약하다.

한반도의 핵심 문제는 첫째, 북한이 한국과 통일하려면 반드시 미군을 한반도에서 내쫓아야 하며 그것이 중공의 이익에 부합한다는 것이다. 둘째, 미국은 한국을 이용해서 중공과 북한을 감시하고 있어서 한반도를 떠날 수 없으며 북한 주도의 통일은 원치 않고 있다는 것이다.

한때 중국, 북한, 한국, 미국, 러시아, 일본 등 6개국이 6자회담을 열기도 했었다. 이로써 한반도의 핵문제를 해결하고자 했던 것이다. 회담은 2003년 8월 27일부터 2007년 9월 30일까지 총 여섯 번을 개최됐는데 2009년 북한이 탈퇴하면서 이후에는 다시 열리지 않고 있다.

중공은 한반도에서 독특한 다원적인 역할을 하고 있다. △ 북한에 대해서는 지도자와 지지자 역할, △ 한국에 대해서는 경제협력자 역할, △ 남북한 대립에서는 균형자 역할, △ 6자 회담에서는 조정자 역할, △ 남북한이 일·미연맹에 포함되는 것을 견제하는 영향자 역할이다.

그래서 중공이 한반도에서 채택한 외교정책이 바로 '무핵, 무전, 무란(無核, 無戰, 無亂, 핵과 전쟁, 급변사태 모두가 없어야 한다는 정책)'으로 일단 북한이 한반도에서 핵무기를 사용하는 것을 억제하며, 남북한 화해와 대화를 이끌어주고, 미국의 북한에 대한 압력에도 균형을 맞추려 한다. 한반도의 평화와 안정을 유지하고 한반도의 비핵화를 달성하기 위해 중공은 식량과 원유를 북한에 공급하여 민생의 어려움을 극복토록 해준다. 한편으로는 한국과도 정치적, 경제적 협력을 추진하고 있다.

다만, 중공은 남중국해에서의 군사력을 확장시키길 원하므로, 미국이 남중국해 문제에 전력투구를 하지 못하도록 남북한의 갈등 문제가 완전히 해결되기를 원치는 않고 있다.

1994년 6월, 미국 클린턴 정부는 북한 정부와 '북미간 핵문제 기본합의서(DPRK-U.S. Nuclear Agreed Framework)'를 체결했다. 미국은 북한이 필요한 에너지를 공급하는 차원에서 경수로 등의 발전시설을 제공해주기로 약속했다. 북한은 흑연 감속원자로(Graphite Moderated Reactor) 및 관련 핵시설을 "동결"하고 최종적으로는 "철거"하는 것에도 동의했고 이미 가입했던 '핵무기 확산금지조약(Treaty on the Non-Proliferation of Nuclear Weapons , NPT)'에서도 탈퇴하지 않겠다면서 한반도 비핵화 실현을 약속했다. 이에 미국과 북한의 양국관계는 대사급 외교관계로 격상됐다. 그러나 1998년 8월 31일 광명성 미사일 발사 사태 등 크고 작은 위기가 이어지다가 2002년 조지 W. 부시 대통령 집권 이후 미국과 북한의 관계는 악화됐다. 특히 9.11테러 사건이 터지면서 부시 대통령은 북한을 '악의 축'으로 단정하여 핵 공격의 타깃으로 삼았고 에너지 공급을 중단하였으며 양국관계는 다시 급속도로 냉각되었다.

트럼프 대통령은 취임 후 '미국우선주의'를 강조하였고 북한은 미사일 시험발사에 집중하면서 탄도미사일제조와 핵탄두 소형화에서 가시적인 진전과 실력을 보여주면서 아시아의 불안 요인으로 자리잡았다. 그래서 트럼프 대통령은 미일동맹 강화, 한국에서의 사드배치, 중국과 건설적 관계 조성, 북한과의 미사일 위기 관리 협상 등 적극적으로 새로운 아시아 태평양 전략을 구축해왔다.

사드 미사일을 한국에 설치하는 대외적 명분은 북한을 감시하려는 것이다. 하지만 중공과 러시아의 입장에서는 이는 미국이 자신들을 감시하려는 목적도 엿보이는 것이다. 그래서 러시아는 극동에 제 107전술 탄도미사일 부대를 배치시켜 격하게 대응하였고 중공도 역시 한국의 박근혜 대통령이 미국과 손발을 맞춰 사드 미사일을 배치하려는 움직임을 보이자 불안과 불만을 표시하며 한국에 압력을 가하고 나선 것이다.

트럼프와 김정은은 공개적으로 서로를 헐뜯으면서 전 세계를 불안케 했는데, 특히 일본과 한국은 이 갈등의 피해자가 될까 노심초사했다. 다행스럽게도 한국은 동계올림픽에 북한을 초청했고 이를 계기로 남북 양측의 지도자 문재인 대통령과 김정은 위원장이 상호 방문하여 남북관계가 해빙기를 맞았다. 그리고 마침내 트럼프 대통령과 김정은 위원장이 싱가포르에서 악수를 나누는 '평화의 쇼'가 연출되면서 잠시나마 평화의 분위기가 만들어졌다.

이후 트럼프는 김정은을 위해서 공개적으로 많은 덕담을 했다. 김정은은 이로써 북한에 대한 국제적인 제재가 해제되고 또 미국의 경제원조가 있을 것을 기대했다. 그러나 '평화의 쇼'가 끝난 뒤에는 트럼프는 더 이상 북한을 중시하지 않으면서 비핵화 실현은 요원해졌다.

2020년 봄, 김정은은 여동생 김여정을 통해 개성 남북공동연락사무소를 폭파하며 불만을 토로했고 미국은 이를 무마하고 나섰다. 파문은 일단 가라앉았지만 근본적인 문제는 해결되지 않고 있는 상황이다.

태평양과 대만

바다는 지구 면적의 71%를 차지하고 있으며, 지구 생물 중 80%가 살고 있다. 바다가 인류를 위해 제공하는 생물은 육지의 1,000배나 된다. 제2차 세계대전이 끝난 후 세계화 바람이 불기 시작했고 국제 시스템들도 점차 다원화되면서 육지보다 해양의 이익과 관련하여 쟁탈전이 더 심해졌다. 바다가 인류문명의 '새로운 고지(new highland)'가 되어버린 것이다.

태평양은 지구에서 가장 깊은 바다이자 가장 큰 바다다. 지구 면적의 3분의 1 이상이 된다. 30개의 국가와 1만여 개의 섬과 세계 40%의 인구가 그 주변 지역에 살고 있다. 전 세계 어획량의 3분의 2를 차지하며 바다와 관계되는 제품의 90% 모두 태평양지역에서 나오고 있다. 태평양 주변국은 경제력이 전 세계 국가 경제력의 절반에 해당한다. 인류에 있어 가장 중요한 생명의 자장(磁場)이 바로 태평양인 것이다. 21세기는 '태평양의 세기'로 전 세계의 안위화복(安危禍福)도 이 지역에 달려있다.

태평양은 국제교통에 있어서도 중요한 지위를 가지고 있다. 아시아 지역, 오세아니아 지역, 북미 지역, 그리고 남미 지역의 중요한 해운과 항공이 태평양에 달려있다. 동쪽의 파나마운하와 서남쪽의 말라카해협은 대서양과 인도양을 통과하는 첩경이며 환태평양국가들의 해상 생명선의 핵심 지위에 있다.

태평양의 각종 정치, 경제 등 활동으로 형성된 긴밀한 통신 네트워크 활동이 경제발전과 전략포진에도 중요한 작용을 하고 있다. 그밖에도 제3의 물결, 새로운 과학기술혁명이 인류문명을 또다른 새로운 과학과 기술의 고지에 이르게 했다. 이에 태평양은 세계 경제의 중심지로서 세계 경제에 강력한 추동력을 불어넣으며 세계 경제를 지배하게 됐다. 실제로 세계에서 중요한 과학기술 도시가 전부 아시아 태평양 지역에 몰려 있다.

일부 국가들은 우수한 해상 무력과 선진 과학으로써 국제 해역의 해저 광산 자원을 개발하고자 하며 이에 해양 자원의 탐색 범위도 넓혀가고 있다. 이로써 해협, 도서 및 해역 관할권에 대한 분쟁이 탈냉전시대 세계 평화에 있어 가장 심각한 도전으로 자리 잡았다. 바다가 언제든지 전쟁이 발발할 수 있는 화약고로 변했고 특히 자원이 풍부한 태평양 넓은 해역은 더욱 그렇게 되어버린 상황이다.

미국이 태평양을 소유?

미국의 초기 이민은 유럽에서 시작됐다. 그래서 미국은 일찍부터 아시아보다 유럽을 중시했다. 하지만 냉전 종식 이후 유럽이 통합에 성공하며 미국은 유럽에 있어 필요가 없는 존재가 됐다. 아시아가 아직 역내 통합이 완료되지 않은데 가운데 그래서 미국은 아시아로의 귀환, 또는 아시아의 재균형을 이루겠다고 나서게 됐다.

사실 미국은 일찍이 1867년 알래스카를 구매한 인연을 통해 그 영토를 아시아 태평양 지역 쪽으로 계속 더 확장해왔다. 미국은 1893년에는 하와이를 확보했고, 1899년 미국-스페인 전쟁 이후에는 괌과 필리핀까지 확보했다.

1941년, 일본군이 하와이 진주만의 미군을 공습했다. 이전까지 중립을 선포했던 미국은 부득이 태평양 전쟁에 참전하게 되었으며 태평양의 역사를 새로이 쓰게 되었다. 1945년 8월 15일, 일본 천황이 항복을 선포했고, 이후 미국은 승전국 자격으로 영국, 프랑스, 소련, 중국(당시 중화민국) 등과 함께 유엔 창립을 추진하여 점차 세계 패권 자리를 차지하게 되었다.

한편, 미국은 원래 일본이 점령한 태평양 섬나라들을 접수한 후에 속속 독립을 선포토록 했다. 미국은 아시아와 갈수록 교류가 빈번해지고 아시아계 이민자도 크게 늘어났다. 미국은 일본의 전후도 잘 마무리해 주어 '샌프란시스코 평화조약'을 통해 '비무장중립'이란 입지로서 일본을 다시 국제무대로 복귀시켰다.

하지만 미국은 1950년 한국전쟁과 1970년 베트남전쟁을 통해 체면이 깎이고 심지어 좌절까지 겪게 되는데 이로 인해 한국과 베트남은 각각 공산정권과 비공산정권으로 갈라지게 됐다.

태평양은 냉전 이후 미국과 중공이란 양대 강권(強權) 전략 역량이 힘을 겨루는 경기장이 되고 말았다. 미국에 있어서 태평양은 글로벌 전략을 발전시키는 중요한 버팀목이고, 아시아 태평양지역은 미국의 글로벌 질서 유지의 주축이다.

태평양에 인접한 중공은 개혁개방 정책을 실시한 후 연해도시와 경제특구가 경제전략의 핵심지대로 떠올랐다. 태평양은 중공 발전의 가장 중요한 발판이므로, 중공은 태평양 수역으로 들어가는 중요한 해협 항로를 효과적으로 통제해 전략적 주도권을 장악하기를 희망한다. 그래서 중공은 주변 해역에 대한 경영을 고도로 중시해 왔고 다른 나라들의 이 해역 침투도 제한하고 있다.

아시아 태평양 지역과 서태평양 해역에서 미국과 중국의 권력 각축은 서태평양의 중요 해협과 해상 통로의 버팀목을 장악하기 위한 것이다. 미국은 최근 몇 년 동안 중공에 대항하기 위해 영국과 합동으로 '파이브아이즈 동맹'을 결성하여 캐나다, 호주, 뉴질랜드와 함께 반중(反中) 그룹을 조성하였다. 마치 중공의 호성하(護城河, 성곽이나 고분의 둘레를 감싼 연못)가 될 것처럼 보였던 '5해(五海, 다섯 바다)'가 어느새 거의 미국의 내해(內海)가 되었다. 중공은 미국과 태평양을 공동 관리하자고 제의한 바 있으나 미국은 독자적으로 태평양을 장악하고자 세 개의 도련선을 구축해 중공과 싸우고 있다.

해양 대만의 전략적 가치

대만은 특수한 지리적 위치에 있다. 동아시아 해역에서 원형으로 열을 지어 있는 여러 섬들의 중앙에 있어 북쪽으로는 일본열도와 한반도, 그리고 남쪽으로는 필리핀열도와 남중국해의 열도, 그리고 서쪽으로는 중국 대륙, 동쪽으로는 태평양을 향하고 있다. 앞서 거듭 언급해온 다섯 바다가 연동되는 가운데, 대만은 특히 동중국해, 대만해협, 남중국해 등 세 바다에서 중요한 전략적 위치를 점유하고 있다.

대만해협은 늘 강대국과 주변 국가의 각축장이 되어왔고, 이곳은 전 세계에서 권력과 권력의 충돌 가능성이 가장 높은 '화약고'다. 그러나 대만의 주변 수역은 풍부한 해양자원이 있기에 이 수역의 지속적 발전을 위한 바다 생명선 보호는 자연히 대만과 인근 국가들의 안위화복과 직결된다.

1982년에 통과하여 1984년부터 시행되고 있는 유엔해양법협약(United Nations Convention on the Law of the Sea)은 섬으로 이뤄진 나라의 영토확정과 해상권리에 대한 규범을 마련해주었다. 하지만 국제사회는 1982년 이전부터 있어온 각국의 기존 역사적 주권 분쟁에 대해서는 아직까지도 해결책을 찾아주지 못하고 있다. 대만도 동아시아 다섯 개 해역 중의 세 해역에서 이런 문제의 도전을 받고 있다.

먼저 동중국해를 생각해보자. 대만과 일본이 모두 200해리 배타적 경제수역을 주장하고 있고 중공도 관할권을 주장하고 있어 동중국해 수역을 둘러싼 갈등이 민감해지고 복잡해지고 있다. 더구나 이 수역은 대만의 어민들에게 전통적으로 중요한 어장이다. 우리나라는 2003년 11월에 비록 잠정적으로 순어선(巡漁線)을 긋긴 했지만 이 집행선 안에서도 일본 측과 자주 충돌이 벌어지고 있다.

대만해협은 어떠한가. 중공이 대만에 대해 영토주권을 가지고 있다는 주장은 대만으로서는 받아들일 수 없는 것이다. 따라서 양안관계의 긴장상황은 장기화되고 있다. 대만해협의 평화를 유지하기 위해 우리나라는 여러 군데에 방공 기지를 설치해 놓고 있으며, 미국의 도움으로도 많은 군사 방어시설을 설치해 놓고 있다. 특히 대만이 자체적으로 제작한 슝펑3(雄三)미사일과 슝펑2E(雄二E) 추가 장거리 미사일이 중공의 항공모함에는 큰 위협인데, 이에 대만해협의 전운은 날이 갈수록 짙어만 가고 있다.

마지막으로 남중국해 문제다. 우리나라가 비록 남중국해에 대해서 U형 '11단선'이라는 역사적 수역을 갖고 있다고 주장은 하지만, 실제로는 현재 중공, 베트남, 필리핀, 말레이시아와 브루나이 등 영유권 주장 국가들이 남중국해 대부분 각 도서들을 실효지배하고 있는 실정이다. 특히 중공은 지속적으로 바다를 메워서 인공섬을 만들고 이를 군사기지로 조성하고 있으며, 미국은 이에 대응하여 '항행의 자유'를 수호하기 위해 남중국해에 거듭 진출하고 있어 이 지역에서의 긴장감은 날로 고조되어 가고 있다.

최근 중공이 남중국해 수역에서 빠른 속도로 인공섬 매립과 군사기지 구축, 최신 핵시설 배치 등을 진행하고 있어 동아시아의 긴장이 고조되고 있다. 2017년 3월 6일 미국 국방부의 '2016 자유항행보고서(Freedom of Navigation (FON) Report for Fiscal Year (FY) 2016)'에 따르면, 2015년 10월 1일부터 2016년 9월 30일까지 미국은 '항행의 자유' 권리를 행사하기 위해서 전 세계 각지 총 22개의 "과도하게 해양주권을 주장하는" 국가 해역에서 자국의 함대 또는 항공기를 통과하도록 했다.

일본도 남중국해에서의 순항과 방문 빈도를 늘렸다. 중공도 마찬가지로 일본열도 수역과 남중국해에서 서태평양 군사훈련을 강화하는 맞대응을 했다. 이런 일들은 인도와 호주 등도 해당 국제 해역에서 들어가 '항행의 자유'를 실현하도록 자극하고 있는 것이라 할 수 있다.

2019년 이래 중국 인민해방군의 대만해협 및 남중국해에서 군사훈련과 무력시위는 더욱 빈번해졌는데, 중공군 함대와 군용기가 나타나는 곳마다 미군이 반드시 뒤따라 나타났다. '용'과 '독수리'가 대만해협 주변에서 거듭 마주치고 있어 이 수역의 전운이 감돌고 위기감이 날로 높아지게 됐다.

대만은 동북아지역의 정치, 경제, 안보 전략에 중요한 위치를 점유하고 있다. 구체적으로 말해보자.

첫째, 대만은 제1도련선(island chain) 중간 지점에 위치하고 있는데, 이는 미국이 중공의 해양패권을 견제하기 위한, 중공은 태평양으로 발진하기 위한 전략적 요충지다. 둘째, 대만은 북으로는 최대 오호츠크해, 남으로는 최대 말라카 해협, 그리고 바로 위로는 미야코 해협과 바로 아래로는 바시 해협에 위치해 있는 서태평양 수역의 중심지다. 셋째, 대만은 일본 오키나와와 필리핀의 수빅만, 그리고 일본의 요코스카항과 베트남의 깜라인만의 중간 수역에 있어 해권(海權)의 요충지다. 넷째, 대만은 중국 장강(양쯔강) 삼각주와 주강(주장강) 삼각주의 중간지점에 위치하여 부유한 경제 알짜배기 영역의 중심에 있다.

최근 수 십년 동안 대만은 민주개혁과 경제발전, 그리고 인권보장 등의 성과를 심화하는데 많은 노력을 함으로써 세계인의 인정을 받았다. 대만의 발전은 동아시아 지역의 안보 번영에 직결되는데다가 평화 안정의 관건이기도 하다. 대만과 중공, 양안이 함께 발전해나가야 한다는 차원에서도 바른 길이며 그 원동력이다. 대만과 중공의 관계가 정상화될 수 있다면 동아시아 지역은 안정과 평화를 유지할 수 있을 것이다. 오늘날 전 세계의 안전과 질서가 재정립해 나가는 시점에서 대만이 정녕 지역 평화와 안정에 핵심 역할을 담당하고 있다.

현재 일본이 실효지배하고 있는 댜오위타이는 동중국해의 대표적인 분쟁수역이다. (출처 : 위키피디아-Jackopoid)

동중국해의 쟁탈전, 댜오위타이의 경우

중공은 댜오위타이가 중국 것이라고 한다. 대개 명나라, 청나라 시대 황제가 류큐(오늘날의 오키나와) 국왕을 책봉했던 역사자료를 근거로 한다. 기록에 따르면 특사들이 선박을 타고 대륙의 연안에서 출발하여 일단 댜오위타이를 거쳐서 류큐 왕국에 도착한다고 했다. 또한, 명나라는 '왜구'를 섬멸하기 위해 댜오위타이를 해상 방어구역으로 쓰기도 했다고 한다.

그러나 1895년 1월 14일 일본군이 갑오전쟁(甲午戰爭, 청일전쟁)에서 랴오닝을 함락했을 당시 일본 천황은 내각회의에서 결의를 통해 댜오위타이를 '무주물(無主物, 주인없는 땅)'로 보고 일본의 국토 영역에 귀속시켰다. 이를 외국에 공표하지는 않아 외부인(청나라 정부 포함.)으로서는 항의할 수도 없었다. 국제법상 '무주물 선점(無主物先佔)'으로 볼 수 있는지 의문이다. 그래서 4월 17일 '시노모세키 조약(馬關條約)'을 체결할 때 일본은 이미 댜오위타이를 아예 일본 영역에 그려 놓았기 때문에 댜오위타이는 거론도 하지 않았고 당시 중국으로서는 댜오위타이에 신경을 쓸 수 없었던 것이다.

'시노모세키 조약(馬關條約)' 제2조 제2항 규정에는 다음과 같은 문구가 적혀 있었다. "중국은 관리하고 있는 대만 전체와 모든 부속 도서를 일본에 영구히 할양한다."

1945년 4월 1일 미국이 오키나와에서 전투를 시작했는데, 류큐에 상륙하고선 이를 L Day라 했다. 일본 정부는 같은 날 헌법을 통해 대만과 펑후를 완전한 정식 일본 영토로 편입했다.

그러나, 이에 앞서 1937~1940년 사이에 타이베이주와 오키나와현이 댜오위타이 어장에서 분쟁이 일어난 것과 관련해 도쿄재판소는 1944년에

"센카쿠열도(댜오위타이)는 타이베이주 이란(宜蘭)군에서 관할하며 오키나와현과는 관계없다"고 판결하였던 바 있다.

1945년 일본이 헌법으로 대만을 완전히 정식으로 일본 국토에 편입하였을 때 댜오위타이도 당연히 여기에 포함됐고 '센카쿠열도'는 바로 이때 오키나와현의 이시가키(石垣)시에 편입된 것이다.

샌프란시스코 평화조약

'샌프란시스코 평화조약' 제3조에서 댜오위타이의 '신탁통치'에 해당하는 내용은 다음과 같다.

> "일본국은 북위 29도 이남의 난세이제도(류큐제도(琉球諸島) 및 다이토제도(大東諸島)를 포함), 소후간(孀婦岩) 남쪽의 남방제도(오가사와라제도(小笠原群島), 니시노시마(西之島) 및 가잔열도(火山列島)를 포함) 및 오키노토리시마(沖ノ鳥島)와 미나미토리시마(南鳥島)를 미국을 유일한 시정권자로 하는 신탁통치제도 하에 두는 것으로 하는 유엔에 대한 미국의 어떤 제안에도 동의한다. 그와 같은 제안이 이루어지고 또한 가결될 때까지 미국은 영수(領水)를 포함한 이들 제도의 영역 및 주민에 대해 행정, 입법 및 사법상의 권력의 전부 및 일부를 행사할 권리를 가지는 것으로 한다."

더 중요한 것은 '샌프란시스코 평화조약' 제2조의 '영토포기' 규정이다.

b) 일본은 대만, 펑후 열도에 대한 모든 권리, 권원(權原), 청구권을 포기한다.

f) 일본은 남사군도와 서사군도의 모든 권리, 권원(權原), 청구권을 포기한다.

1951년 9월 8일, 샌프란시스코 평화회의가 개최되기 이전까지는 댜오위타이는 중국(중화민국, 중화인민공화국)과 일본 사이 양국의 역사 문제였다. 당시 중국에서는 샌프란시스코 평화회의에 국민당, 공산당 양당이 모두 참여하지 않았다. 그래서 '샌프란시스코 평화조약'에서는 대만, 펑후와는 달리 댜오위타이를 별도로 분리해서 처리하여 미국이 신탁관리 행정권을 갖게 된 것이다. 이로써 댜오위타이는 역사 문제에서 국제문제가 되어 미국도 댜오위타이 문제에 대해 발언권을 갖게 되었다.

미국과 댜오위타이

미국이 댜오위타이와 관계를 맺게 된 것은 1952년 4월 8일 발효한 샌프란시스코 평화조약 때문이다. 1953년말 미국은 댜오위타이 열도의 관할권을 가졌었고, 1972년 5월에 댜오위타이의 행정권을 류큐와 일본에 이양했다. 그러나 댜오위타이에 관한 주권은 포함시키지 않았다. 미국의 입장은 "주권문제는 당사국들이 스스로 해결해야 한다"는 것이다.

댜오위타이는 오랫동안 사람이 살지 않았는데, 마치 바다 위에서는 잠자는 아름다운 숲속의 미녀와 같았다. 1968년 유엔극동경제위원회의 탐색 결과로 광활한 동남중국해에 댜오위타이 수역을 포함해 방대한 해저 석유

자원이 매장되어 있다는 사실이 밝혀졌다.

특히 댜오위타이 지역의 석유 매장량은 약 140억 톤에 이르며 그 밖에 광석 금, 은, 망간 등 매장량은 일본이 1천 년 동안 사용할 수 있는 수준이라고 한다. 더욱이 1982년 유엔해양법협약에서 "배타적 경제수역(EEZ)은 영해를 제외하고, 인접한 영해기선으로부터 최대 200해리(370km)를 넘지 않는 해역"으로 규정하여 이 규정에 의해 "모든 연안에 있는 국가는 배타적 경제수역에서의 수면과 해저 및 그 천연자원에 대해 탐색, 개발, 보존, 관리 등의 주권적 권리를 갖는다"고 발표하자 미국, 중공, 일본, 대만 모두 댜오위타이에 군침을 흘리기 시작한 것이다.

1968년 4월 5일, 미국과 일본은 '일본과 미국간 남방제도 및 기타 제도에 관한 협정'(약칭은 '오가사와라 반환협정')을 체결했다. 그리고 1971년 6월 17일 미국과 일본 간에 '오키나와 반환협정'이 체결되면서 류큐 열도와 다이토섬(大東島)의 관리권이 일본으로 귀환됐다.

2020년 7월 19일, 일본「교도통신」은 댜오위타이 열도의 주권을 둘러싼 일본과 중공의 분쟁 문제를 보도했다. 보도에 따르면 일본 방위성은 항공자위대 전투기가 긴급출격하는 준칙을 새로 만들어서 중공 군용기가 동중국해 공역에 출몰할 때 긴급 대응하는 조치를 강화했다. 예를 들어 오키나와에 있는 나하(那覇) 기지는 중국 푸젠(福建)성에서 중공 군용기가 이륙할 시에, 그 즉시 항공자위대가 출격하며 중공 군용기가 댜오위타이 주변 공역에 진입 못하도록 비상 발진 명령을 내린다는 것이다.

대만과 댜오위타이

　사실 지질학적 구조를 보면 댜오위타이 열도는 대만 따툰(大屯)산 화산 대륙붕의 연장이다. 지룽(基隆)과 186킬로미터 거리인데, 옛날부터 이란(宜蘭)현 터우청(頭城)진 따시(大溪)리에 등록되어있었고, 이란 어민들, 지룽 어민들의 대대손손 고기잡이 어장이었다. 댜오위타이는 대만의 어부들이 항상 잠깐 상륙하여 씻고 자며 휴식했던 작은 섬으로, 그곳에는 과거에 조난을 당했던 대만 어민들의 조촐한 묘비들도 아직 남아 있다.
　그러나 앞서 언급한 댜오위타이 역사의 흐름 속에서 대만은 어떤 역할을 해 왔는가? 댜오위타이 영유권 문제로 무슨 발언권이 있었는가? 사실 한때의 대만은 "다른 이는 칼과 도마요, 나는 그저 고기이다(人爲刀俎, 我爲魚肉)"와 같은 운명에 놓였었던 섬으로, 아무나 맘껏 이 섬을 잘라 먹도록 했다. 스스로 주권을 가지지 못했던 대만은 마치 흙으로 만들어진 보살인양 자기 자신을 보호하는데도 역부족이었는데 어떻게 댜오위타이까지 보호할 수 있었겠는가?
　대만뿐만 아니라 1970년 당시의 '중화민국'도 위기에 처했었다. 그때 중공은 전력을 쏟아 유엔에 가입하려 했고, 미국도 중공과 수교 움직임을 보이고 있었다. 장제스는 중공이 유엔에 가입하면 자신의 유엔 상임안보이사회 자리가 상실될까 걱정하여서 미국은 물론 일본도 우군으로 끌어당기려 했다. 그래서 미국에 가있는 대만 유학생들의 댜오위타이 보호운동과 반미반일 데모도 저지했을 정도였고 댜오위타이는 이런 와중에 잃어버리고 말았다. 그뿐인가? 그러다가 결국 '중화민국'이 유엔에서 갖는 중국의 대표권마저 '중화인민공화국'에 뺏기고 말았던 것이다.
　어떻든 1971년 6월 11일 우리나라 외교부는 미국과 일본이 '반환협정'

을 체결하였다는 정보를 입수하자 "역사와 지리, 그리고 실제 사용과 법리적 측면에서 댜오위타이는 중화민국의 영토임이 조금도 의심할 여지가 없고, 따라서 이는 미국의 관리가 끝나면 당연히 중화민국에 반환해야 한다"고 밝힌 바 있다.

댜오위타이의 전략적 지위

댜오위타이의 군사전략적 지위는 더욱 중요해졌다. 댜오위타이는 서태평양 제1도련선의 중간 지점에 위치해 있고 중공이 제1도련선을 돌파하는 관건 지점이다. 이곳은 중공이 '블루오션'을 향해 돌진하고 있는 야심을 일본이 억제하는 관건이기도 하다. 그러나 만약 일본이 댜오위타이 영유권을 갖게 된다면 반대로 댜오위타이는 일본이 대만해협에 진입하고 남쪽으로는 서태평양과 동남아로 전진하는 전략적 통로가 될 것이다.

2009년 2월, 미국과 일본은 댜오위타이를 류큐 지역와 함께 '미일안보조약' 제5항 규정의 범위 내에 삽입하는 것을 동의했으며 미군은 댜오위타이를 지원하고 일본 방위성도 대만 화롄(花蓮)에서 110킬로미터 떨어진 요나구니섬에 육상자위대를 파견하여 요나구니섬에 있는 해발 231.3미터와 188미터에 달하는 두 산 정상에 레이더를 가설했다. 이를 통하면 대만과 가오슝의 해공군기지까지 감시할 수 있다. 일본은 댜오위타이에 해공(海空) 정찰설비를 가설할 가능성을 배제하지 않고 있다. 실제로 미국도 일본이 동남아 지역을 커버할 수 있는 '전시미사일방어체계(TMD)'를 지원해줄 것을 바라고 있는데 이로써 일본은 중공과 북한의 중단거리 탄도미사일 공격도 대비할 수 있다고 보고 있다.

상대적으로 댜오위타이는 중공에도 지대한 전략적 가치가 있다. 우선 중공이 댜오위타이의 주권을 갖고 있으면 제1도련선 봉쇄를 저지할 수 있다. 그래서 미야코해협과 대만해협, 심지어 바시해협도 자유로이 왕래하게 된다. 이 경우에 대만은 동부 전략의 종심(縱深)과 장벽을 완전히 잃게 되어 대만은 동서남북 사면이 고립되고 난관에 처하게된다. 중공은 미군의 대만해협 또는 남중국해를 통한 지원을 막고 'A2/AD' 전략을 한층 강화할 수 있게 되는 것이다.

댜오위타이의 군사적, 경제적 가치를 볼 때 대만과 일본, 중공 어느 누구도 이를 쉽게 포기한다고 볼 수 없다 그러나 중공은 시종 국제기구의 중재와 판결을 거부하고 있으며 대만은 유엔의 회원국도 아니므로 평화적 수단으로 이를 해결할 길도 없다. 그렇다고 해서 전쟁의 대가도 너무 큰데다가 쉽게 무력을 사용할 상황도 아니어서 이에 대만에서 댜오위타이와 관련해 "주권포기, 공동개발"이라는 논조가 흔히 나오고 있다.

그러나 설사 다오위타이를 공동개발한다 해도 여러 나라가 너나할 것 없이 자국의 이익을 내세울 것이기에 협력을 이어가기는 여간 쉽지가 않을 것이다. 그래서 영유권 주장 국가들이 차리리 '남극조약'의 정신으로 댜오위타이의 영구적 발전을 위해서 무력불사용을 약속하고 국제적 감독하에 이 수역을 '국제해양보호구역(國際海洋保護區)'으로 설정하는 것이 어떨는지도 생각해볼 필요가 있다.

용과 독수리의 전쟁터가 된 남중국해

앞서 언급한 동아시아의 다섯 바다 가운데 남중국해의 면적이 제일 크다. 선박 통행량이 수에즈운하의 3배이고 파나마운하의 5배이다. 어업자원이 전 세계 어획량의 80%에 이르고 해저 자원은 더 말할 것 없다.

제2차 세계대전 이후 1946년 중화민국 해군은 미국의 위임과 원조 하에 태평(太平), 중업(中業), 중건,(中建), 영흥(永興)이라는 이름의 군함 4척을 파견하여 해양 지도를 따라 제2차 세계대전 당시 일본이 점령했던 동사, 서사, 중사, 남사군도를 접수했다. 남중국해의 이른바 '9단선(九段線)'은 중화민국 정부가 연합군의 위탁으로 군사 점령한 관할선인 것으로, 그렇기에 이를 실선(實線)이나 허선(虛線)이 아닌 단속선(斷續線)으로 표시했었던 것이다. 당시 베트남과 필리핀, 그리고 말레이시아는 여전히 프랑스, 미국과 영국의 점령하에 있었으며 독립과 건국을 하지 못했다. 전후에 미군은 동사군도에 상륙하여 미국 국기를 꽂기도 했었다.

1949년에 중화인민공화국은 중화민국을 추방하고 자신들이 중화민국을 대체했다고 했다. 중화인민공화국은 따라서 중화민국이 당시 연합군으로부터 인수받은 각 도서도 "계승"해야 한다고 밝히고 있다.

1948년 2월, 중화민국 행정구역 지도는 '남중국해 제도 위치도(南海諸島位置圖)'를 부록으로 출간하였는데 거기에는 총 159개 작은 섬과 암초가 있었다. 그러나 이전에 1930년경 중화민국 정부는 남중국해 수역에 U선 하나를 그려 놨다. 사실 U선 내의 수역은 '영해'도 아니고 '인접수역(영해에 인접하는 일정한 범위의 공해(公海)에서 당사국이 통관, 출입국 관리, 위생 따위에 대하여 관할권을 인정받는 수역을 말한다. - 옮긴이)'도 아니었다. 그러나 오랜 세월 동안 중국인들이 이곳에서 우선적으로 어로권을 누려왔기 때문에 역사적 수역이라고는 할 수 있다.

대만 내정부(內政部, 내무부) 지정사(地政司, 토지행정실) 웹사이트는 남중국해에 대해서 다음과 같은 입장을 밝히고 있다.

"남중국해는 예부터 푸젠, 광둥, 하이난과 대만의 어민들이 근해에서 활동하거나 어로잡이 또는 생계유지를 해온 장소였다. 명나라와 청나라에는 실제로 행정 및 군사적 행동으로써 주권을 명시했다. 그래서 역사적으로나, 지리적으로나, 또는 국제법적으로나 남중국해의 열도와 그 주변수역은 중화민국의 고유 영토와 수역이며 그 주권이 중화민국에 있다는 것이 조금도 의심할 여지가 없다."

대만 외교부도 남중국해에 대해서 다음과 같은 입장을 밝히고 있다.

"중화민국이 위의 도서와 주변 해역, 해상(海床) 및 저토(底土)에 대해 국제법이 부여한 모든 권익을 갖고 있으며 어느 나라라도 어떤 이유와 방식으로든 그 소유권을 주장하고 또한 이를 점거한다면 국제법상 모두 무효임을 밝혀 둔다."

중화인민공화국은 또 어떤 방식으로 남중국해의 주권을 주장하고 있을까? 1958년에 중공은 '영해성명(領海聲明)'을 발표하면서 중국 대륙은 물론, 그 연해 도서인 대만, 펑후 및 동사, 서사와 중사군도 등에서 12해리 너비에 해당하는 수역은 전부 중화인민공화국의 영해라고 선포하였다. 2011년 9월 19일, 중공 외교부 대변인 홍레이(洪磊)는 다음과 같이 말했다.

"중국이 남사군도와 부근 수역에 대한 주권에 대해서 역사적 그리고 법적 근거를 갖게 된 것은 중국이 이를 가장 먼저 발견했으며 또 남중국해 열도의 이름을 지어 주었고 또한 최초로 남중국해 열도에 대한 주권을 행사하였고 이를 지속하고 있는 점에 있다 …… 1949년 중화인민공화국이 창립하고 나서 남사군도에 대하여 지속적으로 주권을 행사해 왔다. 중국은 예로부터 남중국해의 관계 해역을 장기적으로 개발하고 이용하여 관리해 왔으며, 중국의 남중국해에 대한 주권과 권리, 그리고 관계되는 주장은 오랜 역사적 과정 속에서 형성되고 발전해 온 것으로 중국 정부에 의해 유지돼 왔다."

남중국해에 대한 중화인민공화국의 이러한 '역사해역설(歷史海域說)'은 중화민국의 입장과 거의 같다. 왜냐하면 중화인민공화국은 중화민국의 승계자로 자처하기 때문이다. 중화민국의 모든 것이 중화인민공화국의 소유가 되었고 심지어 9단 U형 해양 점선마저 이에 포함됐다.

그러나 둘의 차이도 있고 '유엔해양법협약'에 중공은 이에 서명하였지만 대만은 서명하지 않았다. 이 협약의 제121조는 "섬이란 바닷물로 둘러싸여 있으며, 만조일 때에도 수면 위에 있는, 자연적으로 형성된 육지 지역이다. 인간의 거주지가 될 수 없거나 또는 거주민들의 스스로 능력으로 경제 생활을 지탱할 수 없는 암초들은 배타적 경제수역이나 대륙붕을 절대로 가질 수 없다"고 했다. 암초만으로는 중공은 12해리 영해권 밖에는 가질 수 없다.

대만은 현재 남중국해에서 둥사다오(東沙島, Pratas Island)와 타이핑다오(太平島, Itu Aba Island), 그리고 중저우암초(中洲礁, Ban Than Reef)를 실효지배하고 있다.

남중국해 문제에 대한 국제 중재

1995년에 미국은 남중국해에 대해서 4개 항으로 된 성명을 발표했다. 첫째, 지역의 평화안정이 유지되어야 한다. 둘째, 지역의 '항행의 자유'가 유지되어야 한다. 셋째, 영유권 문제에 대해서는 입장을 설정하지 않는다. 넷째, 남중국해에 대한 갈등은 해양법 규정에 부합하는 해결이 이뤄져야 한다.

미국의 이러한 입장들은 평화중립적이라 할 수 있다. 그러나 최근 중공이 수역의 암초 위에 모래를 매립하고 인공섬을 만들고선 또 이를 키우는 공사를 하고 거기에 비행장과 각종 군사기지를 설치하고 미사일 등 군사시설을 배치하는 등 이미 약속한 '평화' 원칙을 무시하여 공분을 야기하고 있다.

미국은 '항행의 자유 수호'라는 명분으로 남중국해 문제에 적극 개입하고 이해관계국들의 단결을 호소하며 중공에 대항토록 했다. 2013년에 미국은 필리핀으로 하여금 국제상설중재법원(Permanent Court of Arbitration)에 중재안을 제출하도록 했고, 2016년 7월 7일에 중재법원은 과거에 중화민국이 9단선을 명확하게 정의하지도 않았으며, 또한 중화인민공화국이 유엔해양법협약을 체결하면서 소위 역사적 권리는 소멸된 것이라고 판결했다. 또한 중공이 점령하고 있는 해양지물(海洋地物)은 전부 200해리의 배타적경제수역을 주장할 수 있는 섬이 아니라고 했다. 중공이 진행하고 있는, 대규모 모래 채취로써 육지를 조성하고 인공섬을 운영하는 행위는 해양환경을 파괴하고 유엔해양법협약을 위반하고 있는데다가 필리핀의 주권을 침해하는 행위라는 것이다.

이번 중재안은 원래 대만과는 하등의 관계가 없었다. 그러나 중재법원은 대만이 실효지배하고 있는 타이핑다오(太平島)에 대해서도 "인간의 거주지가 될 수 없거나 또는 거주민들의 스스로 능력으로 경제 생활을 지탱할 수 없는 암초들(rocks)은 배타적 경제수역이나 대륙붕을 절대로 가질 수 없다"고 선고하여 우리나라의 권익에도 매우 큰 손해를 입혔다. 대만은 사실 중재 당사자도 아니고 '유엔해양법협약'에 서명하지도 않았기 때문에 "타이핑다오는 암초이지 섬이 아니다"라는 실질 인정에도 편차가 있을 수 밖에 없다.

고래 싸움에 새우등이 터지는 것과 같은 일이 일어난 셈인데, 대만과 미국은 타이핑다오와 둥사다오(東沙島) 문제에 있어서도 마치 댜오위타이와 마찬가지로 입장차가 생기게 된 것이다. '대만관계법'에도 진먼과, 마쭈, 그리고 남중국해의 열도가 포함돼 있지 않아서 펑후 이외의 섬들에 대해서는 만일 전쟁이 발발한다면 미국은 방위 책임이 없음을 대만 국민들은 알고 있어야 할 것이다.

전운이 감도는 남중국해

2020년의 미국은 비록 COVID-19 바이러스에 대처하기 바쁜 한 해였고 사망자가 속출했지만 남중국해에서는 대국의 위용을 떨치는데 힘을 아끼지 않았다. 3월부터 매월 군사훈련을 실시하였는데 군함 장병들이 신종 코로나에 감염되어 격리조치에 의한 치료를 받게 됐고 6월부터 다시 군사활동에 참여하게 했다.

더욱이 7월 4일 국경일 당일에 미국은 니미츠호와 레이건호, 두 항공모함 전투함대를 필리핀과 남중국해에 파견하여 쌍항모편대작전 훈련을 실시했다. 이때 인민해방군은 바로 서사군도(西沙群島) 수역에서 군사훈련을 실시했는데 미 공군은 B-52폭격기와 F/A-18F 슈퍼호넷 및 E-2 '호크아이' 조기 경보기를 남중국해에 작전차 편성하여 여기에 장단을 맞췄다.

며칠후에 대만도 역대 가장 큰 훈련인 '한광훈련(漢光演習)'을 실시하여 일본 「교도통신」이 예고했던 8월 중공의 둥사다오(東沙島) 탈취 훈련에 대해서 대응했다. 전운이 감돌고 남중국해 바다전쟁의 서막이 열렸다.

7월 13일, 미국 국무부 장관 마이크 폼페이오가 '남중국해 영유권 주장에 대한 미국의 입장(U.S. Position in Maritime Claims in the South China Sea)'을 공식 발표하여 그간 미국이 남중국해 영유권 분쟁에 대해서 보였던 중립적 입장을 깼다. 골자는 다음과 같았다.

첫째, 중공의 남중국해 영유권에 대한 역사적 주장(9단 U형라인)은 인정하지 않는다.

둘째, 중공은 남중국해에서 오로지 12해리 영해를 가질 수 있을 뿐이며, 이를 인위적으로 확장하여 200해리 배타적 경제수역을 주장해서는 안된다.

셋째, 중공이 12해리 밖에서 다른 나라의 어로잡이 혹은 유전이나 가스전 탐사 작업에 대해서 관여하는 행동은 국제법 위반이다.

넷째, 2016년에 상설중재법원의 남중국해 영유권 중재 내용은 중공이 황옌다오(黃岩島, Scarborough Shoal), 메이지자오(美濟礁, Mischief Reef)와 런아이자오(仁愛暗沙, Second Thomas Shoal) 주변해역 자원에 대해 어떠한 유효한 권리도 없으며, 아울러 쩡무안사(曾母沙, James Shoal), 베트남 외해 완안탄(萬安灘, Vanguard Bank), 말레이시아 외해 난베이캉안사(南北康暗沙, Luconia Shoals), 인도네시아 외해 나투나 베사(Natuna Besar)섬 주변수역 및 브루나이의 배타적 경제수역에 대해서도 합법적으로 소유권 주장을 할 수 없다고 했음을 상기한다.

폼페이오 장관은 중공이 국제법을 대체해 "힘이 곧 정의(Might makes right)"라는 논리로 남중국해 전부를 중공의 "해양제국(maritime empire)"으로 삼으려 하기 때문에 남중국해 각국의 이익은 "전례 없는 위협"을 받게 됐다고 힐책했으며, 또 "21세기는 중공의 약탈자 세계관이 설자리가 없다(The PRC's predatory world view has no place in the 21st century)"고 경고했다. 미국 국무부 장관의 남중국해 성명은 남중국해 관계 국가들을 단결케 하여 중공에 대해 군사적 행동을 취하는 데 있어 합법성을 호소하는 것이다.

7월 19일부터 23일까지 미국은 핵 추진 항공모함 두 척을 동원해 순시에 나섰으며 일본은 호위함을 출동시켰다. 호주도 수륙 양용 돌격함 총 9척을 파견하여 남중국해에서 출발하여 필리핀해역을 통과해서 괌 공해 수역을 통과하여 3국 연합 군사훈련을 전개함으로써 미국은 신속한 출동력과 강력한 방어력을 과시했다. 호주는 5척의 군함으로 조성한 특파함을 파견하여 남중국해를 통과하고 남사군도에 접근해 중공의 군함과 조우해 긴장관계를 만들기도 했다. 19~23일 필리핀 해역에서 미일 양국 해군과 연합훈련을 실시하고 나서 하와이로 이동하여 8월 한 달 빅이벤트인 환태평양 군사훈련(RIMPAC)에 참가했다. 호주의 국방부 장관은 이에 대해 "호주의 존재를 보호하고 호주의 국가이익에 따라 국제법하의 힘을 행사하고자 하는 것"이라고 성명을 발표했다.

이어 '인도태평양 4강'인 미국, 일본, 호주, 인도는 다시 동인도양에서 연합 훈련을 실시하여 인도태평양 전략의 실력을 보여주면서 중공에 무력시위로 항의를 했다. 미국의 이러한 동원은 남중국해가 만국의 공해(公海)이지 중공 해양제국의 내해가 아니라는 것을 보여주려는 것이다.

일단 미국, 일본, 호주, 인도와 관련국들이 남중국해의 섬을 탈환하면 이미 중공이 구축한 각종 시설물을 파괴할 수 있다. 그러나 필요한 시설들은 보존하면서 이를 인도적 구호 차원의 시설이나 과학연구기지로 개조하면 어떨까. 그리고 북대서양조약기구(NATO)를 모델로 삼아 여러 나라들이 협의해서 해군이나 해경을 파견하여 서로 순시하도록 하는 것은 어떨까. 가장 좋은 것은 '남극조약'의 정신으로 남중국해를 "비무장, 비핵화" 평화중립의 국제평화수역으로 만드는 것이다.

2020년 7월 15일, 미국「포브스(Forbes)」지 웹사이트에서 공개된 고해상도 위성 영상을 보면 서사군도(西沙群島)에서 가장 큰 섬인 융싱다오(永興島, Woody Island)에서 이미 J-11B 전투기 4대와 JH-7 폭격기 4대가 배치됐음이 확인된다. 중공이 이미 융싱다오에서 영구적인 전투기 배치를 마무리했음을 알 수 있다.

홍콩「사우스차이나모닝포스트(SCMP)」의 보도에 따르면, 중공의 세번째 항공모함이 마지막 조립 절차를 시작했으며, 전문가들은 1년 내에 진수식을 할 수 있을 것으로 보고 있다. 중공의 첫 번째 항공모함 랴오닝호는 우크라이나에서 구입한 것이지만, 두 번째 항공모함 산둥호부터는 중공이 자체 제작하고 있다. 2035년 전까지 중공은 적어도 6척의 항공모함 전대를 완성하면서 해군력 증강을 가속화할 것으로 보인다.

인도태평양 안보전략

제2차 세계대전이 끝난 후 미국과 유럽의 자유민주 국가들이 공동으로 북대서양조약기구(나토)를 창설하여 반세기 동안 소련과 사회주의 국가들의 바르샤바조약기구와 대립했다. 1990년 소련 해체 후 나토의 기능이 점차 약화되어 트럼프 대통령은 이를 중시하지 않고 관심의 초점을 태평양 지역으로 옮기게 됐다.

동아시아 국가들의 경제, 무역이 왕성하게 발전하여 각국의 인재, 자본, 노동력이 모이고 기술왕래가 활발해지는 등 이곳은 전 세계에서 가장 중요한 시장이 됐다. 동아시아 각국은 대개 정경분리(政經分離)의 이원책을 썼고 경제는 친중, 안보는 친미를 채택했다.

미국은 동아시아의 여러 국가들과 안보협력을 맺었다. 예를 들어 일본, 한국, 필리핀, 태국과 상호 군사협력조약을 체결했고 호주, 뉴질랜드와는 '태평양안전보장조약(ANZUS)'을 체결했다. 영연방 국가들인 영국, 싱가포르, 말레이시아, 호주, 뉴질랜드도 '영연방 5개국 방위협정(FPDA)'을 체결했으며, 미국을 포함한 태평양 국가들 전체적으로는 '아시아태평양안보협력회의'(Council for Security Cooperation in the Asia Pacific, CSCAP)'라는 안보 대화체도 있다.

기존의 안보 메커니즘은 대개 양자와 다자간 협의 및 안보 대화 방식의 교차 구조로 되어 있었다. 하나로 된 집단방위 또는 집단안보 체계는 만들어지지 않았다.

미국은 오바마 대통령 재임 시절 중공의 패권주의를 제지할 준비를 시작했다. 이른바 '아시아로의 귀환(Piviot to Asia)'을 선포하고 2011년 '아시아태평양 재균형(Rebalance to Asia-Pacific)' 구상을 발표했다. 트럼프 대통령이 취임하고 나서는 과거의 "협력으로써 중공을 변모시킨다"는 생각을 바꿔서 중공을 "전략적 경쟁자(strategic competitor)"로 지목했다.

2017년 11월, 트럼프는 '아시아태평양 경제협력체(APEC)'의 베트남 다낭 경제 정상회의에서 정식으로 '자유롭고 개방적인 인도-태평양 지역(promote a free and open Indo-Pacific region)' 개념을 제의했다. 이로써 미국은 동맹국과 인도태평양 주요 파트너국에 대한 약속을 내세우면서 인도태평양 지역에서의 영향력을 넓혀 나갔다.

소위 '인도태평양 지역'에는 인도태평양 수역 부근의 국가와 정치 실체를 포함한다. 인도태평양 해역에는 인도양의 열대 수역, 태평양의 서부와 중부 수역, 그리고 인도네시아에서 인도양과 태평양을 연결하는 수역이 포함되는데, 다만 인도태평양에서도 온대와 극지의 수역 또는 인도양 서안의 아프리카 국가는 포함되지 않는다. 아시아태평양 지역에 동북아, 동남아, 오세아니아 및 태평양의 각 도서가 포함되는데 인도태평양 지역은 이를 포함하면서 이보다 범위가 훨씬 넓다. 인도태평양 지역은 지정학적 차원의 전략 용어로 널리 쓰이고 있으며 미국은 심지어 인도태평양 지역을 인도 연안에서 미국 서안까지의 광활한 구역으로 규정하고 있다.

2019년 6월, 미국 국방부가 '인도태평양 전략보고서(INDO-PACIFIC

Strategy Report)'를 발표하여 미국이 현재 인도태평양 지역 전략에서 관철하고자 하는 4개 항의 원칙을 밝혔다.

첫째, 각국의 주권과 독립을 존중한다. 둘째, 평화적 수단으로 분쟁을 해결한다. 셋째, 투자 개방과 투명한 협정과 연계성 강화에 기초하여 자유, 공평과 호혜적 무역을 추진한다. 넷째, 국제규범과 원칙을 지지하고 해상 및 공역(空域)의 항행의 자유가 지켜져야 한다.

'인도태평양 전략 보고서'는 대만, 싱가포르, 뉴질랜드와 몽골을 인도태평양 전략적 동반자 관계에 포함시켜 인도태평양 지역에서 미국의 역량과 영향력을 넓혔다.

동남아국가들은 동남아 지역이 지역 바깥의 강대국들 간의 권력 각축의 경기장이 되는 것을 원치 않고 있다. 그래서 시종일관 '아세안 중심'을 강조하고 있다. 2019년 6월, 아세안 정상회의에서 '아세안 인도태평양 전망(ASEAN Indo-Pacific Outlook)'이 통과됐다.

아시아태평양 지역과 인도양 지역은 긴밀하게 연관된 지역이므로 아세안은 여기서 핵심적이고 전략적인 역할을 할 수 있으며, 인도태평양 지역은 상호 대화와 협력을 해야지 대립과 경쟁은 피해야 하고, 인도태평양 지역에서 공동 발전과 번영을 추진해야 한다. 아울러 지역의 국가적 조직 기능 아래 해역 개념의 중요성을 강조하고 있는데, 미국과 일본이 주창하는 인도태평양의 전략적 구상도 받아들이고 있다.

중공에 맞서기 위해 미국은 태평양 지역 동맹국들에 무기 판매를 늘리는 한편, 남중국해 영유권 분쟁에서 각 나라가 국제해양법을 준수해야 한다고 하면서 중공의 팽창주의적 행위를 억제하고 있다. 이러한 전략적 행동들은 태평양에서 민주국가연합이 형성되어 가는 서광을 비추게 해주었다.

지금까지는 한 나라가 어느 순간에 홀로 중공의 위협에 대처해야 했기 때문에 저항의 엄두를 내지 못했다. 그러나 COVID-19가 전 세계에 확산되면서 그 한(恨) 맺힌 감정에서 각국에서 패권에 대한 '집단저항'의 새로운 의식이 생겨나게 된 것이다. 실은 미국이 가장 많은 피해를 입었기 때문에 미국이 앞장서게 되었고 이에 반중(反中)대열에 너도 나도 따르는 나라들이 많아지게 됐다.

미국 국무부 장관 마이크 폼페이오는 대선 투표일을 앞두고 전 세계를 돌아다녔는데, 인도, 파키스탄, 몰디브, 인도네시아, 그리고 베트남 등을 방문하였으며 싱가포르에도 은밀히 접근했다. 동남아시아에서 캄보디아와 버마를 빼고 거의 친미(親美) 대열에 동참해 인도태평양지역에서는 중공을 포위하는 소위 '미소 곡선(微笑曲線)'이 나타나게 되었다. 그 변화의 속도와 범위가 중공을 놀라게 했다. 폼페이오 장관은 이를 가리켜 미국이 장악하고 있는 반중(反中)의 "비대칭적 우위"라 하였는데, 인도태평양 국가들이 그간 얼마나 자국의 주권과 해사권리(海事權利), 그리고 경제무역능력을 확보하길 갈망하고 있었는지를 보여주고 있다.

유럽마저 영향을 받고 있다. 프랑스는 일찍이 새로운 인도태평양 전략을 선포했고, 여태껏 줄곧 친중 입장을 고수해온 독일 정부도 '인도태평양 준칙'을 통과시켜, 미국과 중공만이 아시아태평양에서 쟁패(爭霸)하는 양극구도(bipolar system)를 깨고 유럽의 對 아시아 미래 정책을 수립하고자 하는 의지를 분명히 드러내고 있다.

심지어 지상에서 가장 강력한 무장 그룹인 나토의 연합군도 과학기술 발전, 테러리즘, 그리고 중공의 굴기에 대해 대응하는 새로운 전략으로서 종합적 전쟁능력을 강화해야 한다고 선포하고 나섰을 정도다.

동아시아 나토

중공의 對 대만 군사위협이 날로 심각해지는 이때 전 미국 태평양함대 사령관인 데니스 블레어(Dennis Blair)는 동아시아 나토(East Asian NATO)와 관련해 색다른 구상을 내놨다.

2020년 2월 20일, 미국 의회의 '미국과 중국, 경제와 안보 심사 위원회(U.S.-CHINA Economic and Security Review Commission)'는 '중국 군사력과 미국의 이익(China's Military Power Projection and U.S. National Interests)'이란 공청회를 열었다. 공청회에서 나온 "중공은 왜 지금껏 대만에 군사행동을 취하지 않았는가?"라는 질문에 대해서 블레어 전 사령관은 "중공 군대의 구성과 훈련상황을 검토해 보면, 그들의 목표는 단지 대만 독립을 막는데 있지 무력으로 그들을 제압하고 점령하는 데에 있지 않다"고 답했다.

다시 말해서 중공은 여전히 무력을 사용하지 않은 방식으로 통일을 하고자 하며 군사력은 단지 대만독립세력을 위협하는데 기능하고 있을 뿐이라는 것이다. 중공은 여전히 경제성장과 민간교류를 통해서 통일의 목표를 달성하고자 한다. 그러므로 대만에 대한 중공의 무력 침공을 막으려면 미국은 중공이 대만에 무력을 사용했을 시 그 대가가 얼마나 큰 것인지를 알게 해줘야 한다는 것이다.

"중공으로 하여금 우리가 어떻게 나올 것인가를 알지 못하게 해야 하고, 그러면서도 그들 앞에 닥칠 타격이 얼마나 큰지 과연 그것을 감당할 수 있는지 의심케 만들어야 한다. 그들이 현 시점에는 비록 성공할 수 있을지 모르나 이어서 있을 이중삼중의 파급효과는 감당할 수 있을는지 우려를 자아내게 해야 할 것이다."

한편, 블레어 전 사령관은 '기발한' 힌트 하나를 제시했다. 즉 중공이 무력으로 대만을 침공하면 새로운 하나의 '동아시아 나토(East Asian NATO)'의 구성으로 이어질 수 있다면서, 즉 모든 국가가 미국 쪽에 줄을 서서 막강한 군사동맹이 형성되어 미래에 있을 위협에 대항하게 되리라는 것이다.

미국이 얘기하려는 것은 중공이 이러한 위험을 간과하지 말라는 것이다. 그래야만 중공은 계속해서 평화적 수단으로 그들의 목표를 달성하려고 할 것이다.

제7장

평화중립의 새로운 세계

'중립국'에 대한 인식

영어에서 '중립(neutrality)'이라는 말의 어원은 고대 라틴어의 'Neuter'인데, 이는 오늘날 영어에서의 'neither'에 해당한다. 중립이란 곧 어느 쪽에 편승을 하지 않으며, 지지도 하지 않지만 반대도 하지 않는다는 의미다.

국제정치에서 중립국은 다른 나라와 적대관계도 되지 않지만, 동맹관계도 맺지 않는다. 오로지 자력으로 스스로를 보호하며 생존과 발전을 추구한다. 강대국 간의 전쟁에도 휘말리지 않으며, 강대국들이 무력으로 영토 확장을 하는 것에도 반대한다.

중립은 국제 충돌을 피하고 국제 분쟁을 종식시키는 도구인 일종의 '예방적 외교(preventive diplomacy)'의 한 방식이다. 현대의 국제법 개념 아래에서 중립은 세 가지 유형이 있다.

첫째는, '전시중립'으로 국제법을 통해서 전쟁 시기에 중립을 유지하는 권리와 의무를 규정한다. 둘째는 '영세중립'으로 한 국가가 조약, 국제승인 등의 절차를 통해 성립되는 특수한 법적 지위이며, 자위권을 가질 수 있다. 셋째는 '준중립'으로 국가와 비국가실체 간의 무력충돌 또는 국가 간의 비전통적 의미의 무력충돌에 대해서 이 경우의 중립국은 일체 참여하지 않고 편승하지도 않는다는 입장을 고수한다.

'중립'이라는 국제규범의 법제화는 1856년 영국과 프랑스 등 7개국이 파리에서 체결한 '전시(戰時) 해상국제법 선언', 1907년 제2차 헤이그 국제평화회담에서 체결된 제5호 '육상 전쟁기간 중립국가의 권리와 의무에 대한 규정' 협약, 제13호 '해상 전쟁기간 중립국의 권리와 의무에 대한 규범' 협약, 그리고 1909년 런던에서 제정된 해전(海戰) 선언 등을 통해 이뤄졌다. 국제협약과 국제관례를 종합하면 중립국의 권리와 의무는 다음과 같다.

첫째, 중립국은 전쟁을 일으킬 수 없으나 자기방어는 필요하다. 둘째, 중립국은 교전국 간의 전쟁에 참여할 수 없으나 인도적 구호는 제공할 수 있다. 셋째, 다른 국가는 중립국의 영토와 주권을 침범해서는 안된다. 넷째, 교전국은 중립국의 영토에 군사기지를 설치하고 군사행위를 할 수 없다. 다섯째, 교전국의 부대와 군수물자를 실은 운송도구도 중립국을 통과할 수 없다. 여섯째, 중립국은 군사동맹에는 참여할 수 없으나 비군사 조직에 참여할 수 있다. 일곱째, 중립국은 공평하게 각 교전국을 대해야 한다. 여덟째, 중립국은 각 교전국의 일상적 필요와 관련해서는 보급을 위해 항구를 제공해야 한다. 아홉째, 중립국은 그들이 수용한 전쟁 포로의 자유를 보장해야 한다.

중립국은 기본적으로 '불참여 의무'와 '무차별 의무'를 지켜야 한다. 불참여 의무는 교전국 일방을 지지하지 않는 것이며, 무차별 의무는 교전하는 두 상대방에 똑같은 대우를 한다는 것이다. 중립국과 교전국은 각기 '부작위(不作爲)'와 '방지(防止)', 그리고 '용인(容忍)'의 세 가지 의무를 갖는다.

교전국의 의무는 중립국의 누구에게도 편승하지 않겠다는 태도와 그 영토(영해와 영공 포함)의 완전성을 존중하는 것이다. 그리고 중립의 원칙하에서 중립국은 적대국과 정상적인 왕래도 방해해서는 안 된다.

무엇보다도 중립국은 국가의 주권과 영토에 대한 자기방위권을 가지고 있는 만큼 충분한 국방상 자기방위능력을 갖고서 국가를 보위하면서 동시에 중립을 지켜야 한다.

중립이란 고립이 절대 아니다. 군사동맹에 참가하지 못하는 것 외에 기타 비군사적 성격인 평화적, 인도적 활동은 실로 또한 중립국의 장점이므로 '유연함과 지혜로움의 힘(soft and smart power)'으로서의 국력을 활용하면 중립국은 이로써 '선한 힘(good power)'을 발휘할 수 있다.

200년 전, 인류역사상 처음으로 중립을 완성한 나라는 스웨덴이다. 두 번째는 스위스로, 1815년에 비엔나회의 석상에서 주변국가들은 스위스를 중립국으로 승인하여 유럽의 안정을 꾀했다.

대표적인 중립국가인 스위스는 100여 년 간의 노력 끝에 마침내 1993년에 '중립 6개 원칙'을 선포하면서 중립의 개념을 '소극적 부작위'에서, '적극적 작위'라는 개념으로 전환을 이뤄냈다.

첫째, 스위스는 무장 중립을 유지하고 무장으로써 자주적 방호를 한다. 둘째, 스위스의 중립정책은 지역의 안정과 세계의 평화를 보장하는 데 있기 때문에 이 중립은 도의(道義)적이다. 셋째, 중립은 적극적 협력 참여로 소극적 부작위를 대신하는 것으로, 중립은 원칙적으로 전쟁의 권리를 포기하고 있으나 이를테면 자기방어와 지역의 안정 또는 평화의 파괴자를 제재하기 위해서는 무력을 사용할 수 있다. 넷째, 국제사회의 공동의지로 결정한 제재 조치와 유엔 헌장이 건립한 안전체제는 지지하므로 의(義)로써 불의(不義)에 대항한다. 다섯째, 스위스는 군사적 성격을 띤 나토와 같은 기구에는 가입하지 않지만 유럽연합(EU)과 같은 경제적 성격과 기타 비군사적 성격을 띤 기구와는 함께 한다. 여섯째, 스위스는 국제협력 문제에도 개방적으로 참여하고, 중립정책을 시대에 따라 조정할 수 있다.

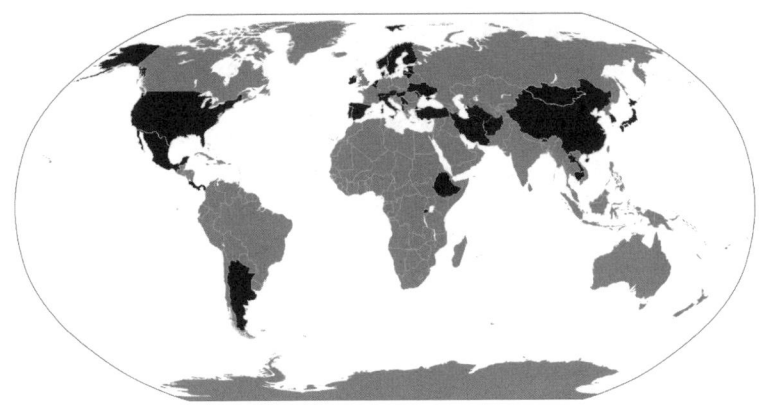

영세중립, 또는 한때라도 중립의 입장을 취했던 국가는 동서양을 불문하고 많이 있다. 사진(검은색)은 근대 국가 개념이 들어선 이후 공식적으로 한번이라도 중립 입장을 취한 국가를 표기한 것이다. (출처 : 위키피디아-Raymond1922A)

전통적인 중립국

미국(1793~1941년)

　1776년에 독립하여 나라를 세운 후에 미국의 첫 번째 외교적 시험대는 1793년의 영국과 프랑스의 전쟁이었다. 미국의 입장에서 영국은 영국 출신 이민자들 중심의 나라인 미국에 있어서 모국(母國)이었고, 프랑스는 어떻든 영국 출신 이민자들을 도와 영국과 싸워 승리하여 독립을 할 수 있게 해준 은인이었다. 조지 워싱턴 미국 초대 대통령은 '중립선언(Proclamation of Neutrality)'을 발표하면서 프랑스와 영국에 대해 모두 중립적 관계를 유지하겠다고 선포했다. 그래서 미국 국민들로 하여금 어떠한 해상전투 참가도 하지 말 것을 당부했으며 불법물질을 교전국에 운송하는 것도 금지한다고 선언했다.

1820년대 유럽의 '신성 동맹(Holy Alliance)'이 라틴아메리카의 독립운동에 개입하려 했고 이에 1823년 제임스 먼로(James Monroe) 대통령은 중립적 연두교서를 발표하였는데 여기서 역사적으로 유명한 '먼로주의'가 나오게 됐다.

· 아메리카는 아메리카인의 아메리카이며 유럽식민주의자에게 개방하지 않는다.
· 어떤 나라라도 라틴아메리카에서 식민지를 건설하려하거나 또는 아메리카 국가들에 정치적 관여를 하고자 하는 시도에 대해서 미국은 이를 전부 비우호적 행위로 간주할 것이다.
· 미국은 유럽 국가의 업무 또는 그들이 이미 라틴아메리카에 건립한 식민지 업무에는 개입하지 않는다.
· 유럽은 어떤 방식으로든 서반구 독립국가들의 정치상황에 대해 관여해서는 절대로 안된다.

1914년 8월 4일에 제1차 세계대전이 발발하자 재선에 나선 미국의 우드로 윌슨(Woodrow Wilson) 대통령은 즉각 중립을 선포하여 미국 국민들로 하여금 유럽의 문제에 대해서 중립을 지키도록 했으며 독일과 헝가리에 대한 자유무역 봉쇄도 자제토록 호소했다.

그러나 1917년 2월 3일에 독일이 무제한 잠수함전 재개와 확대를 선포하면서 잉글랜드 3대 섬 부근 해역과 동부 지중해에 접근하는 선박들이 큰 피해를 입게 되었고 여기에는 미국의 선박들도 포함되었다.

또한 독일은 멕시코를 설득해 미국과의 전쟁을 대비하려 했고, 이에 미국은 부득이 독일에 대해서 선전포고를 하고 제1차 세계대전에 참전하게 됐다.

1939년에 독일은 영국과 프랑스, 두 나라에 선전포고했다. 대서양 문제에 대해서는 중립을 지키고 있던 미국은 1941년 일본이 하와이 진주만의 미군기지를 공습하자 태평양전쟁에 나서게 됐고 이후 대서양 문제에 대한 중립정책도 끝을 맺게 됐다. 제2차 세계대전은 미국이 참전함으로써 전쟁양상이 확연히 달라졌으며 주축국은 결국 연합국에 항복하고 말았다. 전쟁이 끝난 후 미국은 전승국의 우두머리로서 세계를 이끌고 세계의 패권을 잡았다.

냉전시대 미소 양대 진영이 경쟁하면서 미국은 유럽에서 '북대서양조약기구'를 창설하였고 소련의 '바르샤바조약기구'에 대항했다. 일부 유럽국가들은 여기에 줄서기를 거부하여 중립정책을 채택했다. 미국은 자국의 국익 차원에서 유럽 중립국가들과 차별화된 외교정책을 펼쳤다.

미국의 중립정책은 건국 이래 핵심 전략이었다. 미국은 건국 초기 폐허의 잿더미 속에 상처를 아물게 하고 휴식과 양생을 할 필요가 있었다. 이에 미국으로서는 중립정책이 하나의 최선책이었고 국가의 안전과 발전에 따른 합리적인 선택(rational choice)이었던 것이다. 다만 미국은 중립정책을 채택하는 동시에 전쟁준비도 하고 있었다. 군사력이 중립정책을 뒷받침했으며 중립정책은 또한 국력을 키우는 필수적 수단이었다.

스웨덴(1814년~)

13세기 중엽 스웨덴은 통일된 봉건왕국으로 자리를 잡았다. 17세기에는 스웨덴의 영토가 지금의 2배에 달했었고 스칸디나비아반도의 강대국으로 부상했었다. 하지만 1814년 비엔나회의부터 스웨덴은 다른 나라에 대한 군사적 공격을 포기하고 평화중립 외교정책을 쓰기 시작했다.

1834년에 중동의 위기상황으로 영국과 러시아 간의 군사충돌이 일어날 일촉즉발의 위기가 있었고 스웨덴 국왕 칼 14세 요한(Karl XIV Johan)은 북유럽국가들로 하여금 엄격한 중립을 지키도록 하였고 이로써 중립국가로서 스웨덴의 전통적 기틀을 마련했다. 스웨덴의 중립은 헌법 조항에는 없지만 일종의 전통이자 입국 정신으로 자리잡았다.

제1차, 제2차 세계대전 동안에도 스웨덴은 시종일관 중립의 원칙을 고수했으며 각국과 경제무역을 추진하면서 전쟁에 가담하지 않았다. 전쟁기간 중에 스웨덴은 나치 독일에 포위되어 자세를 낮추면서 적당히 타협하는 것을 받아들여 점령당하는 운명을 피했다.

미소냉전 초기에도 스웨덴은 북대서양조약기구에 참가하지 않았으며 바르샤바조약기구에도 참가하지 않았다. 스웨덴은 정치적 중립정책을 엄격히 지키면서 냉전기에 경제성장이 두드러지게 됐다. 군사력도 미국, 소련, 이스라엘에 이은 그 다음 위치까지 올라갔다.

스위스(1815년~)

1798년 프랑스가 스위스를 침공하여 스위스연방의 영토 대부분을 점령했다. 1815년 나폴레옹이 워털루에서 패전하자 유럽 열강들은 비엔나회의를 개최하여 비엔나선언을 발표하고 6월 9일 비엔나회의 최후의정서에서 스위스의 영세중립국 지위를 확정했다.

스위스는 중립화의 과정에서 중립의 개념을 '소극적 부작위'에서 '적극적 작위'로 바꾸었다. 이에 스위스는 세계평화와 인도주의에 있어 불가결한 존재가 되었다. 스위스는 2002년 3월 국민투표를 실시하여 유엔에 가입했다. 그러나 이전에도 세계보건기구(WTO), 세계무역기구(WTO), 국제노동자기구(ILO)와 유엔인권위원회(UNCHR) 등 많은 국제 기구들이 스위스에 설립됐었다.

스위스의 중립은 '적극적 중립'으로, 정부의 외교정책에 대해서도 중립적 법률과 중립적 정책에 의해 이중으로 검토를 해왔다.

스위스는 1948년부터 유엔에 옵서버를 파견해 유엔의 인도적 임무와 기타 조율 업무에 협조를 해왔다. 1991년 걸프전쟁 때는 스위스도 이라크에 대한 경제제재를 가하기로 했다. 연합군의 군용기가 영공을 통과하는 것은 불허했지만 인도적 구호 목적의 군용기가 영공을 통과하는 것은 허용했다.

스위스는 1999년 코소보전쟁으로 많은 이재민이 생겨나자 인도적 구호활동에 나섰다. 그러면서 동시에 유고슬라비아에 대해 비군사적 제재를 가했다. 그러나 스위스는 나토의 군용기가 스위스 영공을 통과하는 것은 거부했다. 스위스는 지원군을 코소보에 보내 평화유지 업무를 수행토록 하기도 했다.

2003년 이라크전쟁 당시엔 스위스 정부는 인도적 구호 목적의 비행기가 영공을 통과하는 것을 허용했다. 아울러 자국 기업들이 군사장비와 서비스를 교전국에 수출하는 것도 허용했다.

오스트리아(1955년~)

오스트리아는 제1차 세계대전 이후 오스트리아 제1공화국(1920~1938)이 들어서면서 외교에 있어서 중립을 엄수했다. 하지만 1945년 4월 오스트리아는 러시아 군대에 의해 함락되어 사회가 파괴되어 국가 존망의 위기에 처했다. 당시 오스트리아의 지도자 칼 레너(Karl Renner, 1870~1950)는 의회 선거에서 공산당이 겨우 5.42%의 지지를 얻었지만 부득이 내각 4분의 1의 의석을 공산당에 할양해주었다. 그런 연후에 미국, 영국, 프랑스, 소련의 대표를 초청하여 감독사무실을 창설하여 유럽과 소련 등 국가가 오스트리아 의회를 승인해주도록 했고 이후 다시 각국의 지지를 얻어 중립국을 승인하도록 했다.

오스트리아는 이로써 이후에도 민주주의와 시장경제를 보존하면서 매년 5%의 경제성장을 유지할 수 있었다. 오스트리아 정부는 서방세계와의 공통 가치, 그리고 동유럽 국가와의 역사적 연유와 지리적 관계를 바탕으로 하여 중립적 정책을 잘 활용하여 소련 군대의 철수를 이끌어내면서 완전한 주권을 회복했다. 그러면서 자주독립국가로서 거듭나 소국(小國)이면서도 어려운 외교환경 속에서 중립적이면서 유연함, 지혜로움을 보여주었다.

1955년 4월 15일, 오스트리아와 소련은 '모스크바 비망록'을 체결했다. 오스트리아는 어떤 군사훈련도 참가하지 않을 것이며 자국 안에 타국의 어떤 군사거점도 설치하지 않을 것임을 재확인했다. 오스트리아 의회는 그해 10월 26일 '오스트리아 중립에 관한 헌법'을 통과시켰다. 그중 제 2조의 내용에서 영구적 중립 정책을 규정했고 군사동맹에는 참가하지 않을 것이며 오스트리아 국내에 외국 군사시설은 설치하지 않을 것임을 밝히고 있다.

1950년부터 오늘날까지 오스트리아의 중립 입장이 가져다준 외교 측면과 내정 측면에서의 발전에 대다수 오스트리아 국민들은 만족해하고 있다.

핀란드(1935~1939년, 1956~1995년)

역사적으로 핀란드는 북유럽에서 러시아와 스웨덴, 양대 강국이 쟁탈해온 요지였다. 19세기에 러시아가 스웨덴을 제압하고 핀란드를 침탈했다. 핀란드는 이로 인해 러시아 제국의 관할 하에 고도의 자치를 누리는 대공국이 되었다. 1917년, 러시아에서 소비에트 정권이 창설되었고 이에 핀란드 의회는 12월 6일 독립을 선포하였는데 이 독립을 반대하는 핀란드내 친러 세력들이 핀란드에 주둔하고 있는 러시아군과 연대하면서 격한 내전이 벌어지기도 했다. 제1차 세계대전이 끝남에 따라 핀란드와 소련은 평화조약을 체결했다. 그러나 소련은 1939년 11월 30일에 핀란드를 침공했다. 이듬해에 핀란드와 소련 쌍방은 '모스크바 평화조약'을 체결했고 핀란드는 자국 동남쪽에 있는 토지를 소련에 할양했다. 1947년 '파리 평화조약'은 소련이 제2차 세계대전 전에 핀란드에서 취득한 토지를 재차 확인했다. 아울러 소련은 핀란드의 수도 30마일 밖의 항구에서 군대를 주둔시켰고 핀란드의 군대를 대폭 축소케 했다.

핀란드는 강대한 이웃이 조여오는 힘 때문에 소련에 의존하면서 소련의 정책에 저촉되지 않는 선에서 조심스럽게 유럽 각 나라들과 관계를 운영해 왔다. 핀란드는 제2차 세계대전 후에 '마셜플랜'에 참여하지 않았으며 심지어 오랫동안 유럽연합에도 가입 신청을 하지 않았다. 북대서양조약기구에 대한 핀란드의 태도는 적대적이기까지 했다.

서유럽국가들의 입장에서 봤을때 핀란드의 중립화 정책은 사실상 소련의 속국으로 지내겠다는 것이었다. 핀란드는 소련에 대항하여 독립의 대가를 치루려고 하지 않았다. 이에 핀란드의 중립은 국제사회에서 그다지 큰 존중을 받지 못했다. 핀란드는 소련이 해체된 후에야 비로소 점진적으로 유럽 민주사회에 발을 내디뎠다. 핀란드의 국제적 위상은 실로 핀란드 국민들의 창신(創新)과 노력에 달려있다.

오늘날의 중립국

일본, 비무장 중립

제2차 세계대전이 끝난 후 연합군의 맥아더 총사령관은 일본을 '영원한 비무장 중립국'으로 만들고자 했다. 미국이 작성한 현행 '일본국 헌법' 제2장의 '전쟁포기' 제9조의 규정은 "일본국민은 정의와 질서를 기조로 하는 국제 평화를 성실히 바라고 추구하며, 국제 분쟁을 해결하는 수단으로써 국권이 발동되는 전쟁과 무력에 의한 위협 또는 무력 행사를 영구히 포기한다. 이 목적을 달성하기 위하여 육·해·공군, 그 밖의 전력을 보유하지 않는다. 국가 교전권은 인정하지 않는다"고 하고 있다. 이로써 "전쟁을 포기하며 군사력을 유지하지 않고 먼저 공격하지 않는다"는 3대 원칙이 일본 헌법의 평화에 대한 핵심 이념이 됐는데, 이를 '평화헌법'이라고 한다.

냉전 시기에 일본사회당은 '평화헌법'의 이념을 발전시켜서 비무장중립 정책을 주장했다. 엄격하게 일본 헌법을 준수함으로써 모든 무장 및 무력 수단을 포기하고 적극적이고 절대적인 중립정책을 유지해야 한다는 것이다. 이런 흐름 속에서 일본은 패전에도 불구하고 평화중립이란 틀 속에서 국민의 부담을 줄이고 생활을 안정시켜 원기를 회복해 빠르게 다시 일어섰다.

1991년 소련이 해체되고 냉전이 끝난 후 일본사회당 출신의 무라야마 도미이치(村山富市) 수상은 "자위대 합헌"을 주장했음은 물론, "일미안전보장조약 견지" 의사를 밝혔고, "비무장중립론의 역할은 소멸됐다"면서 "일미안보동맹"을 맺을 것을 주장했다.

1995~1996년 중공이 대만해협을 향해 미사일을 발사하자 미국은 두 척의 항공모함을 대만해협에 파견하여 중공의 위협을 견제했다. 대만해협에서 일고 있는 긴장감은 일본으로 하여금 1960년에 제정한 일미안전보장 내용의 적용범위를 수정토록 했다. 심지어 아프가니스탄 전쟁, 이라크 전쟁 발발 후에 일본은 최정예 이지스함을 파견해 말라카해협을 통과토록 했고 인도양에서 후방 지원작업을 전개하게 했다. 중공의 무력 위협이 일본의 '비무장중립'을 종결시키는 구동력이 되었던 것이다.

아베 수상은 근년에 들어와서 개헌작업에 가속하여 평화헌법을 폐기하고 일본을 '정상국가'로 귀환시키고자 하고 있다. 그러나 일본 국민들은 아직 중립을 원하면서 이를 지지하지 않자 개헌을 완성하지 못하고 있는 상황이다.

조선과 한국의 중립화 꿈

조선은 1875년 일본의 군함이 강화도를 포격하면서 '강화도 조약'을 체결했고 이후 주변 국가인 중국, 러시아, 일본 및 유럽과 미국 외세의 침입을 당하게 됐다.

1904년에 조선의 마지막 황제인 고종은 '대한제국 중립화 선언'을 선포하였으나 얼마 지나지 않아 '한일의정서'의 체결로 파국을 맞았다. 한반도는 제2차 세계대전 이후 독립을 선포하였으나 곧바로 미국과 소련, 양강에 의해 북위 38도를 가로질러 양분되었다.

1947년 7월, 미국 앨버트 코디 웨더마이어(Albert Coady Wedemeyer) 장군은 미국과 소련이 동시에 철군하여 조선으로 하여금 영원한 군사 중립국이 되도록 하자고 제의했던 바 있다. 1961년 한국의 제2공화국 기간 중에 실시한 설문조사에서도 한국 국민들 중에서 32.1%가 한국의 영세중립국가화를 지지했었다. 북한도 1980년에 '중립화 통일방안'을 제시했다.

1980년에 전두환 씨가 한국 대통령직에 취임하면서 '민족화합민주통일방안'을 제시했다. 그는 '민족통일협의회'를 창설하였고, 당시 남북한은 "자주, 평화, 단결"의 3대 원칙에서 뜻을 같이했다. 북한의 김일성은 차후 '고려민주연방공화국'을 수립해 국가통일, 정부통일, 남북 상호 지방자치를 실시하자고 재차 호소했다. 그는 또 남북한이 통일 후에는 '평화중립'을 선포하여 다른 나라와 동맹 결성을 하지 않을 것임을 천명했다.

1987년에 김일성이 소련 최고 지도자 고르바초프를 통해서 미국 레이건 대통령에게 친서를 보냈는데 그 내용은 다음과 같았다. △ 병력 삭감, △ 남북이 민족군대 창설, △ 핵무기와 외국 군대 한반도에서 철수, △ 상호불가침선언 발표, △ 한반도에서 연방공화국을 결성, △ 평화중립을 선포하여 한반도를 완충지역으로 조성.

1997년에 김대중 씨가 한국 대통령으로 취임하여 '3단계 통일방안'을 발표했다. 남북이 연합(邦聯)을 하고 연방(聯邦)이라는 체제를 거쳐서 최종적으로 통일을 달성한다는 것이다. 2000년 6월 15일, 김정일과 김대중은 평양에서 회동했다. 남한은 '연합제'를 제시했고 북한은 '낮은 단계의 연방제'를 제시했다.

2013년에 김정은은 "하나의 민족, 하나의 국가, 두 개의 정부, 두 개의 제도"를 제시하며 통일 후 평화중립을 유지하는 '일국양제'를 주장했다.

최근에는 해외 체류 중인 한국계 기업인들이 '해외동포 지원사업단'을 구성하여서 유엔에 남북한 중립화 의안을 제출하기도 했다. 이 의안의 내용은 남북한이 동시에 영세중립국가가 되어 한반도에서 핵무기가 전부 퇴출되도록 하자는 것이다.

투르크메니스탄

투르크메니스탄은 중앙아시아에 자리잡고 있다. 이에 오래전부터 남아시아와 서아시아를 연결하는 실크로드의 중요한 길목이었다. 그래서 유럽과 아시아를 잇고 동방문명과 서방문명을 잇는 특수한 역사적, 지리적 지위를 갖고 있다. 또한 이 땅에는 풍부한 석유와 천연가스도 매장돼 있다.

1991년 10월 26일, 투르크메니스탄은 독립 투표를 실시하여 다음날 국민투표 결과에 따라 정식으로 독립을 선포했다. 1992년에 개국 원로인 사파르무라트 니야조프(Saparmurat Niyazov)는 '유럽안전협력이사회' 정상회의에서 투르크메니스탄이 '적극적 중립 원칙'을 채택할 것을 선포했다. 이로써 주변 지역의 강국이나 기구로부터 밀려올 정치적 경제적 압력에 맞서고자 한 것이다.

1995년 3월, 니야조프는 파키스탄에서 개최된 '제3차 경제협력개발기구(OECD) 정상회담'에서 투르크메니스탄은 영세중립국가가 수행해야할 의무를 다하겠다고 선포했다. 그러면서 또한 지역에서 평화를 창조하는 역할도 이행하겠다고 했다.

같은해 10월 20일 투트크메니스탄은 콜롬비아의 '비동맹운동 정상회의'에서 재차 영세중립을 호소했다. 12월 12일에 유엔은 '국제 질서 유지'라는 고려하에 만장일치로 투르크메니스탄의 영세중립을 승인하고 지지하는 결의를 했다. 유엔은 "투르크메니스탄이 이러한 지위를 갖게 된 것을 존중하고 지지하며 아울러 이 나라의 독립과 주권 그리고 영토의 완전성도 존중한다"고 했다.

이렇게 국제적 승인과 지지를 얻은 동시에 투르크메니스탄은 국내의 입법 절차를 통해 중립을 국가의 기본 전략으로 정했다. 1995년 12월 27일에 통과한 '헌법' 제1조의 규정에서 "투르크메니스탄은 독립적이고 자주적으로 대내대외정책을 고수하며 영세중립은 투르크메니스탄 국내외 정책의 기초"라고 했다.

지역 국가들의 승인 및 유엔의 다국적 승인에 가까운 형식, 게다가 자국내 헌법상의 명문화 규정과 중립에 관한 법제화를 통해서 투르크메니스탄의 중립은 가장 완벽하고 가장 건실하게 이뤄졌다고 할 수 있을 것이다.

투르크메니스탄은 2017년 2월 '투르크메니스탄의 중립정책: 국제 협력으로 평화, 안전과 발전을 추구(The foreign policy of neutral Turkmenistan: Cooperation for Peace and Progress)'라는 주제로 컨퍼런스를 열었다.

한편, 유엔 총회는 71/275호 결의문을 채택하면서 매년 12월 12일 투르크메니스탄이 중립국이 된 날을 '국제 중립의 날(International Day of Neutrality)'이라고 하여 기념일로 정하고 각국으로 하여금 중립 정책이 평화와 안보에 기여해왔던 공헌을 중시하라고 상기시켰다.

2017년 2월 2일 총회결의

71/275 국제중립일

유엔 총회는 각국의 주권평등 수호, 영토의 완전성, 자결(自決), 내정 불간섭, 그리고 국제평화와 안전을 위협하지 않으면서 정의로운 방식으로 평화롭게 국제분쟁을 해결할 것을 거듭 촉구한다.

일부 국가의 중립 정책은 관련 지역 및 글로벌 수준에서 국제 평화와 안보 강화에 기여할 수 있으며 세계 국가 간 평화적이고 우호적이며 상호 유익한 관계를 발전시키는 데 중요한 역할을 할 수 있음을 강조한다.

중립을 취한 국가는 예방적 외교(preventive diplomacy)가 발전하도록 촉진할 수 있는데 이는 충돌에 대한 예방과 조정, 주선, 진상조사단, 협상, 회담, 특사, 비공식 협상, 평화 건설, 목적이 뚜렷한 개발 행사 등의 방식을 포함한다.

예방적 외교는 유엔의 핵심 기능 중 하나로, 이것이 유엔 사무총장의 역할 중에서도 핵심 위치에 있다는 점에 주목하며, 또한 이것이 유엔의 특수한 정치적 임무와 사무총장의 주선으로 평화를 창출하고 평화를 유지하며 평화를 건설하는 데에 중요한 작용을 발휘하고 있음을 확인하면서, 이에 12월 12일을 국제중립의 날로 선포하기로 결정한다.

(2017년 2월 2일 제69차 전체회의)

몽골의 점진적 중립국화

몽골은 북쪽으로는 러시아와 접하고 동쪽과 서쪽, 남쪽, 3면은 중공과 접하고 있다. 유라시아 대륙에서 지정학적 가치가 큰데다가 구리·금·석탄·우라늄 등 특대형 광산의 발견과 개발로 전략적 위상은 날로 높아지고 있다.

20세기에 독립된 이후 몽골은 소련의 영향을 크게 받았다. 더욱이 냉전 시기에도 소련의 동북아 '위성국'이 되어버렸다. 소련이 해체된 후 몽골은 1994년에 '몽골국 대외정책구상'을 제정하여 "평화", "개방", "자주", "다지축(多支點)" 등 원칙을 제시하여 대외적으로 몽골은 "러시아와 중화인민공화국과 우호를 유지한다"고 선포했다. 그러면서도 '등거리외교'로써 보다 많은 나라, 지역과 관계를 맺고 어느 한쪽과 연계하지 않고 어느 한쪽과도 대항하지도 않는 방식으로 적극적으로 '제3인접국 외교'를 펼칠 것을 선언했다.

2015년 9월 7일, 몽골 대통령 차히아긴 엘베그도르지(Tsakhiagiin Elbegdorj)는 유엔 총회에서 몽골은 점진적으로 '영세중립국'이 될 것이라고 천명했다. 몽골이 영세중립국이 된다면 다양한 자원을 이용하여 더 큰 정치적, 외교적 이익을 도모할 수 있게 되고, 미국과 일본 등 나라들과 연계하여 중공과 러시아를 견제하는 구도가 만들어질 수 있다.

얼마나 흥미로운가! 역사적으로 중국과 러시아 두 강대국 사이에 끼어 몸부림쳐 왔던 몽골이 영세중립국이란 신분으로 두 강대국의 굴레와 속박을 벗어던지고 미국과 일본, 한국 등 각 국가들에 웃으면서 손을 흔들게 되었다.

중립국 지역 아키텍처

사실 중립국은 유럽의 전유물이 아니다. 미국만 해도 건국 후에 150년 동안 기본적으로 중립을 취하면서 나라의 기틀을 세웠던 것이다. 지금도 중립국가들과 좋은 상호관계를 유지하고 있다.

지난 한 세기동안 아시아에서도 속속 중립국이 출현했다. 그리고 강대국에 저항하기 위해서 중립국들도 지역화로 연대하는 추세로서, 주변국들에서 중립 집단이 형성되면 역내 안보 역량이 강화될 것이다. 그래서 중립이 지역화되는 것에 대해서 국제전략가들이 이를 '최신 안보 아키텍처(a new security architecture)'라고 분석하기도 한다.

즉 중립국은 지정학적으로 적극적인 안전보장 유지는 물론, 인도주의 공급의 역할도 할 수 있다는 것이다.

냉전은 끝났지만 중공이 서서히 굴기하면서 강대국의 지정학이 부활하고 있다. 러시아도 꿈틀거리고 있다. 2014년에 러시아는 크림 반도를 합병하고 다시 우크라이나 동쪽의 무력 충돌에 개입하고 나아가 시리아의 내전에 관여했다.

동유럽의 일선 국가들은 러시아의 군사적 야심을 막지 못할 것을 우려하여 유럽 동북쪽에서부터 동남쪽에 이르기까지 많은 구소련 국가들이 북대서양조약기구와 러시아 사이에 중립 진영을 구축하고 있다.

유럽의 안보 구조는 북대서양조약기구를 위주로 하는데, 냉전시대에 공산진영의 바르샤바조약기구가 이에 맞섰다. 냉전이 끝난 후 바르샤바조약기구가 무너지고 북대서양조약기구에는 많은 국가들이 참여하므로 그 규모가 더욱 커졌다.

1993년 11월 1일에 '유럽연합국조약(The Treaty on European Union)'이 발효되면서 유럽연합의 공동 외교 및 안보 정책이 유럽연합의 3대 지주 중 하나가 되어버렸다. 2017년에 유럽연합 국가들은 브뤼셀에서 '항구적 방위협력체계(Permanent Structured Cooperation, PESCO)'를 체결하여 공동으로 군사자원을 모으면서 단독 방어체계를 창설하는 것에 동의했다.

미국의 싱크탱크 브루킹스연구소의 연구원인 마이클 오핸런(Michael O'Hanlon)은 유럽 안보 문제의 원인으로 나토의 끝임없는 확장을 꼽았다. 이로 인해 러시아가 안보 위협을 느끼게 되기 때문에 긴장이 커진다는 것이다. 그렇기에 마이클 오핸런은 유럽 대륙의 평화와 안정을 위해 북대서양조약기구가 더 이상 확장해 나가서는 안 된다는 입장을 밝혔다. 차라리 '영세중립'이란 사고방식으로 북유럽의 스웨덴, 핀란드에서부터, 남쪽으로는 우크라이나, 몰도바, 벨라루스, 조지아, 아르메니아, 아제르바이잔에서 키프로스까지, 그리고 부근의 기타 발칸반도 국가들에 이르기까지, 이들 나라로 하여금 하나의 '중립진영'을 결성케 해야 한다는 것이다. 그렇게 새로운 '동유럽 안보 아키텍처(East European Security Architecture, EESA)'를 창설하여 러시아와 유럽 사이의 완충지를 조성하여 위험성을 낮추고 동유럽의 안정과 안보가 유지되도록 해야 한다는 것이다.

마이클 오핸런의 핵심적 사고방식도 역시 '영세중립'이다. 위에서 말한 국가들이 중립 진영을 결성하려면 나토와 러시아 그리고 이들 국가 간의 결의로서 새로운 국제기구를 창설할 필요도 없이 국제조약과 감시체제를 갖추는 것이 가능하다.

이러한 새로운 안보 아키텍처 아래에서 러시아와 나토는 이들 나라의 평화와 안보를 보장해주며 이들 지역에서 군대를 철수한다. 아울러 나토 국가들이 러시아에 대한 제재를 철회하고 이들 중립국가들이 나토에 가입하는 것도 불허한다.

만약 러시아가 이러한 제의를 받아준다면 유럽연합과 러시아 사이에 중립적 완충지대가 생겨날 것이고 그렇게 되면 현재의 긴장완화에 큰 도움이 될 뿐만 아니라 유럽의 안보 개선에도 큰 도움이 될 수 있을 것이다.

유럽의 안보는 기본적으로 나토와 러시아가 결정하게 되는데, 동아시아의 안보는 미국과 중공의 양국관계가 좌우한다. 미국과 중공의 양국관계가 완화되면 동아시아의 정세는 상대적으로 안전하고 그렇지 않고 양국의 충돌이 일어나면 동아시아의 정세는 긴장이 커지고 심지어 군사 충돌까지 발발할 수 있는 것이다. 한반도, 동중국해, 대만해협과 남중국해 모두 동아시아 지역의 충돌을 야기할 수 있는 요소들이다.

1967년 '동남아시아국가연합(ASEAN)'이 결성되어 1971년 아세안 외무장관회의에서 '평화, 자유, 중립 지역선언(Zone of Peace, Freedom and Neutrality Declaration, ZOPFAN)'을 발표하면서, 동남아시아 지역의 평화와 안보를 위해서도 동남아시아를 하나의 평화, 자유, 중립 지역으로 존중해줄 것, 그리고 이 지역이 외부 강권에 의한 어떠한 형식과 방식의 간여도 받지 않도록 해줄 것을 요구했다.

아세안은 지난 수 십년 간 '비동맹 운동'의 정신으로 유럽과 미국, 중공 각 강대국들 사이에서 중립을 유지하여 오늘날의 번영과 진보의 기틀을 마련했다. 북한의 국부인 김일성도 남북이 공동으로 연방공화국을 조성하고 평화중립을 선포하여 한반도를 하나의 완충지대로 만들고 동아시아의 평화를 유지하자는 구상을 미국에 밝힌 바 있다. 일본은 제2차 세계대전이 끝난 후 평화헌법을 시행하면서 전쟁을 일으키지 못하게 하여 정규 국방군이 없는 상황으로 이미 중립국이 된 셈이다.

중공과 미국의 다툼 속에서, 물론 일본이 정상국가화되고, 한국은 평화통일이 이뤄지거나, 대만은 독립국가로 우뚝서는 먼 미래의 이야기가 되겠지만, 일본, 한국, 대만과 필리핀 4개의 동북아 자유민주 국가들이 동유럽의 경험을 살려 마찬가지로 중립화의 길로 전진하여 하나의 '동아시아 중립연맹'을 결성한다면, 북에는 몽골에서부터 남으로는 동남아까지 하나의 크고 견실한 '동아시아 안보 아키텍처(East Asia Security Architecture , EASA)' 또는 '중립국 체인'을 만들 수 있다.

만약 범위를 더 넓혀 인도태평양지역과 동중국해, 남중국해 수역에서 중립국 완충지대를 형성해 나갈 경우 강대국 간의 긴장 완화에 도움을 주고 지역의 평화와 안전을 유지할 수 있을 것이다(한국과 일본은 둘 다 미국과 동맹인 현 상황에서 중립국 검토가 아직 여의치 않은 듯 보이나, 한국정책학회가 2015년 추계학술발표에서 '북한의 영세중립국화와 UN아시아본부 설립방안'이라는 논문 발표를 통해 북한 단독 영세중립국화에 대해서는 폭넓은 논의를 진행했던 바 있다. - 옮긴이).

대만 중립의 전략적 의미

특수한 전략적 지위로 말미암아 역사상 동아시아에서의 정치적 혼란이 일어날 경우 대만의 중립화는 숙명적으로 나타났다.

일찍이 1894년말에 일본 측은 갑오전쟁(청일전쟁)이 승리로 돌아가게 될 것으로 보이자 일본의 추밀원 고문인 이노우에 고와시(井上毅)는 이토 히로부미 수상에게 대만 점령의 중요성을 강조하면서 만약 이러한 기회를 잃는다면 대만은 결국 '중립 지역'이 될 가능성이 있다고 말했다.

시모노세키 조약이 체결되기 전에 대만 순보 당경숭(唐景崧, 탕징송)은 대만을 단계별로 외국에 임대하는 식으로 대만을 '중립화'하여, 일본의 대만에 대한 독점 야심을 배제해보려는 시도를 하기도 했다.

1895년 4월 7일, 시모노세키 조약이 체결되고 나서 프랑스는 펑후 군도에서 군사 시설 확충과 요새 건설을 금지해야 된다고 제안했는데 러시아는 바로 이를 찬성했다. 일본은 부득이 대만해협이 각 국가들의 공공적 통행로임을 선포해야 했고 펑후 군도는 중립을 유지했는데 이것이 첫 번째 대만해협 중립화였다.

1950년 6월 25일, 한국전쟁이 발발하여 미국은 '대만해협 중립화선언'을 발표하여 미군에 대만 방어를 명령했고 아울러 국민당 정부에도 중국 본토에 대한 해군 또는 공군 작전을 중지해줄 것을 요구했다. 그리고 제7함대를 대만해협에서 순항케 하여 대만해협의 '중립'을 확보했다. 이로써 1954년 '대만해협 중간선'이 파생되기도 했는데, 이것이 두 번째 대만해협 중립화였다.

더구나 1958년 '823 포격전(진먼 포격전)'에서도 공산당은 국민당을 무찌르지 못했고 국민당도 공산당을 무찌르지 못했다. 이것은 모두 대만해협의 중간선이 마오쩌둥과 장제스를 양쪽으로 갈라놓았기 때문이었다. 해협의 중간선은 하나의 지리적 축선(軸線)이었지만, 동시에 또 하나의 역사적 축선이기도 했다. 하나의 선(線)으로 갈라지게 한 대만해협이 '평화중립'이란 특성을 보장해 주게 된 것이다. 바로 이러한 대만해협의 중립성으로 말미암아 국제적으로 항공과 해운을 통해 모두 자유롭게 왕래할 수 있었다.

한국에서 벌어졌던 두 차례의 전쟁은 겉으로 보기에는 대만과 직접적 상관이 없었는지 몰라도 실은 대만도 이에 말려들어 운명이 뒤바뀌게 되었다. 21세기의 동아시아 정세는 우여곡절을 거듭했다. 우리는 반드시 심사숙고

해야 될 것이다. 1895년에 대만이 주권을 잃어버린 역사의 전철을 다시 밟아야 하는가? 아니면 1950년에 대만해협의 중립으로써 대만이 안보를 확보했던 전략을 거울삼아야 하는가? 이 두 개의 선택은 과거의 역사이면서도 우리의 미래이고 더욱이 대만의 안보와 행복의 활로이기도 한 것이다.

미국의 '중립국'에 대한 태도

역사적으로 미국과 핀란드를 포함한 많은 국가들은 다른 나라에서 전쟁이 터지면 국제 정세와 자신들의 국력과 국익을 생각하여 유연성을 갖고서 중립정책을 제안하고 중립법안을 제정했다. 길거나 혹은 짧거나, 아니면 경직되게 혹은 느슨하게, 비록 실제 '중립국'으로까지 실현되지 않았더라도 전체적으로 교묘하게 중립적 전략을 운영하면서 강대국 사이에 이치에 따라 진퇴를 하며 그리고 좌우를 잘 살펴서 처신했다.

미국은 심지어 제2차 세계대전이 끝난 후 전승국의 입장에서 일본으로 하여금 평화헌법을 제정하게 하여 70년 간 '비무장중립'이라는 국가정책으로 다시 일어설 수 있게 만들었다. 이로 보아 중립정책은 하나의 이성적 선택일 뿐만 아니라 지혜로운 돌파구라고 할 수 있다. 강대국도 이러하니 하물며 작은 나라랴?

대만의 전략적 지위는 매우 중요해서 중공과 미국의 싸움에서 어느 한쪽에 줄을 잘못 서도 모두 현상파괴의 결과를 가져오게 될 것이다. 이것은 또한 대만해협의 평화중립이 미국과 중공의 전략적 이익에 부합한다는 것을 의미한다. 미중 군사충돌이 일단 고조되면 대만은 아마 가장 먼저 코를 다치게 될 것이고 심지어 전쟁의 불바다가 될 가능성이 있다. 동아시아의 정세가 일단 악화되면 대만은 불가피하게 전쟁의 불길에 휩싸이게 될 것이다. 강대국은 반드시 대만에 무기를 강매할 것이고 심지어 대만의 항구를 빌려 군사기지를 삼으려고도 될 것이다. 대만이 이를 어떻게 거절하겠는가? 중립을 선포하지 않으면 전쟁에 말려드는 것을 피할 수 없다.

대만은 중립을 통해서 미중 양국의 안보 딜레마를 줄여주는 지역안보 체계의 일부분이 될 수 있을 것이며 아울러 군사동맹이 없이도 대만 국민들의 안전을 보장해 줄 수 있을 것이다.

대만의 중립이란 무장을 해제하는 것이 아니며 미국으로부터 더 이상 무기를 구매하지 않는 것도 아니다. 단지 충분한 군사력으로 영세중립 지위를 보장받으려 하는 것이다. 대만은 어떤 국가이든 간에 전쟁 시기에 그 영해나 영공을 군사 목적으로 사용하지 못하도록 보증할 것이고, 따라서 '미국의 침몰하지 않는 항공모함'도, '중공의 인민해방군을 위한 군사기지'도 되지 않을 것이다.

일찍이 중립국으로 수립된 미국은 어떻게 중립주의를 통해 세계 최고 강대국으로 변신하였는가? 또 중립주의를 채택하여 가장 부유하고 강대한 국가가 된 미국은 세상의 중립국가를 어떻게 보고 있는가? 기본적으로 미국의 국익에 보탬이 되고 적어도 미국에게 해악을 끼치지 않는다면 미국은 중립국을 배척하지 않을 것이고 오히려 매우 우호적으로 지지해 줄 것이다.

실제로 군인 출신인 미국의 아이젠하워 대통령은 미국이 150여 년간 중립을 유지해온 역사가 있다는 것을 알고 있었기 때문에 다른 나라의 중립을 반대할 이유가 없다고 보았다. 소련의 흐루시초프 서기장도 일찍이 "평화공존"을 외치면서 핀란드, 스웨덴, 독일, 오스트리아에서부터 유고슬라비아에 이르기까지 하나의 친소련 "중립블럭"를 만들자고 주장하였는데 미국은 감히 반대하지 않았다. 이에 미국은 1955년에 소련, 영국, 프랑스 3국과 함께 '오스트리아 조약(Austrian State Treaty)'을 맺기도 했다.

케네디 대통령은 유럽의 중립국은 상대적으로 안정되고 성숙하여 공산주의에 전복당할 가능성이 상대적으로 적기 때문에 미국은 이를 자연히 발전하도록 내버려둬야 한다고 봤다. 케네디 대통령은 1961년에 핀란드의 대통령이 미국을 방문했을때 공개적으로 핀란드의 중립정책을 지지하였다. 1962년에 미, 중, 소, 영, 불 등 12개국은 '라오스 중립 국제협정(International Agreement on the Neutrality of Laos)'을 체결하기도 했다.

세계 최초로 중립국을 선포한 스위스는 반공적이고 민주와 인권을 사랑했기 때문에 미국과 스위스의 관계는 매우 좋았다. 1960년 쿠바 위기에서 스위스는 미국과 쿠바 간의 메신저 역할을 담당하면서 그 후 많은 국제 분쟁에서 스위스가 전부 빠짐없이 그 가운데서 조정 역할을 해온 공로가 있었다.

스웨덴은 또 하나의 자유민주적 평화중립 국가였으며, 미국이 베트남에 파병한 것을 못마땅하게 여기긴 했으나 월맹과 월남 공산군이 춘절공세에 나섰을 때 중재를 하기도 했다

미국은 냉전시기에 이성적인 가설을 갖고 있었다. 즉 하나의 안정된 비공산 중립국가는 공산주의의 확산을 막을 수 있거나 적어도 완충효과가 있다는 것이다.

제2차 세계대전이 끝난 후에 일본과 관련한 미국의 계획 중 하나가 이 나라를 비무장 중립국으로 만들어 "아시아의 스위스"가 되게 하는 것이었다. 필리핀도 독립하고 난 후에 미국과 일본이 자국을 중립국으로 보장해 주기를 바랐다. 한국전쟁 발발 후 미국은 곧바로 '대만해협 중립화'를 선포하기도 했다.

미국은 일찍이 인도차이나반도의 크메르, 미얀마, 말레이시아, 라오스

를 공동으로 묶어서 '중립국가연맹(Neutral Nations Commission)'을 창설하려 했다. 케네디 대통령은 일찍이 베트남을 중립국가로 만드는 방안을 고려했지만 그 후임자인 존슨 대통령이 너무 호전적이어서 마침내 베트남전에서 크게 패해서 낭패를 봤다.

중립국과 미국의 관계

적국	핀란드	스웨덴	스위스	호주	동맹국
	우호적중립	절대중립	친미중립	한정적 동맹	

대만중립이 갖는 미국에 대한 전략적 의미

글로벌 시대에 인류는 상호의존하고 또 상호위협하기도 하며 전통적 안보 문제와 비전통 안보 문제가 서로 충돌하기도 했다. 비전형적인 전염병, 테러리즘, 에너지 식량 문제와 지구 환경 위기 등등이 이미 국경을 넘어 전 세계를 괴롭히고 있다.

국가는 크건 작건 간에 '선(善, good)'을 행하는 것이 가장 중요하다. 대만은 COVID-19와의 전쟁에서 매우 좋은 성적을 내놓았고 새로운 과학기술로서 점차 세계 우위에 서게 됐다. 우리는 적극적으로 미래의 지역평화와 인류복지에 공헌할 자신감과 능력을 갖고 있다. 대만이 일단 평화중립국가가 된다면, 다른 나라와 적대 관계가 되지 않으면서 미국과 우호적인 파트너 관계을 유지하고, 그 밖에도 일본, 한국, 필리핀과 잘 어울린다면, 심지어 친중(親中)까지 한다고 해도 무엇이 문제가 되겠는가?

신뢰를 얻기 위해서는 우리는 대만이 참된 중립을 실천할 수 있다면 모두에게 이롭다는 점을 들어서 중공과 미국, 양대 강국을 설득해야 할 것이다.

대만은 미국의 오랜 우방으로서 일단 중립국이 된다고 해도 대만은 미국의 영향력을 벗어나 중공의 품에 완전히 안겨서 중국의 일개 성(省)으로 전락할 가능성은 전혀 없다. 마찬가지로 대만이 중립이 된다고 해서 미국의 일개 주(州)가 될 가능성도 전혀 없다. 설령 미국과 중공, 그리고 기타 강대국이 군사충돌을 할지라도 대만은 참전하지도 않을 것이며 어느 한쪽으로 기울지도 않을 것이다.

대만의 중립은 미국과 중공이 '안보적 딜레마'에 빠지는 것을 피하도록 하고, 중공과 미국이 처한 '전략적 딜레마'를 완화시켜 줄 수 있다. 해양 평화를 양국이 공동으로 실천하도록 촉진해줄 수 있다. 대만은 양측의 분쟁과 대치에 끼지 않고 양측의 이익과 상생에 도움이 된다. 예컨대 서태평양 해양선의 교통안전, 화물선 안보 의제, 대량살상무기 확산 방지, 해상에서의 뜻밖의 충돌 방지 및 긴급 위기 구조 등 업무에 있어 대만은 적극적 역할을 해낼 수 있다.

대만의 중립은 또한 아시아태평양 국가들이 '중국굴기'의 초조감 속에 빠져드는 것을 피하도록 해줄 수 있다. 대만은 해상 실크로드의 요충지에 위치해 있다. 그리고 대만과 아세안 국가들과의 관계를 고려해봤을 때 대만과 아세안, 그리고 중공과의 세 방면의 이익을 확대해 나갈 수 있을 것이다.

대만의 중립은 또한 대만과 중공, 양안의 충돌이 아시아태평양의 안정을 해치는 것을 피하도록 해줄 수 있다. 상호 간의 협상과 조약의 기반에서 '인민 對 인민', '사회 對 사회', '정부 對 정부'의 '3선(三線) 전략'으로 효율성 있는 '양안치리(兩岸治理, cross-strait governance)'를 구축하여 양안이 안고 있는 각종 전통적, 비전통적 안보 의제를 처리할 수 있다.

무엇보다도 대만의 영세중립은 워싱턴과 베이징의 긴장관계를 완화시킬 수 있다. 이를테면 미국의 군사비용을 절약할 수 있는 것이다. 그리고 대만에 대한 무기판매도 지속하면서 지역 전략의 균형을 바꾸지 않아도 된다.

대만의 중립은 결코 대만과 미국의 관계가 멀어지게 하지 않을 것이다. 대만은 여전히 제1도련선의 일부로서, 절대 인민해방군 태평양함대의 기지가 될 수가 없다. 아울러 미국과 일본의 안보동맹, 미국과 필리핀의 관계를 해칠 가능성도 없을 것이다.

따라서 미국과 대만은 민주, 인권과 평화 등 공통의 가치로 다진 동맹 관계로서, 일단 대만이 중립을 선포한다고 해도 상호의 선한 역량이 서로 상부상조하여 경제무역 이익도 반드시 호혜호리(互惠互利)하게 적용할 것이다. 다시 한마디로 말한다면 베이징과 타이베이가 대만 중립을 합의한다면 워싱턴의 이익에도 부합할 것이다.

대만중립이 갖는 중공에 대한 전략적 의미

2017년 1월 11일 중공 국무원은 대외적으로 '중국의 아시아태평양안전 정책(中國的亞太安全政策)' 백서를 발표하면서 공개적으로 "평화를 촉진하고 안정을 구하며 발전을 추구하는 것은 대다수 국가들의 전략적 대안이며 공통의 바람이다", "지역 국가들은 서로 간에 상호존중, 구동존이(求同存異), 평화공존의 전통을 유지해야 하며 직접적인 담판과 협상으로써 분쟁에 있어 최선책을 찾아야 하고 평화적인 수단으로 문제점을 해결해야 한다"고 했다.

이로써 우리는 전략적 사고 방식을 바꾸고 '하나의 중화(一個中華)'의 원칙아래 적극적으로 중공과 평화공존을 추구하며 중공이 대만의 '평화중립'을 지지해주도록 해야 한다고 생각한다. 중공이 대만중립을 지지했을 경우는 여러 이점이 있다.

첫째, 중공 위안화(人民幣, RMB)의 국제화다. 2012년에 대만의 중앙은행과 중공의 중국인민은행이 협약을 체결하여 위안화의 직거래를 허용했고 대만은 위안화의 해외 두번째 역외 거래처가 됐다. 중립적인 은행 거래처, 그리고 시장은 유통의 신용과 안정을 보장하며 위안화의 국제화에 도움을 줄 수 있다.

둘째, 중공의 국가 이미지 개선이다. 대만은 민주, 자유, 인권 및 소프트 파워 국력을 갖고 있다. 중공은 중립적인 대만을 하나의 독특한 자유 가치의 제공자가 되도록 독려할 수 있다. 중공은 중립국 대만을 통해 전 세계에 중공의 인도적 원조와 평화 수호의 임무를 수행케 할 수도 있다.

셋째, 중공 주변의 정세 안정이다. 대만이 독특한 '동방의 스위스'가 된다면, 남북한의 갈등은 물론이고, 스리랑카의 헌정위기, 그리고 미얀마의 종족간 긴장에 대해서도 그 해결에 도움을 줄 수 있을 것이다. 중공이 대만으로 하여금 이러한 외교적 특수임무를 추진하도록 독려한다면 중공도 역시 긍정적 이미지를 얻을 수 있을 것이다.

넷째, 미중패권 다툼의 안보리스크를 줄여준다. 중립국 대만은 세계 각국과 대등한 우호관계를 유지하고 있어 전쟁을 벌이거나 전쟁 와중에 따로 어느 쪽에 줄을 서서 참전하지 않을 것이며 참전국의 육해공군 기지나 전비물자 및 인원 제공도 하지 않을 것이므로 미중 양강의 안보 리스크를 최소화할 수 있다.

해양 대만의 중립화

지정학적 측면에서 봤을때 대만은 역내 평화질서의 관리자 역할을 담당할 수 있는 조건이 있다. 왜냐하면 동중국해의 한 가운데서 대만은 다섯 바다 중에서 세 바다에서 주권을 가지고 있고 주도적, 전략적 우위를 갖고 있다.

대만은 동중국해와 남중국해의 교통 요충을 장악하고 있으며 대만해협과 대만 동측 우리나라의 방공식별구역 범위가 국제적으로는 바다건 하늘이건 모두 중요한 항로에 속한다. 이 지역의 안전을 대만 기지의 해군과 공군의 힘으로 보장해줄 수 있다. 류큐에서나 일본, 혹은 필리핀 등에서 출동하는 것보다도 더욱 효과가 있고 우리 군사력이 감당할 수 있는 범위가 보다 넓고 완전하다.

그러나 우리는 일본해(한국명 동해)와 황해(한국명 서해)에 대해서는 주권을 갖고 있지 않다. 그래서 만약 이 해역에서 분쟁이 일어날 경우 대만은 일본이나 한국 또는 중국에 어느 한 쪽에도 편승하지 않고 중립적 입장으로 중재할 수 있다.

단, 만약 분쟁이 동중국해나 남중국해에서 발생한다면 해당 수역에 대해서 우리의 영유권 청구를 포기하기는 어렵다. 그래서 여기서는 절대적인 중립 정책을 유지하기는 어렵다. 그러나 우리는 '평화'의 원칙은 고수할 것이다. 과거에 대만 정부는 동중국해과 남중국해에 대해 두 개의 평화적 입장을 발표한 바 있다. 2020년 아세안 10개국이 중공과 체결한 '남중국해 분쟁 당사국 행동선언(Declaration of the Conduct, DOC)'에 호응하면서 유엔해양법협약이 밝히고 있는 평화 수단으로 분쟁을 해결하는 원칙을 견지해야 할 것이다. 이러한 목표를 달성하기 위해 우리는 아래와 같은 전략을 채택하여 대만의 소프트파워를 발휘하여 평화중립의 목표를 달성하고자 한다.

첫째, 비전통적인 안보협력으로 난국을 돌파한다는 것이다. 비전통적 안보란 전통적 군사안보 이외에 국민과 국가의 생존 그리고 복지에 대한 수호를 가리킨다. 비전통적 안보 위협에 대한 대응은 반드시 군사적인 것으로 연결되지 않으므로 우리나라와 동아시아 국가들 간에 비전통적 안보 수호 문제로 협력 교류를 꾀할 수 있다.

둘째, 비전쟁적인 군사행동의 운영이다. 비전통적 안보위협에 기인하는 협력 계기를 넘어서 절대로 군사무력을 사용할 수 없는 것은 아니다. 이것이 소위 '비전쟁적 의미의 군사행동(Military Operations Other Than War)'이다. 우리나라는 관계 국가와 같이 주변 수역에서 협력하여 군사 훈련을 진행할 수 있고, 또한 타이핑다오를 남중국해의 자연재앙과 관련한 인도적 구호 및 의료를 위한 센터로 거듭나게 할 수 있다. 이로써 대만으로 하여금 선한 힘을 발휘토록 하여 동아시아 평화중립의 등대로 삼게 하는 것이다.

셋째, 동아시아 중립지역화다. 만약 '민주태평양국가연합(民主太平洋國協)'이 뜻대로 창설된다면 우리는 근공원교(近攻遠交)의 전략으로 멀리있는 미국과 캐나다, 두 나라가 이곳 대만을 포함하여 일본, 한국, 그리고 필리핀을 '운명공동체'의 입장에서 모두 평화중립을 선택할 수 있게 지지토록 만들어야 할 것이다. 제각기 중립국가로서 '동아시아 중립 연맹'을 형성케 한 후 여기에 남중국해 주변 국가도 초청하여 공동으로 '태평양평화조약'을 체결하여 해양평화와 영구발전을 확보토록 하는 것이다.

남극조약

해양국가인 대만은 해양입국으로서 해권을 강화하되 '남극조약(Antarctica Treaty)'의 정신을 받들어 '해양의 비군사화'를 계몽하여 분쟁이 있는 해양을 중립화해야 한다.

남극은 세계의 환경과 기후 변천, 그리고 수산 천연자원, 과학연구 및 지역 전략에 있어 중요한 위치에 있다. 현재 40여 개 국가가 이곳에서 100여 개의 과학 연구기지를 설치해 놓고 있다.

1908년, 영국 수상이 남극에 대해 영토요구를 한 적이 있다. 제2차 세계대전 때는 7개국이 남극대륙의 83% 에 대해서 영유권을 주장하고 나섰는데, 서경 90~150도만 무주지로 남았다.

미국, 소련 양국은 남극에 영유권은 요구하지 않았지만 다른 나라의 영유권 요구도 인정하지 않았다. 그러나 영유권 청구를 보류한다고 했다. 남극의 전략적 지위는 자연 자원과 과학 연구, 그리고 지역 전략의 중요성을 포함한다.

12개국은 1959년에 남극조약을 체결하면서 남극대륙이 세계의 공동 소유임을 확인하고 모든 국가들의 영유권에 대한 주장을 동결해야 한다고 했다. 다시 말해 남극대륙을 비핵화해야 하고 핵실험도 하지 말아야 한다. 핵무기는 말할 것도 없고 이곳에서 무장도 허용되지 않으며 어떠한 군사행동도 하지 말아야 한다. 남극대륙은 오직 평화적인 과학기술 발전의 용도로만 활용되어야 한다. 남극대륙에 대한 특정 국가의 영유권과 개발을 동결시켜야만 파괴를 막을 수 있고 원형을 보존할 수 있다는데 국제적 공감대가 형성돼 있다. 현재는 50여 개국이 관계 조약에 서명했다.

우리는 남극조약의 주권동결과 비핵, 비무장의 기본 정신을 따라 동아시아 지역 분쟁 수역에서도 비군사화를 실현해야 한다. 또한 국제사회가 공동으로 동아시아 지역의 분쟁 수역을 '해양보육구(海洋保育區)'로 개발해야 하며 이로써 동북아 지역의 안정과 번영 그리고 태평양 해역의 지속적 발전을 유지해야 한다. 동중국해의 경우에는 다음과 같은 원칙이 필요하다.

첫째, 모든 군사력이 분쟁 수역을 떠남으로써 지역의 평화를 회복해야 한다.

둘째, 이 수역의 현상과 안정을 파괴하는 영해에 대한 그 어떤 주권 주장도 불허한다.

셋째, 이 수역에서 어떠한 군사적 활동이나 핵 관련 활동도 해서는 안된다.

넷째, 유엔, 일본, 중공과 대만의 공동 협력으로 댜오위타이 군도를 국제해양보육구로 개발해야 한다.

진먼다오와 마쭈다오를 평화중립의 섬으로

대만 중립화의 과정에서 진먼다오와 마쭈다오, 두 섬에 대해서 타당한 고려를 해줘야 한다. 진먼과 마쭈는 여태껏 중국의 영토였으며 일본의 통치를 전혀 받지 않았다. 1958년 '823포격전' 당시 미국 국무부 장관이 장제스에게 진먼과 마쭈, 두 섬을 포기할 것을 권유했던 바 있으나 장제스는 대륙에 대한 반공의지를 굽히지 않으면서 이에 동의하지 않았다. 미국은 여태껏 진먼과 마쭈는 중공의 영토임을 인정하고 그래서 '중미공동방어조약'에 방어 대상도 대만과 펑후로만 한정했다. 그리고 '대만관계법'도 진먼와 마쭈에 대해서는 적용되지 않을 것으로 보인다.

2001년 1월에 천수이볜 총통이 양안의 국민들이 진먼과 샤먼의 해운을 통해 '소3통(小三通)'을 할 수 있도록 선포하면서 국공(國共)이 대치하고 있는 난국을 돌파한 적이 있는데, 말하자면 진먼과 마쭈가 양안의 평화실험구가 된 것이다. 중공 인민들도 진먼에 와서 관광을 할 수 있게 되었다. 진먼과 마쭈에 고향을 둔 이들이 푸젠성에 왕래하는 것이 편리하게 되었고,

진먼의 모판지에(模範街) 양쪽에는 한때 중화민국과 중화인민공화국의 국기가 나란히 같이 나부끼는 상황이 벌어져 많은 관광객의 눈길을 끌었다. 그때 그럴싸한 유행어도 나돌았다. "대만과 중국, 한 쪽에 한 나라, 양안의 국기가 너나 할 것 없이 나란히 나부끼네(台灣中國, 一邊一國 ; 兩岸國旗, 你飄我揚)."

최근 대만의 진먼현은 중공의 샤먼시와 '신4통(新四通)'을 추진할 것을 공개 주장하고 나섰다. 즉, '통수(通水, 물을 통하게 함)', '통전(通電, 전기가 통하게 함)', '통항(通航, 항구를 개방함)과 통상(通商, 상거래를 함)이다. 지리적으로 진먼와 샤먼은 바다를 두고 마주 보고 있으며, 둘 다 역사적으로 푸젠성에 속했다. '신4통(新四通) 주장은 정(情)으로나 합리(合理)로나 모두 맞는 말로, 진먼과 샤먼은 "먼 친척이면서 가까운 이웃"이라는 관계임을 충분이 증명하고 있다.

만약 양안에서 평화회담을 열게 된다면, 진먼과 마쭈, 두 섬은 평화로운 중립지역으로 설정해야 하고, 특히 진먼은 회담 장소로 마땅한 곳이다. 국제법에 따르면 중립구역 또는 완충구역에서는 모든 작전 인원이나 무기, 군사장비와 시설의 진입, 설치를 금지하고 있다. 어떠한 군사행동도 해서도 안되며 어떠한 적대 행위를 지지해서도 안 된다.

일단 대만에 평화중립이 확립된다면 진먼다오와 마쭈따오, 두 섬도 반드시 세계적인 평화의 섬으로 거듭날 것이며, 심지어 자유무역지대 및 위안화(RMB)의 역외 환전 중심지가 될 것이 틀림없다.

'평화 중립의 새로운 대만' 신전략

국내	국제
전통적 친미반중 전략	공포 균형의 전쟁 리스크, 용과 매의 전쟁의 제물
↓	↓
'평화중립'으로 각각이 이익을 누릴 수 있는 새로운 사고	'평화중립'으로 각각이 이익을 누릴 수 있는 새로운 이익적 기초

제8장

대만이 만들어갈
동아시아의 미래

쌍양안관계

모든 섬이 바다에 둘러싸여 있지만 섬의 운명은 본디 마주하고 있는 대륙의 국가와 떼어놓을 수 없는 관계로서의 운명을 갖고 있다. 대만도 사방이 바다에 둘러싸여 있지만 대만의 운명은 늘 대륙의 큰 나라들이 움켜쥐고 주물렀다.

대만에 대해서는 그간 청나라, 일본, 중국, 미국이 대만해협을 경계선으로 한 '소양안관계(小兩岸關係)'와 태평양을 중간에 둔 '대양안관계(大兩岸關係)'를 맺어왔다.

지난 70여 년간 대만은 '소양안'과 '대양안' 사이에서 그네타기를 했다. 오늘날 그 요동은 더욱 심해졌다. 소양안관계는 대만으로 하여금 중공에 대해서 '이소사대(以小事大, 작은 나라가 큰 나라를 섬김)'의 고통을 받게 했다. 그러나 대양안관계는 대만으로 하여금 소프트파워와 스마트파워의 국력을 발휘하게 하여 드넓은 태평양에서 빛을 발하게 했다.

대양안관계 - 미국 vs. 중국

미국은 원래 유럽을 중시하고 아시아는 경시했다. 미국이 중화인민공화국과 수교한 것은 마오쩌둥이 공산 중국을 창건한지 30년 후의 일이다. 1979년 수교 이후 오늘까지 미국과 중공의 관계는 대체로 다섯 단계로 구분된다.

첫째는, '미중밀월기(美中蜜月期, 1979~1991)'로 미국이 중공과 같이 소련에 대항했던 시기다. 둘째는, '미중당착기(美中磃礡期, 1991~2001)'로 소련이 해체되어 중공 카드는 빛을 잃게 되어 미중 관계가 미지근하게 전락했던 시기다. 셋째는, '경계방어기(警惕提防期, 2001~2009)'로 9.11사건 때문에 미국이 전면적으로 테러 방어에만 집중했던 시기다. 넷째는, '중국억압기(遏制中國期, 2009~2017)'로 중공의 GDP가 일본보다 커지면서 미중 관계가 '투키디데스 함정'에 빠지는 상황이 발생한 시기다. 다섯째는, '억압강화기(加碼遏制期, 2017~2020)'로 미국과 중공이 전면적 패권 쟁탈을 벌이게 된 시기다.

빠르게 굴기하는 중공의 전 세계에 대한 위협을 특히 아시아태평양 인접국가들이 가장 심각하게 느끼게 됐다. 2014년에 미국, 일본, 인도, 호주는 '4자 안보대화'(쿼드)를 열었는데, 주최국인 일본의 아베 신조 수상은 '다이아몬드 동맹'을 결성하여 중공에 대항하자고 제의했다.

트럼프 대통령은 취임 후에 공개적으로 중공과 러시아를 미국의 '전략적 경쟁자'로 지목했다. 미국은 '태평양 사령부'를 '인도태평양 사령부'로 개칭했고 태평양과 인도양을 넘어 전면적으로 '중국몽(中國夢)'에 대항하는 길로 접어 들었는데, 미국의 이런 적극적인 '인도태평양 안보전략'은 말하자면 '대양안보전략'이라 할 수 있다.

2019년 1월, 미국 국방부가 의회에 제출한 '중국의 세계 확장이 미국 방어체계에 미치는 영향 평가(Assessment on U.S. Defense Implications of China's Expanding Global Access)' 보고서에 따르면, 중공이 세계 곳곳에 해외 군사기지를 설치하는 것을 포함한 군사, 경제, 기술 등 측면의 영향력 확장, 그리고 '중국제조 2025'와 '일대일로', 그리고 '디지털 실크로드 계획' 등의 추진이 이미 미군의 해외 배치와 행동에 거대한 영향을 미치고 있다.

중공을 견제하기 위해 미국 펜타곤은 다음 네 가지 과제를 내세웠다. 첫째, 보다 더 파괴적인 군사력을 구축하여 군사적 우월성을 유지한다. 둘째, 동맹 및 파트너의 군사력을 강화시켜 공동 이익을 추구할 수 있는 건실한 협력망을 구축한다. 셋째, 내부 개혁을 통해서 보다 더 나은 실행 능력과 책임 능력을 실현한다. 넷째, 경쟁 영역을 넓혀서 미국의 우세를 창출한다.

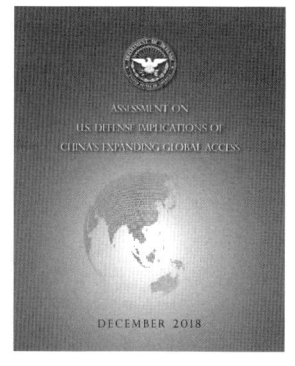

'중국의 세계 확장이 미국 방어체계에 미치는 영향 평가(Assessment on U.S. Defense Implications of China's Expanding Global Access)' 보고서 표지.

군사적 대결에 앞서 미중 양국은 이미 무역, 금융, 기술전은 물론, 이념에서 파생된 정치전을 전개했다. 올해 신종 코로나 바이러스가 크게 유행하면서 미국은 세계에서 가장 심각한 재난지역이 되었고 트럼프 대통령은 이로 인해 더욱 중공을 혐오하게 됐다.

미중 관계는 새로운 냉전시대로 접어들었을 뿐만이 아니라 군사적 열전(熱戰)의 서막도 서서히 열리게 됐다.

대양안관계 - 미국 vs. 대만

미국과 대만은 태평양을 가로질러 양 끝에 있다. 미국과 대만의 첫 인연은 껄끄러웠다. 제2차 세계대전 말기 미국은 대만을 폭격하고 일본을 소멸시켜 전쟁을 끝내려 했다. 하지만 이 계획은 마닐라와 류큐를 점령하는 계획으로 대체되었고 대만은 이로 인해 전쟁의 재난에서 벗어날 수 있었다. 미국은 1945년에 일본과 대항하기 위해 동맹을 맺은 장제스에게 요원을 급파해서 대만을 접수토록 했다. 1947년에는 장제스와 '중미해군협정(中美海軍協定)'을 체결하여 대만의 지룽(基隆)과 가오슝(高雄) 군용항의 사용권을 얻어 냈다. 미국은 1954년에는 다시 '중미공동방어조약(中美共同防禦條約)'을 체결하여 24년 동안 대만을 방어해주었으며 중화민국과의 국교관계를 1978년까지 유지했다. 1979년 단교 이후에도 미국은 '1법 3공보(대만관계법과 중공 관련 3가지 공동성명)'의 기본정책을 준수하면서 대만과의 관계를 40년 동안 유지하고 있다.

20세기 이래 미국의 대만 관계를 돌이켜 보면 때로는 조이고 때로는 느슨하여 반드시 우호적이었다고는 할 수 없다. 미국은 기본적으로는 국제 정세, 특히 동아시아 정세가 자국 국익에 주는 영향에 따라 대만 정책을 결정했다. 다시 말해, 필요하면 버릴 수도 있고 필요하면 지킬 수도 있는 것이 대만이다.

중공의 굴기는 미국으로 하여금 아시아 정책을 돌아보게끔 했고 이에 오바마 집권 말기부터 '아시아로의 귀환'이 두드러졌다. 그러나 만약 '미국우선주의'를 부르짖는 트럼프가 미국 제45대 대통령에 당선되지 않았더라면 미중양국의 대립은 아마 그렇게 격해지지 않았을 것이고 대만과 미국 관계도 그토록 친밀해지진 않았을 것이 틀림없다. 다른 한편으로는 차이잉원 정부의 지나친 반중친미 정책으로 말미암아 2020년의 양안관계는 '병흉전위(兵凶戰危, 서로 칼을 들이대고 전쟁이 발발하기 직전의 위기인 상황)'로 치닫게 됐다.

소양안관계 – 중국 vs. 대만

1949년에 마오쩌둥이 "중국은 일어섰다!(中國站起來)"라는 구호를 외쳤고, 1970년에 덩샤오핑이 "중국은 부유해야 한다!(中國富起來)"고 외쳤으며,

2017년에 시진핑이 중공의 제19차 전국인민대표대회에서 "중국은 강해야 한다!(中國强起來)"고 외쳤다.

시진핑 주석은 "두 단계 전략(二步走戰略)"을 폈다. 첫 번째 단계는 2020~2030년 사이에 전국에 샤오캉(중산층) 사회를 건설한다는 기초 아래 15년간 더 노력하면 기본적으로 '사회주의 현대화'를 달성할 수 있다는 것이다. 두 번째 단계는 2035~2050년 사이에 기본적으로 현대화를 실현하는 기초 위에 중공을 부강, 민주, 문명, 조화가 넘치는, 수려한 '사회주의 현대화 강국'을 건설한다는 것이다.

시진핑 주석은 "신시대 중국 특색 사회주의(新時代的中國特色社會主義)"를 천명했다. 그러면서 "신형국제관계(新型國際關係)"와 "인류운명공동체(人類命運共同體)"를 건설하여 중공을 지역 대국에서 세계 대국으로, 국제질서의 순응자에서 인솔자로 변모시켜서 적극적으로 중국의 지혜와 중국의 방안을 알려야 된다고 했다.

시 주석에게 있어 대만 문제는 쌍백(雙百, 중국판 르네상스)을 맞는 정치의 새 이정표에서 단지 하나의 전략적 포석의 일환일 뿐이다. 2017년 중공 제19차 전국인민대회에서 시진핑은 장장 3시간 반에 걸쳐서 '정치보고(政治報告)'를 발표했다. 대만 문제를 홍콩, 마카오와 나란히 16항 중의 12항 '기본정책'에 배치하여 단지 6분 동안만 언급하였는데, "대만"은 9번, "하나의 중국"은 5번, "92공식"은 4번을 거론했다. 이로 보아 대만 문제가 중공 정치에서 차지하는 무게가 대만에서 생각하고 있는 것보다는 크게 못 미친다는 것이 확인됐다.

그렇지만 그는 대만 문제 해결을 "3대 역사 임무" 중에 두 번째인 "조국통일 완수(完成祖國統一)"에 포함시켰다. 대만 문제 해결을 "중화민족 중흥의

천추대업(中華民族復興的千秋大業)"으로 정하면서 이를 '신성화'하고자 했다. 나머지 두 역사 임무는 "현대화 건설(推進現代化建設)"과 "세계 평화유지 및 공동발전 촉진(維護世界和平與促進共同發展)"이다.

시진핑은 "일국양제(一國兩制)"를 대만 정책으로 정하고 "골육형제(骨肉兄弟)"와 "양안일가친(兩岸一家親)" 등의 온정주의로 대만인이 대륙에 가도록 유인했고 또한 "국민대우"로 대만인을 동화하려 했다. "대만 현존의 사회제도와 대만 동포들의 생활방식을 존중한다", "솔선하여 대만 인민들과 대륙발전의 기회를 나누고 양안의 경제문화교류 협력을 확대하여 호리호혜(互利互惠)를 실현한다", "점진적으로 대만 동포들이 대륙에서 배우고, 창업하고, 취업하며, 생활하는데 대륙 동포들과 동일한 대우를 제공하며 대만 동포들의 복지를 증진한다"는 것이다.

그리고 다른 한편으로 그는 또 엄격하게 "6개임하(六個任何, 6가지의 "어떤")"를 발표하여 대만 정책에 있어 강온 정책을 병행하는 수단을 쓰고 있다는 것을 알 수 있다. 대만 독립 시도에 대해서는 강경하게 대처하고, 대신 양안 통일에 대해서는 유연하게 촉구하는 것이다. 시진핑은 "절대로 '어떤' 사람, '어떤' 조직, '어떤' 정당이라 하더라도, '어떤' 시기에 또는 '어떤' 방식으로든 '어떤' 한 뼘의 땅도 중국 영토에서 잘라 나가는 시도를 허용하지 않겠다(絶不允許任何人, 任何組織, 任何政黨, 在任何時候, 以任何方式, 把任何一塊中國領土從中國分裂出去)"고 했다.

한 마디로 시진핑은 중공을 지역 대국에서부터 세계 대국으로 만들려고 한다. 대국 전략 하에서 중공의 對 대만 정책은, 정치적으로 대만을 받아주고(政治納台), 외교적으로 대만을 쥐어짜고(外交困台), 군사적으로 대만을 봉쇄하고(軍事鎖台), 경제적으로 대만을 굶주리게 한다(經濟窮台)로 요약할 수 있다.

습5조(習五條) - 베이징판 국가통일 강령

2019년 1월 2일, 시진핑 주석은 '고대만동포서(告台灣同胞書, 중공이 1979년 1월 1일 최초로 공개했던 대만인들에게 보내는 메시지다. - 옮긴이)' 발표 40주년에 즈음하여 담화를 발표했다. 시진핑은 여기서 구체적으로 중화인민공화국이 대만을 통일하는 5대 전략을 내세웠는데 베이징판 '국가통일강령'이라고 할만했다. 그는 정치협상 방식을 이용해 '양제(兩制, 두 가지 체제)'에 의한 대만 방안을 모색하길 원했다. 그 내용은 다음과 같다.

첫째, 서로 손을 잡고 민족부흥과 화평통일의 목표를 실현하고자 한다. 많은 대만 동포들이 민족부흥에 있어서의 지위와 역할에 대해 진지하게 생각해 보길 바란다.

둘째, "양제(兩制, 두 가지 체제)"의 대만 방안을 탐색하여 화평통일의 실현을 풍부하게 하고자 한다. 대만의 현실을 충분히 고려하고 양안 각계의 의견과 건의를 받아들여서 대만 동포의 이익과 정서를 돌보고자 한다. 화평통일이라 함은 "대등한 입장에서 협상하고, 통일 방안을 함께 고민"하며 창의력을 발휘하고 동질화를 꾀하는 것이다.

셋째, 하나의 중국 원칙을 고수하고, 화평통일의 앞날을 보장한다. 무력 사용을 포기한다고 약속하지 않는 것은 어디까지나 외세의 간여나 극소수 "대만 독립" 골수 분자들과 그들이 추진하고 있는 분열 움직임 때문인 것이지 이는 절대로 대만 동포를 겨냥한 것은 아니다.

넷째, 양안의 융합 발전을 심화하여 화평통일의 기초를 다지고자 한다. 양안의 공동시장을 조성하고 중화민족의 경제를 강화한다. 우선 진먼와 마쭈를 푸젠성 연안 지방과 '통수(通水)', '통전(通電)', '통기(通氣)', '통교(通橋)'가 되도록 한다.

다섯째, 동포 간의 마음을 모으고 화평통일에 대한 공감대를 증진시키고자 한다. 양안 동포는 공동으로 중화의 우수한 전통문화를 계승하고 대만 청년들이 조국 대륙에 찾아와서 꿈을 추구하고, 꿈을 구축하며, 꿈을 실현하는 것을 열렬히 환영한다.

이 '습5조(習五條)'는 시진핑이 집권하고 나서 밝힌 가장 구체적이고 완전한 對 대만 정책인데 혹자는 이를 "화평통일의 노선도(和平統一的路線圖)"라고도 했다. 핵심은 다음과 같다.

첫째, 대만에 대한 전략으로 "화평통일, 일국양제"를 실시하나 무력통일을 포기하지 않는다.

둘째, 과거 "독립 반대가 주축이며, 통일을 촉구하는 것은 그 다음이다"라는 입장에서 '습5조'는 "적극적으로 통일을 촉구하며 엄중하게 독립을 반대한다"로 돌아섰다.

셋째, 시진핑은 "대만 '당국'에 희망을 건다"는 입장을 포기하고 직설적으로 "대만 '인민들'에 희망을 건다"는 입장을 밝히면서 공식(共識, 공통된 인식)을 찾아서 '정치협상'을 진행하기로 했다.

넷째, 시진핑은 양안 발전의 진도와 시간을 "주도"하면서 그 해결방안도 "주동"으로 장악하고 있다.

다섯째, '습5조'가 처음으로 "양제(兩制) 대만 방안탐색"을 언급했고 대만 동포의 이익과 복지를 열거하기는 했으나, 덩샤오핑이 과거 대만이 군대와 사법권을 가질 수 있다고 했던 "일국양제"와 달랐다.

시진핑 주석의 '대만침공전략(謀台戰略)'을 상세히 읽어 보면 아래와 같은 특성이 있음을 알 수 있다.

먼저 '하나의 중국' 국제화다. 전체 국제사회로 하여금 '하나의 중국'에 대해서 똑같은 인식을 갖도록 하려 한다.

둘째는 대만의 대륙화다. 대만 동포들에게 각종 국민적 대우를 부여하고 주민등록증을 발급하며 해외의 대만 동포들에게도 많은 관심과 따뜻한 손길을 내미는 것을 포함한다.

셋째는 담판의 진전화다. 시진핑은 양안간 정식회담의 준비 작업으로서 양안의 각 당파, 각계 대표인사와 민주적 협상을 제안했는데 일부러 대만 국민들이 뽑은 대만 정부를 외면하고 있다.

넷째는 양제의 방안화다. 대만은 홍콩과 마카오와는 다르기 때문에 양제와 관련해 대만 방안에 대해 검토해야 하고 원칙과 구상을 실제로 실행 가능한 구체적 틀로 전환시키려고 한다.

다섯째는 통일의 신성화다. 한가닥 기대 또는 희망으로서의 통일을, "중화민족의 위대한 부흥"으로 승화시키려고 하며, 이는 또한 대만 동포들과 해외 중화인의 영광스러운 사업이라는 것이다.

위에서 언급한 '5화(五化)'는 선포 이후 거의 아무 진전도 없다. 왜냐하면 중공과 미국 상호 간의 경제무역, 과학기술, 문화, 전략, 각 방면의 분쟁에서 대만은 무시할 수 없는, 대체할 수 없는 역할을 해왔기 때문이다.

2020년, 미국 민주당은 전당대회 채택 정강에서 '하나의 중국' 정책 자체을 빼버렸고, 트럼프 대통령이 임명한 마이크 폼페이오 장관도 처음으로 미국을 대표하여 공개적으로 "대만은 중국의 일부분이 아니다"라고 선포했다.

그리고, 신종 바이러스 폐렴이 확산된 이후에 너무나 많은 "돌아갈 수 없다(回不去了)"가 생겼다. 양안관계에 홍콩함락까지, "일국양제(一國兩制)"의 달콤한 속삭임은 어느덧 대만인들에게는 이젠 아무런 감흥을 주지 못하며 심지어 "구역질"까지 불러 일으키기 시작했다.

중공 對 대만 관계의 발전

연도	약칭	주요내용
1979년	제5차 '고대만동포문(告台灣同胞書)'	(대만 동포에게) 양안의 군사대치를 끝내고 '양안3통(兩岸三通)' 개방을 제시.
1981년	'엽9조(葉九條)' - 덩샤오핑	처음으로 구제적으로 '일국양제'를 언급. 통일 후의 대만이 군대도 보유할 수 있다고 하였음.
1983년	'등6조(鄧六條)' - 덩샤오핑	양안이 평등하게 회담을 개최할 것을 건의. 외세 간여는 불허.
1995년	'강8점(江八點)' - 장쩌민	'하나의 중국'의 전제하에 어떤 문제도 협상할 수 있다. 중국인은 중국인을 공격하지 않는다.
2008년	'호6점(胡六點)' - 후진타오	적대상태를 중지하고 평화협상을 달성하자.
2013년	양안일가친(兩岸一家親) - 시진핑	양안은 가족, 친지와 같다. 시진핑이 샤오완창(蕭萬長) 대만 부총통을 만났을 때 제시.
2016년	'6개임하(六個任何, 6가지의 "어떤")' - 시진핑	시진핑은 "절대로 그 '어떤' 사람, '어떤' 조직, '어떤' 정당이라 하더라도, '어떤' 시기에 또는 '어떤' 방식으로든 '어떤' 한 뼘의 땅도 중국 영토에서 잘라 나가는 시도를 허용하지 않겠다"고 강조했다.
2019년	'습5조(習五條)' - 시진핑	양안통일 실천방안을 제시. 양안의 각 당과 각계 인사가 참여해 양제(兩制) 대만방안과 평화통일 방안을 협상하자고 밝힘.

259

대만, 중국에 맞서다

2016년 5월 20일, 취임 연설에서 차이잉원 총통은 다음과 같이 말했다.

"1992년에 양안이 상호양해와 구동존이의 정치적 사고로 소통과 협상으로 여러 공식(공동인식)과 양해를 얻어 냈는데 본인은 이 역사적 사실을 존중한다. 92년 이후, 20여 년간 상호 간 교류와 협상을 통해 누적된 현상과 성과는 양안 모두 이를 귀히 여기고 수호해야 할 것이며 기존의 사실과 정치의 기초 위에 지속적으로 양안관계의 평화안정적 발전을 추진해야 할 것이다.

새 정부는 중화민국 헌법과 양안인민관계조례 및 기타 관계 법률에 의거하여 양안업무를 처리할 것이다. 본인이 말하는 기존의 정치 기초에는 몇 가지 관건적 요소가 포함되어 있다. 즉 첫째, 1992년 양안회담에서 상호양해, 구동존이에 대한 공식, 이것은 역사적 사실이다. 둘째, 중화민국 현행 헌정체제다. 셋째, 양안이 과거 20여 년간의 협상과 교류 왕래한 성과다. 넷째, 대만의 민주 원칙과 보편적 여론이다."

차이잉원 총통은 '92공식(九二共識)'은 인정하지 않고 1992년에 양안회담이 개최됐다는 '역사적 사실'만 인정했다. 대선 전에는 "현상유지"를 내세우며 양안 문제에 있어서 모호함을 드러내면서 중간층 유권자들의 지지를 호소했다. 취임 후에도 '92공식'에 대한 분명한 입장을 밝히기를 꺼려서 이로 인해 양안관계는 계속 얼어붙었다. 중공은 차이 총통의 양안 정책을 "

미완성의 답안지"라고 하면서 대만에 대해 냉소적으로 대했다.

차이잉원이 총통으로 취임 후 양안 정책은 현상유지를 기조로 삼으면서도 또한 영국식의 '4불(四不)'을 천명했다. 소위 "현상유지"라 함은 "중화민국 현행 헌정 체제, 그리고 양안이 상호협상과 교류왕래로 다져진 성과, 그리고 민주의 원칙과 보편적 여론을 양안관계를 추진하는 기초로 삼는 것"이다. 소위 "4불"은 "2불변(二不變)"과 "2불회(二不會)"가 포함되는데, 차이잉원 총통은 "우리의 선의(善意)는 불변이며 약속도 불변이다. 단, 지난날 대결의 방식으로 돌아가지 않는다. 그렇다고 해서 압력에 굴복하지도 않는다. 이것이 양안관계를 처리하는 일관된 원칙이라 할 수 있다"고 하였다. 여기서 "선의"란 무엇이며, "약속"은 무엇인가? 명확하게 말해주지 않았고 짚어주지도 않았다.

그러나 2019년 연두교서에서 차이잉원 총통은 과거 부드럽고 모호했던 "4불 1몰유(四不一沒有)"의 태도를 바꿔 중공이 "습5조(習五條)"를 발표하기 전에 "4개의 필수"와 "3겹의 보호망"이란 강경 성명을 발표하여 신선한 느낌을 주었다. 이때 차이 총통은 명확하게 '92공식'과 '일국양제'에 반대한다는 입장을 밝혔다. 그리고 2019년을 "민주를 쟁취하고 민주를 보호하고 주권을 수호"하는 한 해로 정했다.

"4개의 필수"란, 반드시 중화민국이 존재한다는 사실을 똑바로 바라봐야 하며, 반드시 2,300만명 인민들의 자유와 민주에 대한 갈망을 존중해야 하며, 반드시 평화균등한 방식으로 양안의 차이점을 직시해야 하며, 반드시 정부나 혹은 정부가 위촉하는 공권력 기구가 마주 앉아서 대화해야 한다는 것을 말한다. "3겹의 방호망"이란 '민생안정 방호망'과 '정보안전 방호망', '양안상호교류의 민주방호망'을 말한다.

2020년 1월 2일, 시진핑 주석이 "습5조(習五條)"를 발표하자 당일 오후 차이잉원은 바로 "채4점(蔡四點)"을 내서 반박했다

첫째, 우리 대만은 시종 '92공식'을 받아 들이지 않았다. 근본 원인은 베이징 당국이 내놓은 '92공식'이 사실상 "하나의 중국(一個中國)"과 "일국양제(一國兩制)"였기 때문이다. 중공은 반드시 중화민국 대만이 존재하는 사실을 인정해야 하고 대만인들이 공동으로 건립한 민주국가 체제를 부인해서는 안된다.

둘째, 반드시 대만 2,300만 명의 자유 민주를 수호하고자 하는 마음을 존중해야 하며 분화(分化)와 이유(利誘, 회유)의 방식으로 대만인들의 선거에 개입해서는 안된다.

셋째, 반드시 평화 동등한 방식으로 양자 간의 차이점을 처리해야 하며 탄압과 위협으로 대만인들을 굴복시키려 해서는 안된다.

넷째, 반드시 정부나 정부가 권한을 위임한 공권력 기구가 양안 문제를 서로 터놓고 얘기해야 하며, 국민의 수임과 감독을 거치지 않은 어떠한 정치적 협상도 민주적 협상이라고 할 수 없다.

2020년 1월 11일, 차이잉원은 역대 최고 득표율로 중화민국 제15대 총통에 당선됐다. 당일 밤에 차이잉원은 국제기자회견에서 당선소감을 발표하면서 양안 관계에 대해 다음과 같이 말했다.

"지난 3년 동안 정부는 민주주의의 마지노선을 견지하면서 중국과 건강한 교류 관계를 유지하기를 원했다. 중국의 문공무혁(文攻武嚇)

에 불구하고 우리는 도발하지 않고 무시하지도 않는 태도를 유지하며 양안의 엄중한 충돌을 피했다. 그러나 중국은 대만을 점차 압박해 들어오면서 '일국양제 대만방안'을 들고나와 우리에게 주권을 양보하라면서 도저히 받아들일 수 없는 조건을 받아들이라고 했다. 중국이 일방적으로 대만해협의 현상을 바꾸려고 하는 것에 대해 선택의 여지가 없는 우리로서는 지속적으로 민주적 방위체제를 강화하고 또한 대만해협의 안보를 충분히 보장하는 국방력을 구축해야만 한다."

차이잉원 총통은 "평화", "대등", "민주", "대화"라는 여덟 글자를 내세우면서 이를 양안이 다시 양질의 상호작용과 장기적 안정발전을 다시 할 수 있도록 하는 관건으로 삼자고 했다.

"'평화'는 건너편에서 반드시 대만에 대한 무력위협을 포기해야 하는 것이며, '대등'은 서로의 존재를 부인하지 않아야 하는 것이고, '민주'는 대만의 앞날은 2,300만 명이 결정해야 한다는 것이다. 마지막으로 '대화'는 쌍방이 앉아서 미래 관계의 발전을 이야기할 수 있어야 한다는 것이다."

2020년 5월 20일의 취임 연설에서 차이잉원 총통은 다음과 같이 말했다.

"본인은 재차 "평화", "대등", "민주", "대화"란 여덟 글자를 강조하고자 한다. 우리는 베이징 당국이 "일국양제(一國兩制)"로 대만을 낮추고 대만해협의 현상(現狀)을 파괴하는 것을 받아들일 수 없다. 이것은 우리의 변하지 않는 원칙이다. 그리고, 중화민국 헌법과 양안인민관계

조례를 준수하고 양안사무를 처리하는 것이 우리가 대만해협의 평화와 안정의 현상을 유지하는 일관된 입장이다. 양안관계는 역사의 기로에 서있다. 상호 간에 대립과 분쟁을 피하고 장기적 평화공존의 방법을 찾는 것이 우리 모두의 책임인 것이다. 변화의 시국에서 본인은 원칙을 고수하면서 또한 문제를 해결하고자 하는 개방된 태도로 책임을 다할 것이며 양안 건너편의 지도자도 상대로서 책임을 지고 함께 양안관계의 장기적 발전을 위해 힘써 주기를 바란다."

차이잉원 총통의 담화에 대해 시진핑 주석은 응답하지 않았다. 그러나 중공군의 대만에 대한 소요가 일상화됐고 대만군은 대응에 있어 피로가 누적되고 불의의 사고도 빈번히 발생하여 민심이 불안해졌다.

중국과 대만, "먼 친척, 가까운 이웃"

천안문 사건이 발생한 다음 해인 1990년 여름, 필자는 중국 대륙에 약 한 달 동안 방문한 적이 있다. 베이징에서 당시 대만사무판공실 양스더(楊斯德) 주임과 통일전선부 완샤오펀(萬紹芬) 대리부장과 대화를 나눈 적이 있다. 필자는 그 자리에서 "3성원칙(三性原則)"을 제시했다. 즉 "인성(人性, 휴머니즘)", "이성(理性, 합리적임)", "양성(良性, 바람직함)"을 기초로 양안관계를 다루는 것을 당부했던 것인데, 후에 중공은 실제로 내 제안을 내부참고자료로 삼았다고 전해 들었다.

"어떤 정치 목표이든 간에 반드시 '인성(人性, 휴머니즘)'에 적합해야 하며, '이성(理性)'을 갖춘 수단으로 추진하여야만, 양성(良性)의 결과를 가져올 수 있습니다. 그렇지 않고, 인성을 위반하거나 혹은 비이성적 수단을 쓴다면 반드시 악한 결과를 낳게 될 것입니다."

피비린내가 진동했던 천안문 사건 직후였지만 그래도 그때 필자는 솔직하게 직언을 했던 것이다!

당시 중국 대륙 방문은 또한 내 평생 유일한 중국 대륙 방문이기도 했다. 베이징에서 열흘간 머물다가 시안(西安), 우한(武漢)에서 장강(長江)의 싼샤(三峽)를 통해 푸저우(福州)까지 도착하여 마지막으로 내 본적지인 푸젠성 장저우(漳州)부 난징(南靖)현 수양(書洋)향의 롱탄(龍潭)루에 가서 조상에게 경배했다.

필자의 기억으로는 어릴 적부터 아버님께서는 대만으로 건너온 우리 가계의 조상인 뤼팅위(呂廷玉)공의 출생지를 찾아보라고 신신당부하곤 했다, 듣기로는 당시 뤼팅위공이 새로 맞이한 처와 친인척들을 데리고 바다 건너 대만에 건너와서 복숭아꽃이 만발한 타오화(桃花)에 발을 디뎠는데, 그곳은 지금의 타오위엔(桃園)시 예술문화특구 주변이라고 한다.

1991년말 필자는 입법위원(대만의 국회의원)에 당선됐다. 당선 후에 외교위원회에 입문하여 대만의 앞날을 위해 동분서주했다. 필자는 대만과 중국과의 관계를 몸소 체험하면서 양안관계에 대해서는 "원친근린(遠親近鄰, 먼 친척이자 가까운 이웃)"이라는 네 글자보다 더 절실한 말은 없다고 느꼈다. 2000년에 필자는 부총통선거에 참가했고 부총통 후보자로서 유일했던 TV 유세에서 필자의 주장을 밝힐 수 있었다.

"대만과 중국의 원한은, 사실 국민당과 공산당, 양당 갈등의 산물인 것이지 대만인, 중국인과는 아무 관계가 없다. 타고나게 선량한 우리 대만인은 중국인과 아무 원한이 없었다. 그래서 50여 년 동안 중공이 가한 억압과 수모, 그리고 문공무혁(文攻武嚇)은 순전히 무모한 재앙과도 같은 것이다. 오늘날 마오쩌둥과 장제스, 두 노인도 모두 고인이 되었으며, 그들이 남긴 낡아빠진 원한관계는 염라대왕부에서 스스로 청산해야 한다고 생각한다. 대만과 중국은 특수한 관계다. 우리는 역사적으로나 혈연적으로는 먼 친척이며, 지리적으로는 가까운 이웃이다. 먼 친척이기에 원한을 품을 일이 없을 것이고 전쟁이 있을 필요도 없다. 가까운 이웃이기에 서로 보살피고 도와가며 평화적으로 어울려야 한다."

이후 각 신문사들의 여론조사를 보면 그날 TV유세에서 필자에 대한 평이 다섯 후보자들 가운데 가장 좋았다. "원친근린(遠親近鄰)"이라는 양안관계의 개념이 대중들의 호응을 얻은 셈이다.

중국몽(中國夢)은 어떻게 짜여 나갈 것인가?

중공의 미래는 어떻게 될 것인가? 마오쩌둥 연구로 잘 알려진 하버드 대학교의 로스 테릴(Ross Terrill) 교수는 다음 7가지 가능성을 내다봤다.

- 일당독재가 지속된다
- 결속과 안정을 잃어간다
- 대만, 한국과 같은 민주화의 길로 나아간다

· 소련과 같은 식으로 붕괴한다
· 갖은 투쟁과 청산으로 공포 정치가 계속 유지된다
· 혼란없이 빠르게 새로운 파시즘으로 정착된다
· 언제까지 혼란스러울지는 모르나 결국 민주연방제로 나아간다

일본의 오마에 겐이치(大前研一) 교수는 2003년에 출판한 『중화연방(中華聯邦)』이라는 책에서 중국의 미래에 대해 예언한 적 있다. 그는 앞으로 중국은 6개의 경제블록에 대만을 포함한 '중화연방'이 될 것으로 내다봤다. 그는 쟝쩌민이 물러난 후 이러한 사업을 추진할 것을 권유했다. 오마에 겐이치 교수는 또 2005년에 양안이 '중화연방'의 틀 속에 통일이 이루게 될 것이라는 대담한 전망을 내놓기도 했다.

오마에 겐이치 교수의 예언은 빗나갔지만 로스 테릴 교수의 예언은 앞으로 계속 관망할 만하다. 하물며 경자년의 여러 천재인화(天災人禍)를 겪은 중공은 무사하지 않을 것이고, 변화할 것이며, 그것도 급변일 수 있다.

시진핑 주석이 2017년 제19차 중국 공산당 전국대표대회에서 천명한 "두 개의 15년(兩個十五年)"은 두 단계로 중공을 "부강, 민주, 문명, 조화가 넘치는, 수려한 사회주의 현대화 강국"으로 건설하겠다는 계획이다. 그 중에서 대만과의 통일은 3대 역사적 사명 중 하나로 그 진행 순서는 다음과 같다.

먼저 제1단계(2013~2017년)로 중공 국가안전위원회를 설치하여 '국가안전법'을 반포한다. 제2단계(2018~2020년)로 중요한 전략적 기회를 장악하고 전면적으로 샤오캉사회를 건립하여 내외적으로 유리한 안전형세를 창조한다. 제3단계(2021~2049년)로 적당한 방식으로 국가통일과 영토보전을 실현

하며 대만통일 시간표와 효과적인 지원보완책을 마련한다. 제4단계(2050년)로 중간단계 발전국가의 전략목표를 완성하고 새로운 국제 안보 질서에 핵심적 역할을 담당한다.

물론 이것은 전부 경자년 온역(瘟疫)이 크게 유행하기 전에 짜여진 아름다운 청사진이다.

온역과 천재(天災)가 끝나고 나서 대국의 정치판도는 어떻게 그려질 것인가. 세계화, 개방화 추세가 다시 쇄국정책으로 회귀하지는 않을까. 세계의 새로운 정세와 인류의 새로운 문명이 어떻게 만들어질 것인지는 아직 모를 일이지만, 양안관계를 어떻게 조정하고 개척할는지는 우리 모두의 숙제다.

세계전략의 큰 틀 아래 양안관계의 발전은 복잡하고도 미묘하다. 우리는 어떻게 미중 양대 강국 사이에서 구동존이할 것인가. 그리고 상호이득이 되는 가치와 이익을 확대할 것인가. 또한 '대만문제'를 해결하고 대만이 미중 충돌의 초점이나 미중 경쟁 속의 하나의 희생물이 되지 않도록 해야 할 것인가.

'평화중립'이야말로 미중 전략 관계에 있어 하나의 지렛대가 되어 동아시아 정세의 관건이 되어야 할 것이다.

'하나의 중화(一個中華)'로 '하나의 중국(一個中國)'을 대체

'92공식'과 관련해 베이징은 그 내용 중에서 "하나의 중국을 견지한다(一個中國)"만 고집하고, "그 표현은 양안 각자의 편의대로 한다(各自表述)"를 부정하고 있다. 중공은 '하나의 중국'은 오직 '중화인민공화국'이라고 생각한다.

그러나 1949년에 중화인민공화국이 건국됐을 때 샌프란시스코 평화회의는 아직 열리지 않았고 당시 대만은 국제법상 여전히 일본 영토였다. 그 후 일본은 대만과 평후의 주권을 포기하기는 했으나 이를 중화인민공화국에 넘겨주지는 않았다. 사실상 중화인민공화국은 대만에 대해 단 한번도 관할권을 행사한 적이 없는데 어찌 주권 문제가 나올 수 있겠는가?

하물며 '중화인민공화국 헌법' 제1조는 "중화인민공화국은 노동 계급이 지도하고 노농동맹(노동자와 농민의 동맹)을 기초로 하는 인민민주독재(人民民主專政)의 사회주의 국가다"라고 밝히고 있다. 서언에서는 더욱 명백하게 "중국의 각 민족 인민은 계속 중국 공산당의 영도 하에서 맑스-레닌주의 마오쩌둥 사상, 덩샤오핑 이론을 지도로 삼고 인민민주독재를 견지한다"고 써놓았다. 즉 중화인민공화국은 중국 공산당의 국가이지 전통적인 중국 인민의 국가가 아니며, 대만인들의 국가는 더더욱 아니다!

소위 '중국의 주권과 영토 보전(中國主權與領土完整)'이라는 개념은 고대 중국의 "온 국토는 모두 왕의 땅이고, 온 국토의 백성은 모두 왕의 백성이다 (率土之濱, 莫非王土 ; 率土之民, 皆為王民)"라는 중화패권사상에서 비롯된 것으로, 21세기의 인민주권 개념과 융합하기 어려운 것이다. 전자("온 국토는 모두 왕의 땅")는 인민들이 토지에 부속해 있으며 인민의 운명은 토지의 부속성에 따라 결정된다는 것이고, 후자("온 국토의 백성은 모두 왕의 백성")는 토지가 인민에 부속해 있으며 인민은 토지의 주권을 결정할 수 있다. 소위 '민족자결'인 것이다. 따라서 대만으로 하여금 중공과의 통일을 강요하면서 중공의 일부분으로 인정하라는 것은 너무나 억지인 것이고 역사적 사실에는 더욱 위배되는 것이다.

그러나 약간 다른 관점에서, 어떤 면에서는 단지 두어 글자만 바꾸고 한

발짝 물러서서 보면, 장기적으로 골치아프고 삐걱거리는 양안 관계를 순조롭게 풀어나갈 수 있게 되는지도 모른다. 즉, 중"화(華)"로서 중"국(國)"을 대체하고, 또 양안"통일"을 양안"통합"으로 대체하면 된다는 것이다.

"중화(中華)"라는 표현은 중화의 혈연 및 문화를 공유하기에 비슷한 사회적 외양을 보이는 민족 무리들을 가리킨다. 청나라 말기의 계몽사상가이자 문학가인 양계초(梁啓超)는 1901년에 "중국민족(中國民族)"이란 말을 처음으로 사용하였고 그는 이후 이 용어를 다시 "중화민족(中華民族)"으로 바꾸었다. 중화민족은 '한자문화국(漢字文化國)'의 한인(漢人) 위주였다가 왕조의 강역이 차례로 바뀌면서 점차 만(滿), 몽(蒙), 회(回), 묘(苗)의 '오족공화(五族共和)'로 융합되었는데, 오늘날 중화인민공화국에는 56개 민족 군(群)이 있다.

2002년 9월 30일, 필자는 「미국의 소리(VOA)」 기자와의 특별 인터뷰에서 "3개의 중화"라는 개념을 제시했던 적이 있다. 필자가 보기에 세계화의 충격 속에서 소위 '중화'라는 개념이 이미 3개의 영역에서 의미가 섞여서 서로 다른 개념으로 나타났다. 즉, '정치중화', '경제중화'와 '문화중화'다.

'정치중화'는 현 단계 중화민족 간의 정치 구도로서, 중국 대륙 공산당 통치하의 '중화인민공화국'과 자유민주의 방식으로 다스려지는 대만의 '중화민국'이 포함된다. '경제중화'는 '대중화 경제권'을 말하는 것으로 기본적으로 중공, 대만, 홍콩, 마카오, 싱가포르 등 화교 사회가 형성하고 있는 경제시장을 일컫는다. '문화중화'는 중화문화와 관계되는 모든 사회와 세력으로, 중국 대륙, 홍콩, 마카오, 대만, 그리고 싱가포르와 전체 화교 사회, 그리고 중화문화와 관계된 외국인들도 여기에 포함된다.

분명한 것은 '이 3개의 중화'가 같은 지리적 발판 위에서 겹쳐져 있는 것이 아니며, 특히 그 내용이 같지 않다는 것이다. 세계화 추세에 따라 경제적 이익 추구는 역내 무역 활성화, 인재 흡수와 자금 이동을 가속시켜 대만과 중공의 경제적 상호의존도를 점차 증가시켰다.

'문화중화'도 더욱이 과학화와 세계화로 인해 날로 다양해지고 다채롭게 되어 다원적 면모를 보여주고 빠른 확장력으로 정치의 한계를 넘어서고 있다. 그러나 정치적 판도상에 일당체제를 실행하는 공산 중국이 대만에 대해서 말로 공격하고 힘으로 위협하는 일을 행함으로써 대만을 괴롭히고, 또 궁극적으로 무력으로써 대만을 침공하려는 것이다.

이 '3개의 중화'는 그 내부의 팽창력과 상호 작용이 대만과 중공의 미래를 그리는데 결정적 영향력을 가지고 있다. '3개의 중화(三個中華)'의 개념에서 최근 양안 관계는 정치적으로는 얼음처럼 차갑지만, 경제무역 분야의 양안간 왕래는 끊을래야 끊을 수 없었다. 물론 경자온역(庚子瘟疫, 코로나 바이러스) 이후 대만 기업들이 분분히 중공을 떠나 일부는 대만으로 돌아오기도 했다. 분명한 것은, '문화중화'는 이미 대만인 2,360만명의 생활과 사고에 녹아있다는 것이다. 대만과 중공은 사실 '하나의 중화'에 속해 있다는 것을 인정하는 것이 이치와 정서에 맞고, 그리고 자연스러우면서도 진실성이 있는 것이다.

대만과 중공의 관계가 비록 "너무 단단해서 떼어낼 수 없다(濃得化不開)"는 사이도 아니기는 하지만, 그래도 단칼에 자를 수는 있는 사이도 아니며 또 죽어도 왕래하고 싶지 않은 사이도 아니다. 근 30여 년간 양안관계는 경제와 사회교류에서 다음과 같은 현상이 나타났다.

즉, 이미 1백만이 넘는 대만인이 중공에서 취업하거나 취학을 했다. 또 대만인과 중공인이 근 40만 쌍이 결혼을 했다. 한편, 매년 900만 명 인구가 양안을 오가고 있다. 중공이 사용한 대만의 자금이 누적으로 652.4억 달러이며 상호간의 무역량이 매년 1,900억 달러에 달한다. 대만의 중공, 홍콩, 마카오에 대한 무역 흑자는 800억 달러를 넘는다.

대만의 2,360만 인구 중에 소수가 원주민끼리 통혼하거나 원주민과 대륙인이 통혼한 경우가 있기는 하지만, 절대 다수는 어떻든 화인(華人)의 혈통을 가지고 있고 중화문화를 함께 누리고 경영하며 또 중화 종교의 신앙을 가지고 있다.

그래서 우리는 "원친근린(遠親近鄰)"이란 특수한 역사적, 지리적 관계에서 '하나의 중화'를 받아들여야 하며 '하나의 중국'이라는 '긴고주'에서는 이제 벗어나야 한다. 양안의 평화적인 공존공영(共存共榮)의 새 출구를 찾아야 하며 어떤 경우에도 전쟁을 해서는 안된다.

중공도 실은 '파이브아이즈 동맹', 특히 미국의 강한 제재를 당하면서 사실상 사면초가의 어려움에 직면해 있지 않은가. 그래서 실제로 중공의 대만 문제 권위자인 상하이 동아시아 연구소 소장 장니엔츠(長章念)도 "양안이 상대적 통일을 유지하면서, 공통의 새로운 개념을 창출하자"고 호소했던 바 있다. 그는 "양안 동포야말로 우리의 하나님이다. 대결은 이제 그만하고 앙심을 품지 말며 모욕은 그만하자. 탈중국화도 멈추고 전면적 왕래를 회복하자"고 했다.

장니엔츠 소장이 앞으로 대만인의 입장을 이해해 베이징으로 하여금 "원친근린"의 사고방식으로 '하나의 중화'로 '하나의 중국'을 대체하고 '양안통합'으로 '양안통일'을 대체하도록 제의해준다면, 이것이 그가 호소한 "상대적 통일" 호소에 적합한 길일 것이다.

중화연방(中華邦聯), 대만중립(台灣中立)

역사적으로 볼 때 대만 운명의 전환점은 전부 전쟁에 있었다. 그것은 대만 내부의 전쟁이 아니라 멀리서 찾아 온 전쟁이었다. 1894년 갑오전쟁으로 인해 청나라가 대만을 일본에 할양했다. 1950년 남북한 전쟁 때도 미국은 대만을 국민당과 한데 묶어서 중국 공산당과 싸우게 했다. 1979년에 미국은 대만과 단교하고 중공과 수교했다. 단 한 번도 대만인의 자문을 받은 적이 없었고, 대만인의 의사가 존중된 적이 없었다.

역사는 또한 이 대만땅이 '세계'의 대만이지 '대만인'의 대만은 아니라는 것을 말해 주고 있다. 대만이 특유한 전략적 가치, 특히 우월한 과학 생산력이 있음에도 불구하고 주권독립과 자기방어능력이 없음으로 인해 그저 당하고 있을 수 밖에 없었다.

그러나 21세기 오늘날 대만은 일찍이 민주주의를 수립 보존 성숙시켜 온, 성공한 스토리로서 한 가닥의 선한 힘을 세계에 보여주고 있다. 특히 이번 경자온역 중에 대만은 뛰어난 방역 실력을 보여줌으로써 세계의 모범이 되었다. 우리는 우리 자신과 후손들을 위해서 하나의 안전, 평화, 존영의 미래를 창조할 권리가 있을 뿐만 아니라 그런 의무도 있다.

천하가 역대로 합쳐지고 갈라지는 모습을 보면서, 각계 학자들이 지금껏 내놓은 주장을 정리해 보면 대만과 중공의 미래로 가장 적절한 선택은 '중화국가연합(中華國協)', 또는 '중화연방(中華邦聯)'일 것이다.

만약 베이징 당국이 싱가포르와 대만을 중공과 통합하는 일을 주선하고 여기에 신장과 티베트, 그리고 몽골도 함께 하게 된다면 일찍이 '영연방(The Commonwealth)'과 같은 '중화국가연합'을 못할 것도 없다. 전 세계 중화인을 결집해낸다면 정치와 경제, 그리고 문화적으로 '하나의 중화'는 더욱 빛날 것이고, 중화민족은 국제적으로 위세를 떨치면서 진정한 '중화몽(中華夢)'을 이룰 것이다.

그러나 가까운 장래에 싱가포르와 신장, 그리고 티베트와 몽골이 다같이 '중화국가연합'을 창설하는 일이 그리 쉽지는 않을 것이다. 따라서 '중화연방(中華邦聯)'으로 일단 대만과 중공을 통합하는 것이 가장 좋은 선택일 것이다.

만약 대만과 중공이 '중화연방(中華邦聯)'으로 통합하게 된다면 상호 간에는 반드시 평화와 동등한 원칙으로 '중화연방헌법'을 협의하여 체결해야 하며 통합 후의 대만과 중공의 권리와 의무도 규정해야 한다.

대외적으로 중화연방을 공동으로 수호하지만 대내적으로 각자가 주권을 가지고 기존의 정치체제로 나라를 다스려야 할 것이다. 서로 각자의 대표를 파견하여 '중화연방의회(中華邦聯議會)'를 설치하여 연방에 관한 중요한 정치업무를 결정하도록 한다. 또한 베이징은 대만이 유엔에 가입할 수 있도록 협조하고 대만의 국제적 지위를 높여주어야 한다. 대만은 연방회원의 입장에서 같은 연방회원인 중공과 협력할 것은 협력하면서 다같이 "부강", "민주", "문명", "조화", "수려"의 나라가 되도록 한다.

동아시아 지역의 안정과 평화를 보장하기 위해 중공은 대만의 영세중립을 장려하고 지지해야 한다. 미중 양국의 이전투구에서 벗어나 양강 사이에서 적극적인 '조정'과 '중재' 역할을 함으로써 다시는 대만이 미중 양국의 공포에 의한 균형에 도화선이 되지 않도록 한다.

그러나 이런 단계는 반드시 중공이 '하나의 중화'로 '하나의 중국'을 대체한다는 것을 동의하는 원칙 하에서 대만 정책을 조정하고 양안이 "원친근린"의 관계임을 인정해야만 가능하다. 또한 중공도 여러 외환(外患)과 내우(內憂)가 처리되어 내부가 안정되고 조화가 이뤄진 주관적, 객관적 환경이 성숙되어야 추진할 수 있을 것이다.

지혜롭고 냉정한 '탐색' 이전에 대만과 중공 쌍방은 반드시 평화롭고 대등한 입장을 가져야 하며, 무엇보다 무력 위협을 지양해야 한다. 아울러 '절대주권관(絕對主權觀)'도 느슨하게 하여 서로 존중해야 한다. 세계 대세에 순응해 공동으로 "부강", "민주", "문명", "조화", 그리고 "수려"로서의 '중화통합체(中華統合體)'를 운영해야 할 것이다.

민주태평양국가연합(民主太平洋國協)

동아시아는 지역적으로 '동북아시아'와 '동남아시아'로 나뉜다. 전자에는 중공, 한국, 일본, 대만, 또는 러시아의 시베리아가 있는데 이중에서 3개국은 공산 정권이고, 다른 3개국은 지난날 식민지와 피식민지 관계에 있었다. 그래서 서로 원한이 있으며 그러면서도 끊을래야 끊을 수 없는 그런 복잡한 관계가 얽혀있다. 후자에는 필리핀, 베트남, 버마, 캄보디아, 태국, 라오스, 말레이시아, 싱가포르, 인도네시아, 브루나이, 동티모르 등 11개 국가가 있다.

전쟁이 일어나기 전에 동남아 각국은 모두 유럽 강대국의 식민지 부속 국가였으며, 전쟁 후에는 아시아에 새로운 질서가 만들어져 '비동맹운동'으로서 외래 열강을 배제하고 각기 독립된 나라를 세웠다. 1967년에는 '동남아시아국가연합(ASEAN)'을 창설하고 주변 국가들을 속속 가입케 하여 민족, 문화, 경제, 정치 등 각종 장애물을 배제하고 상호 협력과 지역 안보를 강화했다. 동남아시아국가연합의 '비동맹'은 사실상 중립주의였다. "경제는 중국, 안보는 미국"으로서 각 국가들은 국익을 고민하면서 탄력적으로 움직여 중공과 미국 사이에서 요령껏 이득을 챙겼다.

이에 비해 동북아의 정세는 매우 복잡하고 괴리가 있고 변화무쌍했다. 제2차 세계대전이 끝난 후에 일본은 패전하였으나 되려 전략적 가치를 인정받고 미국의 도움을 받아 "평화헌법"을 통해 "무장중립"적 지위를 확정했다. 이후 전쟁의 폐허 속에서 빠르게 재건, "무료민주"의 이득을 톡톡히 누렸다. 전쟁을 일으키지 못하지만 대신에 경제대국이 되어서 미국의 적에서 하루 아침에 미국이 아시아에서 가장 믿는 맹방이 되었다.

일본과 한국, 대만은 모두 유가사상적 문화영향을 받았다. 그러나 각자의 문자를 갖고 있으며, 고유의 문화로서 저마다의 특색을 가지고 있다. 현대의 기준으로 말하면 세 나라는 모두 높은 수준의 민주정치와 과학기술을 갖고 있다.

한편, 필리핀은 스페인과 미국의 통치를 받았기 때문에 문화는 대만과 많이 다르다. 하지만 대만에 인접한 이웃이고, 대만과 필리핀 사이의 수역(바시해협)은 역시 금세기 가장 중요한 태평양 수역이기도 하다.

일본, 한국, 필리핀, 대만, 네 나라는 먼 친척까지는 아니나 명실상부한 가까운 이웃이다. 그래서 이들 국가는 지역적으로 통합해야 하고 상부상조하여 평화공존하고 함께 번영해 나가야 한다.

한국

기원전에 신라가 한반도의 중부와 동남부에서, 그리고 고구려와 백제가 한반도의 북부와 서남부에서 각각 건국됐다. 이중에서 신라가 735년에 한반도를 통일했으며, 한반도는 이후에 20세기까지 대체로 단일국가틀이 유지됐다.

1894년 갑오전쟁에서 청나라가 패하고 나서 일본 세력이 조선이 들어왔으며 1910년 조선은 정식으로 일본에 의해 점령이 됐다. 이후 한반도의 애국지사들은 지속적으로 독립운동을 펼쳤고 1919년 4월 상하이에서는 대한민국 임시정부가 창설되기도 했다. 1945년 8월 15일에 일본은 태평양전쟁에서 패배했다. 이후 한반도에는 38선을 기준으로 미국과 소련의 군대가 들어왔다.

한국은 1948년 8월 15일 대한민국 정부가 수립되어 이승만 씨가 첫 대통령에 취임했다. 하지만 1950년 6월 북한의 기습남침으로 인하여 한국전쟁이 발발했고, 1953년 7월 정전협정을 체결하고 나서 한반도는 분단 상태로 오늘에 이르게 됐다. 문재인 대통령은 2017년에 취임하였으며, 현재(2020년) 한국의 집권당은 더불어민주당이다.

한국사회는 유교문화의 영향으로 경로존현(敬老尊賢), 장유유서(長幼有序)와 가정윤리를 중시하고 또 교육의 중요성을 강조하며 또 서로 간에 예의를 중시하는 사회문화를 갖고 있다. 한국 사회는 종교에 참여하는 것도 매우 적극적이다. 전통불교 이외에 기독교와 천주교도 활성화되어 있으며, 전체적으로 사회의 기초가 매우 안정되고 평화롭다.

대외관계에 있어서는 한국은 1991년에 유엔 회원국이 되었으며 현재는 세계무역기구(WTO), 아시아태평양경제협력체(APEC), 경제협력개발기구(OECD), 주요 20개국 그룹(G20), 아세안+3(ASEAN Plus Three)과 동아시아 정상회의(EAS) 등 주요 국제기구의 회원국이다.

한국 정부는 미국, 중국, 일본, 러시아 등 주변 4강과의 관계를 중시할 뿐만 아니라 적극적으로 '신북방정책(新北方政策)'과 '신남방정책(新南方政策)'을 추진해왔다. 한반도 평화와 무역 다원화를 통해서 동아시아 지역의 평화와 번영을 촉진하고, 이 지역 내의 국가들과 '사람을 중심으로 하는 평화와 번영공동체'를 건립하고자 한다.

일본

일본은 나라를 세운지 2,600여 년이 되었다고 한다. 일본은 메이지유신과 갑오전쟁, 일러전쟁을 치룬 후에 세계 강대국의 대열에 끼게 되었다. 제2차 세계대전에서 패하자 연합군최고사령부(GHQ)의 지도 아래 다시 헌법을 제정하여 "주권은 국민에 있고, 전쟁을 포기한다"라고 명시했다. 1950년 한국전쟁 발발 이후에 일본은 특히 미국의 전폭적인 협조 하에서 경제력이 점점 커져 현재는 선진 7개국 그룹(G7)의 회원이며 국제적으로 중요한 역할을 담당하고 있다.

2020년 9월 16일, 일본은 스가 요시히데 수상이 취임했다. 현재 자유민주당과 공명당이 연립정권을 결성하여 집권의 기반이 탄탄하다. 일본의 사회구조는 안정적이며 폭력적인 항쟁 사건도 거의 없다. 다만 인구감소, 자녀감소, 고령화 등 사회문제를 안고 있다. 일본 정부의 재정은 수입보다 지출이 많아 이 역시 문제다. 비정규직이 증가하고 빈부격차가 확대되고 있다.

대외 관계를 살펴보면, 일본을 승인한 나라는 총 195개국이며 이중 152개국에 대사관이 설치돼 있다(43개 겸직공관이 있음). 10개의 국제기구에 대표부를 설치하고 있다. 일본 외교의 6대 핵심은, △ 일미동맹(日美同盟)을 강화하고 동맹국, 우호국과의 관계도 강화한다, △ 이웃국가와의 관계를 강화한다, △ 경제 외교를 추진한다, △ 지구적 과제에 대응한다, △ 중동의 평화 안전을 추진한다, △ "자유롭고 개방적인 인도태평양 구상"이다.

필리핀

1521년, 포르투갈 사람 마젤란이 스페인 원정대를 이끌고 필리핀 세부에 상륙했다. 이후 1565년에 스페인이 필리핀에 침입하였고 1571년 필리핀에 식민정부를 세웠다. 1898년 미국과 스페인 사이에 전쟁이 발발하고 스페인이 패전하면서 '파리 평화조약'을 체결했다. 그때부터 미국은 필리핀을 근 50년간 통치했다. 제2차 세계대전때 일본이 잠시 필리핀을 점령하기도 했으나 1946년 7월 4일 필리핀은 정식 독립하였고 미국식 민주헌정을 실시하고 있다. 2016년 5월 9일, 두테르테 현 대통령이 제16대 대통령에 당선됐다.

필리핀인들은 천생적으로 낙관적이며 자유민주를 숭상한다. 다만 치안이 좋지 않고 총기범죄, 마약범죄가 창궐하고 있다. 필리핀은 문화면에서는 스페인과 미국의 특질을 겸유하고 있다.

대외 관계에 있어 필리핀은 아세안 10개국의 주요 회원국 중 하나다. 세계 각국과 모두 정상적이고 긴밀한 관계를 갖고 있으며, 유엔 등 국제 기구에도 참여하고 있다. 필리핀의 대외관계는 현재 독립외교를 추구하고 있으며 각 강대국과 등거리 외교를 실시하고 있다.

한국, 일본, 필리핀 3개 약력(출처: 대만 외교부 웹사이트)

	한국	일본	필리핀
면적	100,363 평방킬로미터	377,972 평방킬로미터	328,000 평방킬로미터
인구	약 5,178여만명 (2020년 8월)	약 1억 2,596만명 (2020년 3월)	약 1억 900만명 (2020년 2분기)
정치제도	대통령제, 입헌공화정	군주입헌제, 3권 분립제	총통제, 3권 분립제
재정수지	재정총수입은 443.9조원, 재정총지출은 455.9조원(2019)	예산총액은 102조 6,580억엔 (2020. 4. 1~ 2021. 3. 31)	필리핀은 장기적으로 경제발전이 이뤄지지 않아 정부 예산규모는 매우 적다. 2019년의 정부 지출은 GDP 지출면의 12.4%에 불과하고, 장기적으로 적었던 정부 지출로 인하여 기본인프라가 낙후되어 있다.
대만 수출액	124.2억달러 (2020년 1~8월)	268억달러(2019)	46억 4,717만달러(2019)
대만 수입액	95.3억 달러 (2020년 1~8월)	430억달러(1999)	22억 7,173만달러(2019)

한국은 대만과 영토 분쟁은 없지만 기묘한 역사적 인연이 있다. 1894년 조선에서 내부 문제로 인해 청나라, 일본 양국이 혼란을 진압하기 위해 파병했던 것이 끝내 갑오전쟁으로 이어졌다. 이때 패전한 청나라가 대만을 일본에 "영원히 할양"하게 됐다.

55년 후에 소련의 스탈린이 북한의 남한 침공을 지지했고 김일성은 마오쩌둥에게 북한을 위해 '항미원조(抗美援朝)'를 해줄 것을 요청했다. 마오쩌둥은 이에 부득이 대만을 침공하는 계획은 접어두게 되었다. 한국전쟁이 터지고 원래는 마오쩌둥을 인정하려 했던 트루먼 미국 대통령이 하는 수 없이 장제스를 지지하게 되었고 제7함대로 하여금 대만을 방어토록 했다. 이로써 국민당과 공산당을 숙적으로 갈라놓아 '두개의 중국'을 조성하였고 미국과 대만은 가까우면서도 먼, 그리고 동맹도 적도 아닌 관계가 되어버렸다.

일본은 대만을 50년간 식민통치를 했고 조선도 38년간 식민통치를 했다. 그러나 이후 일본과 대만의 관계가 일본과 한국의 관계보다 더 우호적이고 순조로웠다. 일본과 대만은 국교가 없다. 하지만 일본과 한국은 국교가 있음에도 불구하고 간혹 독도 문제나 위안부 문제로 분쟁이 발생하고 관계에 긴장이 흐르곤 한다.

그리고 한반도는 북한 공산당의 김씨 왕조가 있기 때문에 크고 작은 풍랑이 그칠 날이 없고 또 핵무기 위협의 먹구름도 걷힐 날이 없다.

전 세계 지역정합(區域整合)

인류 역사를 살펴보면 나라와 나라 간에 서로 살육과 약탈을 벌이고 너 죽고 나 살자는 식의 전쟁이 많았다. 이는 서로 누가 강한가를 재어보는 하드파워 싸움이었는데, 여기에 항상 희생됐던 것은 바로 고귀한 생명과 아름다운 삶의 터전이었다.

물론 인류가 전쟁의 잔혹함과 우둔함 속에서 한편 관용과 협력을 배워온 것도 사실이다. 그래서 유엔과 같은 글로벌 기구가 창설되기도 했고 유럽연합(European Union), 남미국가연합(Union of South American Nations, UNASUR)과 동남아시아국가연합(ASEAN)과 같은 지역 통합 기구가 만들어지기도 했다. 그러나 유독 동북아시아에서만 이런 통합이 잘 이뤄지지 않고 있다.

유럽연합(EU)

제1차 세계대전, 제2차 세계대전의 참화를 겪은 유럽 각국은 전쟁을 완전히 끝낸다는 열망을 품고 우선 경제 및 인문 교류 협력부터 시작하여 주권 평등의 원칙 아래 속속 유럽연합에 가입했다. 지금은 27개 회원국이 유럽연합에 참여하고 있다.

유럽연합의 소프트파워 국력은 하드파워 국력보다 커서 '북대서양조약기구'의 하드파워적 특성을 많이 보완하고 있다. 또한 유럽연합은 지역통합에 있어서 다자간 대화와 협상, 그리고 합리적 정책 결정으로써 여러 국가 간의 오해와 갈등을 배제하여 보다 많은 정경이익(政經利益)과 인적공의(公義)를 추구하고 있다.

라틴아메리카의 통합

아메리카 대륙에서 1890년에 창립된 '미주기구(Organization of American States 또는 Organización de los Estados Americanos)'는 미국과 라틴아메리카 37개국이 공동으로 창설한 것이다. 1948년에 '미주기구헌장(보고타헌장)'이 통과하였고 현재 워싱턴에 본부를 두고 있다.

1991년에는 '중미통합체제(Central American Integration System 또는 Sistema de la Integración Centroamericana)'가 결성되었다. 코스타리카 등 6개 중앙아메리카 국가들이 창설하였는데 사무처는 엘살바도르에 있다. 설립취지는 중앙아메리카 각국 정부의 정치 및 경제기구를 통해서 중앙아메리카 지도자 정상회의에서 통과된 정책을 실현하여 다함께 지역의 평화, 자유 및 민주 발전을 도모하는데 있다.

1997년 리덩후이 총통이 엘살바도르에서 중앙아메리카 우방 지도자들과의 첫 번째 정상회의를 했으며, 이때 대만이 중미통합체제에 초청도 받았다. 대만은 2002년 천수이볜 총통 시대에 정식으로 옵서버 자격을 얻었다.

아세안(ASEAN)

지난 30여 년간 미, 소 양강의 데탕트(détente), 중공의 굴기, 소련의 와해, 동유럽의 민주화 개혁과 냉전의 종식을 거치면서 동남아시아국가연합(ASEAN)은 동남아시아 각국의 안정, 진보와 번영의 기반을 다지는 역할을 했다. 이는 어떻게 이뤄졌는가?

먼저 아세안은 최고지도자의 정상회담과 그밖에 장관급 회담 등의 메커니즘을 통해 상호충돌을 해소하고 상호교류 관계를 강화했다. 아세안은 초기에 '방공공공(防共恐共, 공산주의를 두려워하고 경계함)'의 입장이었으며, 포스트냉전시대 초기에 나타난 지역안보의 진공상태를 우려했다. 이후 글로벌 경제에 대한 기대감으로써 각 회원국으로 하여금 역사의 감정 응어리와 영토, 이민, 사회 정체성의 장벽을 넘어 상호 신뢰와 협력의 공감대를 형성토록 하여 장기적으로 서로 화해 공존하게 됐다. 아세안은 1997년에는 '아세안 전망 2020(ASEAN VISION 2020)'을 통해 지역경제협력을 심화하고 공동의 힘으로 '아세안 투자구역'을 조성하여 경제 경쟁력을 강화하기도 했다.

영연방(Great Britain Association)

'영연방'은 일찍이 대영제국의 속지였던 호주, 뉴질랜드와 캐나다가 창설했다. 제2차 세계대전 이후 대영제국 식민지가 속속 독립하면서 영국은 영연방을 통해 한때 속지였던 국가와의 관계를 유지했다. 영문명칭도 The British Commonwealth of Nations 에서 The Commonwealth of Nations 로 변경했다. 영국 여왕은 연연방의 원수(head)다.

영연방의 회원국은 상호무역에 있어서 호혜적 대우를 받아 경쟁력을 강화해왔다. 영어문화와 영국의 민주헌정체제, 삼권분립과 사법독립 등이 영연방을 통해 각 회원국별로 확대되었으며, 각 회원국 간에 평등, 독립과 자주 원칙을 잘 유지해왔다.

민주주의와 소프트파워 국력

하버드대학교 케네디스쿨의 조지프 나이(Joseph S. Nye, Jr.) 교수는 2020년 1월 『미국외교는 도덕적인가(Do Morals matter?)』(중국어 번역 『강자의 도덕성(强權者的道德)』)라는 책을 출간했다. 그는 미국 국무부 수석부차관보와 국방부 차관보를 역임한 사람으로, 미국의 리더십 구사방식을 '하드파워'에서 '소프트파워'로 대체해야 대국으로서의 진짜 면모와 진짜 실력을 보여줄 수 있다고 주장하여 특히 유명해졌다.

그는 역대 미국 대통령의 외교정책을 도덕의 척도로 평가해 보았다. 조지프 나이 교수는 "대다수의 미국 대통령은 모두 '세계주의적 색깔을 가졌던 자유주의적 현실주의자(liberal realist with a touch of cosmopolitanism)'였다"고 했다. 그는 "일국의 지도자는 현실주의만 가져서는 안되며, 반드시 세계주의와 자유주의를 겸비해야만 올바른 도덕적 지도력을 갖출 수 있으며, 이 요소들은 없어서는 안 될 역할을 한다"고 했다.

조지프 나이 교수는 한 나라의 국력을 3가지로 나누었는데, 먼저 군사적인 힘은 위협, 협박 및 침략의 방식으로 나타난다. 둘째는 경제적인 힘이다. 이는 위협적인 유인과 이익으로 유혹, 그리고 지원과 제재의 방식으로 나타난다. 셋째가 소프트파워로서 이는 가치, 문화, 공공정책의 방식으로 나타난다. 조지프 나이 교수는 "통신혁명과 세계화 시대에 미국은 군사적, 경제적 영향력을 보여주어야 할 뿐만 아니라 소프트파워도 잘 운용하여 세계를 이끌어 갈 수 있는 리더십을 보여줘야 한다"고 강조했다.

민주주의의 블랙코메디

민주주의란 무엇인가? 민주주의의 기준은 무엇인가? 최근 몇 건의 설문조사 결과를 보면 도저히 웃지 않을 수가 없고 이면의 진실을 알려준다. 그것은, 민주주의와 거리가 먼 나라일수록 국민들이 자국 정부에 만족스러워 하고 있으며, 반대로 민주국가일수록 국민들은 자국 정부에 대한 불만이 크다는 것이다. 이런 역설이 나타나는 것은 민주국가가 아닌 나라의 국민들은 일단 진심을 말할 수도 없으며 근본적으로 무엇이 민주주의인지 알지도 못하기 때문이다.

2020년에 덴마크 비영리 단체 '민주주의 연합 재단(Alliance of Democracies Foundation)'이 민주주의를 표방하는 전 세계 53개국 국민들 5만 명을 대상으로 설문조사를 했다. 설문 내용은 "민주주의가 얼마나 중요하다고 생각하는가, 또 귀하의 나라를 민주국가로 생각하는가"였다.

이 설문에서 중공인의 84%가 민주주의가 매우 중요하다고 답했다. 그리고 중공인의 73%는 중공이 민주국가라고 답했다. 반면에 미국인은 73%가 민주주의가 중요하다고 했다. 또한 미국인 중에서 49%만이 자국을 민주국가로 생각한다고 답했다. 미국인 중에서 52%는 미국 정부가 오직 소수의 사람을 위해서만 일한다고 답했다. 53개국 국민들이 자국을 민주국가로 보는지에 대한 순위에서 중공이 6번째였고, 미국은 38번째였다.

2020년 7월에는 하버드대학교의 케네디스쿨 애쉬센터(Ash Center for Democratic Governance and Innovation)가 중공인의 자국 정부에 대한 신뢰도에 대한 조사 결과를 발표한 적이 있다. 93%의 중공인이 시진핑 정권을 지지하고 만족감을 드러냈다. 당시 미국 트럼프 행정부를 지지하고 만족해한다는 미국인은 48%에 지나지 않았다.

2015년에 시진핑은 다음과 같이 연설한 적이 있다. "공산당의 집권은 중국과 중국 국민, 그리고 중화민족에게는 큰 행운이었다." 재미있지 않은가? 블랙코메디가 아닐까?

민주태평양국가연합(Democratic Pacific Commonwealth)

21세기는 도전과 갈등의 세기였다. 전쟁과 평화, 대결과 화해, 빈궁과 부유, 결합과 붕괴 … 이는 우리가 어떻게 선택하고 어떻게 대응하는가에 달려 있다.

만약 우리가 동쪽으로 태평양을 바라보면서 해양문화의 소프트파워 사고방식을 주축으로 환태평양 민주국가들과 민주평화협력체를 결성하여 함께 태평양을 경영하고 21세기 인류의 새로운 문명을 경영해나가고자 한다면, 이는 마땅히 실현될 수도 있을 뿐만 아니라 밝은 앞날이 무한히 펼쳐질 것이다.

우리는 소프트파워 국력이 태평양 지역의 보편적 가치가 되도록 하여야 하며 이곳이 서로 다투고 피가 튀는 해상 전쟁터가 되는 것을 절대 피해야 한다. 이에 환태평양 민주 진영의 국가들은 적극적으로 동맹을 맺고 '민주태평양국가연합(民主太平洋國協)'을 창설하여 공동으로 '민주'와 '평화', 그리고 '번영'을 추구하고, 특히 북한의 핵무기 확산과 중공의 해상패권 확산을 방지하고 다섯바다(대만해협, 동중국해, 남중국해, 일본해(동해), 황해(서해))의 안보, 발전을 보장해야만 할 것이다.

필자는 부총통 시절에 이미 태평양의 세기가 도래할 것을 예견하여 곧 '민주태평양연맹(Democratic Pacific Union)'을 구상했으며 환태평양 민주국가들이 모두 소프트파워 국력을 키워서 태평양 전체에 소프트파워 문명을 촉진해 주기를 바랐다. 그래서 매년 성대한 '민주태평양대회'를 개최하고 실제로 대만에서 '민주태평양연맹'(비정부기구)을 만들기도 했다. 필자의 목표는 환태평양 민주국가들이 소프트파워 사상으로 소프트파워 국가의 힘을 발휘하여 최종적으로 '민주태평양국가연합(Democratic Pacific Commonwealth)'을 창설하는 것이다.

필자가 만든 '민주태평양연맹'은 5년 연속으로 성대한 행사를 개최했다. 수교국과 비수교국의 정상과 차석이 참석했으며, 그리고 국회의원들, 학자들 및 전문가들이 열렬히 호응을 해주었다. 그러나 안타깝게도 필자의 임기도 끝나고 집권당도 교체되는 바람에 뜻을 계속 이어갈 수 없었다. 하지만 필자는 퇴직 후에도 초심을 잊지 않고 동북아시아의 이웃 나라에서부터

'민주태평양국가연합' 구상을 다시 펼쳐 나가기로 했다. 마침내 2018년 3월에 일본, 한국, 필리핀 및 유럽, 미국의 관계 인사들을 초청하여 대만에서 제1회 '동아시아 평화포럼(East Asia Peace Forum)'을 개최할 수 있었다. 제2회는 같은해 12월 한국 서울에서 개최했으며, 제3회는 타이베이의 원산반점(圓山飯店)에서 또 역시 원만하게 개회했다. 다만, 제4회부터는 일본이나 필리핀에서 개최하려고 했으나 COVID-19 때문에 잠정 휴업할 수밖에 없었다. 어떻든 필자의 신념은 지금까지의 포럼에 참석했던 각국의 국회의원(부의장 여러 명) 및 학자와 전문가로부터 지속적으로 인정을 받게 되었다.

현재 필자의 생각은 미국이 앞장서서 '민주태평양국가연합'을 창설하여야 한다는 것인데, 그 전에 대만, 일본, 한국이 같이 '동북아민주국가연합(東北亞民主國協)'을 창설해주길 바란다.

대만, 한국, 일본, 세 나라는 네 가지 공통점이 있다. 첫째, 유가 사상, 둘째, 민주 정치, 셋째, 선진형 과학기술, 넷째, 모두 중국, 러시아 그리고 북한과 인접하다는 것이다. 세 나라가 역사의 골짜기만 넘는다면, 소프트파워 국력을 공유하고, 민주인권과 첨단과학도 같이 누리면서, '민주태평양국가연합'이 그야말로 '민주', '평화', '번영'의 가치 연합이 되도록 할 수 있다. 특히 미국이 소프트파워 사고로 일본, 한국과 대만을 인솔해준다면, 세 나라의 역사적 앙금에 종지부를 찍고 한마음으로 미래를 열어나갈 수 있다.

이렇게 된다면 미국은 날개 달린 호랑이처럼 될 것이고 동아시아 지역은 안정과 번영을 누릴 것이다. 여기에는 물론 캐나다와 필리핀이 참가할 수 있다. 일단 이것이 순조롭게 추진된다면 태평양의 기타 민주 국가들도 계속 참가할 수 있도록 문호를 열어야 할 것이다.

'민주태평양국가연합'은 사무처를 설치하고 사무총장이 국가연합의 모든 조직 운영을 통솔해야 한다. 그리고 국가연합은 아래와 같은 메커니즘으로 회원국들의 교류와 협력을 강화해야 한다.

· 지도자 정상회의
· 장관회의
· 국회의원 회의
· 전문위원 회의

사무처는 민주태평양국가연합 회원국의 원수나 장관, 또는 국회의원 간의 교류 토대를 마련해줘야 한다. 또 회원국 간 국정 시책의 본보기가 되도록 서로 배우고 격려하도록 해야 한다.

그리고 각 회원국의 공동 관심사에 따라 전문위원회를 둔다. 예컨대 전문위원회는 국방 안보, 경제무역산업, 과학기술, 정보안전, 에너지 환경보호, 해양 생태, 인권민주, 문학·역사·인문 및 공공위생·의약 등 여러 부문으로 나눌 수 있다. 미국, 대만, 일본, 그리고 한국이 소프트파워, 스마트파워를 발휘하여서 장기적으로는 이중에서 일본, 한국, 대만, 3국의 경우는 역내 영세중립국가 연대로 발전시켜 새로운 지역 안보 아키텍처가 되게 하는 것도 고려해볼만 하다.

'민주태평양국가연합', 또는 '동북아민주국가연합'에 같은 동북아 지역의 3개 공산 국가와 인민이 큰 관심을 갖게 될 것이며, 점차 공산 세력을 평화적으로 변화시키는 소프트파워 효과가 나타날 것이다. 결국은 태평양에 소프트파워 문명이 꽃피우게 될 것이다.

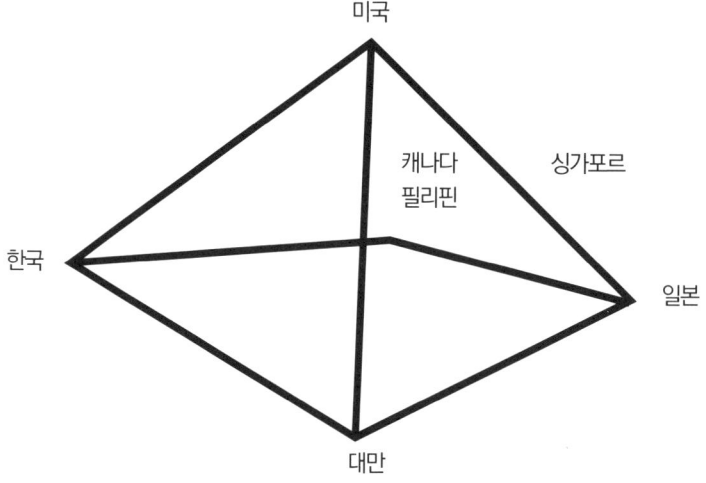

대만, 소프트파워 문명을 추진하는 기수

　대만은 서태평양의 중추로, 중공이 대외적으로 해상 패권을 넓히려 하는 요충지에 위치하고 있어 마치 민주진영을 지키고 있는 "가라앉지 않은 항공모함"과도 같다. 만약 환태평양의 민주진영 국가들과 평화중립을 기초로 한 동맹을 맺을 수 있다면, 중공 패권의 태평양으로의 확장을 막을 수 있을 뿐만 아니라 대만해협의 안보도 한층 더 보장받을 수 있을 것이며, 이는 국제사회의 이득에도 부합되리라 생각한다.

　오늘날 대부분의 태평양 국가들은 심각한 환경변화와 과도한 어획, 그리고 인구증가로 인해서 유한자원(有限資源)을 두고 격렬한 경쟁을 하고 있다. 이러한 문제의 해결은 반드시 태평양 국가들 간의 효과적인 소통과 보다 넓은 협력에 의존해야 할 것이다.

자유, 민주와 인권은 새로운 세기의 보편적 가치가 되었다. 그러나 아시아태평양 지역에서는 10억 명이 훨씬 넘는 인구가 당연히 누려야 할 민주주의를 아직 누리지 못하고 있다. 이것은 아시아 국가들이 진정한 지역통합을 하지 못하는 장애 요인이라 하겠다. 만약 자유, 민주, 인권이란 보편적 가치를 지렛대로 삼는다면 우리는 상호간 소통과 이해 그리고 협력을 크게 늘릴 수 있을 것이다.

만약 "대만의 경험, 소프트파워의 기적"을 한 모범으로 본다면 대만은 21세기 태평양 새 문명을 추진하는 기수가 될 수 있으며, 소프트파워 국력이 태평양지역의 보편적 가치가 되도록 할 수 있다. 대만은 많은 사람들과 함께 태평양을 경영하고자 하며 태평양을 강대국들이 분쟁하는 전쟁터가 아닌 민주와 자유가 살아숨쉬는 해양으로 만들고자 한다. 그렇게 대만은 21세기의 태평양을 인문적, 과학기술적, 그리고 소프트파워 태평양이 되도록 할 것이다.

여기서 '인문(人文)의 태평양'이란, 민주 법치를 강화하고 태평양의 다원적 문화와 해양자원을 융합하여 태평양을 인문이 풍부하고 살기 좋으며 지속적으로 발전하는 해양으로 만든다는 의미다.

'과학기술의 태평양'이란 과학기술 발명의 자산을 함께 누려야 한다는 의미다. 디지털적 차이를 없애고 과학기술을 활용하여 나라와 국민이 복되게 해야 하며 재앙과 수난을 피하도록 해야 한다. 태평양을 첨단 과학기술과 고품질의 해양으로 만든다.

'소프트파워의 태평양'이란 "공생주권(共生主權)"이란 관념을 확립하고 사랑과 평화의 힘을 발휘하여 태평양의 평화와 안녕을 수호하며 태평양을 협력과 나눔, 공생, 그리고 모두에게 이익이 되는 소프트파워 해양이 되게끔 한다는 의미다.

전쟁은 무자비한 것으로, 평화는 참으로 그 가치를 매길 수가 없다. 전쟁을 예방해야 하며 평화에 투자해야 한다. 우리는 진심으로 미국과 중공이 무기를 내려놓고 화해를 통해 세계를 영원한 평화와 번영의 길로 인솔해줄 줄 것을 기대하고 있다.

양안관계에 있어서 대만은 서쪽으로는 중공과 "하나의 중화, 원친근린(一個中華, 遠親近鄰)"의 원칙으로 '연방'으로서의 관계를 맺고, 동쪽으로는 미국과 일본, 그리고 한국과 필리핀 등 주변 국가들과 함께 '민주태평양국가연합'을 결성토록 하여 소프트파워 문명을 추구할 수 있기를 바란다.

대만이 향후 미중 양국 사이 분쟁을 조정하고 소양안, 대양안 좌우로 이득을 얻는 평화 중립의 기능을 발휘케 해주길 바란다. 우리의 자손 후대가 영원히 존엄과 행복한 생활을 누릴 수 있기를 바란다.

제9장

천하분합, 동서대조

동서방의 역사 대조

『삼국지』 첫 회를 보면 "천하대세는 나누어진지 오래되면 반드시 합쳐지고, 합쳐진지 오래되면 또 반드시 나누어지는 법이다(天下大勢, 分久必合, 合久必分)"라는 말이 나온다.

고대 중국은 유럽과 마찬가지로 같은 시기에 부락국가 체제에서 도시국가 체제로 접어들었는데 춘추전국 시기가 바로 고대 그리스와 같은 시기였다. 기원전 156년에서 81년까지 한무제(漢武帝)가 중앙집권을 완수했으며, 서방에서는 카이사르가 제정(帝政)으로 공화정을 대체했다. 서기 184년에 동한(東漢)에 내란이 발생하여 이후 400여 년 동안의 남북조(南北朝) 분열시대를 맞았고, 같은 시기에 로마제국은 허물어지고 말았다.

고대 로마는 제정과 공화정을 거쳐, 1세기 전후에는 유럽, 아시아, 아프리카를 가로지르는 방대한 로마제국을 이루었다. 서기 395년 로마제국은 동서로 갈라졌는데, 서로마제국은 476년에 멸망했고 동로마제국은 봉건제국가로 변하면서 1453년 오스만제국에 의해 멸망했다. 서로마제국이 멸망한지 113년이 지나고 나서 중국에서는 수(隋)나라가 진(陳)나라를 멸망케 하여 남북조 시대를 끝내고 중국은 다시 통일된 나라가 됐다.

한편, 15세기 후기 서유럽에서 최고 정치권력과 기존 영토로 이뤄진 권력구조가 발전하면서 현대국가의 틀이 형성되기 시작했다. 17세기와 18세기에 현대국가 제도의 기본적 특질이 상당 부분 완성되었는데 여기에는 상비군 제도, 중앙 조세제도, 외교관계와 상주대사관, 그리고 중상주의적 국가경제정책이 포함된다.

역사상의 중국통일

'중국통일(中國統一)'은 대개 "중국인들이 거주하고 있는 지역을 하나의 통일된 나라로 구성한다"는 개념으로, 중국 역사상에는 수차례의 통일이 있었고 현대의 통일은 '중화인민공화국'(중국 대륙, 홍콩, 마카오)과 '중화민국'(대만, 펑후, 진먼, 마쭈)을 하나의 단일 주권국가로 통합하는 것을 일컫는 것이다.

진나라

전국시대 말기 진시황은 기원전 230년에서부터 기원전 221년까지의 10여 년 간 한(韓), 조(趙), 위(魏), 초(楚), 연(燕), 제(齊) 6개 나라를 멸망시켜 춘추에서부터 기나긴 500년간의 제후들의 분쟁을 종식시켰다. 그래서 중국 역사상에 첫 번째의 중앙집권 전제국가(專制國家)인 대(大) 진나라 왕국을 창립했다.

한나라

진나라 멸망 후 항우와 유방이 통치권력을 놓고 초한전쟁(기원전 206년~202년)을 일으켰고 유방이 항우를 물리쳐 중국은 재차 통일되었다. 서한(西漢, 전한) 말년에 관료인 왕망(王莽)이 한나라를 찬탈하여 제왕의 자리에 올라 신나라를 건립하였다. 하지만 정세가 어지러웠고 15여 년 동안 지방에서 군웅이 할거하는 상황에서 유슈(劉秀)가 다시 통일 전쟁을 일으켜서 지방의 각 세력을 무찔러서 천하를 통일하여 동한(東漢, 후한)을 세웠다. 역사에서는 한광무제(漢光武帝)라 했다.

진나라

동한이 멸망한 후 위(魏), 촉(蜀), 오(吳), 삼국이 들어섰는데, 이중에 위를 뒤이었던 진(晉)이 오를 무너뜨렸고, 동오(東吳)의 수장들이 속속 진에 투항하여 280년 서진(西晉)이 성공적으로 전국을 통일하여 동한 말년부터 근 백 년에 이르는 군웅이 할거하는 분열 국면이 마무리됐다.

수나라

진(晉) 이후, 남북조시대가 이어졌고 서기 589년 수(隋)가 남조에 속한 진(陳)의 마지막 황제 천수바오(陳叔寶, 진숙보)를 폐위시키고 연이어 삼오(三吳)와 영남 등 지방을 복속시켰다. 수나라가 중원을 통일하고 성공적으로 근 400년 간 혼란했던 위진남북조 시대를 마감시켰다.

당나라

618년에 당나라를 건립 후 진왕 이세민(李世民)은 수 말기 중국 곳곳에 건립된 할거 정권을 수복하는 전쟁을 일으켜서 서기 624년에 중국본토를 통일했다.

송나라

송(宋)은 962년에서 979년까지 지속적으로 전쟁을 벌여 5대10국이 각자 할거하는 분열시대를 마감시켰다. 그러나 요(遼), 서하(西夏)와 거의 삼국정립(三國鼎立) 상태였으므로 송나라는 실제 중국본토의 5분의 4 정도를 통제했다.

원나라

1235년부터 몽골제국은 지속적으로 남송(南宋)에 대해 세 차례의 전쟁을 일으켰다. 1279년 원(元)의 세조 쿠빌라이 칸이 남송을 멸망시켜 중국은 처음으로 비-한족(漢族)이 통치를 하게 됐다.

명나라

1368년 주원장(朱元璋)이 황제로 즉위하고 22년 간 통일전쟁을 치뤘으며 곳곳에 있는 원(元)의 지방할거 세력을 없앴다. 북쪽 사막초원과 서역(西域)을 제외하고 중국 대륙은 대부분 명(明)의 통치를 받게 되었다.

청나라

1644년 청(淸)의 군대가 입관하여 1661년에 위난(雲南)이 함락됐고 중국은 이때부터 청의 통치를 받게 됐다. 1683년 청은 다시 대만을 침공하여 남명(南明)이 남긴 마지막 세력을 제거했다. 18세기에 청군은 계속해서 몽골, 신장, 칭짱(青藏)고원 등을 평정했고 오늘날 중국 판도의 대부분이 이때 만들어졌다.

중화민국(中華民國) 시기

1912년 중화민국이 건국된 뒤에 1916~1928년의 중국은 북양 군벌이 혼전을 벌이고 있는 국면으로 빠져들었다. 1926년 장제스(蔣介石)가 광저우(廣州) 국민당 정부를 대표하여 북벌에 나섰다. 전쟁이 끝난 후 표면적으로는 국민당 정부가 전 중국을 정식 통치하는 양상을 보였지만 실은 내외적으로 파벌들의 충돌이 끝이지 않았다.

1928년 12월, 군벌 장쉐량(張學良)이 중국 동북의 국민당 정부 합류를 선포했지만, 1931년 일본이 중국 동북에 침입해 만주국을 세웠다. 그 밖에 통제를 못하고 있는 신장과 티베트가 있었으며, 일본이 통치하고 있었던 대만, 그리고 사실상 독립 상태였던 외몽골, 영국이 통치하고 있던 홍콩 등의 영토는 당시까지도 '중화민국' 정부가 합법적으로 다스리고 있는 영토가 아니었다. 중국은 실제로 계속 분열된 상태에 있었다.

1949년에는 중화인민공화국이 창립되어 오늘날까지 중공과 대만은 서로 대립하고 있는 상황이다.

종합적으로 보면 진시황때(기원전 210년)부터 오늘날까지 전후로 약 2,239년의 긴 세월속에 중국대륙이 통일되어 있었던 기간은 약 1,780년 정도이고, 나머지 459년은 사실상 분열되고 다원화된 통치였다.

국가의 분열과 결합

다른 땅덩어리에 사는 사람들, 또는 다른 국가정체성을 가진 사람들이 서로 분리되고, 마치 식민지가 종주국으로부터 독립하듯이 '민족자결'을 실현하는 일은 인류역사상 자주 볼 수 있는 일이고, 이로써 국제정치 지형이 형성된다.

미국 남부는 미국에서 분리독립 선언을 하고 1861~1865년에 '아메리카연합국(Confederate States of America)'을 세웠다. 하지만 남북전쟁에서 패하여 미국으로 다시 통일되었다. 오스만제국이 해체된 후에 터키와 기타 아라비아 국가들이 생겨나고 오스트리아-헝가리제국이 해체된 후 오스트리아, 헝가리, 유고슬라비아, 체코슬로바키아 등의 국가들이 생겨났다. 냉전이 끝난 후 유고슬라비아는 다시 세르비아, 크로아티아, 마케도니아 등 국가로 분리되었고, 체코슬로바키아도 체코와 슬로바키아, 두 나라로 분리되었다. 소련이 해체된 후 각 가맹 공화국들이 속속 독립했다.

1924년에 몽골이 중국을 이탈하여 몽골인민공화국을 세웠고, 1931년에 중국 동북부 지역에서는 만주국이 세워졌다. 제2차 세계대전이 끝난 후 영국령 인도는 이어 인도, 파키스탄, 방글라데시, 미얀마 등의 나라를 형성했다. 싱가포르는 말레이시아에서 분리되어 독립국가가 됐고 나치독일, 조선, 예멘, 베트남, 중국도 모두 분단국가가 됐다.

1993년에 에리트레아는 국민투표 방식으로 에티오피아에서 독립했고 2002년에는 동티모르가 인도네시아를 이탈했다. 2011년에는 남수단이 국민투표로 수단을 이탈했으며 유엔 대다수 국가들의 승인를 얻었다.

조지아, 우크라이나(크림), 소말리아(소말릴란드), 키프로스(북키프로스), 러시아(체첸) 등 한 나라의 내부에도 독립을 선언했던 나라가 있지만, 보편적으로 국제사회의 승인을 얻지는 못했다.

현재 세계 곳곳에서 여전히 분리운동이 진행되고 있는 곳이 있다. 캐나다의 퀘벡, 스페인의 카탈로니아 및 영국의 스코틀랜드 모두 독립 투표를 한 적이 있긴 하나 성공하지는 못했다. 대만과 중공의 향후 행보도 국제적 관심사다.

연방, 연합, 국가연합

국가간에 관계를 맺는 방식에는 통일이나 분리 또는 독립 등 여러 가지가 있다. 통일은 통상적으로 두 개 이상의 나라들이 하나의 정치실체 하에 통합되는 것을 말한다. 정치통일, 민족통일, 국가통일이 있으나 상황에 따라서 여러 형태가 있다.

통일의 방식에는 '합병'이나 '병합' 혹은 '연방(聯邦)'이나 '연합(邦聯)'이 있고, 이밖에 '국가연합' 형식의 조직을 구성하는 것을 '통합'이라고 한다. '통일(統一)'은 위가 아래를, 다시 말해 큰 쪽이 작은 쪽을 흡수하는 수직관계이며, '통합(統合)'은 크고 작은 것이 없고 위아래도 나누지 않고 서로 다른 정치실체가 수평적으로 포용하고 상호 보완하며 공동 생존과 공동 번영하는 것이다.

'합병(合倂)'은 기존의 두 개 이상 정권이 완전히 새로운 정권으로 통합된다는 것이다. 마치 1801년에 그레이트브리튼왕국(잉글랜드와 스코틀랜드)이 아일랜드왕국과 합병하여 영국을 만든 것과 같다. '병합(吞倂)'은 하나 이상의 정권이 새로운 정권이 아닌 기존 정권에 통합되는 것을 말한다. 역사상에 많은 제국 혹은 왕국이 무력 정복의 방식으로 기타 국가를 병합하였다. 1940년에 소련이 리투아니아, 라트비아, 에스토니아를 병합했던 것처럼 말이다.

국가가 창립된 후 그 국가 형식은 대체로 단일제와 복합제로 나눌 수 있다. 단일제 국가는 단일정치실체로 중앙정부를 조성하고 지방행정구와 지방정부를 설치하여 중앙을 보좌하여 각지의 사무를 관리한다. 단일제 국가는 중앙집권국가에 속하고 현재 세계 대다수 국가가 이를 채택하고 있다.

복합제 국가는 두 개 혹은 두 개 이상의 정치실체로 구성되는데 주된 권한은 전체정부가 갖고 이 전체정부는 기존 정부의 한 부서였거나 또는 새로 창립한 정부일 수 있다. 각 독립기구들이 연합된 정도에 따라 연방이나 국가연합으로 나눈다.

연방(聯邦)

연방제(Federation) 국가는 각 연방 구성원체들로 만들어진다. 연방의 권력은 각 구성원체의 참여에서 나오며, 각 구성원체는 방(邦), 가맹공화국, 주(州), 성(省), 특별행정구 등과 같이 다양한 형태로 가입이 가능하다. 미국도 처음에는 13개 주였는데 기타 주(州)가 속속 가입하면서 현재의 50개 주가 된 것이다. 구성원체가 연방에 가입한 후 구성원체 자신은 완전한 주권과 외교권은 없어지며 연방정부가 총괄적으로 행사하는 권력과 각 구성원체가 보유하는 권리는 연방헌법이 규정한다.

연방 구성원체 국가는 헌법 개정, 지역의 완전성 유지가 가능하며, 구성원체가 각자의 국적을 가질 수도 있고, 마지막으로 가입 및 탈퇴의 권리라는 구체적 권리도 누린다.

미국은 세계에서 처음으로 현대 연방제를 만든 나라다. 호주, 독일, 인도, 브라질, 멕시코 등 국가도 연방제를 실시한다.

연합(邦聯)

연합(Confederation)은 수 개의 대등한 위치에 있는 독립적 주권국가들이 대외적으로 공동교류와 방어전선을 추구하기 위해 만들어진 국가 통합체다.

주권은 여전히 각 구성원체 나라에 있다. 연합에는 통일된 중앙정권기구는 없다. 통일된 입법과 재정도 없다. 각 구성원체 나라의 국민들은 단지 자국 국적만 있지 공동 국적은 없다. 연합의 중앙은 대외적으로는 통일적으로 행동한다. 회원국 상호 간의 협의는 국내법의 인가를 거치지 않고는 각 회원국에 직접 적용할 수 없다. 연합의 법률과 정책도 각 회원국에 강제성이 없다.

연합의 각 구성원체 국가의 가입 또는 퇴출이 상대적으로 자유롭다. 구조가 느슨하기 때문에 이해관계에 따라 쉽게 해체되기도 한다. 그러나 상호 간에 결속력이 커지면 연방으로 발전할 수도 있다.

스정펑(施正鋒) 교수의 연구에 따르면, '연합'과 '연방'은 구미 각국에서의 발전 과정을 살펴보면 뚜렷하게 구분이 되지 않는다. 스위스(Swiss Confederation)는 나라 이름은 '연합(Confederation)'이지만 실은 '연방'이다. 유럽연합(European Union)은 형식상으로는 국제기구지만 사실상 '연합'이다. 근년에는 구성원 국가들이 부분적으로 주권을 양도했기에 '연방식의 연합'

으로도 볼 수 있다.

스위스는 연방으로 전환되기 전까지 오랜 기간 방위적 연합체를 채택해왔다(1291~1848년). 미국은 일찍이 '연합 조항(Articles of Confederation)'을 갖고 있는 연합국가였으나(1781~89년), 후에 연방국가로 발전했다.

20세기 이후 아랍 국가들은 연이어 아랍 연방(1958년, 이라크와 요르단), 연합아랍공화국(1958~61년, 이집트와 시리아), 연합아랍국(1958~61년, 연합아랍공화국과 북예멘), 아랍공화국연방(1972~77년, 리비아, 이집트와 시리아)을 시도해 보았다. 명칭이야 어떻든 간에 실질적으로 범아랍주의적 연합국가들이라고 할 수 있다.

연합은 어떤 경우는 관계를 유지하기 위해 마지막 수단으로도 사용된다. 싱가포르와 말레이시아의 결별과 유고슬라비아 연방의 와해 때도 이런 시도가 있었다. 혹은 소련 해체 이전 리투아니아도 러시아에 맞서서 흑해발트해연합(발트해 3국, 우크라이나 및 벨라루스)을 창설하자고 외친 적이 있다.

국가연합(國協)

국가연합(Commonwealth)은 국제기구와 더 가까워 보인다. 구성원체는 문화 정서와 역사요인에 의해 조성되며 연합보다 더욱 구속성이 없다.

국가연합으로 일반적으로 잘 알려져 있는 것은 '영연방(the British Commonwealth of Nations)'으로 영국과 이전에 영국의 식민지였던 나라들이 조성한 기구다. the British Commonwealth of Nations 은 1946년에 이름을 Commonwealth of Nations 으로 개명했다.

과거 독립국가연합(Commonwealth of Independent States)도 국가연합의 일종으로 소비에트연방 가맹국들이 소련이 해체된 후 조성한 기구다. 이 밖에 동남아국가연합(Association of Southeast Asian Nations)도 국가연합의 성격을 갖고 있는 국제 기구다.

국가통합 형식 (출처: 스정펑(施正鋒) 교수)

형식	단일국가	복합국가 연방	국가통합 연합		국가연합	
국가	중공, 일본, 영국, 프랑스	미국, 캐나다, 호주	유럽연합 (연방식 연합)	세네감비아 연합	독립국가연합	영연방

병합 ◄─────────► 분리

전 세계 국가통합 형식 (출처: 스정펑(施正鋒) 교수)

	연방	연합	국가연합
성질	국가의 일종	국가와 국가 간의 느슨한 결합으로 중앙정부없이 구성원이 언제든지 빠져나갈 수 있다.	국제기구처럼 구속력이 떨어진다.
현재의 국가	미국, 캐나다, 호주, 독일, 스위스, 말레이시아 (싱가포르는 1965년에 탈퇴)		영연방, 독립국가연합, 아세안
변종	보스니아- 헤르체고비나 연방 (연합식의 연방)	유럽연합(연방식의 연합)	유럽연합

304

역사상의 연방, 연합	유고슬라비아 (1945~92년)	스위스연방(1291~1848년) 미국(1776~89년) 게르만연합(1815~66년) 북 게르만연합(1867~71년) 아라비아 연방 (1958년, 이라크/요르단) 연합아라비아공화국 (1958~6년, 이집트/시리아) 연합아라비아국 (1958~61년, 연합아라비아국/북예멘) 아라비아공화국연방 (1972~77년, 리비아/이집트/시리아) 세네감비아연합 (1982~89년, 세네갈/감비아) 러시아/벨라루스연맹국(1996년) 흑해발트해연합 (발트해3국/우크라이나/벨라루스) 코카서스연합	
미래		동아프리카공동체 (케냐, 우간다, 탄자니아, 부룬디, 루안다와 남수단)	

전 세계 국가통합 형식

국가통합(integration)이라 함은 두 개 이상 주권 정치체의 자발적이고 자유로운 결합을 말하며, 그 취지는 '구동존이(求同存異)', 공존공영을 위하여 총괄된 범위와 방식 또는 권한에 대해 특별히 안배와 정합을 하는 것이다.

국가와 국가가 자발적으로 상대 국가와 정치 혹은 경제의 협력 교류를 협의하여 상호간 평등, 신뢰, 혜택과 이득을 두루 얻고자 하는 것이다. '통합(統合)'과 '정합(整合)'은 아래와 같은 특질이 있다.

첫째, 각 회원국간의 공통이익이 있다. 둘째, 통합체에는 권력의 중심이 있고, 그 의사결정은 구성원체들에 구속력을 갖는다. 셋째, 통합이 각 정치, 경제, 사회 등 각 방면의 상호신뢰와 상호의존을 통해 발전한다.

당대 글로벌 국가간 통합은 유럽연합(European Union), 영연방(Commonwealth) 및 독립국가연합(Commonwealth of Independent States) 등으로 나타나고 있으며, 20~21세기의 인류 역사를 주도해오고 있다.

유럽 이사회(Council of Europe)

1945년 2월에 루즈벨트, 처칠과 스탈린, 3대 거두가 '얄타 밀약'을 체결하여 공산과 비공산, 동서 양대 진영의 대치가 시작됐다. 1946년에 처칠은 유럽이 '유럽합중국(United States of Europe)'을 건설해야 한다고 호소했고, 이후에도 '유럽연합'을 건설해야 한다는 목소리가 여기저기서 나왔다.

1948년 5월, 24개 국가에서 온 75명의 유럽 각국 대표들이 네덜란드 헤이그에서 개최한 '유럽회의'에 참석하여 연속 결의를 통해 유럽 각국의 정치와 경제의 정합을 촉진했다.

1949년 5월, '유럽이사회(Council of Europe)'가 독일 국경의 스트라스부르성에서 창립되었는데, 인권과 다원적 민주체제를 법치에 따라 보호하고 유럽의 다문화 및 영속적 문화를 지속적으로 발전시키는 것을 그

취지로 삼았다.

유럽공동체─유럽연합

　근대적 민족국가(Nation-state)의 확장은 자본의 세계화 유통과 과학기술의 무국경화 진전과 필연적 관계가 있다. 경제발전은 국력을 강화하기 때문에 경제의 정합은 일반적으로 정치의 정합보다도 우선시되었다. 유럽에서 독일과 프랑스 두 나라의 역사적 앙금이 유럽인들의 평화에 대한 갈망을 불러일으켰고 경제의 정합은 다분히 각국의 역사적 앙금을 봉합하기에 충분했다.

　20세기의 두 차례 세계대전 동안, 각 국가들은 보호무역주의를 채택하여 경제의 대불황을 초래했다. 제2차 세계대전이 끝난 후에는 자유무역주의가 성행하여 세계 경제의 대번영을 가져다주었다. 각 지역에서 글로벌 경제 정합은 20세기 역사의 흐름이었다.

　경제의 정합발전은 6개 단계로 점차적으로 일어난다.

　　[1] 최혜국대우(Most-favored-nation treatment , MFNT) : 두 나라 간의 특정된 관세감면의 호혜로, 제3국에는 해당 안된다.

　　[2] 자유무역지구(Free trade zone) : 지역내의 국가는 무역발전의 목적으로 관세와 수량제한을 없애고 제3국의 무역에 대해서는 자의에 맡긴다.

　　[3] 관세동맹(Custom Union) : 동맹 역내 국가들 간에는 관세와 수량제한을 면제해주며, 동맹 역내 국가들은 제3국에 대해서는 같은 세율

로 대응한다.

[4] 공동시장(Common market) : 공동시장내 제품의 화물, 노무와 생산요인(자금 및 노동력)이 자유롭게 유통되며, 공동시장의 국가들은 제3국에 대해서 생산요소의 유통에서 다 똑같은 규범으로 대응한다.

[5] 경제연맹(Economic union) : 회원국들이 하나의 공동시장에 속하며 재정, 화폐, 공업, 지방구역, 운수 혹은 기타 경제정책을 조화롭게 운영한다(harmonization).

[6] 완전경제연맹(Full economic union) : 각국 개별경제체를 단일경제체로 통합하고 초국가적 기구가 단일 경제정책을 총괄 실행한다.

제2차 세계대전 이후 국제정세는 공산과 비공산의 동서 양대 진영이 대립하는 양상으로 나타났고 유럽에서 프랑스와 독일은 숙원을 풀고 미소 양대 강국 간에 선택과 공존을 도모해야 했다.

프랑스는 먼저 '유럽석탄강철공동체(European Coal and Steel Community, ECSC)' 운동을 시작하여 관련해 1951년 '파리조약(Treaty of Paris)'을 체결하고 이듬해에 정식으로 실시하여 유럽역사상 구체적 통합의 획기적 계기가 되었다.

이어서 프랑스는 다시 '유럽방위공동체(European Defence Community, EDC)'를 추진하여 서독, 네덜란드, 벨기에와 룩셈부르크 4개국 국회의 즉각적인 비준을 받았으나 오히려 프랑스 의회의 부결로 무산됐다.

1957년에 벨기에가 추진한 '유럽경제공동체(European Economic Community)'가 로마에서 체결되어 창립된 것이 바로 일반적으로 '유럽공동시장(European Common Market)'으로 칭하는 것이다. 이는 1958년부터 운영되기 시작하였으나 운영이 순조롭지 않았다. 특히 프랑스 드골 대통령이 집권하는 기간 농업 분야의 갈등으로 유럽경제공동체는 거의 운영되지 못했다.

1969년 헤이그회의에서 '경제 및 화폐동맹(Economic and Monetary Union)'의 목표를 확인하고 1979년에 '유럽화폐제도(European Monetary System)'를 운영하기 시작하다가 마침내 '유럽연합(European Union)'의 골간이 생겨나게 됐다.

1993년 11월 1일, '유럽공동체(European Community, EC)'는 정식으로 이름을 '유럽연합'으로 고쳤다. 총 28개의 회원국이 있었으나, 1973년에 가입한 영국이 국민투표를 통해 탈퇴를 결정했다(2020년 1월 31일, 정식으로 유럽연합에서 탈퇴).

영연방(The British Commonwealth of Nations)

잉글랜드에는 종주국과 자치영토, 그리고 식민지와 속국(屬國)으로 이뤄진 '대영제국(British Empire)'이란 조직이 있었는데, 그 내부적으로는 종속적인 상하관계였다. 1931년에 대영제국과 원래 속지(屬地)였던 호주, 뉴질랜드와 캐나다, 3국이 영연방(The British Commonwealth of Nations)을 조성했다.

제2차 세계대전이 끝난 후 식민지 국가들이 속속 독립하여 영국은 원래의 종속관계를 평등관계로 조정하고, 대영제국을 영연방으로 바꾸어 1964년 런던에 사무처를 설립했다. 영국이 만든 정치, 경제 체제를 유지하다보니 어느새 영국과 언어가 같고 체제가 비슷한 '영어제국'이 만들어졌으며 현재는 크고 작은 회원국이 총 54개에 이른다. 이는 헌정체제와 시장경제를 이어받은 영연방 중의 개발도상국에 매우 큰 도움을 주었다.

영국 여왕은 영연방의 원수이자 영국과 기타 15개 회원국의 원수이기도 하며 고도의 단결과 조정, 그리고 협력의 상징적 의미를 가지고 있다. 제2차 세계대전 전에 회원국은 대영제국의 최혜국 무역정책을 누리고 있었으나 1947년에는 영연방으로서의 혜택을 누리는 것으로 바뀌었고 이것은 신흥독립회원국에도 확대됐다.

전후에는 영국이 모든 영연방의 공민들이 영국 국적을 소유하는 것을 인정하고 자유로이 영국을 출입할 수 있게 하였으나 1962년에 '대영연방 이민조례'를 실시하고 나서 공동국적을 폐지하고 자유출입의 권리를 제한했다.

아세안(ASEAN)

동남아국가연합은 1967년에 창설됐다. 당시에는 5개국만 가입하였지만, 지난 50년동안 10개국으로 불어났다. 각 국가들 사이에 민족, 문화, 언어 등 여러 방면에서 차이가 매우 컸고 객관적 환경도 통합에 불리했으나 각 회원국들의 주관적 의지와 뜻으로 마침내 "아세안"을 이루게 됐다.

그간에 미소 양대 그룹의 데탕트 단계, 중공의 개방, 소련의 와해, 동유럽의 민주변혁에 이어 냉전이 종식됐다. 아세안은 사실 미소냉전의 산물이라 할 수 있다. 아세안은 동남아 지역 각국을 통합하여 서로의 충돌을 해소하고 상호협력을 강화했고, 안보이익과 상호신뢰를 촉진했으며, 경제협력을 통해 지속적 통합을 추진했다.

아세안은 50여 년간 '동남아우호협력조약(Treaty of Amity and Cooperation)'의 정신에 기초해 상호내정에 간섭하지 않고 평화적으로 이견과 분쟁을 해소해왔고, 또 서로 위협하거나 무력을 사용하는 일도 없이 상호 협력 발전에 힘써왔다. 아세안은 운영상 아래와 같은 기구들을 두고 있다.

· 정상회의
· 장관급 회의
· 각종 기능의 협력위원회

사실, 아세안은 영토, 이민, 민족동질성 등 문제로 오랜 기간 역사적 응어리를 품어왔고 여러 분쟁의 불씨를 앉고 있었다. 더욱이 포스트냉전 시기의 지역 진공에 대한 우려가 컸으며, 전 세계 지역 경제 발전 저하의 충격도 겪으며 불안감이 더해갔다. 다행히 아세안이라는 조직이 만들어져 '협력일체, 호신호조(合作一體, 互信互助, 전적으로 협력하며 서로 믿고 서로 돕는다)'의 원칙으로 '2020년 비전 아세안'을 향해 전진할 수 있었다.

금융위기 이후에 아세안 각국은 정치와 경제의 통합이 지역발전에 도움이 된다는 것을 알았다. 이에 '아세안지역안보포럼(ASEAN Regional Forum)' 운영을 통해 아세안 국가들은 점진적으로 협력 분야를 경제에서 정치와 안보, 각 분야로 확대해 나갔고, 심지어 합동군사훈련과 정보교환을 진행해 오늘날 동남아에서 번영하는 큰 지평을 형성하고 있다.

소련과 동유럽의 통합

1917년, 러시아에서 소비에트사회주의연방공화국이 창립되었다. 1922년에 다시 우크라이나, 벨라루스, 사우스코카서스연방을 창시회원국으로 하여 공동으로 '소비에트사회주의공화국연방(Union of Socialist Soviet Republic, USSR)'을 창설하여 점차 중앙아시아지역으로 확장되어 나갔다. 1940년 8월, 발트해 3국을 강제로 병합해 가맹국이 15개국으로 늘어났다. 이러한 통합은 확장성, 강제성이 있는 '소비에트화' 통합의 형태였다.

제2차 세계대전은 유럽을 폐허로 만들었다. 이에 미국 국무부 장관 마셜은 '유럽부흥계획(European Recovery Plan)'을 내세워서 1948년부터 운영하기 시작했다. 소련은 미국의 세력이 유럽에까지 침입하게 될 것이 두려운 나머지 '마셜플랜'에 반대하여 1949년에 동유럽의 불가리아, 폴란드, 체코, 헝가리와 루마니아 6개국과 함께 공동으로 '경제상호원조회의(Council for Mutual Economic Assistance, COMECON)'를 창립하였는데, 석탄강철공동체보다 2년 일찍 계획하였으나 1959년에 창설되어 유럽경제공동체보다 2년 늦게 시작됐다.

독일은 제2차 세계대전 때 소련을 침공하여 소련으로선 공포감을 느끼게 됐다. 이에 제2차 세계대전이 끝난 후 열강에 의해 독일이 양분되면서 독일 동부를 소련과 폴란드가 다스리게 됐고 적극적으로 동독 공산당 정권을 구축했다. 1954년에 서독이 북대서양조약기구 가입이 승인되자 소련은 사회주의 국가들을 위주로 한 바르샤바조약기구를 설립했다.

동유럽의 각 사회주의 국가를 통제하기 위해 소련은 아래와 같은 각종 "일체화(一體化)"를 추진했다.

첫째, '경제상호원조위원회'를 통해 사회주의 '경제일체화'를 실현한다. 둘째, 바르샤바조약기구를 통해 '군사일체화'를 실현한다. 셋째, 경제상호원조위원회와 바르샤바조약기구를 운영하여 공산세계의 '정치일체화'를 조성한다. 넷째, 상기의 전면적이고 다자적인 교류로 '소비에트화'의 '문화

일체화'를 실현한다.

동유럽 각국은 마르크스-레닌주의 일당체제로 공산당이 유일 정당으로서 군림하고 군대를 통솔하였기에 모스크바의 주도하에 각 회원국의 단결력이 부족했다. 공산주의 체제 하의 계획경제는 인민에 대한 배려가 모자랐고 당시 성행했던 자유경제 자본주의에도 역행하는 것이었다. 실제로 1950~1980년대 동유럽에서는 매 5년 내지 매 10년마다 반드시 반공, 반소의 자유화 항거운동이 일어나곤 했다. 1953년의 동독, 1956년의 폴란드, 1968년에 체코의 반공 항거 운동이 마침내 1989년에 베를린 장벽을 무너뜨렸고 동유럽 사회주의 그룹의 와해를 초래했다.

라틴아메리카의 통합

1492년, 스페인의 항해사 콜롬버스가 신대륙을 발견하고 이후 도미니카에도 상륙했다. 스페인은 과테말라에 총독부를 설립하여 중미 지역을 다스리기 시작했다. 1821년, 중미 지역이 스페인을 이탈하여 멕시코제국에 가입했다. 2년 후 멕시코제국이 와해되어 중미 지역의 온두라스, 과테말라, 엘살바도르, 니카라과 및 코스타리카가 1824년 동시에 독립을 선포하여 '중앙아메리카 연방공화국(República Federal de Centroamérica)'을 창설했다. 하지만 스페인이 상당한 영향력을 갖고 포르투갈과 공동으로 '이베로아메리카 공동체(Comunidad Iberoamericana)' 계획을 추진했다. '이베로아메리카 공동체'는 1990년 제1차 국가원수 및 총리 정상회담을 멕시코에서 개최했고 여기에는 쿠바의 통치자인 카스트로도 참가했다.

1963년에 중미 5개국이 '중미공동시장(Central American Common Market, CACM)'을 창설하였으나 온두라스, 과테말라, 엘살바도르, 니카라과 및 코스타리카 5개국으로는 인구도 적고 면적도 작아 지역경제 통합에 힘을 쏟았음에도 큰 효과를 보지는 못했다. 각국이 주권은 중시하되, 민주화와 경제적 수준이 일정치 않은데다가 영토분쟁과 외교정책의 차이 등 요인으로 인해 통합운동이 만족스럽지 않았다.

1960년 2월, 아르헨티나, 파라과이, 브라질, 페루, 멕시코, 우루과이, 칠레 등 7개국이 '라틴아메리카자유무역협회(Latin American Free Trade Association, LAFTA)'를 창설했다. 이후 1980년에는 멕시코, 베네수엘라, 콜롬비아, 에콰도르, 아르헨티나, 브라질, 칠레, 우루과이, 볼리비아와 페루 등 11개국이 '몬테비데오 협정'을 체결하여 '라틴아메리카통합연합(Asociacion Latinoamericana de Integracion)'을 우루과이 수도 몬테비데오에서 창설했다. 쿠바도 1998년에 가입하였다.

이 지역의 경제 조직체는 2,000만 평방킬로미터에 이르는 땅, 5억 명의 인구를 대상으로 하고 있다. 2013년에는 회원국이 14개국에 이르렀다. 라틴아메리카통합연합의 창립 취지는 회원국 상호 간의 무역을 촉진하고 조정하여 수출시장, 경제협력을 확대하고 양자와 다자간의 협력 기초 하에 지역경제를 통합해 최종적으로 라틴아메리카 공동시장을 창설하는 것이다.

중미통합체제(Sistema de la Integración Centroamericana, SICA)는 1991년 12월 13일에 설립된 하나의 중미 국가 간의 정부 조직이다. 이 조직은 옵서버 신분으로 유엔 총회에 초청됐고 유엔 본부에 상주대표부가 설치돼 있다. 본부는 엘살바도르에 있다.

중미통합체제의 전신은 1951년에 설립한 중미기구(ODECA)다. 중미통합체제의 설립 취지는 통합체 조직의 기능과 운영을 강화함으로써 중미지역의 평화, 자유, 민주와 발전을 확립하는 것이다. 주요 조직으로는 정상회의, 외교장관회의, 중미주의회, 중미주법원 및 사무처 본부 등이 있다. 현재는 8개의 회원국과 우리나라(대만)를 포함한 33개국의 옵서버가 있다. 우리나라는 2002년에 옵서버로 들어갔다.

근대 독립국가 약사

기나긴 인류 역사의 진화과정에서 민족과 민족 사이의 합침과 헤어짐이, 크고 작은 나라의 판도를 낳게 하고 비환이합(悲歡離合, 슬픔과 기쁨, 헤어짐과 만남)의 애가를 써냈다. 대체로 민족주의 운동 전후에 4번에 걸쳐 4가지 독립의 양식이 나타났다.

각종 독립양식(자료출처 : 양충롱(楊聰榮) 교수)

유럽양식	미주양식	아세아아프리카 양식	태평양양식
강력한 '민족국가' 의미 내포	이민국가 양식	반식민지 양식	강력한 민족이념 결여 (각국에 다양한 민족이 있음)
중고세기말기~ 19세기	18, 19세기	20세기 하반기	이민 요인이 특별히 두드러지지는 않았음
	이민이 독립의 주체를 결성	민족자결	비민주, 반민주

		반식민투쟁	태평양도서의 지혜로 해결
			강권의 역할이 지대했으나 약소국가는 여전히 외계와의 교류를 통해 요령껏 출로를 찾을 수 있었음

쿠바(1902년)

쿠바는 미국의 동남방에 위치해있는데, 마치 대만이 중국의 동남방에 있는 것과 같다. 쿠바는 원래 스페인의 속지였다. 1898년 4월 22일, 미국과 스페인 사이에 전쟁이 발발하여 7월 17일 스페인군이 항복하자 같은 해 12월 10일 미국과 스페인은 파리에서 평화조약을 체결했다. 조약 제1조에서 "스페인은 쿠바의 주권을 포기한다"고 했다. 미국은 곧 승전국의 신분으로 쿠바를 "교전국 점령"하고, 동시에 2천만 달러를 지불하고 스페인으로부터 루손(필리핀)도 사버렸다.

미국은 레오나드 우드(Leonard Wood)를 총독으로 임명하여 '미국군사정부(USMG)'를 설치했으며 쿠바는 미국에 합병되지 않은 영토가 되었다. 미국 국적의 총독은 쿠바의 재건을 도우며 제헌총회를 개최하여 쿠바헌법을 공표하면서 대통령을 선출하여 정부를 창립했다. 1902년 5월 20일, 미국이 점령이 끝났음을 선포하고 쿠바공화국이 정식으로 출범했다. 1903년에 미국과 쿠바는 호혜조약을 체결했다. 1959년에 카스트로가 집권하면서 미국과 맞섰는데 2015년에 교황 프란치스코의 중재 아래 미국과 쿠바는 국교를 회복했다.

필리핀(1946년)

1898년에 미국과 스페인 사이에 전쟁이 일어났고, 12월에 '파리 평화조약'이 체결됐다. 미국은 필리핀의 주권을 2천만 달러에 사들였고 식민지화했다. 하지만 1899년에 혁명정부가 필리핀 공화국을 건립하고자 하면서 미국과 무장충돌이 발생했으나 미국이 진압했다. 1901년에 미국이 필리핀에 대한 군정을 끝내고 첫 필리핀 민선총독을 임명했다. 1935년에 필리핀은 헌법을 제정하고 대통령을 선출하여 필리핀 국가연합을 설립했다. 하지만 필리핀은 1942~45년에 일본에 의해 점령되어 괴뢰정권(제2공화국)이 세워졌다. 1945년에 미군이 필리핀을 탈환하면서 태평양전쟁이 끝났다. 필리핀은 1946년에 대통령 선거를 치뤘고, 같은해 7월 4일 미국은 필리핀이 완전 독립했다고 선포하였으나 군사기지는 그대로 놔두었다.

전후(戰後) 독립국가 – 연합군의 전후 일본 점령

제2차 세계대전 때 원래 중립을 선포했던 미국이 진주만 사건 후 적극 참전으로 돌아섰고 이후 세계대전을 주도했다. 유엔이 창설되고 '유엔 헌장'의 규정에 따라 태평양 도서 국가들의 국민투표와 독립건국을 도우면서 미국은 전 세계적 차원에서 안보전략의 리더로서 미국식 '민주평화'의 패권을 이루었다.

일본이 제2차 세계대전에서 패하자 연합국은 일본을 군사점령했다. 점령기간에 '극동위원회'를 설치하여 최고의사결정기구로 삼았고, 주요 통치

기관은 '연합군최고사령부(GHQ)'였다.

11개국으로 구성된 '극동위원회(Far East Command, FEC)'는 연합군최고사령관 위의 결정 기관이었다. 또 '연합국일본관리이사회(Allied Council for Japan)'라는 자문기관도 있었다. 물론 실제 모든 업무는 연합군최고사령부와 맥아더 장군이 담당했다.

미국은 연합군이 점령하고 있는 동안 가장 우선적으로 새로운 헌법 초안을 작성하여 이로써 일본이 과거 1868년 1월 3일 일본 메이지 유신에서 확립한 천황 통치의 골격을 해산하고자 했다. 1946년 11월 3일, 포츠담 선언을 주요 골자로 한 일본국 헌법이 정식 공표되었고, 이 헌법의 골자에 따라 새로운 일본국은 77년 간의 대일본제국을 대체했다.

1952년에 연합국이 일본에 대한 군사점령을 마무리했으며 일본은 주권과 독립적 지위를 회복했다. 일본은 미국과 1951년에 구안보조약을 체결했고 1960년에는 신안보조약을 체결했다.

태평양 섬나라들의 독립

태평양은 광대한 바다로, 호주와 뉴질랜드 이외에도 총 27개국이 있다. 대다수는 도서 국가들로, 이 도서 국가들은 주로 멜라네시아, 미크로네시아, 폴리네시아 3대 군도의 1만여 개의 도서로 형성되어 있다. 상당수가 원래는 유럽열강의 식민지였으나 제2차 세계대전 후 독립을 했다.

사모아(1962년)

사모아는 원래 독일의 식민지였으나 제1차 세계대전 후 신탁지가 되었으며, 제2차 세계대전 후에는 유엔이 뉴질랜드에서 관리하도록 위탁했고, 1962년에 독립했다.

나우루(1968년)

나우루는 19세기 말 독일의 식민지였다가 제1차 세계대전 이후에는 국제연맹(League of Nations)의 신탁지로서 호주, 뉴질랜드와 영국이 공동 관리했다. 제2차 세계대전 때 나우루는 일본에 의해 점령당하고 전후에는 다시 유엔의 신탁통치에 들어갔다.

1951년에 영국은 자치적 지방정부를 설치하여 점차 도민이 관리토록 했다. 나우루는 1968년에 독립하면서 영연방에 가입했다. 1970년에 영국, 호주, 뉴질랜드는 나우루의 특산품인 인산염의 통제권을 나우루의 인산염 회사에 반환했다. 나우루는 이로써 국가의 자원을 완전히 통제하게 되어 실질적 독립상태에 들어 가게 됐다.

피지(1970년)

피지는 1874년에 영국의 식민지가 됐고 1876년에 추장협의회를 창설했다. 1882년에 수도를 레부카(Levuka)에서 수바(Suva)로 옮겼다. 1904년에 피지의 법원이 일부 선거기구가 되어서 백인 남자와 현지 추장에게 피선거권이 주어졌다. 피지는 1970년에 영국을 이탈, 독립하였으며 영국식 의회 제도를 채택했다.

통가왕국(1970년)

1845년에서 1893년까지 통가는 통일적이면서 독립적인 국가였으나 1900년에 영국의 보호국이 되었다. 통가는 모든 외교업무를 영국 영사에게 맡겼는데 영국 영사는 통가의 외교정책과 재정문제에 대해 거부권을 가졌다. 제2차 세계대전 기간 통가는 미국과 뉴질랜드 군대의 보급지가 되기도 했다. 1970년에 독립했고 영연방에 가입했다.

파푸아뉴기니(1973년)

1884년에 영국과 독일은 뉴기니섬의 동부 반쪽과 부근 도서를 나눠 접수했으며 양국은 중간의 중앙 산계를 분계령으로 삼았다.

1906년에 영국령 뉴기니를 호주가 관리하도록 하면서 호주령 파푸아로 개칭했다. 제1차 세계대전이 끝난 후에는 호주군이 독일령 뉴기니를 점령했고 1920년에 국제연맹은 이를 호주가 관리토록 했다.

제2차 세계대전 후에 유엔은 호주가 기존 독일령이었던 지역을 계속 관리토록 하였고, 1949년에 호주는 원 영국령과 독일령, 두 부분을 통합하여 '파푸아뉴기니 영지'라고 했다. 파푸아뉴기니는 1973년 12월 1일 내부 자치를 실시했고 1975년에 호주에서 독립하면서 영연방에 가입했다.

투발루(1978년)

투발루 군도는 1892년에 영국의 보호지가 되었고, 1915년에는 영국의 식민지가 됐다. 1974년에 종족의 분쟁으로 폴리네시아인들의 소속인 앨리스 군도와 주로 미크로네시아 인들이 살고 있는 길버트 제도가 투표에 의해 분리되고 나서 길버트 군도는 독립하여 국호를 키리바시라 했다. 앨리스 군도는 투발루로 개칭하고 1978년에 영국으로부터 독립이 승인됐다.

솔로몬 제도(1978년)

1885년에 독일이 북부 지역을 점령하면서 솔로몬 제도는 독일의 보호지가 되었다. 이후 1893년 영국이 솔로몬 제도에서 남은 도서를 점령하여 영국령 솔로몬 제도 보호지를 설립했다.

1900년에 영국과 독일의 협의로 영국은 사모아에 대한 권리를 포기했으며 대신 부건빌섬 외의 솔로몬 제도의 섬들과 맞바꾸었다. 제2차 세계대전 때는 미군기지였다. 1975년 6월 22일, '영국령 솔로몬 제도'에서 '솔로몬 제도'로 이름을 바꿨다. 1978년 7월 7일, 독립하여 영연방의 회원국이 되었다.

키리바시(1980년)

1916년에 영국의 식민지가 되었다가 제2차 세계대전 기간 일본에 의해 점령됐다. 1971년에 자치구가 되어 1975년에 폴리네시아인들에게 속해 있는 앨리스 군도와 주로 미크로네시아인들이 살고 있는 길버트 제도가 분리됐다.

1978년에 앨리스 군도가 독립하여 투발루가 되었고, 1979년 7월 12일, 길버트 제도가 독립을 선포하면서 국호를 키리바시로 바꿨다.

바누아투(1980년)

본래 이름은 '뉴헤브리디스 제도'라 했다. 1906년에 영국과 프랑스 양국이 공동 관리하여 뉴헤브리디스 제도 공관 지역을 설정했다. 제2차 세계대전 당시 연합군의 군사기지로 사용되었고 1960년대부터 영토주권을 주장하면서 유엔에 청원을 했으며 1980년에 독립을 하고 영연방에 들어갔다.

마셜 제도(1986년)

1885년에 독일이 마셜 제도를 점령했다. 이후 제1차 세계대전 때는 일본에 의해 점령당하고 일본이 신탁통치를 했다. 제2차 세계대전 후에는 유엔에서 미국이 신탁통치를 하도록 했다.

1979년에 마셜 제도는 유엔과 미국이 합동으로 제정한 '미크로네시아 연방헌법'을 투표로 부결시키고 자체적으로 자치정부를 설립했다. 1986년에 미국과 '자유연합조약'을 체결하여 같은해 10월 21일 독립을 선포했다.

미크로네시아 연방(1990년)

스페인이 1885년에 미크로네시아 제도를 점령했고 1899년에 독일로 할양이 됐다. 제1차 세계대전 후에는 독일이 일본에 신탁 관리를 하도록 했다. 제2차 세계대전 후 미국이 점령했다.

1979년에 유엔과 미국이 '미크로네시아 연방헌법'을 제정해 신탁통치를 6개 지역에서 실시할 것을 논의했으나 팔라우와 마셜 제도 양 지역에서 거부당해 나머지 4개 지역으로 '미크로네시아 연방'이 만들어졌다.

1986년에 미크로네시아 연방이 미국과 '자유연합조약'을 체결하여 내정과 외교는 미크로네시아 연방이 맡고, 국방은 계속해서 미국이 책임지기로 했다.

1990년 12월, 유엔 안전보장이사회에서 신탁통치를 종료하는 결의안이 통과됐다. 1991년 9월 17일, 유엔의 정식회원이 되었다.

팔라우(1994년)

팔라우는 1574년에 스페인 소속 동인도 제도의 일부분이 됐다. 1899년 '독일-스페인 조약'에 따라 독일에 매각됐다. 제1차 세계대전 당시에는 일본에 의해 점령됐고 제2차 세계대전 기간에는 미군과 일본군이 이곳에서 크고 작은 전투를 수차 진행했다.

1947년, 팔라우는 기타 태평양의 섬들과 같이 '미국령 태평양 제도 신탁통치지'의 일부가 됐다. 1979년, 팔라우는 투표를 통해 미크로네시아 연방에 합병되는 것을 반대했으며, 1981년에 자체적으로 대통령을 선출하여 정부를 설립했다. 미국과 '자유연합조약'을 맺었고 1994년 완전 독립했다.

'유엔 헌장'에 따라 독립한 사례

미국 말고 유럽의 이탈리아도 유엔 헌장 아래 아프리카의 속지(屬地)를 포기하여 그들의 독립을 도왔다.

유엔 헌장 제77조 b항의 규정에 따라 이탈리아는 아프리카의 리비아와 소말리아, 두 식민지를 포기할 것을 선언했다. 1947년 2월 10일, 이탈리아는 '파리 평화조약'에 서명하여 리비아와 이탈리아 소속 소말리아를 포기했다.

그리고 다시 1949년 11월 21일 유엔의 제289호 결의안에 따라 리비아는 1952년 새해에 바로 독립했고 소말리아는 이탈리아의 신탁통치 10년 후에 독립했다.

발트해 3국의 독립운동

1990년 3월, 리투아니아 최고의회가 리투아니아의 독립주권을 재확립하는 결의안을 채택하자 당시 미국의 부시 대통령은 공개적으로 미국도 리투아니아의 민족자결을 지지한다고 천명하면서 리투아니아 정부가 소련과 담판으로써 분쟁을 해소할 것을 호소했다.

소련은 같은해 4월 말부터 리투아니아에 대한 10주간의 경제재제를 가했다. 5월 중 에스토니아와 라트비아도 독립한다고 각국 의회가 정식 선포했다.

　같은 해 12월 소련이 리투아니아의 수도 빌니우스에 파병을 했고, 다음 해 1월 리투아니아의 TV방송국과 라디오방송국을 공격하면서 14명의 시민을 사망케 했다. 2월 9일, 리투아니아가 국민투표를 실시하여 90.47%의 유권자들이 독립에 찬성했다. 아이슬란드도 앞장서서 리투아니아의 독립을 승인했다.

　8월, 소련에 쿠데타가 발생하자 3개국이 재차 독립을 상기시키면서 미국 등 서방국가도 정식으로 3개국의 독립을 승인했다. 이에 9월 6일 소련도 정식으로 3개국의 독립을 인정했으며 16일 3개국은 동시에 유엔에 가입했다.

　독립 과정에서 평화와 비폭력의 연출은 가장 중요한 역할을 하며 국제 언론의 관심도 이끌어낸다. 리투아니아는 자신들의 유일한 무기가 국민들의 지지와 해외 민주단체의 원조임을 알고서, 국민들로 하여금 비폭력과 무저항의 '간디의 방식'을 견지토록 했다. 소련 군대와의 충돌을 피하고 그래야만 세계 여론을 바꾸고 3국의 독립에 유리하게 될 것이라고 호소했다.

　실제로 소련의 조치는 대다수 서방세계의 국가와 민간의 분노를 자아냈고 소련은 여러 항의에 시달려야 했다.

전후 분열 국가의 통합

　제2차 세계대전 후 독일과 조선, 그리고 베트남은 강제로 두 쪽으로 갈라지게 됐다. 동독, 북한과 북베트남은 소련이 키운 공산당이 이끌게 됐고 서독, 남한과 남베트남은 미국의 지지 하에 민주와 자유의 길을 선택했다. 베트남은 1975년에 미군이 철수하면서 북베트남이 남베트남을 통일했고, 동서독은 1989년에 베를린 장벽이 무너지면서 하나의 민주 국가로 통일됐다.

베트남

서기 10세기에 베트남은 중국의 통치를 벗어나 정식으로 건국됐지만 15세기에는 명나라가 침략해 20여 년간의 통치를 받기도 했다. 19세기 중엽 후에는 프랑스가 베트남을 침공해 식민지 정부를 세웠다. 청나라는 베트남에 대한 종주권(宗主權)을 확보하기 위해 프랑스와 청불전쟁을 일으켰고 결국 두 나라는 간명(簡明) 조약을 체결하면서 베트남이 정식으로 프랑스 식민지가 됐다.

제2차 세계대전 당시 일본이 베트남을 점령하였고, 이에 1941년 호찌민 등이 '베트남독립동맹회(越南獨立同盟會)'(약칭 '월맹(越盟)')를 만들어 프랑스와 일본의 식민통치를 반대하고 무장투쟁으로 베트남민주공화국을 건립하려 했다.

1945년, 제2차 세계대전 끝난 후 월맹이 반기를 들어 베트남 정권을 탈취했다. 9월 2일에 호찌민은 '베트남 독립선언'을 발표하면서 '베트남민주공화국'의 성립을 선포했다. 그러나 프랑스는 여전히 프랑스 소속 인도차이나에서의 식민통치를 유지하려 했고 결국 월맹과 무력충돌이 빚어져 제1차 인도차이나 전쟁으로 번졌다.

1949년에 반공세력은 베트남 남방에서 베트남국을 건국해 북쪽의 베트남민주공화국과 대치했다.

1954년에 디엔비엔푸 전투에서 베트남민주공화국이 프랑스군을 대파하고 상호 간에 제네바회의에서 프랑스령 인도차이나에서 프랑스군이 철수하는 협의를 체결했다. 이때 베트남민주공화국(후에 북베트남이라 불림)이 북위 17도 이북의 베트남을 통제하게 됐고, 반공을 주장하는 베트남국(후의 '베트남공화국', 남베트남)은 북위 17도 이남의 베트남을 통제하게 됐다.

1960년부터 북베트남이 지원하는 베트남 공산군이 남베트남에서 게릴라전을 벌여 베트남 전쟁이 시작했다. 1973년에 미국, 북베트남, 남베트남과 남베트남민족해방전선(남베트남 공산당)이 '파리 평화조약'을 체결했다. 그후 얼마 안되어서 미군은 베트남에서 철수했다. 1975년에 베트남 인민군이 춘계 공세를 퍼부어 수도 사이공을 점령하면서 베트남 공화국은 멸망했다.

남베트남 공산당은 후에 '베트남남방공화국 임시혁명정부'를 세워 사이공시도 호찌민시로 이름을 바꿨다. 1976년에 베트남민주공화국의 영도하에 남베트남 공산당의 베트남남방공화국과 합병하여 오늘날의 '베트남 사회주의 공화국'으로 통일됐다.

북베트남은 중공과 소련 공산당과의 관계가 매우 미묘하고 복잡했다. 소련은 중공의 세력 확장을 방지하기 위해 적극적으로 베트남 공산당과 밀착했다. 1978년에 베트남은 소련이 영도한 '경제상호원조회의'에 가입했고 '소련-베트남 우호조약'을 체결하여 동남아에서 소련의 대변자가 되었다. 같은 해 말에 베트남은 캄보디아에 출병하여 중공이 지지한 살인마 폴 포트(Pol Pot) 정권을 무너뜨렸다.

중공과 베트남은 국경과 북부만(北部灣, 통킹만)의 경계 문제, 그리고 서사군도, 남사군도의 주권 귀속문제로 오랫동안 분쟁이 존재해 왔다. 1975년에 통일 이전의 베트남 시기에 남베트남은 서사군도와 남사군도의 도서를 부분적으로 점유했고 북베트남은 중공의 환심을 사기 위해 중공의 영유권을 인정했다. 하지만 베트남이 통일되고 나서 베트남은 말을 바꿔 이 두 군도를 베트남에 귀속시켜야 한다고 주장하여 오늘날까지 분쟁이 끊이지 않고 있다.

한편, 이 기간 동안 베트남은 배화정책(排華政策)을 펼쳐 베트남 화교를 강제로 베트남에 귀화시키거나 축출하고, 화교들의 기업을 국유화한다고 하여 약 40만 화교가 부득이 베트남을 떠나야 했다.

1971년에 중화인민공화국이 유엔에 가입하고 안전보장이사회의 상임이사국이 되었고 1979년에 미국과 정식 수교했다. 그런 속에서 1979년 2월 17일, 덩샤오핑이 10만 대군으로 베트남 북부 국경선에 침입하였으나 베트남군의 강한 저항에 부딪쳐 3월 17일에 패주하여 한달 간의 '베트남 정벌 전쟁'을 끝냈다.

2019년 2월 15일, 베트남 정부는 '월중 국경전쟁 40주년 기념 심포지엄'을 열었다. 베트남과 중공이 비록 같은 공산정권이기는 하지만 역사의 원한은 말끔히 청산하기는 쉽지 않음을 알 수 있다.

독일

제2차 세계대전이 끝난 후에 독일 전역은 서방의 연합군과 소련군에 의해 분할 점령됐다. '포츠담 회의'에서 영국, 미국, 프랑스, 소련의 협의에 따라 독일을 4등분으로 4개 전승국이 각각 점령할 것을 결정했다. 또한 하나의 최고 관리 기구인 연합국통제위원회(Allied Control Council)를 조직하여 독일을 통치하기로 했다.

1948년 2월에서 6월까지 미국, 영국, 프랑스, 벨기에, 네덜란드, 룩셈부르크 6개국이 런던에서 외무장관회의를 열어 '런던 건의안'을 제출하였다. 내용인즉슨 프랑스가 점령한 독일 지역과 영국, 미국이 점령한 독일 지역의 경제정책을 협의하여 대외무역을 공동으로 통제하고 공동제헌을 통해 서독을 설립하여 서독을 중심으로 유럽을 부흥시키자는 것이었다.

이를 알게된 소련은 그해 6월 19일에 영국, 미국, 프랑스 3국에 독일을 분리하고자 모의했다면서 항의했다. 소련은 1948년부터 서베를린지역을 11개월간 봉쇄했지만 서방국가들은 지속적으로 공수방식으로 베를린을 지원했다. 1949년 5월 12일, 베를린 봉쇄가 해제되어 5월 23일 서독(독일연방공화국)이 정식으로 성립됐다.

동독도 같은해 10월 7일 독일사회주의통일당 일당이 집권하는 '사회주의 공화제'를 설립했다. 독일은 정식으로 양분되었으나 당시 양쪽은 모두 주권국가가 아니었다. 1952년에 서독이 영국, 미국, 프랑스와 협정을 체결하고 나서 국가의 주권이 생기게 됐다.

1989년부터 동유럽 공산당 정권이 속속 와해되고 1989년에는 베를린 장벽이 무너졌다. 1990년 3월 18일, 동독에서 사상 첫 민주선거가 치뤄졌고 동서독은 즉시 통일 협상을 진행했다. 결국 동서독은 제2차 세계대전 후 독일을 점령하고 나선 4개국(미, 영, 불, 소)과 '최종적으로 독일문제를 해결하는 조약'을 체결하여 통일 후의 독일은 완전한 독립자주의 나라가 되었고 4개 점령국의 특권도 모두 소멸했다.

1990년 10월 2일, 기존 동독 정부 기관은 운영이 중단됐으며 서독이 동독의 재외공관을 접수했다. 10월 3일에 동서독의 통일축하행사가 베를린에서 거행됐고 독일은 정식으로 통일을 선포했다.

남북한

조선은 1910년 일본에 의해 합병된 이후, 1919년에 '3.1 독립운동'이 일어나면서 망명정부가 상하이에 세워졌다. 1943년의 '카이로 선언'에서 이 회의에 참가한 미국, 영국, 중국의 세 거두는 조선이 일본의 식민통치에서 독립하는데 동의했다. 1945년 일본이 패전하고 투항한 후 조선은 독립했다. 하지만 이후 미소 양 강대국에 의해 강점되어 유엔의 결의로 남북한은 따로 선거를 통해 지도자를 선출하게 됐다.

1948년에 한반도는 북위 38도선을 기점으로 삼아 갈라졌다. 북한은 김일성, 남한은 이승만이 이끌었으며, 두 사람은 모두 국가 통일을 주장하였으나 국제적으로는 광범위하게 각각의 국가가 만들어진 것으로 인정받게 됐다. 1950년 6월 11일, 3명의 북한 대표가 38선을 넘어 남한에게 '평화통일 국가성명'을 건넸으나 남한 당국에 체포되기도 했다. 2주 후에 북한의 기습남침으로 한국전쟁이 발발했다.

중공은 모스크바를 비롯한 사회주의 진영의 지지하에 이른바 '항미원조(抗美援朝)'를 시작하여 지원군을 파견하여 한국전쟁에 참전했다. 유엔군도 파병되어 전황은 치열했다. 결국 1953년에 '조선정전협정'을 조인하게 되면서 한반도는 휴전 상태가 됐다.

1960년, 김일성이 '연방제 국가' 방안을 제출하였다. 남북한은 기존 사회제도를 유지하면서 각자가 독립적 활동을 하고 쌍방의 정부를 대표로 하는 '최고민족위원회'를 조성하자는 것이었다. 이승만은 부정선거 시비로 인해 같은해 4.19 시위에 의해 물러났다. 새로 들어선 정권에서도 한국은 무질서의 혼란을 겪다가 1년 만에 박정희가 쿠데타를 일으켜 집권하고 이후

선거를 통해 대통령이 됐다. 1972년 7월 4일, 박정희와 김일성은 '남북연합성명'을 발표했다.

1980년에는 전두환이 대통령에 취임하여 북한에 '민족화합민주통일방안'을 제시했다. '민족통일협의회'를 만들어 자유민주의 방식으로 통일된 정부와 국회를 창설하고 남북한은 "자유", "화합", "단결" 3대 원칙의 공식(共識, 공동인식)을 형성하자는 것이었다. 이에 대해 김일성은 '고려민주연방공화국'을 주장하면서 국가통일, 정부통일, 그리고 동등한 권리와 의무를 누리는 남북상호 지방자치를 실시하자고 했다. 아울러 그는 남북한이 통일된 후 "평화중립"을 선포하여서 특히 다른 어떤 나라와도 동맹을 맺지 않을 것이라고 했다.

1987년에 김일성은 소련의 최고 지도자 고르바초프를 통해 미국 레이건 대통령에게 비밀 서한을 전달하였는데, 주된 내용은 다음과 같다.

· 병력을 감축하고 남북이 민족군을 둔다.
· 핵무기와 외국군대는 한반도를 떠난다.
· 상호불가침선언을 발표한다.
· 연방공화국을 결성한다.
· 평화중립을 선포하여 한반도를 완충지대로 만든다.

1992년에는 제6차 남북고위급 회담 끝에 '남북한 사이의 화해와 불가침 교류·협력에 관한 합의서'를 체결했다. 쌍방의 공동노력 하에 남북한 평화통일을 실현하도록 한다는 것이다.

1997년에 김대중이 대통령에 취임하고 나서 '3단계 통일방안'을 발표했다. '연합'에서 '연방'으로, 마지막에 '통일'을 달성한다는 것이다. 2000년 6월 15일, 김정일과 김대중은 평양에서 만났다. 남한은 '연합'를 제시했고 북한은 '낮은 단계의 연방제'를 제시했다.

2013년에 김정은은 '하나의 민족, 하나의 국가, 두 개의 정부, 두 개의 제도'를 말하면서, 통일 후에는 평화중립을 유지하는 일종의 '일국양제(一國兩制)'를 주장했다. 2014년에는 이전해에 대통령으로 취임한 박근혜가 '2040 통일한국 비전 보고서'를 발표하였는데 만약 남북상호간 2030년에 평화통일을 실현하면, 2040~50년에는 세계 7대 경제체가 될 것이라고 내다봤다.

2018년에는 역시 이전해에 대통령으로 취임한 문재인이 '3단계 통일원칙'을 제시했다. 그 내용은 첫째, 통일은 외세에 의존하거나 외세의 간섭을 받지 않고 자주적으로 하여야 한다는 것, 둘째, 통일은 서로 상대방을 공격하는 무력 행사에 의거하지 않고 평화적 방법으로 실현하여야 한다는 것, 셋째, 사상과 이념, 제도의 차이를 초월하여 우선 하나의 민족으로서 민족적 대단결을 도모하여야 한다는 것이다.

에필로그

대만과 한국, 끊을 수 없는 운명

한반도 약사

고고학자들에 따르면, 한반도는 구석기시대에서 신석기시대로 넘어가기 이전부터 이미 사람이 살고 있었다고 한다.

한국 역사는 단군 이래 4천여 년이라고 한다. 역사상으로 서기 4세기에 조선은 고려, 신라, 백제 삼국시대를 구성했고 7세기 때 신라가 당시의 반도를 최초로 통일했다. 1392년에는 고려의 장군 이성계가 34대조가 이어진 조선 왕조를 건립했다.

500년 후인 1894년에 일본군은 조선 왕궁을 포위하고 갑오전쟁으로 청나라를 격파하여 청나라 군대를 한반도에서 축출했다. 일본은 1910년에는 조선을 합병하고 조선을 멸망시켰다.

1896년에 일본과 러시아가 북위 38도를 기준하여 당시 한반도를 반으로 나누자는 논의를 한 적이 있는데, 그러다가 1904년에 일러전쟁을 통해 결국 일본이 러시아를 격퇴하여 조선을 독점했다. 1919년 3월 1일에 한반도의 인민들은 일본의 통치에 대해서 거센 시위를 벌이며 저항을 하고 독립을 요구하였는데 이를 '3.1 독립운동'이라고 한다. 1925년에는 김일성이 조선공산당을 창설했다. 1943년에는 미국, 영국, 중국 3국이 '카이로 선언'을 통해 조선을 일본으로부터 독립시키는 것에 동의했다.

제2차 세계대전이 끝날 무렵 소련이 돌연 1945년 8월 7일에 대일본선전 포고를 하고선 신속하게 북한 지역을 점령했다. 미군은 9월 8일에 인천과 부산에 상륙하였는데 이로써 조선은 일본으로부터 독립을 하게 됐지만 당시 미국과 소련이 모두 남북에 군대를 주둔하여 대치하면서 한치의 양보도 하지 않았다. 후에 유엔의 결의로 남북한에서 선거가 실시됐고 그 후 미국과 소련은 모두 철군하였다. 이때부터 남한은 이승만이, 북한은 김일성이 이끌게 되었는데, 두 사람은 모두 국가 통일을 주장하였고 조선은 하나라고 주장했다. 그러나 유감스럽게도 일본 식민지에서 독립하자마자 조선은 미국과 소련 양강의 분쟁으로 사실상 분열하게 됐다. 1953년에 한국전쟁이 끝난 후 남북한은 최종적으로 다시 38선 근처를 정전 분계선으로 긋고서 일국양치(一國兩治) 체제로 들어가게 됐다.

대만섬 약사

원주민을 제외한다면 대만은 1624년에 네덜란드가 처음으로 들어와 살았고 북대만은 스페인이 잠정적으로 다스리게 됐다. 40년 후인 1661년에 청나라의 정성공(鄭成功)이 군대를 이끌고 들어와 네덜란드군을 축출하여 대청 왕조가 1684년에 정성공의 후예들이 건립한 동녕왕조(東寧王朝)를 무너뜨리고 대만을 느슨하게나마 다스리기 시작했다. 1885년에 청은 대만을 성(省)으로 격상시켰는데, 그후에 있었던 조선의 민란으로 일본군과 청군 사이에 갑오전쟁이 터졌고 이 전쟁의 결과로 결국 대만은 일본에 "영원히 할양"되었다.

대만과 조선이 다른 점은 1943년의 '카이로 선언'에서도 대만의 독립은 인정되지 않았다는 것이다. 미국은 그 당시 장제스를 달래기 위해 "일본이 패전한 후에 대만과 펑후를 중화민국에 귀환시킨다"는 입장을 취하였으나 영국 처칠 수상은 이를 거부했다. 그래서 '카이로 선언'은 미국, 영국, 중국 3국 원수의 공동 서명이 없고 이후 각자 보도자료 형식으로만 대외적으로 발표됐다.

중화인민공화국은 1949년 10월 1일에 창립됐는데 이로써 중화민국은 전복된 것이나 마찬가지였다. 그러나 장제스는 대만으로 철수했고 '카이로 선언'을 내세워 대만에서의 통치권을 내세우면 계엄통치를 시작했다. 1987년까지, 대만인들은 38년간의 고난의 항쟁으로써 이 '계엄령'을 결국 해제케 했다.

대만은 1996년에 역사상 처음으로 총통 선거를 실시했고 국민당의 리덩후이가 당선됐다. 2000년에 국민당은 대만 본성의 반체제인사라고 할 수 있는 천수이볜과 필자인 뤼슈렌의 합동 출마로 또다시 패배의 고배를 마시게 됐고 이로써 50년 간의 국민당 일당 체제는 종식됐고 사상 처음으로 정권교체가 이루어졌다.

남한과 북한은 원래는 통일된 조선국이었다. 외부의 개입으로 남과 북, 두 개의 정권으로 갈라진 것이다. 그러나 대만은 전후 오늘날까지, 특히 중화인민공화국의 통치를 단 한 번도 받아본 적이 없다.

장제스를 따라 대만으로 건너온 '중화민국'은 대만의 민주화로 인해 이미 '중국의 중화민국'이 아니라 '대만의 중화민국'이 되어 버렸다. 지금 대만의 '중화민국'은 1912년 중국 난징에서 창립된 '중화민국'과 같지 않다.

절대 다수 대만인들이 중공과 대만의 통일을 반대하고 독립을 주장하고 있는 이유가 바로 여기에 있는 것이다.

한국과 대만의 역사를 연동하는 숙명

갑오전쟁과 한국전쟁, 두 전쟁이 한국과 대만의 역사를 연동케 했다.

1876년에 일본과 조선은 '강화도 조약'을 체결했다. 1885년 청일 간에 다시 '텐진 조약'을 체결하였는데, 이는 청일 양국이 조선의 주권을 공동으로 나누기로 한 것이어서 갑오전쟁의 화근을 심게 되었던 것이다.

조선의 민간 조직인 '동학당'의 세력이 커지면서 분란이 일어났다. 그래서 조선은 중국에 지원을 요청했다. 이홍장(李鴻章)은 이를 일본에 알린 후 조선에 파병을 했다. 일본도 텐진조약에 따라 같이 파병을 했다. 동학당이 진압되며 청은 철군을 했으나 일본은 자국 교민을 보호하는 구실로 철군을 거부했다. 이후 갑오전쟁이 터졌고 이는 결국 청나라 해군의 참패로 끝났다. 이듬해 청일 양국은 '시모노세키 조약(馬關條約)'를 체결하고 청은 "대만과 펑후를 일본에 영구히 할양했다."

이와 같이 조선에서의 한바탕 열강의 격돌이 대만을 50년간 일본의 식민지로 전락하게 했고 이 상황은 1945년 제2차 세계대전이 끝나고 일본이 항복하기까지 지속되었다.

1950년 6월 25일, 북한이 무력통일을 감행하여 한때는 남한의 토지 90%를 점령했다. 이후 7월 11일에 미국이 15개국의 유엔군을 조성하여 북한에 선전 포고를 하고선 9월 5일에는 4만 대군을 이끌고 인천에 상륙하여 북진으로 압록강까지 밀고 올라갔다.

하지만 10월 25일에 마오쩌둥이 펑더화이를 총사령관으로 임명해 인민지원군을 지휘케하여 북한에 파병을 했다. 합동으로 '항미원조(抗美援朝)'의 구호 아래 다섯 차례의 큰 전투를 치루면서 유엔군은 압록강에서 38선 부근까지 밀려나야 했다. 38선 부근의 고지전이 지속되는 속에서 1951년 7월 10일부터 정전회담이 진행되었고 1953년 7월 27일에 양측은 판문점에서 '조선정전협정'을 조인하였다.

한국전쟁이 대만의 운명을 바꾸었다

　미국 트루먼 대통령은 1950년 1월 3일에 '미국중립선언'을 발표하여 중국의 국공내전에 개입하지 않겠다는 입장을 밝혔다. 소련의 공산당 지도자 스탈린은 미국이 중국 문제를 건드리지 않는다면 당연히 조선 문제도 건드리지 않을 것이라고 판단했다. 이에 남한을 침공하려고 하는 김일성의 계획에 동의하면서 마오쩌둥에게 김일성을 위한 군사적 지원을 해줄 것을 요청했다. 마오쩌둥은 하는 수 없이 원래 갖고 있었던 '도해공대(渡海攻台, 바다 건너 대만을 침공한다)' 계획을 수정하면서 이를 '항미원조(抗美援朝, 조선을 도와 미국과 싸운다)'에 투입했다. 한국전쟁이 마오쩌둥의 무력침략으로부터 대만을 지켜준 셈이 됐다.

　한국전쟁이 발발한지 3일째 되던 날 트루먼 대통령은 기존의 입장을 바꿔 즉각적으로 "대만해협 중립, 대만 법적지위 미정"을 선포하면서 제7함대를 대만에 파견해 대만을 방위했으며 그 대신 국민당의 대륙 공격도 허락하지 않았다. 이로써 '두 개의 중국'이 만들어지게 됐다.

　한국전쟁은 마오쩌둥의 도해공대 전략을 바꾸게 했고 아울러 미국의 對중국정책과 대만의 운명마저 바꾸어 버렸다. 한국과 대만의 역사적 관계가 숙명적으로 연동하게 된 것이다.

　한국전쟁 이후 한국과 대만에 있어 다른 하나의 중요한 역사 발전은 민주화의 격동이다. 한국과 대만은 똑같이 긴 고난과 항쟁과 희생으로 군사독재에서 민주화로 발전하게 되었고 인문 및 과학과 기술면에서도 빛나는 성과를 내게 되었다. 한국과 대만은 가까운 이웃이면서 마치 두 줄의 평행선과 같이 나란히 발전하여 세계의 이목을 집중시켰다.

한반도의 전쟁과 평화, 2017년 핵전쟁 위기

트럼프 대통령이 2017년 1월 20일에 취임하고 나서 3개월 후부터 한반도에서 고래와 새우의 아슬아슬한 싸움이 벌어졌다.

김정은은 같은해 2월 12일부터 9월 3일까지 8개월 동안 15차례나 탄도미사일실험과 핵실험을 감행했다. 그 중 4차례는 실패로 돌아갔지만 11차례는 성공했다.

4월 15일에 북한의 태양절을 맞이하여 김정은은 의기양양하게 북한의 역사적 열병식을 관람했다. 열흘 후 북한의 인민군 건군 85주년 기념행사를 개최하고 있을 때 미국의 최대 핵잠수함인 미시간호가 한국 부산항에 정박하고 있었다. 핵항공모함 칼빈슨호와 함께 군사훈련을 실시하기 위해서였다.

동시에 당시 한반도 주변 해역에는 미국, 북한, 일본, 한국, 러시아와 중국 6개국 총 50여 척의 잠수함이 북적였다. 중국도 10만 여 군대를 이동시켜 중, 조 국경에 배치했고 아울러 20만 해방군을 집결하여 1급 전쟁준비령을 선포했다.

4월 24일에 백악관은 유엔 안전보장이사회 15개 회원국 대사 부부를 만찬에 초대했다. 이후 28일 렉스 틸러슨 국무부 장관이 안보리 국가들의 장관급 특별회의를 열어 안보리와 함께 북한을 제재할 것을 건의했다. 제재 수단으로는 금수, 봉쇄 및 북한과 왕래가 있는 은행과 기업마저 징벌하는 것도 포함되어 있다.

같은해 9월 15일에 김정은은 북한의 동쪽 강원도 원산시에서 서울 시내를 사정거리에 둔 북한 역사상 가장 규모가 큰 300~400기 장거리 자주포 사격을 실시했다.

미국은 재빨리 사드 미사일 조립 설비를 남한 성주에 운반해 놓았다. 이로써 한국이 미국과 북한 싸움의 전쟁터가 되는 것이 아니냐는 우려를 낳게 했다.

11월 29일 새벽에 북한은 화성-15호 대륙간 탄도미사일을 시험 발사했으며 이를 재빨리 외부에도 알리면서 시험발사 영상까지 공개했다. 화성-15호 탄두의 몸체 길이는 21미터이고 사정거리는 13,000km에 달하는데 미국은 물론, 세계 어느 지역이든 공격할 수 있다.

이번 시험 발사의 의미는 북한이 이미 강력한 고체 추진연료를 가지고 있다는 증거를 보여주는 것이다. 미사일은 평양 교외에서 고각으로 발사되어 53분을 비행하다가 일본 아오모리현 서쪽에 있는 일본 배타적 경제수역에 떨어졌다. 4,475km 고도에 도달하였다고 하는데 실로 세계를 경악케 했다.

12월 5일에 미국과 한국은 나흘 동안 '버질런트 에이스(Vigilant Ace)'라는 연례 군사훈련을 실시했다. 전략폭격기인 B-1B, 스텔스기인 F-22, F-35 등 무려 230여 대의 한국과 미군 공군기가 참여했다. 전투기는 하루 여섯 차례 출격이 가능하기에 이는 북한 내 타격 목표를 하루 1,400회 공격하는 규모로 사실상 전면전 규모였다.

한편, 미국의 핵잠수함 3척도 나란히 한반도 동부 수역에 집결하였다. 또한 총 300여 대 전투기가 미국 항공모함 위에 대기하고 있었다. 여기에 11척의 이지스 구축함까지 포함한다면, 미국은 사실상 1년 내내 어디든지 쉬지 않고 공격할 수 있는 능력을 과시한 셈이다. 이에 한반도는 일촉즉발의 극도의 위험상황으로 치달았다.

크리스마스 3일 전인 12월 22일에 유엔 안전보장이사회는 '제2397호 결의안'을 통과시켰는데 북한에 대해서 4개 항목으로 된 엄격한 제재조치를 선포한 것이다. 약 2.5억 달러의 수출 손실을 입게 된 북한에게는 실로 설상가상(雪上加霜)인 격이었다.

평화의 비둘기는 동계올림픽을 향해 날아갔다

미국과 북한이 서로 칼을 들이대면서 팽팽한 분위기 속에 시간은 2017년에서 2018년으로 넘어갔다. 예상외로 북한 지도자 김정은은 신년사를 통해 남북한이 1월 9일 판문점 '평화의 집'에서 회담을 할 것이라고 발표했다.

김정은은 TV에서 방영한 신년사에서 올림픽의 성공을 기원한다고 했다. 그러면서 2월에 개최할 평창 동계올림픽에 선수단을 파견하는 것도 고려하겠다고 했다.

그는 "(평창 동계올림픽은) 민족의 위상을 과시하는 좋은 계기가 될 것이며 우리는 대회가 성과적으로 개최되기를 진심으로 바란다"면서 "북남당국이 시급히 만날 수도 있을 것"이라고 말했다.

사실 이보다 앞서 2017년 6월 24일에 세계 태권도 챔피언십이 한국의 중부 무주군에서 개최됐는데, 당시 문재인 대통령은 북한 대표단장과 함께 개막식에 참석하면서 2018년 평창 동계올림픽에 북한이 참석해 줄 것을 요청했다. 남한이 먼저 북한에게 평화의 상징인 올리브 가지를 선뜻 내민 셈이다.

2018년 1월 9일에 북한은 조국통일위원회 리선권 위원장을 대표로 하여 남한의 통일부 장관 조명균과 회담하였다. 남북 판문점 평화회담에서 다음과 같은 합의가 있었다.

첫째, 북한과 남한은 각각 체육대표단을 파견하여 2월 9일 동계올림픽

개막식에 공동 입장한다. 둘째, 북한은 고위급 대표단, 선수단, 응원단과 현송월과 그의 미녀 합창단을 파견한다. 셋째, 상호 간은 '서해 핫라인'을 설치하고 군사회담을 개최하는 것에 동의했다. 넷째, 남한은 설날에 이산가족상봉을 하자고 제의했다.

판문점 회동

평창 동계올림픽이 끝나고 한국은 2018년 3월 5일에 특사단을 평양에 보내 답례방문을 했다. 북한과의 고위급 회담 후에 남한의 정의용 국가안보실장이 4월말에 남북한이 제3차 정상회담을 개최한다고 발표했다.

김정은은 우호적 분위기를 만들기 위해 한국의 예술인들을 북한으로 초청했다. 또한 수뇌부 핫라인을 개설하고 핵실험과 대륙간 탄도미사일 발사실험을 중지했다. 핵실험장도 폐쇄하겠다고 하였다. 남한도 국경선에서 확성기 대북방송을 중단한다고 했다.

4월 27일 오전 9시 30분, 김정은 위원장은 38도 군사분계선을 넘어 한국 측으로 들어와 군사분계선 옆에서 기다리고 있는 문재인 대통령의 환영을 받았다. 두 사람은 모두 정식 호칭으로 상대방을 배려해주었다. 문재인은 "위원장님"으로 김정은을 호칭했고, 김정은도 마찬가지로 "대통령님"으로 문재인을 호칭했다.

문재인은 언제 북한을 방문할 수 있는가를 물었고 김정은은 "지금"이라고 답하면서 두 사람은 바로 손을 잡고 군사분계선을 넘었다. 두 사람은 북한 관할구역에서 잠시 머문 후 다시 손을 잡고 남한 관할구역으로 들어왔다. 두 사람은 '평화의 집'에 들어갔고, 김정은은 방명록에 친필로 "새로운 역사가 이제부터. 평화의 시대, 역사의 출발점에서, 김정은 2018.4.27"이라고 적었다.

10시 15분부터 쌍방 지도자는 정식 회담을 진행했다. 주제는 한반도의 비핵화이며 두 사람은 회담에 모두 만족감을 표시했다.

문재인은 "이 한반도의 봄. 온 세계가 주목하고 있다"면서 "온 세계의 사람들에게 큰 선물을 만들어 줬으면 좋겠다"고 말했다. 김정은은 "새로운 역사가 쓰이는 새로운 출발점에 섰다"며 "반드시 필요한 이야기를 하고 좋은 결과를 만들어 내겠다는 걸 말씀드린다"고 말했다.

트럼프와 김정은의 싱가포르 회담

한국 국가안보실장 정의용과 국가정보원장 서훈은 2018년 3월 8일에 미국 트럼프 대통령에게 그 이전에 있었던 평양 방문 결과를 브리핑하고 북한 지도자 김정은의 초청 의사를 전달하였으며 트럼프는 미국과 북한 간의 정상회담에 동의했다.

그러나 백악관은 미국과 북한 간의 합의가 이뤄지기 전까지 유엔의 對북한 제재는 지속될 것이라고 했다. 이어서 정 실장과 서 원장은 각각 시진핑과 아베를 만나 미북정상회담을 위한 의견과 협조를 구했다.

4월 11일에 북한은 트럼프와 김정은의 정상회담에 앞서 5개항의 요구사항을 제시했다. 첫째, 미국 핵 전략자산 한국에서 철수, 둘째, 한미연합 군사훈련 때 핵 전략자산 전개 중지, 셋째, 재래식 무기와 핵무기로 공격하지 않겠다는 보장, 넷째, 정전협정을 평화협정으로 전환, 다섯째, 북한과 미국의 수교.

5월 10일에 트럼프는 한달 후인 6월 12일 싱가포르에서 정상회담을 열게 될 것이라고 발표했다. 그러나 미국은 5월 21일 한미연합 군사훈련를 계획대로 실시했다. 북한은 미국이 군사훈련의 규모를 축소하지 않는 점에 대해 불만을 표시했다. 5월 24일에 북한은 풍계리 핵실험장을 폐쇄하기도 했으나 실효성 논란이 일었다. 미국과 북한은 정상회담을 위한 사전조치 수준에 대해서 서로 원하는 바가 달랐다. 같은날 트럼프는 "북한이 최근 엄청난 분노와 공개적인 적대감을 노출했고 회담하기에는 그리 썩 좋은 시기가 아니어서 정상회담을 취소한다"면서 "그래도 김정은이 혹시 생각이 바뀌어 정상회담을 원한다면 환영한다"고 했다.

트럼프가 정상회담을 취소한다고 하자 북한의 태도는 바로 수그러졌다. 북한 외무성은 "트럼프 측에서 돌연 일방적으로 회담취소를 발표한 것은 뜻밖의 일이며 매우 유감스럽게 생각하지 않을 수 없다"고 했다. 그러면서 "아무 때나 어떤 방식으로든 마주 앉아 문제를 풀어나갈 용의가 있다"고 했다. 다음날 트럼프는 선심을 베풀어 김정은과 회담을 예정대로 하겠다고 발표했다.

6월 12일 오전 9시 4분, 트럼프와 김정은은 싱가포르 카펠라 호텔 밖에 있는 정원 가운데서 평화의 손을 내밀었다. 9시 16분부터 두 사람은 통역자만 대동하고 단독회담을 했다. 회담이 끝난 후 두 사람은 공동성명을 발표하면서 아래와 같이 제언했다.

첫째, 미합중국(미국)과 조선인민민주주의공화국(북한)은 양국 국민(people)의 평화와 번영을 향한 갈망에 따라 새로운 미·북 관계를 수립하기로 약속한다.

둘째, 미국과 북한은 한반도에 지속적이고 안정적인 평화 체제를 만들기 위해 함께 노력한다.

셋째, 2018년 4월 27일 판문점 선언을 재확인하며, 북한은 한반도의 완전한 비핵화를 노력하기로 약속한다.

넷째, 미국과 북한은 전쟁포로, 전쟁실종자들의 유해를 즉각 송환하는 것을 포함해 유해 수습을 약속한다.

고래, 새우, 가재

김정은이 2012년에 북한 지도자 대권을 인수받을 때의 나이는 불과 28세였다. 2017년에 김정은이 나이 70세가 넘는 트럼프와 바다를 사이에 두고 맞붙었을 때의 나이도 33세에 불과했다.

트럼프는 김정은을 "로켓맨"이라 불렀고 김정은은 옛영어인 dotard를 써서 트럼프를 "늙은이"라고 빗대기도 했다. 세상 사람들은 그때부터 김정은을 직시하기 시작했다.

당시 국제사회에서는 북한 김정은을 이란의 호메이니, 시리아의 아사드와 베네수엘라의 마두로와 함께 "세계의 4대 악인"이라고 하기도 했다.

김정은은 왜 새로 당선된 미국 트럼프 대통령에게 감히 도전장을 내밀었을까? 여러 전략 전문가들의 관찰로는 김정은은 멍청하지도 않고 얼떨떨하지도 않다. 오히려 그는 냉정하고 이성적이며 조심스러운 성품을 가진 자라고 한다. 짧은 7개월 동안 북한이 과시한 북한 핵무기 능력은 정녕 중공의 30년 간의 노력과도 맞먹는다고 할 것이다. 전체적으로 볼 때 김정은은 핵무기 보유국으로 인정받으며, 트럼프와 평등한 입장에 섰으며, 국제적으로 위세를 떨쳤다는 점에서 전략적 성과를 얻었다고 할 수 있다.

그러나 그래도 어떻건 그가 싱가포르 회담 전에 트럼프에게 요구했던 5개 요구사항은 단 하나도 실현되지 않았다. 트럼프는 마치 김정은과 사전에 각본을 짠 것처럼 장단을 맞추면서 장장 1년 반 동안이나 국제 매스컴의 인기를 독차지했다. 그렇게 트럼프는 한반도의 핵위기 상황에서 남한은 물론, 동아시아 미군 주둔의 합리화, 정당성까지 얻어낸 셈이다.

다만, 트럼프가 큰 고래로서 새우를 잡아먹으려는 심보로 북한을 대하였으나, 김정은도 보통 사람은 아니라는 것이 드러났다. 그래서 천하의 트럼프도 새우가 아닌 독 품은 바닷가재를 삼키지는 못했다.

번역후기

뤼슈렌 전임 부총통께서 타이베이에서 어느 날 나를 불러 지금 동북아 정세와 양안관계의 미래 등에 관한 책을 쓰고 있는데 앞으로 한국어판도 출판할 예정이니 번역을 맡아 달라고 부탁하셨다.

일반적으로 번역이라 하면 다른 외국어를 자기 모국어로 옮기는 것이다. 하지만 뤼 전 부총통의 부탁은 나의 모국어인 중국어를 외국어인 한국어로 옮기라는 것이었다. 그게 어디 쉬운 일인가, 하고 부담감이 참 컸었다. 한국어가 그 특유의 어미 변화에, 표준어, 맞춤법, 띄어쓰기, 외래어 등등 얼마나 어려운 언어인지를 모르는 사람은 모르겠지만 아는 사람은 알 것이다. 어려운 과제였고 솔직히 도망가고 싶던 심정이었다.

한 나라의 언어를 다른 나라의 언어로 옮기는 것부터가 절대 쉬운 일이 아니다. 한국의 박근혜 전임 대통령께서 한때 외신기자들과의 회견에서 "통일대박"이란 표현을 쓰셨던 적이 있다. 여기서 "대박"이라는 말을 외신기자들이 어떤 적절한 용어로 번역해야 하는지를 몰라서 한동안 좌충우돌 진땀을 뺐다는 일도 있지 않은가.

이 책 역시 양국 문화의 차이로 인해서 생활 속에 흔히 쓰는 단어임에도 불구하고 그대로 번역하기가 애매한 부분들이 많았다. 가령, "펑요우(朋友)"란 말이 있는데, 이는 한국어로 통상 "친구"로 번역된다. 하지만 "펑요우"를 무턱대고 "친구"로 번역해서는 안 된다. 다소간 개념 차이가 있기에 낭패를 볼 수 있다. 이를테면, 대만과 중국에서는 나이와 지위를 막론하고 누구나 "펑요우"가 될 수 있다. 하지만 한국의 "친구"는 그렇지 않다. 일단 나이가 비슷해야 하며, 또 서로가 "우리 친구 하자"고 동의를 해야 한다.

또한 번역을 하면서 대만, 중국의 인명과 지명을 한자음(漢字音)으로 표기해야 하는지 아니면 원음(原音)대로 표기해야 하는지 확정하는 문제로도 곤란을 겪었다. 지금은 예전과 달리 원음을 많이 쓰는 추세라서, 가령 "釣魚台"(중국에서는 "釣魚島"라 함)은 "조어대"가 아닌 "댜오위타이"로 표기했다. 기타 인명과 지명 또는 외국에 대한 호칭도 대체로 이렇게 정리했다.

나는 한국의 대학교에서 국어국문학과 정규과정을 졸업했다. 그래서 삼국시대 고유한자 사용법인 이두(吏讀)에서부터 향가(鄕歌)의 해독, 그리고 훈민정음(訓民正音)에 이르기까지 한국어학의 변천에 대해서도 나름 깊게 공부했다. 한국에서는 1970년대에 '맞춤법통일안'의 국정화 작업이 착수되어 1983년에는 '국어의 로마자표기법' 개정도 이뤄졌는데, 매 바뀌어온 '표준어 규정', '한글 맞춤법', '외래어 표기법' 등을 익히며 일련의 배움에 고비를 겪기도 했다. 그러다가 어느덧 졸업을 했고 다시 한국 대학원에도 입학하게 됐다. 또 외국어를 직업적으로 사용해야 하는 외교관의 길을 택하게 됐는데, 주한국대사관으로 파견되어 1992년 단교 후엔 다시 주한국타이베이대표부(주한대만대표부)에도 계속 근무하게 됐다.

직업적으로 근 35년 동안, 크게는 정상회담과 국제회의, 작게는 무역, 항공이나 비즈니스 협상 등에서의 통역과 번역을 맡아 애환과 시련의 나날을 보내면서 참으로 많은 것을 보고 느끼고 배웠다. 귀한 경험이 아닐 수 없다. 말이 나온 김에 이 자리를 빌려 앞으로 번역 또는 통역 관련 일을 하게 될 후배들에게 한때 직업외교관의 길까지 걸어본 선배의 경험으로서 교과서에는 나오지 않는 관련 고언을 몇 마디 해주고 싶다.

서면상의 번역은 정확하게, 또는 매끄럽게 글로 옮기면 그만이지만 통역은 그렇지 않다. 많은 전문가들이 통역을 할 때 순간 자신의 역할과 위치를 잊을 때가 있다. 자기가 다른 이들의 의사소통을 돕는 사람인지, 아니면 아예 직접 의사소통을 하려는 사람인지를 헷갈리는 사람도 있다. 꼭 염두에 둬야 하는 것은 통역자는 어디까지나 통역자로 머물러야 한다는 것이다. 통역자는 그 이상도 아니고 이하도 아니다. "100% 앵무새"가 되어 주는 것이 올바른 통역자이며 이를 잊어서는 안 된다.

또한 혹자는 통역을 대수롭지 않게 생각하는 사람들이 있는데, 그것은 잘못이다. 2021년 3월, 미국 알래스카에서 열린 미-중 고위급 회담에 배석한 중국 측 통역관인 장징(張京)은 회담의 "유일한 스타"라고 할 정도로 화제가 된 인물이다. 미모도 눈길을 끌었지만, 격한 비난이 오가던 회담장에서 냉정함을 유지하면서 정확하고 매끄러운 통역을 했기 때문에 국제적인 주목에 더해 호평도 받았다. 반대로 미국 측의 통역관은 어떠했는가. 마치 자길 주목해달라는 듯 보라색 머리로 염색을 하고 나왔는데, 이는 중요한 국제무대에서 통역관의 처신이 아니어서 후일 바이든 대통령도 진노했다는 후문이다. 무엇보다도 이 보라색 머리 통역관은 앤서니 블링컨 미국 국무부 장관의 원 발언보다 더 격앙된 어조로 통역을 했다. 그래서 안 그래도 불난 집이었던 당시 고위급 회담의 분위기에 부채질까지 했다는 지적까지 받고 있다. 다시 말해서 이번 역사적인 회담에서 중국은 훌륭한 여성 통역관으로 인해 회담이 더 빛이 나게 됐고 미국은 그 반대였다.

대만에서도 외교관으로서의 통역관의 역할에 대해 두고두고 곱씹어볼 만한 여러 에피소드들이 있다. 한번은 장제스 총통이 어느 나라의 국가원수를 초대하여 환담을 나누었던 일이 있었다. 장 총통은 귀빈에게 오전에 어디 다녀오셨냐고 물었는데 이 귀빈이 답도 하기 전에 배석한 통역자가 먼저 말문을 열고 대답을 해버렸다. 그래서 장 총통이 크게 노했다는 이야기가 있다. 장징궈 총통 때는 대만을 찾은 한국의 어느 장관급 인사가 덕담으로 "제 조상이 중국에서 왔기에 저도 중국인입니다"라는 말을 했다고 하여 화제가 됐던 적이 있다. 당시 한국의 매스컴들은 그 장관급 인사의 발언이 국가적 망신이라고 하여 일제히 비판하고 나섰는데, 당사자는 자기는 그런 발언을 한 적이 없고 통역자의 오역이라고 해명을 했다고 한다. 진실은 알 수 없지만, 통역관은 이런 경우 대신 화살을 맞아 주는 방패 역할도 해야 하는 것이 아닐까.

끝으로, 이번 뤼슈렌 전 부총통의 대작을 번역을 맡고 이를 끝까지 마무리하게 된 데 대해서 정말 영광스럽게 생각한다는 점을 이 자리를 빌려 꼭 말씀드리고 싶다. 서두에 부담감을 토로하기도 했었지만, 결국 부총통의 훌륭한 책 내용이 그것을 말끔히 씻어내 주었다.

이제 한국어판이 출간됨에 따라 번역자로서의 내 역할은 끝났다. 여전히 서툰 한국어 실력으로 이 어려운 번역을 맡게 되었던 것인데, 부족하거나 적절치 못했던 부분은 미디어워치의 황의원 대표이사가 심혈을 기울여 보완, 수정을 해주었다. 이 자리를 빌려 심심한 감사의 뜻을 전한다.

이번 작업을 통해 모쪼록 저자인 뤼 전 부총통의 대만과 동아시아 외교 안보 구상이 조금이라도 더 정확히 한국의 독자분들에게 전달되었으면 하는 바람이다. 또한 이 책의 출간으로 말미암아 앞으로 아시아 지역의 모든 나라들이 지혜를 모아서, 나라와 나라, 그리고 지역의 영구적 평화와 발전을 도모할 수 있기를 기대한다.

부자오치(卜昭麒, 전 주한국타이베이대표부 총영사관)

찾아보기 / INDEX

ㄱ

가바야마 스케노리 / 58
가오슝 / 45, 63, 161, 195, 253
가와다 이사오 / 69
가장자리 지대 / 175
가정법률상담소 / 16
갑오전쟁(청일전쟁) / 57, 190, 234, 273, 277-278, 280, 336, 336-338
강9점 / 259
강화도 조약 / 225, 338
강희황제 / 56
개성 남북공동연락사무소 / 183
걸프전쟁 / 221
경자년 / 116-117, 267-268
경제상호원조회의 / 312-313
경제연맹 / 308
고대만동포서 / 256, 259
고려민주연방공화국 / 226, 331
고르바초프 / 226, 331
고종(이희) / 57, 225

공동시장 / 308
관세 및 무역에 관한 일반 협정(GATT) / 77
관세동맹 / 308
괌 / 129, 167, 185, 203
광명성 미사일 발사 사태 / 182
구닝터우 전투 / 61, 66
구봉갑(추펑찌아) / 58-59
구제역 / 148
국가안전법 / 155, 160, 267
국도신건공정국 / 41
국무원대만사무판공실 / 134
국방수권법 / 92
국제노동자기구(ILO) / 221
국제민항기구(ICAO) / 77, 148
국제상설중재법원 / 201, 203
국제연맹 / 73, 319, 320
국제중립의 날 / 228, 229
국제표준화기구(ISO) / 77
국제형사경찰기구(INTERPOL) / 148
궤이샨다오 / 42
그레이엄 앨리슨 / 109
기정사실 / 93, 137, 167
긴고주 / 142, 272

354

김대중 / 226, 331

김여정 / 183

김일성 / 62-63, 82, 226, 233, 280, 330-331, 336, 340

김정숙 / 17

김정은 / 182-183, 227, 331, 341, 343-348

김정일 / 226, 331

꿍랴오 / 45-46

꿔시자이 유적지 / 46

ㄴ

나우루 / 319

나투나 베사 / 203

나폴레옹 / 221

난베이칸안샤 / 203

난웨이 / 179

남극조약 / 196, 204, 244-245

남도민족건강회의 / 49

남미국가연합 / 281

남방한계선 / 176

남북전쟁 / 299

남북조시대 / 294, 296

남사군도 / 68, 70, 179. 192, 197, 199, 203, 327

남중국해 / 130-133, 136-137, 174, 178-180, 186-188, 196-199, 202-203, 207, 233-234, 242-243, 287

남중국해 당사국 행동선언 / 179, 243

남중국해 평화구상 / 179

네덜란드 / 55-56, 306, 309, 328, 337

네덜란드 동인도 회사 / 55

네안데르탈인 / 36

뉴마터우문화 / 45

뉴저우즈문화 / 45

니미츠호 / 202

니콜라스 스파이크먼 / 175

닉슨 / 73, 84, 85, 95-96, 144

ㄷ

다이아몬드 동맹 / 251

다케시마 / 176

다번컹문화 / 43, 45

다후 / 43

당경숭 / 59, 235

당나라 / 296

대독 / 151
대만 공평고용법안 / 94
대만 무차별화법안 / 94
대만 방위법 / 93
대만 보증법안 / 93
대만 장학금법안 / 94
대만 주권 상징법안 / 94
대만 침공 방지 법안 / 94
대만 허핑병원 / 127
대만고문명연구실 / 40
대만관계법 / 80, 84, 86-87, 93, 132, 246
대만독립파 / 151, 158
대만문제안 / 83
대만미국사무위원회 / 91
대만민주국 / 59
대만방위법 / 166
대만여행법 / 91, 92
대만원주민족문화연맹 / 40
대만육교인 / 43
대만은행 / 54
대만적체전로공사(TSMC) / 97-100
대만중앙연구원 / 45, 49
대만해협 / 32, 38, 63, 66, 87, 89, 93, 130-131, 133-138, 143-144, 156, 160, 163-164, 166-167, 174, 178, 186-188, 195, 225, 233, 235-236, 242, 263-264, 287, 290, 340

대만해협 중립화 선언 / 63-64, 235, 340
대양안관계 / 26, 250, 252, 291
대영제국 / 284, 309-310
대화록 / 40
댜오위다오 / 177
댜오위타이 / 68, 137, 177-178, 189-196, 201, 246
덩샤오핑 / 84, 143, 144, 153, 253, 257, 259, 269, 328
데니스 블레어 / 209-210
데이비드 그레이엄 / 49
도광양회 / 106
도련선 / 129-130, 186, 188, 195-196, 241
도야 / 46
도이치벨레(DW) / 147
도해공대 / 340
독도 / 176, 281
독립국가연합 / 303-304, 306
동남아국가연합, 동남아시아국가연합, 아세안 (ASEAN) / 30, 179, 207, 233, 240, 275-276,

356

281, 283, 304, 310-311
동남아우호협력조약 / 311
동녘 / 54, 56, 337
동로마제국 / 294
동북아민주국가연합 / 288-289
동사군도 / 136, 197-198
동아시아 나토 / 209-210
동아시아 안보 아키텍처 / 234
동아시아평화포럼 / 19, 288
동유럽 안보 아키텍처 / 232
동중국해 / 130, 137, 174, 177, 186-187, 233-234, 243, 246, 287
동중국해 방공식별구역(KADIZ) / 132, 177
동학 / 57, 339
두테르테 / 180, 279
둥사다오 / 178, 200, 201
둥펑 미사일 / 114
등6조 / 259
디엔비엔푸 전투 / 326
딘 에치슨 / 83

ㄹ

라오스 중립 국제협정 / 238
라틴아메리카자유무역협회 / 314
라틴아메리카통합연합 / 314
라피타 문화 / 50
란양평원 / 42
랴오닝호 / 205
러셀 그레이 / 49
런던 건의안 / 328
런아자오 / 203
레드플래그 군사훈련 / 92
레스터 울프 / 86
레오나드 우드 / 316
레이건 / 87-88, 110, 226, 331
레이건호 / 130, 132, 202
렉스 틸러슨 / 341
로랑 사가트 / 49
로렌스 이글버거 / 87
로마제국 / 294
로버트 블러스트 / 47-48
로버트 휘센 / 50-51
로스 테릴 / 266-267

루손 / 48, 81, 316

루스벨트 / 81, 306

루즈벨트호 / 130

뤄이진 / 125

류젠륀 / 127

류큐(오키나와) / 38, 54, 68, 177, 189, 190-193, 243, 252

리덩후이 / 135, 145, 147, 163, 283, 338

리선권 / 343

리원량 / 119-120

리짜이팡(이재방) / 19, 21

리처드 부시 / 169-170

리처드 슈트러 / 47

리콴유 / 169

리투아니아 / 301, 303, 324-325

린딩판 / 166

린승의 / 40

링컨호 / 130

■

마가렛 대처 / 153

마다가스카르 / 46

마샤오광 / 134

마셜 제도 / 322-323

마셜플랜 / 223, 312

마오리 / 48

마오쩌둥 / 60-62, 73-74, 82-83, 142, 235, 250, 253, 266, 269, 280-281, 339-340

마이크 펜스 / 91

마이크 폼페이오 / 95-96, 99, 133, 202-203, 208, 258

마이클 에반스 / 164

마이클 오핸런 / 232

마이클 필스버리 / 110-112

마잉주 / 135, 156-157, 166, 179

마쭈다오 / 39, 66, 146, 162, 201, 246-247

마치무라 노부타카 / 71

마카오 / 77, 149, 152-153, 254, 258, 270, 272, 295

만주국 / 299

말라카해협 / 184, 225

망형문화 / 43

매튜 스프릭스 / 50

매튜 타이 / 119

맥아더 / 63, 66, 81, 224, 318

358

먀오리 / 43

메소포타미아 / 40

메이지자오 / 203

멕시코제국 / 313

멜라네시아 / 49, 318

명나라 / 56, 190, 198, 297, 326

모스크바 비망록 / 222

모판지에 / 247

몬테비데오 협정 / 314

몽골 / 142, 207, 230, 234, 273-274, 297-299

무대륙 / 40, 42

무라야마 도미이치 / 225

무쓰 무네미쓰 / 57

문공무혁 / 146, 262, 266

문선명 / 19

문재인 / 22, 182, 277, 332, 343-345

미국우선주의 / 90, 182, 253

미국재대만협회 / 87, 169

미디어워치 / 20, 23

미시간호 / 341

미야코제도 / 130, 189, 196

미일안전보장조약, 미일안보조약 / 178, 195, 225, 318

미주기구 / 282

미주기구헌장 / 282

미중 수교 공동성명 / 84-85, 88

미크로네시아 / 318, 321-323

미크로네시아 연방 / 322-323

미토콘드리아 / 50

민족화합민주통일방안 / 226, 330

민주주의 연합 재단 / 285

민주태평양국가연합 / 25-26, 32-33, 244, 275, 286-289, 292

민주태평양연맹 / 19, 287

ㅂ

바르샤바조약기구 / 108, 205, 219-220, 231, 312-313

바바라 시얼 / 48

바시해협 / 130, 136, 189, 196

바이든 / 31

박근혜 / 17-19, 332

박정희 / 18, 330

반개입 및 지역저지(A2/AD) / 130, 137, 179, 196

반분열국가법 / 160, 163

발해 / 137
배타적 경제수역 / 166, 187, 193, 199, 201, 342
백색공포정책 / 82
밴나투 / 50
버질런트 에이스 / 342
범람연맹 / 144, 150-151
범록연맹 / 144, 150-151
베를린 장벽 / 30, 313, 325, 329
베이다이허 회의 / 133
베트남 / 127, 149, 179-180, 185, 188-189, 197, 203, 206, 208, 238-239, 275, 299, 325-328
베트남 민주공화국(북베트남) / 325-327
베트남 사회주의 공화국 / 327
베트남국(남베트남) / 325-327
베트남독립동맹회(월맹) / 326-327
베트남전쟁 / 185, 239
벤저민 데이비스 / 135
변희재 / 20-21
보니 글레이저 / 165
보배조개 / 50
보아오포럼 / 31
봉래선도 / 54
부자오치(복소기) / 21-22

북대서양조약기구(NATO), 나토 / 26, 96, 108, 204-205, 208, 216, 219-221, 223, 231, 232, 233, 282, 312
북미간 핵문제 기본합의서 / 181
북미사무협조위원회 / 91
북방한계선 / 176
북양함대 / 57
브루킹스연구소 / 232
비누아투 / 322
비엔나회의 / 216, 220-221
빌 클린턴 / 163
빠리 / 45

ㅅ

사드(THAAD) / 19, 22, 182, 342
사모아 / 319, 321
사스(SARS) / 119, 125, 127-128, 148
사타나즈 / 50
사파르무라트 니야조프 / 227-228
산둥호 / 205
상하이 코뮤니케 / 84-85, 88, 95, 144
샌프란시스코 평화조약 / 67-70, 72, 191-

192

샌프란시스코 평화회의 / 67-68, 83, 142, 185, 192, 269

샤먼 / 59-60, 246-247

샤오완창 / 259

샤오캉 / 254, 267

샤주캉 / 127

서로마제국 / 294

서복 / 54

서사군도 / 68, 70, 179, 192, 197-198, 202, 204, 327

서태후 / 56

서훈 / 345

선찌에홍 / 74

세계군인체육대회 / 118

세계동물보건기구(OIE) / 148

세계무역기구(WTO) / 77, 109, 112, 115, 221, 277

세계보건기구(WHO) / 77, 103, 118, 120-127, 221

세계섬 / 174

세계태권도선수권대회 / 23, 343

세계평화기금회 / 20

센카쿠 열도 / 137, 177, 191

소양안관계 / 25, 250, 253, 291

소프트파워 / 25-27, 30-33, 242-243, 250, 282, 284-292

솔로몬 제도 / 321

송나라 / 297

송환법 / 144, 154

수나라 / 294, 296

수메르 / 40

수에즈운하 / 197

순다랜드 / 36-38

쉐산 / 41-42

슌반로우 / 57

슝펑 미사일 / 132, 187

스가 요시히데 / 278

스웨덴 / 216, 220, 223, 232, 237

스위스 / 216, 220-221, 238, 302

스정펑 / 302, 304

스탈린 / 61-62, 306, 340

스탠리 스타로스타 / 48

스페인 / 55-56, 123, 185, 276, 279, 300, 313, 316-317, 322-323, 337

습5조 / 256, 257, 259, 261-262

승문옹기 / 46

승문훙도문화 / 45

시리아 내전 / 231

시마네현 / 176

시모노세키 조약 / 56-58, 190, 235, 339

시진핑 / 31, 95, 111, 120-121, 144, 150, 170, 254-259, 262, 264, 267, 286, 345

쉰탕푸문화 / 45

신베이 / 46

신성 동맹 / 218

신시대 중국 특색 사회주의 / 254

신여성주의 / 16

신장 / 142, 273-274, 298

신주 / 98, 134

신형국제관계 / 254

싱가포르 / 127, 169, 205, 207-208, 270, 273-275, 299, 303-304

싱가포르 회담 / 345-348, 183

쌍안안관계 / 25, 250

쌍중승인 / 157

쑤치 / 166-168

쑨원학교 / 166

쑹즈원 / 73

쓰정리 / 119

쓰촨성 대지진 / 148

ㅇ

아메리카연합국 / 299

아메리카함 / 132

아베 신조 / 225, 251, 345

아세안지역안보포럼 / 311

아시아 안심법안 / 92

아시아재단 / 16

아시아태평양 여성리더 포럼 / 17

아시아태평양경제협력체(APEC) / 77, 206, 277

아시아태평양안보협력회의 / 205

아이젠하워 / 65, 237

아틀란티스 / 40, 50-51

아프가니스탄 전쟁 / 225

아프리카돼지열병바이러스 / 148

안티리아 / 50

안핑 / 55

알프레드 사이어 머핸 / 174

앙다오한 / 147

앨버트 코디 웨더마이어 / 226

얄타 밀약 / 306
양계초 / 270
양국론 / 135, 147, 159
양스더 / 264
양안관계 / 102-103, 130, 134, 146-147, 178, 187, 253, 259-262, 264-266, 268, 270-271, 291
양안인민관계조례 / 260, 263-264
양안일가친 / 255, 259
양충룽 / 315
에드거 스노우 / 60
에티오피아 / 123
엘로디 클로벨 / 118
엘리자베스 마티수-스미스 / 49
연합과감호 / 41
연합군최고사령부(GHQ) / 278, 318
엽9조 / 259
영세중립 / 214, 217, 221, 226-228, 230, 232, 234, 237, 240, 274, 289
영연방 / 30, 273, 284, 303, 304, 306, 309-310, 319, 321-322
영연방 5개국 방위협정(FPDA) / 205
예궁차오 / 69
예방적 외교 / 214, 229

옌더파 / 131
옌랴오만 / 45-46
옌안 / 60
오가사와라 반환협정 / 193
오노 요시노리 / 33
오마에 겐이치 / 267
오바마 / 90, 120, 206, 253
오스만제국 / 294, 299
오스트로네시안, 오스트로네시아어족 / 44-49
오스트리아 / 222-223, 237
오스트리아 조약 / 238
오스트리아-헝가리 제국 / 299
오자키 히데마 / 50
오정방 / 57
오키나와 반환협정 / 193
오히라 마사요시 / 70
옹정황제 / 54
완샤오펀 / 264
완안탄 / 203
완전경제연맹 / 308
요나구니섬 / 195
요시다 서한 / 70
요시다 시게루 / 68, 70

우드로 윌슨 / 218
우에다 히데아키 / 33
우이 / 127
우한 바이러스 연구소, P4 실험실 / 118-120
우한중산의원 / 120
욱영하 / 54
운요호 / 57
원나라 / 297
원친근린(먼 친척이자 가까운 이웃) / 265-266, 272, 292
월터 P. 매카너기 / 74
위안부 문제 / 281
위안화(RDB) / 242, 247
위엔산 / 44
윌리엄 로저스 / 74
유럽경제공동체 / 309, 312
유럽공동시장 / 309
유럽공동체 / 309
유럽방위공동체 / 308
유럽석탄강철공동체 / 308, 312
유럽연합(EU) / 30, 216, 223, 232-233, 279, 281-282, 302, 304, 306, 309
유럽연합국 조약 / 232

유럽이사회 / 306
유럽합중국 / 306
유민주 / 21
유엔 극동경제위원회 / 177, 192
유엔 안전보장이사회, 안보리 / 32, 63-65, 74, 194, 323, 328, 341-342
유엔 연합군, 유엔군 / 63 330, 339
유엔 헌장 / 64, 73, 74, 76, 89, 216, 317, 324
유엔인권위원회(UNCHR) / 221
유엔해양법협약 / 178, 187, 193, 199, 201, 243
유영복 / 59
유준상 / 19
융싱다오 / 204
이경방 / 57
이노우에 고와시 / 234
이라크전쟁 / 221, 225
이란 / 194
이마나섬 / 51
이베로 아메리카 공동체 / 314
이성계 / 336
이세민 / 296
이승만 / 63, 277, 330, 336
이치카와 후사에 / 17

이태영 / 16-17

이토 히로부미 / 57, 234

이홍장 / 56-57, 339

인도차이나 / 36-37, 238, 326

인류운명공동체 / 254

인천상륙작전 / 66

일국양제 / 143-144, 153, 159, 255, 257, 259, 261-263, 332

일대일로 / 123, 176, 251

일본해(동해) / 174, 176, 243, 287

ㅈ

자안패 / 50

자위반격권 / 134, 136

자유롭고 개방적인 인도-태평양 지역 / 206, 279

자유무역지구 / 307

자유연합조약 / 322-323

장니엔츠 / 272

장쉐량 / 298

장쉬청 / 80

장시지앤 / 119

장제스 / 67-69, 72-75, 80-83, 89, 142, 145, 155, 194, 235, 246, 252-253, 266, 298, 337-338

장중머우 / 98

장징궈 / 74, 82, 87, 145, 155

장쩌민 / 259, 267

저우언라이 / 61, 64, 144

저장성 / 62, 132

전두환 / 226, 330

전략적 경쟁자 / 112-113, 206, 251

정경 / 54

정극환 / 56

정성공 / 56, 337

정의용 / 344-345

정전협정 / 67, 277, 330, 339, 345

제1514호 결의안 / 152

제1차 인도차이나 전쟁 / 326

제2397호 결의안 / 342

제2758호 결의안 / 74-76, 80

제289호 결의안 / 324

제2908호 결의안 / 153

제2차 오일쇼크 / 106

제7함대 / 63-64, 66, 83, 235, 281, 340

제러드 다이아몬드 / 48-49

제임스 먼로 / 218

제임스 처치워드 / 40
제주도 / 41
제프리 마크 / 47
제프리 챔버스 / 48-49
조명균 / 343
조몬시대 / 50
조쉬 하울리 / 166
조승문도 / 45
조지 W. 부시 / 182
조지 슐츠 / 87
조지 워싱턴 / 217
조지프 나이 / 31, 284-285
존 볼턴 / 170-171
존슨 / 239
주원장 / 297
중간선 / 130-131, 133-138, 235
중공 위생건강위원회 / 120
중국과 포르투갈의 마카오 문제에 관한 연합성명 / 153
중국몽 / 112, 251, 266
중국제조 2025 / 251
중국통일파 / 150, 158-159
중난하이 / 162

중미공동방어조약 / 66, 83, 135, 246, 253
중미공동시장 / 314
중미기구 / 315
중미통합체제 / 282-283, 315
중소우호동맹 상호원조조약 / 61-62
중앙아메리카 연방공화국 / 313
중영연합성명 / 153
중요문제 수정안 / 74
중일화평조약 / 69
중저우암초 / 178, 200
중화연방 / 25, 267, 273, 291
지룽 / 55, 58-59, 63, 194, 253
지미 카터 / 84
지부티 / 123-124
지하 만리장성 / 113
진먼다오 / 39, 61, 66, 80, 146, 162, 201, 246-247
진시황 / 54, 295, 299
진주만 공습 / 81, 159, 185, 219, 317
질란디아 요새 / 55
쩌우슈카이 / 74
쩡무안사 / 203
쥐전문화 / 38
쥐전인 / 43

366

ㅊ

채4점 / 262
차이나 워킹그룹 / 93
차이잉원 / 91, 131, 144, 149, 156-157, 161-162, 166, 168-170, 179, 253, 260-263
차히아긴 엘베그로지 / 230
창빈문화 / 38, 43
창빈빠셴둥 / 43
처칠 / 72, 81, 306, 337
천수바오 / 296
천수이볜 / 128, 147, 156-157, 246, 283, 338
천스중 / 126
천안문 사건 / 264-265
천주평화연합 / 32
청나라 / 44, 54, 56-59, 133, 142, 190, 198, 250, 270, 273, 277, 280, 297, 326, 336-337, 339
체스터 니미츠 / 81
체코 침공 / 159
첸광쯔 / 45
최순실 게이트 / 19
최혜국대우 / 307
춘추전국시대 / 294-295

츠타파인문화 / 46

ㅋ

카마란족 / 45
카스트로 / 314, 317
카이다거란족 / 45
카이로 선언 / 70-72, 82, 329, 336-338
카이로 회의 / 64, 72, 81
카이사르 / 294
칼 14세 요한 / 220
칼 레너 / 222
칼빈슨호 / 130, 341
캐나다 / 25-26, 32, 63, 127, 132, 186, 244, 284, 288, 300, 304, 309
케네디 / 238-239
케네디스쿨 애쉬센터 / 286
코로나19, COVID-19, 우한폐렴, 경자온역, 신종코로나바이러스 / 117-126, 128, 149, 155, 157, 162, 202, 208, 239, 252, 258, 271, 273
코모도 해상연합군사훈련 / 180
코소보전쟁 / 221
쿠바 / 238, 314, 316-317

쿠빌라이 칸 / 297
쿼드 / 251
크리스토프 합스마이어 / 49
크림 반도 / 231
키리바시 / 321-322

ㅌ

타이난 / 43, 48, 55
타이둥 / 43, 46
타이마 / 46
타이베이 평화조약 / 69-70, 72, 142
타이핑다오 / 178-180, 200-201, 244
태양의 제국 / 40-42
태평양안전보장조약(ANZUS) / 205
테드 요호 / 94
테드로스 아드하놈 게브레예수스 / 122-123, 126
텐진 조약 / 338-339
통가 / 38, 50, 320
통일전선 / 60, 264
투르크메니스탄 / 227-228
투발루 / 321-322
투키디데스 함정 / 109, 131, 251

트럼프 / 22, 80, 90-92, 99, 108, 112, 116, 124-125, 131-132, 162-163, 169-171, 182-183, 205, 206, 251-253, 258, 286, 341, 345-348
트루먼 / 61, 63, 80, 82-83, 281, 340
티베트 / 67, 142, 273, 274, 298

ㅍ

파나마운하 / 184, 197
파리조약 / 308
파이브아이즈 / 132, 186, 272
파푸아뉴기니 / 38, 320
판다 포용자 / 110
판문점 / 339, 343, 344
팔라우 / 38, 323
패총 / 44
퍼펙트 스톰 / 159, 161, 163
펑더화이 / 339
평후 / 38-39, 43, 54-55, 58, 66, 68-72, 81, 146, 162, 190, 192, 198, 201, 235, 246, 269, 337, 339
평창 동계올림픽 / 22-23, 182, 343
평화헌법 / 106, 224, 233, 236, 276

포르투갈 / 56, 152-153, 313
포모사 / 56, 65, 80
포모사의 문제 / 65
포츠담 선언 / 318
포츠담 회의 / 328
폴 포트 / 327
폴리네시아 / 44, 48, 49, 318, 321
푸젠성 / 62, 132, 134, 136, 193, 198, 246-247, 265
풍계리 핵실험장 / 346
풍전 / 44
퓨리서치센터 / 100, 102-103
플라자 합의 / 107
플라톤 / 40
피지 / 44, 319-320
피터 벨우드 / 48
피터 사보라이넨 / 50
핀란드 / 223-224, 232, 236-238
필리핀 / 44, 48, 81, 101, 102, 108, 130, 149, 174, 180, 185, 186, 188-189, 197, 201-205, 238-239, 241, 243-244, 279-280, 288, 291, 316-317
핑푸족 / 48

ㅎ

하나의 중국 / 124, 142-143, 145-147, 150, 162-163, 258, 262, 268-269, 272, 274
하나의 중화 / 241, 268, 271-273, 292
한광훈련 / 202
한국전쟁 / 20, 62-67, 72, 80, 82-83, 159, 176, 185, 273, 278, 280, 330, 337-339, 340
한궈위 / 161
한나라 / 295
한무제 / 294
한반도 / 16, 22, 62-63, 174-175, 180-182, 226-227, 233, 276-278, 281, 330-331, 336, 341-342, 345-348
한일의정서 / 227
한학자 / 19
할포드 맥킨더 / 174
항구적 방위협력체계 / 232
항미원조 / 82, 280, 330, 339-340
항행의 자유 / 188, 200
해협양안관계협회 / 147
핵무기 확산금지조약 / 181
향란 유적지 / 46

허시엔롱 / 40-41

헝다연구소 / 115

헨리 키신저 / 73, 80, 84

헬리코박터 파일로리균 / 49

호6점 / 259

호모사피엔스 / 36, 38

호찌민 / 326-327

홍콩 / 77, 127, 144, 149, 152-155, 161, 174, 204, 254, 258-259, 270, 272, 295, 298

홍콩 메트로폴 호텔 / 127

홍콩 아모이가든 아파트 / 127

화독 / 151

화롄 / 195

화성 미사일 / 342

화웨이 / 116

화이도 / 54

환태평양 군사훈련(림팩) / 93, 204

황금의 삼각지대 / 32-33

황옌다오 / 180, 203

황이엔링 / 119

황해(서해) / 130, 137, 174, 176, 243, 287

황화 / 152

회색지대 충돌전략 / 137-138

후베이성 위생건강위원회 / 120

후웨이 / 55

후진타오 / 160, 259

후허하오터 / 129

훙레이 / 198

흐루시초프 / 237

흑조 / 50

[아라비아 숫자]

100년의 마라톤 / 110, 111

11단선 / 178-179, 187

2.28 사건 / 24, 60, 82

2019년 대만 동맹 국제 보호 강화법 / 92

3.1 독립운동 / 329, 336

38선 / 62-63, 67, 176, 226, 277, 330, 336-337, 339, 344

3개의 중화 / 270-271

3겹의 보호망 / 261

3성원칙 / 264

4개의 필수 / 261

4불 / 261

60% 법칙 / 106, 116

6개임하 / 255, 259

6개항 보증 / 87, 132

6일 전쟁 / 159

71/275호 결의문 / 228

8.17 공동성명 / 87-88

81결의문 / 145

823 포격전 / 66, 235, 246

9.11 테러 / 182, 251

9.21 대지진 / 148

92공식 / 134, 260-262, 268

9단선 / 197, 199, 201-202

[알파벳]

A/1373안 / 65

B.A.프리드만 / 165

G20 / 96, 277

G7 / 96, 278

H.I.서턴 / 165

M503 항로 / 135

ODP1202 시추점 / 41-42

PTT / 125

S.249 법안 / 94

SC-V530 '미국의 대만 침략 규탄' 결의안 / 64

X섬 계획 / 81

[기타]

「네이처」 / 48, 50

「사이언스」 / 49-50

『총, 균, 쇠』 / 48-49

(대)진나라, 진나라 / 295-296

'2016 자유항행보고서' / 188

'2018년 중국 군사 및 안보 발전' 보고서 / 180

'2019년 중국 군사 및 안보 발전' 보고서 / 113

'2040 통일한국 비전 보고서' / 332

'국군 경상 전시비상 돌발상태 대처규정' / 134

'국군 항시전쟁 돌발상태 대응수칙' / 133

'남중국해 영유권 주장에 대한 미국의 입장' / 202

'대만문제 백서' / 146

'모스크바 평화조약' / 223

'미국 국가안보전략' 보고서 / 112

'방위고수전략' / 133

'아세안 인도태평양 전망' / 207

'오스트리아 중립에 관한 헌법' / 222

'인도태평양 전략보고서' / 206-207

'중공의 군사력 보고서' / 159

'중국에 대한 미국의 전략적 접근' 보고서 / 114

'중국의 세계 확장이 미국 방어체계에 미치는 영향 평가' 보고서 / 251

'중국의 아시아태평양안전 정책' / 241

'중미경제실력비교' 보고서 / 114

'파리 평화조약' / 223, 279, 324, 327

'평화, 자유, 중립 지역선언' / 233

'하나의 중국 원칙과 대만문제' / 146

「교도통신」 / 193

「내셔널리뷰」 / 119

「더타임스」 / 164 「미국의 소리(VOA)」 / 270

「사우스차이나모닝포스트」 / 204

「인민일보」 / 143

「중국시보」 / 20, 169

「파이스턴이코노믹리뷰」 / 169

「포브스」 / 165, 204

『100년의 마라톤 : 중국이 세계의 패권을 쥐게 될 비밀전략』 / 110

『그 일이 일어난 방 : 존 볼턴의 백악관 회의록』 / 170

『대만문헌총간』 / 54

『대양 섬의 전설』 / 50-51

『미국외교는 도덕적인가』 / 31, 284-285

『삼국지』 / 294

『잃어버린 대륙, 무대륙』 / 40, 42

『중국의 붉은 별』 / 60

『중화연방』 / 267

『패해기유』 / 54

일본과 나 (일본어판 서문)

제가 태어나서 처음으로 대만 밖으로 나왔던 때는 1969년 여름의 끝으로 그때 처음 발을 들이게 된 다른 나라가 바로 일본이었습니다. 그해에 저는 국립대만대학의 유일한 미국 유학 장학금을 받는 영광을 누리게 됐습니다. 다만 당시에는 대만에서 미국으로 가는 직항편이 없어서 도쿄에서 비행기를 갈아타야만 했었고, 그로 인해 일본에도 입국하게 되어 이틀간 체류하게 되었습니다.

도쿄의 고층 빌딩과 발전 상황을 보고 저는 마치 도시로 나온 촌사람처럼 놀랐습니다. 당시에 대만은 국민당의 통치하에 내부적으로 "세계의 보물섬", "천국"으로 선전되고 있었지만, 도쿄를 단시간 돌아본 것만으로도 저는 놀란 나머지 대만 자국의 자만에 아연했고 분노조차 느꼈습니다.

두 번째로 일본에 갔던 때는 1975년 '국제여성의 해(International Women's Year)'였는데, 역시나 여름 막바지 시기였습니다. 그때 아시아재단(The Asia Foundation)이 저의 여성운동 시찰을 장려하고 원조해주어 미국에 9개월, 일본에 일주일, 한국에 한 달간 체류하게 됐습니다. 아시아재단이 제게 도쿄에 있는 몇 개의 여성단체의 방문을 주선해줬는데, 당시 저는 일찍이 1971년 10월 23일에 남성 중심의 전통을 비판한 문장을 발표한 이래 대만에서 '신여성운동'을 점차 전개하던 중이었습니다. 이미 많은 활동을 전개하고 있었으므로, 솔직히 말해 일본의 여성운동은 제 입장에서는 딱히 특별

본 부록 내용은 『대만은 왜 중국에 맞서는가』의 일본어판인 『대만vs중국: 동아시아의 위기와 전기(台湾vs中国　東アジアの危機と転機)』의 '저자 서문'과 '추천사'를 일본 소겐사(創藝社)의 허락을 얻어 한국어로 번역한 것이다. 부록 내용 일체는 미디어워치 외신전문 객원기자 요시다 켄지(吉田賢司)가 번역하였다.

하게 다가왔던 것은 아니었습니다. 하지만 방문한 곳 중에 한 곳이 저의 추후 정계 입성에도 영향을 주었습니다.

일본의 여성 참정 관련 선구자인 이치카와 후사에(市川房枝) 여사는 일본의 첫 참의원 의원으로 성별 평등의 제창에 힘을 쏟았고, 서거하신 후에도 그녀의 생가는 기념관이 되었습니다. 저는 그곳을 참관하면서 그녀의 분투(奮鬪)로 이뤄낸 사적(事績), 그리고 참정(參政)을 통해 여성의 권리를 향상시킨 노력에 대단히 감동받았습니다. 또한 그녀의 소박한 생활과 마음가짐에도 깊은 감명을 받았습니다.

당시 대만에도 각종 선거가 있었습니다만, 일당독재의 '중국 국민당'이 표를 매수하거나 부당조작으로 선거를 조종하여 통치권력을 유지해 왔습니다. 1989년, 저는 '선거정화연맹'을 결성하고, 표의 매수, 폭력, 부당선거에 반대하여 공정한 선거의 실시를 추진했습니다. 아시아재단은 또 한 번 제가 미국과 일본의 선거제도를 시찰할 수 있도록 장려·원조를 해주었습니다. 기억나는 것은, 당시 일본도 때마침 국회의원 선거를 실시하고 있었습니다. 저는 투표의 운영이나 선거의 부당행위 방지의 조치를 직접 참관할 기회를 얻어 많은 수확을 거뒀습니다. 대만의 부당선거 풍조는 저와 유지(有志) 일동의 노력에 의해 서서히 개선되었습니다. 현재는, 아직 표의 매수는 있으나, 그러한 행위가 검찰에 의해 기소되고 재판소(법원)에서 유죄를 받아 입옥(入獄)되어 당선이 무효가 된 판례가 늘어, 선거의 매수 행위의 감소에도 효과가 있었습니다. 부당조작은 2000년에 대만에서 정권교체가 이뤄진 후에는 불가능하게 되었습니다.

1975년부터 15년이 지난 1990년이 되어서야 비로소 저는 다시 일본을 가보게 되었습니다. 그도 그럴 것이, 1979년 12월 10일에 대만 남부의 대도시에서 군부 경찰이 민간을 진압한 '가오슝 사건'이 발발하였는데, 저는 이날 저녁 '국제인권의 날' 메인 스피커로서 20분간의 강연으로 인해 12년의 징역형을 선고받았고, 실제로 이후 1,933일간이나 투옥되어 있어야 했기 때문입니다. 석방된 후인 1986년에 미국 하버드대학에 진학해 국제 인권 연구에 종사하게 되어 그 기회에 일본을 들를 수도 있었으나 이때는 이미 미국에서 대만까지 직항이 생겨 일본을 굳이 경유할 필요가 없었습니다.

저와 함께 '폭력반란죄'의 판결을 받은 동지 8명은 석방된 이후에도 법률에 따라 공민권을 박탈당하고 선거 참가조차 할 수 없었습니다. 그러나 1991년 1월에 리덩후이 총통은 '가오슝 사건'의 정치범에 대하여 '특별사면'을 공포했고, 공민권도 회복되어 다음해 치러질 1992년의 입법위원(일본의 국회의원과 같음.) 선거에 출마할 수 있게 되었습니다.

1991년 9월 말, 저는 한 가지 행동을 일으켜 베이징 당국이 국제사회를 상대로 선전하고 있던 "대만은 중국의 일부다"라는 주장의 허구를 폭로했습니다. 10월 1일은 중화인민공화국의 건국기념일입니다. 만약 대만이 진짜로 중공의 것이라면 중공의 축하 행사에도 당연히 모든 대만인의 참가를 환영해야 할 것입니다.

저는 공식적으로 축하단을 결성하여 대만 각계에서 참가할 이를 모집한 결과 총 38명의 응모가 있었습니다. 당시는 양안(중국 대륙과 대만) 사이에 직항편이 없어서 먼저 도쿄로 간 다음 베이징에 갈 계획을 세웠습니다. 사전에 선전을 한 보람이 있어 저의 단체가 도쿄에 도착했을 때는 이미 국제적인 센세이션을 불러일으켰습니다. 국제기자회견 자리에서 저는 금번 방문으로 중국이 과연 "본심"으로 대만인을 "가족"으로 환대해줄지 검증하고 싶다고 설명했습니다. 그때는 1989년의 천안문 사건부터 아직 2년밖에 지나지 않았던 때라서 일본의 기자들이 저희들의 안전을 매우 걱정했었고, 방문 결과에도 큰 관심을 보여주었습니다.

기자회견에서 감동적인 에피소드가 하나 있었습니다. 미얀마에 장기 파견되어 아웅산 수치 여사를 취재해 온 기자인 나가이 겐지(長井健司) 씨가 자리에서 일어나 "중공 정권은 매우 잔학하기에 이 사람들이 베이징으로 간 후에 위험이 클 것입니다. 걱정스러운 만큼 우리 모두가 관심을 갖고 이들을 지켜줘야 할 것입니다"라고 호소했습니다. 그리고 그는 제 앞으로 나와 그의 카메라를 높이 들고서 큰소리로 외쳤습니다. "이 카메라는 저와 함께 긴 세월 아웅산 수치를 취재해 왔습니다. 제가 그녀를 촬영한 사진이 공개된 계기로 몇 번이나 그녀의 안전이 지켜졌습니다. 저는 이 영력(靈力)이 있는 카메라를 뤼 여사에게도 선물하기로 했습니다. 이 카메라가 방문단의 안전을 보호해주길 빕니다."

한동안 저는 감동한 나머지 아무 말도 하지 못했습니다. 만장(滿場)의 박수를 받는 속에서 저는 그가 애용한 카메라를 건네받고선 눈물이 멈추질 않았습니다. 이어서 많은 국제 미디어의 기자들이 큰 목소리로 "당신이 내일 베이징에 도착하면 저희 기자들이 공항에서 당신을 취재하며 지켜주겠습니다"라고 제게 말해주었습니다.

다음 날 오전, 비행기 탑승 이전에 일본 기자단이 이미 공항에 대기해 있었고, 그들은 우리들이 순조롭게 이륙하는 모습을 지켜봤습니다. 우리는 눈 깜짝할 사이에 베이징에 도착했고 거기서 사태가 발생했습니다.

저와 함께한 단체가 정렬하여 중국 입국 수속을 밟았으나, 베이징 당국은 한 사람, 한 사람, 대만에서 왔는지를 확인했고 전원 입국을 거절했습니다. 다만 단체 중 한 명인 고승은 단원 명보에 그의 법명을 기재했었는데,

여권에는 본인의 속명(俗名)이 쓰여 있어 공항 직원이 단원인 줄을 파악하지 못했습니다. 그래서 그 결과 그 고승만 입국하게 되어 저희는 경계선을 넘어 그와 마주 보게 됐습니다. 출국장에 나온 많은 국제 기자들이 제 이름이 적힌 판넬을 들고 취재하려고 기다리는 모습이 보였습니다. 저는 그들에게 손을 흔들었으나 어떻게 할 방법이 없었습니다.

얼마 후에 베이징 당국의 누군가가 저를 발견해 제게 말했습니다. "당신들은 입국을 못합니다. 3시간 후에 타고 온 비행기로 다시 돌아가 주세요." 저는 반문했습니다. "왜 입국이 안되는 겁니까. 당신들은 대만 동포를 골육의 형제라고 하지 않았습니까. 내일은 건국기념일이라 저희들은 일부러 당신들의 생일날을 축하하기 위해 왔는데, 왜 입국이 안되는 겁니까." 그는 저를 보며 긴장한 표정으로 난처한 듯 "뤼 여사님, 저희는 명령을 받아 임무를 수행하고 있는 것일 뿐입니다. 제발 저를 곤란하게 하지 말아 주십시오"라고 말했습니다.

그의 말처럼 저는 그가 그저 명령에 따라 임무를 수행하고 있을 뿐이라는 사실을 알고 있었고 또 싸워봐야 의미가 없다는 것을 알고 있었기에 고승에게 손짓을 하여 그에게도 같이 도쿄로 돌아가자고 하였고, 함께 대기실에서 휴식을 취했습니다. 이러한 상황은 애초에 예측됐던 것이기도 했습니다. 그리고 어쨌거나 국제사회에 베이징이 거짓말을 하고 있다는 사실은 확실히 보여줬던 일이기도 했습니다.

타고 온 비행기로 도쿄에 돌아갈 때 저를 위해 퍼스트클래스가 준비되어 있었습니다. 거기서 안면이 있는 몇 사람의 일본 국회의원들을 만났습니다. 그들은 "10월 1일 건국기념식에 참가한 것으로 아는데 벌써 일본으로 돌아가는 것인가요"라고 묻기도 했습니다.

비행기에서 내리자 도쿄의 많은 기자들이 "Miss 뤼"라고 쓰인 종이판을 들고 저를 찾고 있었습니다. 저희들이 중국에 입국하지 못했다는 정보가 이미 국제적으로 퍼져 있었고, 그들은 저와 방문단의 행방을 좇으며 안전 여부를 걱정하고 있었습니다. 기자들과 만났을 때 저는 간단하게 베이징 공항에서의 상황을 설명했으며, 특히 "금번의 방문에서 확실하게 증명할 수 있었던 것은 베이징이 진심으로 대만인을 동포로 생각하지 않는다는 것입니다"라고 강조했습니다.

이 미완결의 베이징행은 국제적인 선전이라는 측면에서 대단히 성공적이었습니다. 저희들은 그중에서도 가슴으로부터 대만을 위하는 일본 기자들의 따뜻한 마음에 감명을 받았고, 특히 애용하던 카메라까지 선물하여 저를 지켜주려했던 한 기자에 대한 기억을 평생 잊을 수가 없었습니다. 저는 이 카메라를 그에게 꼭 돌려주고 싶다고 생각했으나, 귀국길에선 도쿄의 공항에서 일본으로는 입국하지 않고 바로 대만으로 돌아갔었기에 카메라는 일단 제가 보관할 수 밖에 없었습니다.

시간이 꽤 흐른 후에, 저는 미얀마 주재 일본인 파견원이 미얀마의 민간 투쟁을 취재하다 군이 발표한 유탄에 맞아 그 자리에서 사망했다는 외신 보도를 보고 그때의 그 기자임을 순간 직감했습니다. 그러면서도 저는 부디 그가 아니길 바랐었음을 말씀드리고 싶습니다.

한 대의 카메라는 일본의 영원히 변하지 않는 따뜻한 우정의 증거임이 틀림없습니다.

1992년 3월 1일, 저는 결국 대만의 입법위원에 당선됐습니다. 3년간은 쭉 외교위원회에서, 그중에 반은 좌장을 담당했고, 매해 외교위원회 위원들과 같이 도쿄를 방문했습니다. 그리고 중의원-참의원 양원의 각 당파 국회의원과 교류, 회식을 하며 일본과 대만의 우정관계를 강화했습니다. 거기서 아시아의 민주주의 정치의 유난한 운영을 목격하면서 동시에 저는 대만 민주주의 정치의 향상을 위해서도 노력했습니다.

이어서 저는 대만 타오위안현의 현장으로 당선됐습니다. 당시 저희 현은 쓰레기 처리 문제가 큰 고민거리였는데, 일본 오사카의 후지마스(藤增) 박사라는 환경문제 전문가를 타오위안현에 초청하여 지도를 부탁하기도 했습니다. 그 후에 현정부의 간부를 이끌고 일본을 방문해 현정 시찰을 하기도 했습니다.

2000년부터 2008년까지 저는 대만의 부총통으로 재임했었습니다. 대만과 일본은 국교가 없었기에 제가 이 직함으로 일본을 방문할 수는 없었으나, 매년 건국기념일에 대만에 우호적인 일본의 국회의원이나 수상(총리) 경험자, 각료 경험자가 대만을 방문했을 때 대부분 대만 총통부의 천수이볜 총통과 저를 예방(禮訪)해주었기 때문에 이를 통한 대만과 일본 상호 관계는 양호했다고 할 수 있을 것입니다.

퇴임 후 얼마 안 되어 저는 일본 BPW연합회(BPW-Japan)의 초대를 받아 그 총회에 참가해, 그 후 홋카이도 관광을 하기도 했습니다. 이때 처음으로 일본에서도 도쿄를 벗어나 보았습니다. 홋카이도의 아름다움을 접하면서 대만인이 홋카이도 관광산업의 중요한 고객이 되어 있음을 처음 알았습니다. 이 사실을 어떻게 알았느냐 하면, 홋카이도에서 제가 어디를 가든 같이 사진을 찍자는 부탁을 받았었기 때문입니다. 제게 같이 사진을 찍자고 요청한 분들은 모두 대만에서 온 관광객이었기에 저를 알아봤던 것입니다.

당시의 방문은 의외로 제게 일본과 대만 충돌의 위기를 제거하는 계기가 되기도 했습니다. 제가 대만 타오위안 공항에서 비행기에 탑승해 도쿄로 향하던 때에 신문을 펼쳐보니 마침 전날 일본의 해상보안청이 대만 국적의 어선에 있던 선원 3명을 체포했다는 뉴스가 있는 것이었습니다. 그래서 도쿄에 도착하자마자 저는 일본에서 제가 예방했던 정계요인인 모리 요시로(森喜朗) 전 총리, 참의원 부의장, 외무성 차관 등 대만에 호의적인 분들에게 이 문제에 대해 말했습니다. 그들은 그런 사건이 있었음을 전혀 모르고 있었고, 대단히 놀라면서 바로 처리를 해줘야 한다고 말했습니다. 이틀 뒤 저는 기자회견을 열었으나, 회견 전에 이미 저는 어선의 선장들이 석방됐다는 소식을 들었습니다.

일본 정부의 발 빠른 대처에 저는 감명을 받았습니다. 아마 타이베이의 마잉주 총통은 그 사건에서 실은 제가 의외의 형식으로 큰 도움을 주었다는 사실은 전혀 모를 것입니다.

그 후에도 저는 일본을 두 번 방문했습니다. 그 시기 대만의 텔레비전에서 일본의 대하드라마 '아츠히메(篤姬)'를 방영하고 있어서 페미니스트의 입장에서 일본의 문화와 정치를 탐구하는 데 관심을 갖게 되었습니다. 그리고 저는 BPW여행단을 결성해 가고시마에서 아츠히메의 고향을 탐방하는 것을 시작으로 자동차로 오사카까지 북상하여, 일본의 남부를 관광한 뒤 오사카에서 개최되는 BPW회의에 참가해 '한신·아와지 대시재 기념-사람과 방제 미래센터(阪神·淡路大震災記念 人と防災未来センター)'를 참관하기도 했습니다. 그리고 관광 도중에 교토의 유현(幽玄)과 미(美)를 만끽했습니다.

제 가슴을 가장 크게 울렸던 방문은 2011년의 3.11 대지진부터 반년 정도 지난 후 '아시아 비핵 포럼'의 초청을 받았을 때입니다. 거기서 대만의 원자력 정책에 대해 발표했고, 이후 3.11 대지진의 피재지(被災地)를 방문했습니다. 가는 곳, 보이는 곳마다 한눈에 비참한 진재(震災)의 흔적이 남은 폐허로, 진재 당시 얼마나 무섭고 참혹한 상태였는지 상상도 가지 않았습니다. 이 피재지 방문은 제게 대자연 역습의 위력은 인정사정이 없다는 것을 가슴 깊이 자각하게 해주었습니다.

실제로 3.11 대지진이 발생하고 대만 전 지역에서 피해자 구제의 모금 활동이 이뤄져서, 저는 많은 유명인과 함께 텔레비전을 통해 일본을 위한 모금을 부탁했습니다. 곧바로 대만의 모금은 전 세계의 모금 총액을 뛰어넘었습니다. 이와 별도로 저는 타이베이에서 인적이 가장 많은 동구의 상업지구에서 일본을 위한 등불을 밝혀 먼저 가신 분들의 명복을 빌었고, 길 가던 여러 사람들과 함께 일본을 격려하기 위해 묵도(黙祷, 묵념)를 했습니다.

과거를 떠올려보니, 제가 분명 일본을 여러 번 방문하고 있었다는 것을, 또한 아직 충분히 깊지는 않더라도 매번 갈 때마다 여러 추억과 우정이 만들어지면서 그것이 늘어나고 있음을 깨달을 수 있었습니다.

끝으로 1995년의 시모노세키(下関) 방문을 말하지 않을 수 없습니다. 1995년 4월 17일, "시모노세키 조약(下関条約)"(중국어 원서에서는 중국의 명칭 '마관조약(馬關條約)'으로 표기. - 일본측 옮긴이) 100주년을 맞아 저는 시모노세키의 슌판로우(春帆楼)에서 '시모노세키 조약 100주년 좌담회'를 개최했습니다. 일본과 대만 각계에서 100여 명을 초대해 시모노세키 조약과 일본과 대만 관계에 대해 토론했습니다.

'시모노세키 조약'은 일본과 청나라 양국이 1895년 4월 17일에 일본의 시모노세키의 요정인 슌판로우에서 체결한 조약입니다. 조약 체결은 1894년에 당시 조선반도를 놓고 일어난 전쟁이 원인이며, 전승국인 일본은 패전국인 청나라에 대만과 평후제도를 일본에 "영구할양"할 것을 요구했었습니다. 상호 대표를 포함 11명이 슌판로우의 작은 방에서 한 달에 걸쳐 교섭한 결과, 인구 600만 명 남짓한 대만의 운명이 갈라졌습니다. 대만에 무슨 죄가 있었던 것일까요? 대만인은 뭐가 뭔지 영문도 모르는 사이에 팔려 갔던 것입니다. 그로부터 100년이 지나간 날에 저는 100명의 일본인과 대만인을 초대해 토론을 열었고, 참가자들은 역사를 추억하며 각각 마음속으로 이와 관련 여러 생각을 품게 되었습니다.

만약 일본과 청나라의 전쟁이 없었다면 대만은 일본에 의해 50년간의 통치를 받지 않았을 것입니다. 또한 만약 일본이 제2차 세계대전에서 패전하지 않았다면 대만은 지금도 일본의 통치하에 있었을는지도 모릅니다. 또한 중요한 것은, 만일 '시모노세키 조약'이 없었더라면 대만은 더 빨리 저 '중화인민공화국'의 일부가 되었을는지도 모른다는 것입니다.

한편, 2019년 11월에 저는 초청을 받아 한국의 국회의사당에서 연설을 하게 됐었는데, 행사에 참가했던 어느 학자가 제게 질문을 했습니다. 그는 "대만은 일본에 50년의 식민지 지배를 받았고, 한국도 38년 통치를 받았습니다. 그런데, 일본과 한국 양국은 지금까지도 과거의 사정으로 싸움이 끊이질 않지만, 대만과 일본은 매우 우호적으로 보입니다. 왜 그런 것일까요?"라고 물었습니다.

갑자기 받게 된 질문이었으나 저는 바로 대답했습니다. "왜냐하면 대만의 국제적인 입장이 매우 어렵기에, 우리들은 과거를 되돌아 볼 수가 없고, 앞만 보고 나아갈 수 밖에 없기 때문입니다."

그때 저는 또 한 가지 다른 원인 설명을 추가했습니다. 1947년 중국 국민당 정권은 대만에서 (미얀마의 군대보다 더욱 잔인하게) 학살을 범해 당시 1

만 명 가까이가 참살을 당했고, 대만인의 중국에 대한 꿈은 완전히 부서졌던 것입니다. 하지만 대만의 일본에 대한 과거사 인식은 다릅니다. 한국과 상호 비교해 본 결과, 그래도 연배가 있는 대만인은 일본이 대만의 현대화를 위해서 다양한 건설을 했었던 일은 추억으로 간직하고 있음을 알 수 있습니다.

일본과 한국 사이 역사의 은수(恩讐)는 일본과 대만 사이의 그것과는 다를 수도 있습니다. 다만, 이 지점에서 우리가 생각해봐야 하는 것은 베이징 당국입니다. 중화인민공화국은 지금까지 한 번도 대만을 통치했던 적이 없습니다. 하지만 일본은 대만을 50년간 통치했습니다.

대만과 일본의 관계는 정식 국교는 없더라도 대만과 중국의 관계보다는 양호하다고 생각합니다. 중국은 다른 나라에 대해서 깊게 생각할 필요가 있고, 일본과 한국도 서로 마주 보면서 상대 나라에 대해서 생각을 해볼 필요가 있습니다. 본서가 제안하고 있는 '민주태평양국가연합'은 대만, 일본, 한국 삼국의 이웃이 친밀하게 사귀어 한발짝 나아가 지역 통합을 형성할 것을 기대하고 있습니다. 이 삼국은 지정학적 관계 뿐만 아니라 1) 유교사상 문화, 2) 민주주의 정치 수준, 3) 신과학 기술 발전이라는 공통점을 갖고 있습니다. 만일 삼국이 '통합'하여 하나가 되어 '중립' 정책을 실시할 수 있다면, 동북아 황금의 삼각지대(Golden triangle)를 형성할 수 있습니다.

아울러 태평양을 건너 미국, 캐나다와 통합해 '민주태평양국가연합'을 형성해 소프트파워로 상호 공영한다면, 태평양의 소프트파워 문명을 창조해 21세기의 신 미래를 열 수 있는 것입니다.

본서는 대만의 과거, 현재, 미래를 탐구함과 동시에 동아시아 평화 중립의 안전보장의 새로운 틀을 그리고자 하는 것입니다.

두 개의 양안관계

본서가 제창하고 있는 '쌍양안관계'란, 소프트파워와 평화중립의 전략적 신사고의 기반에서, 중국과 대만의 자리매김을 "하나의 중화, 먼 친척이자 가까운 이웃(一個中華, 遠親近鄰)"이라고 제안하는 데 기초하고 있습니다.

'인간성(人性)', '이성(理性)', 그리고 '양성(良性, 바람직함)'의 3원칙을 견지하면서, 대만해협의 양쪽 '소(小) 양안관계'를 개선하여서 우선 중국이 내우외환(內憂外患)을 극복하고, 그 뒤에 대만과 함께 '중화연방(中華連邦)'의 미래를 창조하자는 것입니다. 중국과 대만은 작은 노력으로도 은수(恩讐)를 소멸시켜 전쟁을 방지할 수 있습니다. 왜 그런 노력을 하지 않는 것일까요.

'대(大) 양안관계'는 태평양의 양쪽에 관한 것이라고 할 수 있습니다. 현재의 정세를 보면, 미국의 트럼프 대통령이 일찍이 "반중, 배화"의 풍조를 불러일으켜 태평양에도 '북대서양조약기구(NATO)'와 비슷한 군사적 안전보장 조직을 결성하여 전면적으로 중국 공산당 정권에 대항하려 하고 있습니다. 오늘날 무기의 진보, 그리고 양국 국력의 강대성을 생각해 보면, 전쟁이 난다면 그 손해는 막대하며 문명의 건설과 생태환경이 전면적으로 파괴되어서 절대적으로 인류의 대재화(大災禍)가 될 것입니다. 이는 서로 죽이고 죽는 제로섬 게임 하드파워의 전략 사고를 기초로 하고 있기에 벌어지는 일입니다.

대만의 뛰어난 지정학적 입장과 세계적으로 칭찬받는 경제성장 및 민주주의의 발전 경험은 아시아 태평양 지역에서 민주주의적 가치관 동맹을 구축하는 데 있어 불가결한 자산입니다. 만일 미국, 캐나다의 저쪽과, 또 대만, 일본, 한국의 이쪽이 정리 통합되어 '민주태평양국가연합'이 만들어진다면, 태평양 민주주의 국가의 가치관 동맹을 결성하게 됩니다. 손을 마주 잡고 21세기의 태평양 소프트파워 문명을 창조하여, 태평양을 민주주의와 평화적인 인류의 새로운 생명의 자장(磁場)으로 만들 수 있다면 얼마나 좋은 일일까요.

과거에 대만은 이민족의 침입과 지배를 늘 받아왔습니다만, 오늘날 대만의 존재는 세계적으로 매우 중시되고 있습니다. 미래에 있어 대만은 소프트파워와 스마트파워로 국제 사무에도 더욱 참여해, 더 많은 국가와 교류하여 적을 가능한 줄이고, 미국과 친밀하게 지내는 동시에 중국, 일본, 한국과도 우호적인 관계를 유지해 나갈 것입니다.

대만은 세계를 필요로 하고 있고, 세계도 대만을 필요로 하고 있습니다. 저는 목숨을 걸고 대만을 섬기는 사람 중 한 사람입니다. 암에도 걸려 보고, 양심 때문에 감옥에도 가게 됐고, 총통과 둘이 나란히 총탄을 맞은 적도 있습니다. 지금껏 제가 살아오면서 여성의 권리 및 여러 인권 활동을 해오고, 또한 민주주의와 평화 정착에 힘을 쏟아 왔던 것은, 대만만이 더 나아지길 바랐기 때문이 아니라, 바로 세계 전체가 더 나아지길 바랐기 때문입니다.

본서에 앞서

/ 파스칼 로타즈

　불행하게도 국제관계학에서는 의심의 여지 없이 "'문제'라고 부를 만한 것을 생성하는 경향"이 있다. 여기서 말하는 '문제'란 국가 간의 미해결 문제로, 거기에는 분쟁의 역사나 그 해결을 위한 정치적 수단의 기본 조건을 둘러싼 뿌리 깊은 의견 차이를 포함하고 있다.

　이러한 미해결 문제란 보통은 어떤 영토나 거기에 사는 사람들, 그리고 영토나 주민의 지배를 주장하는 집단에 관한 것이다. "로마 문제"는 제1차 세계대전까지 근 1세기 가까이 이탈리아를 고민에 빠트렸고, "베를린 문제," 더 일반적으로는 "독일 문제"는 1945년부터 냉전의 결말까지 유럽을 성가시게 했다.

　하지만 유감스럽게도 그런 문제들이 모두가 과거로부터의 유물들인 것은 아니다. 특히 "대만 문제"는 지금 우리 바로 곁에 있으며, 2,300만 명의 인구를 거느린 대만뿐만 아니라 태평양 지역, 더 나아가 전 세계를 큰 절망에 빠트릴 가능성을 내포하고 있다. 지정학적 충돌의 진원지가 되어버린 이 땅의 장래를 놓고 미국과 중국 두 강대국 간에 전쟁이 발발할 위험이 있는 것이다. "대만 문제"를 평화롭게 해결하는 것은 금세기 가장 중요한 문제일는지도 모른다.

　이러한 상황 속에서, "대만 문제"를 설명하고, 문맥을 정리하고, 또 해답을 끌어내려 하는 이 책 저자의 노력에 우리는 박수를 보내야만 한다. 뤼슈렌 전 부총통은 젊은 날 독재정권에 맞서 자신의 고향인 대만을 현재와 같은 민주주의 국가로 만드는 데 공헌했고, 그로 인해 형무소에 투옥된 적도 있는, 숙련된 정치가다. 그 후 그녀는 대만의 부총통을 8년간 역임하여 다시 국내외의 정치 최전선에 몸을 두었다.

뤼 전 부총통은 '대만 문제의 기원뿐만 아니라 그것이 무엇을 의미하는지'에 대해서도 잘 이해하고 있다. 이 책 8장에서 그녀는 "대만과 중국의 원한은, 사실 국민당과 공산당, 양당 갈등의 산물인 것이지 대만인, 중국인과는 아무 관계가 없다. 타고나게 선량한 우리 대만인은 중국인과 아무 원한이 없었다. … 대만과 중국은 특수한 관계다. … 먼 친척이기에 원한을 품을 일이 없을 것이고 전쟁이 있을 필요도 없다"라고 쓰고 있다. 그녀는 왜, 어떤 이유로, 양국 국민들이 스스로 선택한 바도 없는 정치세력에 의해 거듭 희생되어왔는지, 그리고 왜 현재의 상황이 양국 국민들의 엄청난 고통으로 귀결이 되고 있는지를 철저하게 설명하고 있다. 이는 매우 중요한 일이다. 해결되어야 할 미해결 문제를 갖고 있는 것은 중국 대륙의 사람들도 대만 사람들도 아닌, 그 위에 있는 정치적인 프로세스인 것이다.

그렇다고 하더라도 뤼 전 부총통은 결코 몽상가는 아니다. 대만 문제는 민간 외교만으로는 해결할 수 없으며, 대만만으로는 해결할 수 없다는 것을 그녀는 잘 알고 있다. 제2차 세계대전의 잔재인 대만 문제는, 19세기 일본 식민지주의로 거슬러 올라갈 수 있는 데다가, 역사, 정체성, 정치, 인종 등이 복잡하게 얽혀 있고 겹쳐 있다. 대만 문제는 두 초강대국의 지정학적 야심, 신조, 그리고 양국 국내 정치에 있어서도 중요한 것이다. 또한 이 문제는 일본, 한국, 필리핀 및 동남아국가연합(ASEAN)과 같은 대만 이웃 국가들의 안보와도 관련이 있다. 분명 대만은 태평양에서 '고르디우스의 매듭'이지만 그것을 검으로 풀어서는 안 되는 것이다.

독자 여러분은 반드시 이러한 문맥으로 뤼 전 부총통이 저술한 이 책의 내용을 숙고해 주길 바란다. 이 책은 '매듭'이 만들어지기까지의 사건에 대해서 활동가와 정치가로서의 입장에서 저자가 역사적·정치적으로 이해한 것을 기술하고 있다. 이 책에 기술되어 있는 사건 대부분을 저자 자신이 직접 목격하고, 경험했다. 사실 저자는 대만에서 태어났지만, 1944년 당시의 대만은 '대일본제국'이라고 하는 다른 나라였다. 이는 이 책에서 얘기되고 있는 사건이 얼마나 최근에 일어났는지를 우리에게 상기시켜 준다.

　마지막으로 국제법상의 중립 문제를 연구하는 역사가로서 덧붙여 두고 싶은 얘기는, 매듭을 풀고 문제를 해결하기 위한 그녀의 제안은 매듭 자체만큼이나 복잡해 보일는지 모르지만 결코 불가능하지는 않다는 것이다. 그녀의 제안은 대만을 "평화와 중립의 섬"으로 유지하면서도, 문화의 공유와 경제의 통합을 전제로 하여 중국에 대해서는 '하나의 중화' 정책, 그리고 미국 및 그 동맹국을 중심으로 하여서는 '민주태평양국가연합'이라는 두 개의 동맹관계를 합친다는 것이다. 독자 여러분은 이러한 생각은 양립할 수 없다고 느낄 수도 있다. 여러 집단과 동맹을 맺으며 동시에 중립을 유지하는 것이 과연 가능한 것인지 말이다. 하지만 바로 이를 통해서 중립이 구축되는 것이다. "중립이란 여러분이 만들어 나가는 것입니다." 뤼슈렌 전 부통통은 이 사실을 직관적으로 이해하고 대만의 주권을 둘러싼 유해한 논란을 해결하기 위해서 오래전부터 있었던 중립의 룰을 사용해볼 것을 제안하고 있다.

　뤼 전 부총통의 제안이 비현실적이라고 생각하는가. 그런 이들에게는 유럽이 지닌 "문제"도 대부분 경우는 더 큰 개념 아래에서 부분적 통합을 이루는, 비슷한 프로세스를 통해서 문제가 해결됐던 사례(구체적으로는 관세동맹 이상의 것이면서도 한 국가라고 하기에는 어려운, 유럽연합(EU)라는 틀 속에서)를 떠올려 보길 권하고 싶다. 북아일랜드 문제, 트리에스테 문제, 그리고 쥐트

티롤 문제도, 관계국이 "이 땅은 누구의 것인가"라고 묻는 것을 그만두고, 그 대신에 이 땅의 접근권을 공유하는 것에 초점을 맞추기 시작하면서 대립이 완화됐다.

하지만 그 이전에도 "그 땅은 내 것이다"라는 식 완고한 입장을 포기함에 따라 성가신 전쟁 발발 문제를 영구적으로 해결할 수 있었던 사례가 있다. 대만에도 가장 참고가 되는 것은 핀란드의 올란드 제도에 관한 사례다. 스웨덴과 핀란드 사이에 위치하고 있으며 스웨덴어를 쓰는 주민들이 거주하고 있는 이 섬은, 전략적으로 중요한 가치가 있어서 몇 세기에 걸쳐 큰 긴장의 원인이 되었다. 그러나 최종적으로 1921년에 중립화되었다. 올란드 제도는 핀란드령으로 남아있지만, 헬싱키 중앙정부의 약속과 의무에 의한 자치권에 따라 독자적 정치 체제 아래에 있어 핀란드군은 섬에 발을 들이거나 그 수역을 사용할 권리조차 없다. 이 창조적인 해결책은 1세기에 걸쳐 유효하게 기능해 왔다.

물론 대만에는 유럽 제 국가들과는 다른 측면이 있으며 유럽과는 별도의 문제를 품고 있다. 하지만 이 '고르디우스의 매듭'을 검을 사용하지 않고 풀기 위해서는 독창적인 아이디어의 제시, 그리고 이에 관한 논의가 그 해결의 토대가 되어야 할 것이다. 뤼 전 부총통은 다른 저서를 통해서는 "대만은 중국과의 관계를 정상화해야 한다"라고도 말했다. 왜냐하면 중국과 미국의 강대국간 경쟁은 신냉전 시대의 대리전을 낳을 수 있고, 대만과 같은 분쟁 중의 섬은 이러한 대리전의 전쟁터가 될 위험성이 있기 때문이다. "대만은 섣부르게 두 어느 국가의 앞잡이가 되지 않도록 신중해야 합니다"라고 뤼 전 부총통은 정확하게 쓰고 있다.

"하나의 중화, 가까운 이웃이자 먼 친척"을 기초로 한 정책이야말로 대만이 따라야 할 길인지도 모른다. 시간이 지나면 알게 되겠지만, 이 책은 양안관계의 평화적 발전에 큰 기여를 하게 될 것이다.

파스칼 로타즈(Pascal Lottaz) 와세다(早稻田) 고등학원 강사
(정치학 박사, 템플대학 겸임교수)

파스칼 로타즈는 스위스 프리부르 출신의 1985년생 신진 연구자로, '중립국' 및 '중립외교', 그리고 '제2차 세계대전 이전의 일본'을 전공 분야로 하고 있다.

새로운 시대를 여는 이상이 담긴 책
/ 야이타 아키오

2020년 4월부터 「산케이신문(産経新聞)」에서 타이베이 주재 기자가 됐다. 부임한 지 1년 반 동안 여러 정재계 요인들을 취재했지만 뤼슈롄 전 부총통은 가장 깊은 인상을 남긴 인사 중에 한 사람이었다.

2020년 7월, 신베이(新北)시에 있는 사무실을 방문했을 때 우선 놀랐던 것은 뤼 전 부총통의 빼어난 기억력이었다. 대만의 현대사를 회고하면서, 언제 어디서 어떤 일이 일어났는지, 또 그 당시의 국제정세는 어떠했는지, 그리고 그 일이 지금의 대만에 어떤 영향을 줬는지 등에 대해서 메모지도 보지 않고 정확하게 말씀을 했었다. 1979년의 메이리다오 사건부터 2008년의 제1차 민주진보당 정권이 종료할 때까지의 약 30년간 대만 정치 주역 중에 한 사람의 솔직한 감상은, 대만의 정치사를 공부하고 있는 필자에게 큰 참고가 됐다. 다른 요인들과는 달리 꾸밈없는 말씀으로 본심을 말씀하는 것도 뤼 전 부총통의 특징이었다.

뤼 전 부총통이 보여준 사고의 유연함에도 놀랐다. 젊은 시절부터 외래 정권에 저항하는 민주화 운동과 본토화(대만화, Taiwanization) 운동에 참가해 대만인의 권리를 위해 전력을 쏟았으며 그래서 중국으로부터 "대만 독립 분자"라는 낙인이 찍혔으나 한편으로 중국과 화해의 중요성도 강하게 주장했다. "지금의 대만에 있어 가장 중요한 것이 무엇인가 항시 생각한다"는 뤼 전 부총통의 말씀에는 무게가 있었다.

그날 취재에서 (일본과 영토 갈등이 있는) 센카쿠 제도(대만에서의 명칭은 '댜오위타이') 문제에 대한 생각도 물었다. 본서에서도 많이 언급된 주제이지만 뤼 전 부총통은 이 제도의 역사를 구체적으로 해설한 다음에 "영속적인 발전을 확보하기 위해 국제적인 감시를 받는 '국제해양보호구'로 지정해야 한다"는 입장을 밝혔다.

미국 유학 당시에 센카쿠 제도(댜오위타이)를 지키자고 하는 "조어도 보호운동(保釣運動)"에 참가하기도 했으나, 후에 운동이 권력자들에 의해 정치적으로 이용되고 있다는 것을 깨달아 빠져나왔다고 한 뤼 전 부총통. 정치의 현장에서 다양한 경험을 쌓는 동안에 결국 이 영토 문제에서의 국가간 대립으로는 아무 이득도 있을 수 없다고 생각하게 되어 지금은 일본, 중국, 대만에 의한 공동 개발을 주장하고 있다.

국제정세가 복잡해지고 있는 현재, 뤼 전 부총통의 제안이 실현되기에는 긴 시간이 필요할지 모르겠지만 이 문제를 해결할 한 가지 방향성을 제시하는 훌륭한 아이디어라고 생각된다.

『대만은 왜 중국에 맞서는가』(일본어판 제목 : 『대만vs중국: 동아시아의 위기와 전기(台湾vs中国 東アジアの危機と転機)』)에는 이러한 평화, 공존을 지향하는 뤼 전 부총통 나름의 제안이 많이 담겨있다. 현실에 입각하면서도 "이상을 논하는 책"이라 할 수 있다. 대만의 과거와 현재, 그리고 미래에 대해 많은 시사점을 주는 책이다. 방대한 자료를 참고하고, 뤼 전 부총통 자신의 경험까지 포함시켜 대만의 역사와 현재 등을 세밀하게 소개 및 분석했다. 이 책은 개론서로도 읽을 수 있는 책이며 또한 자료집으로도 이용할 수 있다.

본서의 마지막에서는 대만의 미래에 대해 뤼 전 부총통의 구상을 소개하고 있다. "중국과 '하나의 중화, 먼 친척·가까운 이웃'과 같은 관계를 구축하는 반면, 일본과 미국 또는 한국, 필리핀 등의 주변 국가와 함께 '민주연합'을 결성한다", "대만은 중립국으로서 국제사회에서 독특한 지위를 구축해 나간다"라는 미래상을 그리고 있다.

나날이 뉴스를 좇고, 또 국제정치의 냉엄한 교섭의 현실을 매일과 같이 접하는 필자 같은 신문 기자들 중에서는 일당독재 체제의 중국을 상대로 한 뤼 전 부총통의 구상이 '현실과 동떨어진 게 아닌가' 하고 의문시하는 이도 있을 수 있겠다.

하지만 정치가에 있어 가장 중요한 것은 이상을 갖고 그것을 추구해 나가는 것이다. 40년 전, 이상을 위해 국민당 일당독재 정권과 싸우다 투옥까지 된 뤼 전 부총통 등의 노력이 없었더라면, 대만의 민주화는 영원히 실현되지 않았을는지도 모른다. 신문기자와 달리 정치가에게는 새로운 시대를 여는 힘이 있다.

유럽의 일체화를 목표로 하는 유럽연합(EU)이 만들어진 것처럼, 앞으로의 사회 발전에 동반하여 아시아에서도 국가라는 개념이 희미해질 가능성이 있다. 중국과 일본이라는 동북아의 대국과 역사적, 문화적으로 특별한 관계를 갖는 대만이 아시아 일체화를 위해 큰 역할을 맡을 날이 올 수도 있다.

대만인들의 안전과 존엄, 그리고 행복을 늘 생각하는 뤼슈렌 전 부총통의 이상을 지지하는 이들이 더 많이 나타나길 기대한다.

야이타 아키오(矢板明夫) 「산케이신문」 타이베이 지국장

야이타 아키오는 일본에서는 대표적인 중국 및 대만 전문가로 손꼽히는 저널리스트다. 제2차 세계대전 이후 중국 잔류 일본인 2세 출신로, 15살 때 일본으로 돌아왔다. 게이오대학과 마쓰시타정경숙(松下政経塾)을 거쳤고, 2002년부터 「산케이신문」에서 일하고 있다.

인터뷰 : 뤼슈렌 전 대만 부총통

- 최근 한국에서 대만 관련 빅이슈는 역시 낸시 펠로시 미국 하원의장의 대만 방문이었는데요. 먼저 이에 대한 부총통님의 생각을 듣고 싶습니다.

펠로시 의장은 미국 의전 서열 3위에 해당하는 매우 중요한 인사이며, 대만의 오랜 우호적인 친구이기도 합니다. 그렇기에 대만은 펠로시 의장의 이번 방문을 매우 환영합니다. 게다가 펠로시 의장이 대만에 방문한 것은 정당한 행위이기 때문에 중국 정부가 이에 대해 화를 내거나 제재를 가해서는 안 된다고 생각합니다. 만약 미국의 중요한 인사들이 중국 정부의 허락을 받고 다른 나라를 방문해야 한다면, 마찬가지로 중국의 중요한 인사들이 다른 나라를 방문할 때도 미국 정부의 허락을 받아야 하는 것인지 의문이 듭니다.

- 2022년초 발발한 우크라이나 전쟁으로 인해 세계인들의 근심이 많습니다. 저서(『대만은 왜 중국에 맞서는가』)에서도 나토와 동유럽, 러시아 문제를 크게 다루기도 하셨는데요. 최근 우크라이나 정세에 대해서는 어떻게 생각하시는지요?

지금 전 세계가 마주한 상황이 매우 안타깝습니다. 러시아의 우크라이나 침공으로 인해 전 세계가 우크라이나에 연민의 눈길을 보내고 있

본 인터뷰는 황의원 미디어워치 대표이사겸 편집국장을 인터뷰어로 하여 2022년 8월 11일(목), 서울 잠실 롯데호텔 월드 라운지 1층에서 이뤄졌다.

고, 원조도 이루어지고 있는 상황입니다. 하지만 최근에 국제사회가 대만해협 문제와 한반도 문제에 다시 주목하면서 우크라이나 문제를 소홀히 다루고 있는데 이 점이 우려스럽습니다. 국제사회는 대만해협 문제와 한반도 문제를 주목하면서도 아울러 우크라이나 사태에도 지속적인 관심을 보여야 합니다.

또한 러시아가 하루빨리 이 전쟁을 종결하길 바라는 바입니다. 우크라이나와 러시아의 전쟁은 더 이상 두 나라만의 문제가 아닙니다. 이미 전 세계의 진영 싸움 문제로 번지고 있고, 식량과 에너지 문제도 이에 따라 파생되고 있기 때문에 조속히 협상을 하는 것이 좋다고 생각합니다.

- 우크라이나 전쟁 시기에도 중국은 최근 솔로몬 제도 안보협정을 맺어 태평양쪽으로 세력 범위를 넓혀가고 있습니다. 부총통님의 저서에서도 태평양 도서 국가들에 대해 역시 크게 다루고 있는 바, 이 지역은 대만과 인연도 깊고, 아직 대만 수교국가들도 있는 것으로 알고 있습니다. 태평양에서 중국의 패권 확장 문제에 대해서 어떻게 생각하시는지요?

솔로몬 제도는 실제로 이전에 대만과 국교를 맺은 곳이며, 저도 직접 방문한 적이 있는 곳입니다. 현재 중국이 솔로몬 제도 쪽으로 세력을 넓히며 미국에 도전하는 등 국제 정세가 크게 변하고 있는 상황입니다. 바이든 미국 대통령은 이전에 아베 신조 일본 총리가 제안한 인도-태평양 전략 기조를 이어가고 있습니다. 이 때문에 중국이 사방에서 포위가 되어 난처한 상황에 몰렸습니다. 앞으로 인류 문명사에서 한 나라가 세계를 주도하는 것보다 다양한 이념을 가진 국가가 상호존중을 하면서 화합하는 것이 좋다고 생각합니다.

- 중화인민공화국의 대만에 대한 주권(영토권) 주장에 대해서 대만의 반박 논리는 무엇인지요? 한편, 한국 언론들이 '하나의 중국 원칙'과 '하나의 중국 정책'을 혼돈스럽게 쓰고 있습니다. 둘은 어떤 차이가 있는지요?

중국은 '하나의 중국 원칙'을 주장하고 있고, 이로써 대만이 중국의 일부라고 주장하고 있습니다.

하지만 이 세상에 '하나의 한국', '하나의 일본'이 있지만 그렇다고 해서 대만이 한국이나 일본에 속한다고 말하지 않는 것처럼, '하나의 중국'이 있다고 해서 대만이 중국에 속한다고 말하는 것은 마찬가지로 잘못된 논리입니다.

미국이 "(중화민국이 아니라) 중화인민공화국이 중국을 대표한다"고 인정하고 있지만, 중화인민공화국이 대만(중화민국)의 주권을 가지고 있다는 중화인민공화국 측의 주장은 인정하지 않고 있습니다(미국은 대중국 외교에서 '하나의 중국 정책'을 채택하고 있는데, 이는 중화인민공화국이 중국을 대표한다는 것까지만 인정하고 대만이 중국의 일부라는 것에 대해선 수용하지 않는 입장이다. - 편집자).

이것이 중국의 입장인 '하나의 중국 원칙'과, 미국의 입장인 '하나의 중국 정책'의 가장 큰 차이점입니다. 중화인민공화국이 중국을 대표할 수는 있지만, 그렇다고 해서 중국이 대만에 대한 주권을 가지고 있으며 대만이 중국의 일부라고 말하는 것은 잘못됐다는 것입니다.

'One China Policy(하나의 중국 정책)'와 'One China Principle(하

나의 중국 원칙)'이라는 용어가 혼란스러운 점은 있지만, 실제로는 큰 차이가 있음을 알아주셨으면 합니다.

대만이 중화인민공화국이 아닌 이유에는 크게 세 가지가 있습니다.

첫째, 청나라는 1895년에 대만을 일본에 영구할양한 사실이 있습니다. 따라서 대만은 그때 이후 중국에 속한다고 볼 수 없습니다.

둘째, 중국은 1949년에 중화인민공화국을 설립한 이후로 대만을 실질적으로 지배한 적이 한 번도 없습니다.

셋째, 1971년에 중화인민공화국이 유엔에 가입하면서 제2758호 유엔 총회 결의를 통해 PRC(People's Republic of China), 즉 '중화인민공화국'이 중국을 대표하게 되었습니다. 하지만 여기에서도 대만이 언급된 적은 한 번도 없었습니다. 그런데도 중국 정부에서는 제2758호 유엔 총회 결의를 통해 대만이 중국의 일부가 되었다고 말하면서 사실을 왜곡하고 있습니다. 전 세계가 이 말에 속고 있는 상황이라 매우 안타까울 따름입니다.

― 중국의 대만 위협이 계속되고 있는데, 이에 대해서 대만은 대응 준비가 잘 되어 있는지요? 부총통님은 어떤 방안을 갖고 계신지요?

대부분의 대만 사람들은 중화인민공화국의 통제를 받고 싶어하지 않습니다. 심지어 '중화민국'이라는 국호나 '대만(타이완)'이라는 국호를 사용하길 원합니다. 또한 차이잉원 대만 총통은 국호를 아예 '중화민국 대만(타이완)'으로 해서 단결하자는 말도 한 적이 있습니다.

지금 북한이 남한을 계속 위협하고 자유국가들을 위협하고 있는 것처럼, 중국 공산당도 70년 동안 계속해서 대만을 위협해 왔습니다. 그러나 대만 사람들은 이에 대해 마음의 준비가 다 되어있기 때문에 두려움을 느끼지 않습니다. 왜냐하면 대만 사람들은 민주국가로서, '민주(democracy)'라는 방패가 있기 때문입니다. 대만 사람들은 중국의 위협에 대해 긴장하거나 무서워하지 않습니다.

하지만 대만 사람들 중에서도 70%는 중국과 평화로운 관계를 유지해야 할 필요가 있다고 생각합니다. 저도 대만의 평화를 지키기 위한 운동을 준비하고 있습니다. 왜냐하면 전쟁은 매우 잔인한 것이고 끝이 없는 것이며, 문제를 해결할 수 있는 수단도 아니기 때문입니다. 이에 대해 저는 평화로운 수단으로 중국과의 관계를 풀어보겠다는 여러 계획을 가지고 있습니다.

감사하게도 2년 전에 미디어워치에서 번역출간한 제 책(『대만은 왜 중국에 맞서는가』)이 한국에 이어 이번에 일본에서도 출간됐습니다. 이를 통해서 저는 중국과 대만의 과거 역사를 돌아보고, 앞으로의 관계에 대한 새로운 주장을 했습니다. 대만에서는 이미 저의 주장이 널리 퍼져 많은 주목을 받았고, 지금 중국 대륙에서도 점점 주목받고 있는 추세입니다.

근래 미국과 중국은 줄곧 패권 경쟁을 해왔습니다. 그런데 미국은 지리적으로 중국과 멀리 떨어져 있습니다. 그러나 대만은 중국과 지리적으로 가깝기에 미국이 대만을 정치적으로 이용하여 대만이 전쟁터가 될 가능성도 있습니다. 대만 사람들은 이러한 상황을 피하고자 상당히 신중한 입장을 보이고 있습니다.

우크라이나와 러시아는 슬라브 인종으로 같은 민족이었고, 이웃나라입니다. 중국과 대만도 비슷한 상황입니다. 그래서 저는 이 책에서 '

하나의 중화'라는 개념을 제시했습니다. 대만과 중국은 (혈통과 옛 문화를 공유하는) '하나의 중화'이기는 하지만, (같은 국가 구성원이라는) '하나의 중국'은 아니라는 것이죠.

대만 사람들은 중국과 싸우기를 원하지 않기 때문에 중국 정부가 이를 이해했으면 합니다. 또한 중국 내의 많은 지식인들이 제 주장을 진심으로 이해해주기를 바랍니다.

- 중국도 전쟁을 진심으로는 원하지 않는다고 보시는 것인지요? 대만인들이 중국인들의 생각을 바꿀 수 있을까요?

지금 우크라이나 전쟁을 보면 그 이면에 미국이 존재하고 있습니다. 러시아를 제재하기 위해 미국이 무기를 지원하고 있고 유럽연합도 개입한 상황입니다. 이미 전쟁으로 인해 큰 대가를 치르고 있는데 저는 대만과 중국의 관계가 이런 전쟁으로까지 번지지 않길 바랍니다.

대만인과 중국인의 선조가 중국 대륙에서 왔기 때문에 '중화'라는 개념은 대만 사람들이 받아들일 수 있습니다. 혈연이나 문화적으로 공통점을 가지고 있기 때문에, (같은 국가에도 속한다는 '중국(中國)'이라는 개념이 아니라), '중화(中華)'라는 개념, 용어에서는 서로 적대감 등을 품을 일이 없을 것입니다.

우크라이나 사태가 이렇게까지 악화되면서 결국 국민들이 상당한 고통을 받고 있지 않습니까. 그 어떤 국민들이라도 이러한 상황을 원하지 않을 것입니다.

중국과 대만도 사실 서로간에 심각한 혐오 감정은 없기 때문에, 양국 국민들은 그 누구도 전쟁을 원하지 않을 것입니다. 그렇기에 제가 쓴 책의 원서 표지에 '양안의 은원(恩怨, 은혜와 원한)'이라는 제목이 나온 것입니다. 저는 국민의 입장에서, 양국의 국가의 지도자들이 전쟁이라는 말을 쉽게 꺼내지 않길 호소합니다.

대만에서 실시한 여론조사에 따르면, 대만인들 대부분이 중국 정부의 통제를 받고 싶어 하지는 않지만, 동시에 대만인들 중에 6-70% 정도가 중국과 평화로운 관계를 유지하기를 원합니다. 따라서 국민들의 뜻을 존중하여야 하며 함부로 전쟁을 일으켜서는 안 됩니다.

저는 대만으로 귀국하고 나서 오는 8월 28일에 대만에서 평화 관련 행사를 할 예정입니다. 그때 많은 대만인들의 의견을 듣고, 국회에서도 회의를 열게 해서, 어떻게 하면 중국과의 관계를 개선할 수 있을지에 대해 논의할 예정입니다. 그리고 이를 통해 새로운 정책을 마련할 수 있을 것이며, 이는 중국 정부와 협상을 할 수 있는 기반을 마련할 것입니다.

저는 이처럼 가장 민주적인 방식으로 어떻게 양안 관계를 개선할 수 있을지를 의논하고, 중국 대륙 사람들까지도 감화시켜 군사행동을 멈출 수 있도록 노력할 것입니다.

대만인들은 '평화와 정의(Peace and Justice)'를 위해서 지금 노력하고 있습니다.

- 대만해협 위기로 대만이 세계적 주목을 받고 있지만, 대만은 자유와 법치, 그리고 코로나 극복, TSMC 등으로도 역시 잘 알려져 있습니다. 부총통님께서는 대만의 무엇을 전 세계에 자랑하고 싶으신지요?

자랑이라고 말하기는 그렇습니다만, 대만은 한때 오랫동안 고립되었던 나라인데 중국이 대만을 계속 위협하고 '대만 때리기'를 하면서 지금 대만이 전세계적인 관심을 받게 되었습니다. 그래도 이와 함께 대만의 소프트파워 등이 주목을 받고 있는 상황은 긍정적으로 보고 있습니다.

어제 한국으로 오는 길에 옛날 생각을 잠시 했습니다. 제가 젊었을 적, 한국에 처음 왔을 때가 1975년이었습니다. 그때는 한국의 서울이 대만의 타이베이보다 비교적 낙후되었다고 생각했었습니다. 하지만 그 후로 저는 서울에 올 때마다 이 도시가 계속 발전하는 것을 보았습니다. 심지어 이런 건축물(롯데월드 타워)을 보더라도 국제적인 스케일을 갖추고 있는데, 한국이 정말 굉장한 발전을 했다고 생각합니다. 유엔에서 한국인 사무총장도 배출할 정도이니 말입니다. 대만은 이에 반해 국제적으로 고립되면서 이를 극복하기 위해 상당한 노력을 했습니다. 그렇기에 한국인들이 대만에 대해 응원과 큰 관심을 보여주었으면 좋겠습니다.

대만과 한국과 일본, 세 나라가 비록 언어, 문자, 민족은 다르지만 유가 사상을 함께 공유하고 있는 나라이자, 민주국가이자, 첨단 과학기술을 보유한 국가입니다. 만약 세 나라가 상호 협력을 한다면 큰 역량을 발휘할 수 있을 것입니다. 오히려 역으로 우리가 중국 공산당에도 긍정적 영향을 미칠 수 있다는 생각을 했습니다.

대만의 TSMC에 대해 한 말씀을 드리고 싶은데, 국제사회가 현재 TSMC를 주목하고 있는 상황입니다. 그런데 최근 TSMC의 CEO가 대외적으로 다음과 같은 말을 한 적이 있습니다.

"중국은 TSMC를 위협해서는 안 됩니다. 만약 중국이 무력으로 점령하게 된다면 TSMC가 제 능력을 발휘하지 못할 것입니다. 왜냐하면

TSMC가 발전할 수 있었던 이유는 우수한 인재들과 대만 특유의 화합적 분위기 때문입니다. TSMC의 능력은 중국이 이를 무력으로 빼앗는다고 해서 얻을 수 있는 것이 아닙니다."

저는 이 대목이 매우 중요하다고 생각합니다.

- 대만의 유엔 가입을 중국도 긍정적으로 생각할 날이 올까요?

대만은 1971년에 유엔에서 퇴출된 후에 중화민국(대만)과 수교를 맺었던 국가들이 중국의 압박을 받아 대만은 '국제적인 고아'가 되었습니다. 하지만 사막에서도 꽃이 피는 것처럼, 대만의 유엔 가입 노력이 존중을 받을 것이라고 생각합니다.

만약 중국 정부 관계자들이 좀 더 현명하다면, (유엔 가입 문제로) 대만에 대해 우호적인 태도를 보이길 희망합니다. 마치 러시아와 벨라루스가 함께 유엔에 가입하여 의결권을 하나 더 갖고 있는 것처럼 만약 중국이 나서서 대만의 유엔 가입을 돕는다면 미사일과 같은 무력보다도 더 효과적으로 대만을 설득할 수 있는 방법이 될 것입니다.

- 박근혜 전 대통령님과도 개인적 인연이 있으신 것으로 알고 있습니다. 이번에 부총통님께서도 박 전 대통령님 사면석방을 위해 노력해주셨는데요. 박 전 대통령님을 위해서 한 말씀 해주시길 부탁드립니다.

저는 대만에 살고 있지만 한국에 관심이 아주 많습니다. 실은 예전에 박근혜 전 대통령께서도 제가 대만에서 주재했던 회의에 참석해주신 적도 있었지요. 현재 건강이 좋지 않으시다고 들었는데, 잘 추스르 셨으면 좋겠습니다.

　작년에 제가 문재인 대통령에게 특별사면을 부탁하는 편지를 썼는데 그 후 얼마 지나지 않아 특별사면을 받으셨다고 들었습니다. 정말 다행입니다. 박 전 대통령의 석방은 어떻든 많은 사람들의 노력이 있었기에 가능한 일이었습니다. 제 경험에 비추어 보면 감옥에서 나온 이후에 건강을 회복하는 데 오랜 시간이 걸렸습니다(뤼슈렌 전 부총통도 장제스 계엄령 시절 민주화 투쟁으로 군사감옥에서 6년의 옥고를 치렀던 적이 있다. - 편집자).

　박 전 대통령도 모쪼록 몸을 잘 돌보길 바랍니다. 그리고 박 전 대통령의 지혜와 총명함으로 한국에 계속 공헌을 해주셨으면 좋겠습니다.

- 올해(2022년) 8월 24일, 제4회차 한국-대만-일본 국교정상화 선언식이 미디어워치 독자들을 중심으로 또 열릴 것입니다. 한국-대만-일본 국교정상화를 바라는 한국분들을 위해서도 한 말씀해주십시오.

　한국과 대만이 단교했던 당시에 저는 대만에서 외교위원회 소속 국회의원이었습니다. 그때 단교 소식을 듣고 대단히 슬펐던 기억이 납니다. 그 후로 대만과 한국의 관계가 소원해졌습니다. 그러나 미디어워치 덕분에 한국분들 중에서도 과거 한국이 대만과 국교를 맺었던 때의 아름다운 추억을 떠올리는 분들이 많다는 사실을 알게 됐습니다.

　과거 대만인들은 한국이 일본으로부터 독립할 때 이에 대한 강한 지지를 보낸 바 있습니다. 이에 미디어워치 독자분들이 자국 정부에 대만과의 국교정상화를 매년 요청해 주신데 대해 감사 인사를 드립니다. 미디어워치 독자들을 포함하여 대만과의 우호 관계를 바라는 모든 한국 분들에게 진심 어린 감사의 인사를 드리고자 합니다.

    한국과 일본, 대만이 함께 민주국가로서 힘을 합쳐서 이 난관을 헤쳐나갔으면 좋겠습니다.

[특별판] 대만은 왜 중국에 맞서는가
뤼슈렌 전 대만 부총통이 진단하는 동아시아 위기^{危機}와 전기^{轉機}

2021년 9월 27일 초판 1쇄 펴냄
2021년 9월 30일 초판 1쇄 찍음
2023년 7월 5일 특별판 1쇄 찍음

지 은 이   뤼슈렌(呂秀蓮)
옮 긴 이   부자오치(卜昭麒)
엮 은 이   황의원

디 자 인   미디어워치
펴 낸 이   황의원
펴 낸 곳   미디어워치

ISBN 979-11-92014-08-1

주   소   서울특별시 마포구 마포대로 4길 36, 2층
전   화   02-720-8828
팩   스   02-720-8838
이 메 일   mediasilkhj@gmail.com
홈페이지   www.mediawatch.kr

값 20,000원